国家社科基金
GUOJIA SHEKE JIJIN HOUQI ZIZHU XIANGMU
后期资助项目

严复的哲学思想

现代形态中国哲学的开端

Yan Fu's Philosophy:

The Beginning of Modern Chinese Philosophy

都兰军　著

北京师范大学出版集团
BEIJING NORMAL UNIVERSITY PUBLISHING GROUP
北京师范大学出版社

图书在版编目（CIP）数据

严复的哲学思想：现代形态中国哲学的开端/都兰军著. —北京：北京师范大学出版社，2023.5
ISBN 978-7-303-27757-5

Ⅰ.①严… Ⅱ.①都… Ⅲ.①严复（1853－1921）－哲学思想－思想评论 Ⅳ.①B256.5

中国版本图书馆 CIP 数据核字（2022）第 013829 号

营 销 中 心 电 话 010-58805385
北 京 师 范 大 学 出 版 社
主题出版与重大项目策划部

YANFU DE ZHEXUE SIXIANG：XIANDAI XINGTAI ZHONGGUO ZHEXUE DE KAIDUAN
出版发行：北京师范大学出版社 www.bnupg.com
北京市西城区新街口外大街 12-3 号
邮政编码：100088
印 刷：北京盛通印刷股份有限公司
经 销：全国新华书店
开 本：787 mm×1092 mm 1/16
印 张：22.75
字 数：388 千字
版 次：2023 年 5 月第 1 版
印 次：2023 年 5 月第 1 次印刷
定 价：96.00 元

策划编辑：郭 珍 责任编辑：李春生
美术编辑：王齐云 装帧设计：毛 淳 王齐云
责任校对：丁念慈 责任印制：赵 龙

国家社科基金后期资助项目

出版说明

后期资助项目是国家社科基金设立的一类重要项目，旨在鼓励广大社科研究者潜心治学，支持基础研究多出优秀成果。它是经过严格评审，从接近完成的科研成果中遴选立项的。为扩大后期资助项目的影响，更好地推动学术发展，促进成果转化，全国哲学社会科学工作办公室按照“统一设计、统一标识、统一版式、形成系列”的总体要求，组织出版国家社科基金后期资助项目成果。

全国哲学社会科学工作办公室

内容摘要

本书的主题是中国哲学近现代转型视野下的严复哲学思想研究，因此本书实际分为两个部分。第一部分要讨论的是：严复为什么能够开启现代形态的中国哲学？为什么可以用中国哲学近现代转型的视野来研究严复哲学思想？为此，本书首先要界定哲学形态这一概念，并进一步说明中国哲学的近现代发展就是中国哲学的近现代转型。本书认为，由于中国近代哲学发展不充分，因而中国没有发展出像西方哲学一样典型的近代形态哲学和现代形态哲学。从历史来看，中国现代哲学是通过引进西方现代哲学而产生，并随着西方哲学的涌入而发展。严复是第一个接受西方现代哲学理论并将它们引入中国哲学近现代发展的中国哲学家，因此严复实际上开启了现代形态的中国哲学。简言之，由于中国哲学的近现代发展的特殊性，其近现代转型运动与西学东渐是同步的，因而严复在西学东渐中的卓越贡献使得他成为了现代形态中国哲学的开启者。

第二部分要讨论的是：严复是如何开启现代形态中国哲学的？或者说，在中国哲学近现代转型的视野下，严复哲学思想的内容是什么？严复引入西方实证哲学，以现代哲学的思维方式讨论现代认识论、本体论问题，从而彻底突破了中国传统认识论、本体论的思维框架，推动中国哲学进入了现代形态的发展阶段。严复又以实证哲学基础上的自由主义为框架，回答了中国现实的政治变革所需要的现代意义的政治哲学的理论问题，从而推动中国政治哲学进入了现代发展阶段。严复还以科学的进化论为框架，试图在批判中国传统历史观、文化观的基础上回答中国向何处去的时代问题，并将这一问题分解为两个小问题：西方现代文化与中国现代化之间的关系，中国传统文化与中国现代化之间的关系。这有力地推动中国历史观、文化观进入了现代发展阶段。

导论主要讨论的是哲学形态的界定、中国哲学史的分期问题，还有本书的基本框架，即从认识论问题、本体论问题、政治哲学问题和历史观、文化观问题的角度来研究严复哲学思想。其中，认识论问题和本体论问题是较为纯粹的哲学问题，政治哲学问题是与现实相关的理论问题，历史观、文化观问题则是现实性较强的理论问题。

第一章讨论了严复为什么能够开启现代形态中国哲学的问题，这首先与中国哲学发展的特殊性有关。中国哲学的近现代发展与西学东渐的进程或者说中国人对西方文化、西方哲学的理解是同步的。严复是晚清翻译西学的第一人，由于他真正地理解了包括西方哲学尤其是西方现代哲学在内的当时的西方文明，才有可能开启现代形态的中国哲学。因此，本章重点探讨了中国哲学发展与西学东渐之间的关系和严复在西学东渐中的重大贡献，还重点论证了严复自身的哲学思想与他所译介的西方哲学理论是内在一致的，探讨了早年严复哲学思想与晚年严复哲学思想之间的差异，论证了早年严复哲学思想与晚年严复哲学思想并不是截然对立的，试图论证严复是一个独特的哲学家和翻译家——他以译为作，翻译是他做学问的一种途径。

第二章讨论了严复的认识论思想。受英国早期实证哲学的影响，严复的认识论是以科学知识为核心展开的。严复首先论证了经验实证的科学知识才是现代认识论所说的知识，确立了科学知识的权威地位。然后，他从人的认识能力的经验性特征出发，运用穆勒的归纳逻辑来回答“科学知识何以可能”的问题。严复还专门探讨了科学的认识方法。实证哲学的认识论最后都要涉及“现象世界何以成为科学知识的界限”的问题，即不可知论的问题。严复实际上从不可知论出发，讨论了本体的存在问题、道德的基础问题和科学知识的基础问题。

第三章讨论了严复对传统本体论的批判。实证哲学的基本立场是哲学必须走科学化、实证化的道路。当严复将实证哲学的这一主张运用到中国传统本体论上时，其开始分化、纯化。在中国传统本体论中，本体论与宇宙论、“天人关系”、宗教是杂糅在一起的。严复认为本体是人不可能认知的、本体论是不成立的，或者说只能以不可知论对待本体，而宇宙论却是可以科学化的。他运用康德的星云假说、牛顿力学、哥白尼天文学、达尔文进化论，构建了中国哲学史上第一个科学性质的宇宙论。同样，中国传统的天人关系也可以被科学化。但在中国传统本体论中有部分宗教性质的内容，它们既不能被科学化，也不能像本体论一样归于不可知论来对待，而必须以宗教的形式来对待。

第四章讨论了严复的政治哲学思想。政治哲学的问题既是一个较为纯粹的理论问题，也是一个与中国现实的政治变革有关的问题。中国要学习西方的民主制度，就必须要认清：这种制度的本质是什么？这种制度是如何发展出来的？这种制度是不是理想的政治制度？即它的前景是什么？严复通过中西政治制度的对比，从“以自由为体，以民主为用”

出发认识西方民主制度。他还以天演的视角讨论了国家的分类问题，论证了现代国家或现代政治制度是如何从传统国家或传统政治制度中发展出来的。但严复否认当时西方的政治制度是理想的和终极的。他认为，只有真正实现了平等原则的自由主义的民主政治制度，才是理想的政治制度。

第五章讨论了严复的历史观、文化观。在严复的时代，历史观、文化观的中心问题是中国向何处去。这不是一个纯粹的理论问题，而是一个现实的问题。严复将这一问题分解为两个小问题：西方现代文化与中国现代化之间的关系，中国传统文化与中国现代化之间的关系。严复运用甄克思和达尔文进化论，讨论西方现代文化与中国现代化之间的关系；运用社会有机体论理论，讨论中国传统文化与中国现代化之间的关系。

结语部分，笔者通过考察严复对20世纪中国哲学本体论、认识论思潮及政治哲学思潮、历史观思潮、文化观思潮的影响，突出了他为20世纪中国哲学的现代发展所作出的重大贡献，并以此结束本书的全部论证。

在第二、三、四、五章中，笔者在最后一节专门讨论西方哲学对严复相应哲学思想的影响、中国传统哲学对严复相应哲学思想的影响和严复的哲学思想与康有为、谭嗣同的哲学思想的对比。

序

李维武

2021年是中国历史的重要一年，对于过去的百年中国有着多重意味：这一年是中国共产党成立100周年，这一年也恰逢严复逝世100周年。这两个100年，从现象上看只是一种数字的巧合，但实际上存在着一种历史的关联，这就是毛泽东在纪念中国共产党成立28周年时所揭示的："自从一八四〇年鸦片战争失败那时起，先进的中国人，经过千辛万苦，向西方国家寻找真理。洪秀全、康有为、严复和孙中山，代表了在中国共产党出世以前向西方寻找真理的一派人物。"① 按照毛泽东的这一论断，1921年无疑是中国历史上一个以新代旧的交错点：在经历了严复等先进中国人向西方寻找真理所遭受的一次次失败之后，中国人终于找到了马克思主义作为救国救民的真理，从而有了中国共产党的百年奋斗和中华民族的伟大复兴。因此，从鸦片战争以来的中国历史看，纪念严复逝世百年也是意味深长的。

然而，研究和衡论严复其人其学其影响并非易事。严复生活在19世纪与20世纪之交的中国，这是一个中国社会历史急剧变革的时代，也是中西古今文化及其哲学大碰撞、大交流、大融合的时代。时代的巨变、文化的巨变、哲学的巨变，使严复处于中西古今文化及其哲学的交汇点上，也使他的人生、学术和思想前前后后有过复杂的变化。由于严复人生和学问的复杂性，以及时代背景的变迁、研究主体的各异、探讨方法的不同，如何看待严复的学术贡献、评价严复的思想价值，至今尚未有一定之论，仍需研究者们持续不懈的探索。都兰军博士的专著《严复的哲学思想：现代形态中国哲学的开端》，就是这一探讨的新开展和新成果。兰军在十多年前曾是我指导的博士研究生。在读博士生期间，他选择了20世纪中国哲学作为研究方向，并将严复哲学思想作为主要研究对

① 毛泽东：《论人民民主专政》，《毛泽东选集》第四卷，北京，人民出版社，1991，第1469页。

象，认真研读严复著译，广泛搜集相关资料，终以《严复哲学思想的现代性研究》为题完成了博士学位论文，在评审和答辩中受到有关专家好评，顺利获得通过。博士生毕业后，兰军回到故乡四川，一直在西南财经大学马克思主义学院任教。在教学之余，他继续深入探讨严复哲学思想，艰苦推进，不断完善，在博士学位论文基础上撰写出这部有新意有分量的专著，入选“国家社科基金后期资助项目”，由北京师范大学出版社出版。付梓之前，他给我寄来书稿，希望我能为这部新著作序。我作为兰军的博士生导师和20世纪中国哲学研究者，看到自己的学生在20世纪中国哲学研究领域取得了新进展和新收获，当然十分高兴，乐成此事！

在这篇序中，除了对兰军的这部专著问世表示祝贺外，还想就严复哲学思想研究中的几个需要深入探讨的问题谈谈自己的看法，作为读者诸君进入这部专著的导引。

一、问题之一：如何看待严复对中国历史的影响

严复是一个对中国历史投下了重要影响的哲学家，这一点是研究者们所共同承认的。但严复的这种影响，其意味何在，其价值何在，则是一个众说纷纭的问题。

从中国历史看，严复对19—20世纪中国社会历史变迁的影响有其复杂性。这种复杂性在于严复的人生、学术和思想前前后后有过复杂的变化：如果说戊戌变法时期的严复是思想启蒙的一面旗帜，那么辛亥革命后的严复则在政治上和文化上成为保守主义的代表人物。这就使得在研究和衡论严复对中国历史的影响时，有的研究者着重肯定前者，强调严复对思想启蒙的意义；也有的研究者倾向肯定后者，看重严复思想转向的价值。

但从19—20世纪中国社会历史走向看，严复的影响还是在思想启蒙上所起的作用，而不是在转向保守主义后所起的作用；即使在转向保守主义后，他也没有对思想启蒙的内容作根本性否定。特别是严复翻译的《天演论》和由此倡导的进化论，更是对中国思想世界产生了划时代的影响，唤起了中国人近代意义的民主意识和民族意识，促成了中国人思想观念的新飞跃。诚如胡汉民1905年在《民报》上著文所指出的：“自严氏书出，而物竞天择之理，厘然当于人心，而中国民气为之一变，即所

谓言合群言排外言排满者，固为风潮所激发者多，而严氏之功盖亦匪细。”① 中国民气的这一历史性巨变，后来胡适在《四十自述》中有过具体而生动的回忆，他说：“在中国屡次战败之后，在庚子辛丑大耻辱之后，这个‘优胜劣败，适者生存’的公式确是一种当头棒喝，给了无数人一种绝大的刺激。几年之中，这种思想像野火一样，延烧着许多少年人的心和血。‘天演’、‘物竞’、‘淘汰’、‘天择’等等术语，都渐渐成了报纸文章的熟语，渐渐成了一班爱国志士的‘口头禅’。还有许多人爱用这种名词做自己或儿女的名字。陈炯明不是号竞存吗？我有两个同学，一个叫孙竞存，一个叫杨天择。我自己的名字也是这种风气底下的纪念品。”② 毛泽东之所以高度评价严复的历史地位，正在于严复以思想启蒙对 19 世纪与 20 世纪之交中国思想世界产生过巨大的影响。毛泽东在青年时代就曾深受严复的这种影响：1912 年，他在湖南省立图书馆过自学生活时，就将严复的主要译著一一读过，“相当集中地接受了一次较为系统的西方近代思想文化的启蒙教育”③；他后来对严复的高度评价，实则包含了青年时代的亲身体验和感受。由此可见，严复所给予 19—20 世纪中国社会历史变迁的影响，在于他的思想启蒙，而不在于他的转向保守。在这个方面，兰军的这部专著已经作了详细的考察和阐发。

那么，为什么有的研究者很看重严复在辛亥革命后的思想转向呢？一个重要的原因，在于“中学”与“西学”之间的纠结。在他们看来，严复向西方寻找救国救民的真理，主张引入西方文化来重构中国文化、引入西方哲学来改造中国哲学，是背离了中国文化和中国哲学的传统；只有当严复在辛亥革命后转向保守，在政治上支持袁世凯复辟帝制，在学术上重视先秦儒道经典时，才是接续了中国文化和中国哲学的正统。特别是在最近 30 年文化保守主义再度兴起的背景下，肯定“中学”、否定“西学”成为一种时髦主张，由此来看待和衡论严复对中国历史的影响，这种偏颇就更难以避免了。现在有人给严复戴上“国学大师”的帽子，其原因和依据大概就在这里。因此，解构“中学”与“西学”之间的纠结，是正确看待和衡论严复对中国历史影响的一大关键。

而要解构“中学”与“西学”之间的纠结，就必须看到鸦片战争后

① 胡汉民：《述侯官严氏最近政见》，张枬、王忍之编：《辛亥革命前十年间时论选集》第二卷上册，北京，生活·读书·新知三联书店，1963，第 146 页。

② 胡适：《四十自述》，欧阳哲生编：《胡适文集》第一册，北京，北京大学出版社，1998，第 70 页。

③ 中共中央文献研究室编：《毛泽东传（1893—1949）》，北京，中央文献出版社，2004，第 14 页。

中国人所面对的文化问题，不仅有文化上的中西关系，即“中学”与“西学”的关系，而且有文化上的古今关系，即“传统”与“现代化”的关系。早在明清之际出现的早期启蒙思潮中，就已孕育了中国现代化的因素；但由于诸多历史因素的影响，在鸦片战争前的中国古代文化发展中未能直接生发出中国近代文化。只有在鸦片战争后，中国被卷入以西方近现代文化为标本的全球性现代化运动，产生了新的经济关系、新的政治因素、新的阶级力量和政治力量，经历了中国文化与西方文化的大碰撞、大交流、大融合，中国近代文化才由此得以发生发展，并进一步发展为中国现代文化，我们今天所说的革命文化和社会主义先进文化正是中国现代文化的主体内容。因此，鸦片战争后先进中国人经历千辛万苦学习、引入、吸纳“西学”，正是为了从中获得具有近代意义或现代意义的核心内容，使中国文化从这些资源中获得新的生命活力，由“传统”走向“现代化”，从而塑造中华民族的新文化，赋予中华民族以新的时代精神和民族精神。严复当年之所以致力于引入和传播“西学”，就在于这种对中国文化现代化的追求。诚如他所说：“夫自由、平等、民主、人权、立宪、革命诸义，为吾国六经历史之不言固也，然即以其不言，见古人论治之所短。”[①] 他所致力从西方引入的这些“吾国六经历史之不言”的内容，正是中国文化现代化所需要的新文化因素。这一点，毛泽东根据自己的亲身经历，对当时“西学”之于中国历史的合理性和进步性作过历史主义的评价，指出：“在‘五四’以前，中国文化战线上的斗争，是资产阶级的新文化和封建阶级的旧文化的斗争。在‘五四’以前，学校与科举之争，新学与旧学之争，西学与中学之争，都带着这种性质。”[②] 因此，严复引入和传播“西学”，“西学”突破“中学”的一统天下而在中国得到倡导和开展，实则正体现了新文化与旧文化的斗争，体现了中国文化由“传统”而“现代化”的历史走向。

要解构“中学”与“西学”之间的纠结，还要进一步看到鸦片战争后中国人引入“西学”的内容，不只是体现了西方文化的特殊性，而且包含了人类文化的共同性，即我们今天所说的全人类共同价值。严复所说的“自由、平等、民主、人权、立宪、革命诸义”，实则正是西方文化中具有人类文化共同性的内容。这些内容主要是在西方社会历史中孕育、生发、成熟的，经过全球性现代化运动被赋予了人类文化的共同性，对

① 严复：《主客平议》，王栻主编：《严复集》第一册，北京，中华书局，1986，第118页。

② 毛泽东：《新民主主义论》，《毛泽东选集》第二卷，北京，人民出版社，1991，第696页。

非西方民族国家的现代化进程发生了深刻影响。中国人对“西学”的学习、引入和吸纳亦是如此，在很大程度上并不是接纳西方文化的特殊性，而是接纳西方文化中所包含的人类文化共同性。20 世纪 40 年代，冯友兰在创立“新理学”体系时就提出了一套“别共殊”[①] 的理论，认为：“我们可从特殊的观点以说文化，亦可从类的观点以说文化。”[②] 在他看来，对于一种文化，既可以从“特殊的观点”看，亦可以从“类的观点”看。从“特殊的观点”看，每一个体的文化都有自己的特点，这些特点共同构成了个体的文化，这是文化的个性。从“类的观点”看，人类文化有共同的发展规律，都要由古代文化类型发展为近现代文化类型，这是文化的共性。一个国家或民族的文化，本是一种特殊的文化，但如果从“类的观点”看，又可以发现其中既有属于个性的偶然的性质，又有属于共性的主要的性质，而不仅仅是一种特殊的文化。他据此着重批评了民国初年以来一般人专从“特殊的观点”看中国文化与西方文化的做法，认为长期以来中国人之所以存在“中学”与“西学”之间的纠结，在中西文化关系问题上引出许多纷争，就在于只注意文化的个性而不注意文化的类型，仅仅从“特殊的观点”而不从“类的观点”看中西文化，仅仅把它们理解为两种特殊的文化而不把它们理解为两种有共性的文化。而这种传统的看法，是难以说明西方文化、中国文化及其两者关系的。当时的冯友兰是文化保守主义者，他建构的“新理学”是现代新儒学的代表性体系，但他却不赞成简单地以“中学”拒斥“西学”，而认为要通过“别共殊”来发现西方文化中所包含的人类文化共同性的内容，认为这些内容对中国人来说是不应当拒斥而需要加以吸取的。冯友兰之所以能够如此，在于他部分地吸取了马克思主义的唯物史观和辩证法思想，因而能立于全球性现代化运动的视域，以一种世界历史眼光来看待中国文化与西方文化的关系，从而比民国初年的文化保守主义者要深刻得多。实际上，即使与今日的文化保守主义者相比，冯友兰的视域和眼光也要更为宏阔和高远。

因此，严复向西方寻找救国救民的真理，引入西方文化来重构中国文化、引入西方哲学来改造中国哲学，从历史表象上看是以“西学”改变“中学”，从历史本质上看则是从“传统”走向“现代化”。可以说，从“传统”走向“现代化”是 19—20 世纪中国文化发展的大趋势，由此

---

① 冯友兰：《新事论》，《三松堂全集》第四卷，郑州，河南人民出版社，1986，第 217 页。

② 冯友兰：《新事论》，《三松堂全集》第四卷，郑州，河南人民出版社，1986，第 218 页。

形成了中国近现代文化，形成了中国文化的现代传统，中国哲学也由此发生了现代转型和传统更新。严复作为站在中西古今文化交汇点上的哲学家于此贡献甚大，这是在看待和衡论严复对中国历史影响时最值得肯定之处。

二、问题之二：如何看待严复对中国哲学的影响

严复向西方寻找救国救民真理，从哲学上看，主要体现在他引入西方哲学以改造中国哲学，有力推进了19—20世纪中国哲学的开展。然而，严复对中国哲学的影响，其意味何在，其价值何在，同样是一个见仁见智、值得探讨的问题。

在这个问题上导致人们分歧的原因很多，如严复哲学思想的复杂性、研究者各有自己的哲学观、“中学”与“西学”的纠结遮蔽了严复在哲学上的成就和贡献等等，而最为关键的原因，还是在看待19—20世纪中国哲学上存在着两种不同的中国哲学史观。一种哲学史观认为，中国哲学在19—20世纪所发生的巨大变化，使中国哲学自商周以降的连续发展出现了断裂，对中国哲学的自性、特质与传统造成了严重的冲击和根本性的破坏；近一个半世纪来，中国哲学的主流开展只是盲目西化、照搬照抄、食洋不化，走的是“反传统”的道路，形成的是“‘反传统’的传统”，大概只有现代新儒学才能算得上是中国哲学的自性、特质与传统的真正继承者；中国哲学在21世纪的发展，只有通过复兴中国传统哲学，回归19世纪以前的中国哲学传统，甚至只有回归“轴心时代”的先秦哲学传统，才能接上中国哲学的正统。另一种哲学史观则认为，中国哲学在19—20世纪所发生的巨大变化，实则是中国哲学自身发展中的一大革命性变革，促成了现代意义上的中国哲学的古今之变；近一个半世纪来，中国哲学经历了由古代形态而近代形态而现代形态的转变，继中国哲学古代传统之后形成了中国哲学现代传统，实现了现代转型和传统更新；中国哲学在21世纪的发展，应当以20世纪中国哲学的开展作为自己的起点，承继和发扬中国哲学的现代形态和现代传统而作出新的推进。这两种不同的19—20世纪中国哲学史观，显然不是在19—20世纪中国哲学某些枝节问题上的各有所见，而是在19—20世纪中国哲学总体评价上的根本性思想对立。这种根本性的思想对立表明，在19—20世纪中国哲学研究中，研究者持何种19—20世纪中国哲学史观是一个关系重大的问题。

由于存在着两种不同的19—20世纪中国哲学史观，因而看待和衡论

严复对中国哲学的影响也就存在着不同的看法。从前一种哲学史观出发，就会把严复引入西方哲学以改造中国哲学，开启现代形态中国哲学，视为对中国哲学传统的背离，贬抑乃至否定严复对中国哲学的重大贡献，而认为严复晚年转向重视先秦儒道经典，才是向中国哲学传统的回复，才是鸦片战争后中国哲学发展的正道。从后一种哲学史观出发，则把严复引入西方哲学以改造中国哲学，视为对现代形态中国哲学的开启，有力推进了中国哲学的现代转型和传统更新，对中国哲学发展作出了重大贡献。兰军的这部专著，在书名上即旗帜鲜明标示这一点，称严复哲学思想是“现代形态中国哲学的开端”。这表明，兰军是依后一种哲学史观来看待和衡论严复哲学思想的。

那么，为什么在19—20世纪中国哲学研究中会出现不同的哲学史观呢？从根本上看，这种哲学史观上的分歧，取决于哲学史家对历史的总体性和形上性理解各有所见，换言之，是由他们的历史观不同所决定的。百年之前，李大钊在北京大学讲授“史学思想史”课程时首先所论即历史观问题，撰写了《史观》一文，指出由于历史观的进化而产生出两种不同的历史观。他说：“历史观本身亦有其历史，其历史亦有一定的倾向。大体言之，由神权的历史观进而为人生的历史观，由精神的历史观进而为物质的历史观，由个人的历史观进而为社会的历史观，由退落的或循环的历史观进而为进步的历史观。神权的、精神的、个人的历史观，多带退落的或循环的历史观的倾向；而人生的、物质的、社会的历史观，则多带进步的历史观的倾向。神权的、精神的、个人的、退落的或循环的历史观可称为旧史观，而人生的、物质的、社会的、进步的历史观则可称为新史观。”① 他所说的“新史观”，就是唯物史观；而他所说的“旧史观”，则是唯心史观。在“新史观”与“旧史观”之中，他赞成前者而不赞成后者。但他根据自己从事历史学研究的体验，也指出了解构“旧史观”、确立“新史观”的艰难性。他说：“中国自古昔圣哲，即习为托古之说，以自矜重：孔孟之徒，言必称尧舜；老庄之徒，言必称黄帝；墨翟之徒，言必称大禹；许行之徒，言必称神农。此风既倡，后世逸民高歌，诗人梦想，大抵慨念黄、农、虞、夏、无怀、葛天的黄金时代，以重寄其怀古的幽情，而退落的历史观，遂以隐中于人心。其或征诛誓诰，则称帝命；衰乱行吟，则呼昊天；生逢不辰，遭时多故，则思王者，

① 李大钊：《史观》，中国李大钊研究会编注：《李大钊文集》第三卷，北京，人民出版社，1999，第229页。

思英雄。而王者英雄之拯世救民，又皆为应运而生、天亶天纵的聪明圣智，而中国哲学家的历史观，遂全为循环的、神权的、伟人的历史观所结晶。一部整个的中国史，迄兹以前，遂全为是等史观所支配，以潜入于人心，深固而不可拔除。时至今日，循环的、退落的、精神的、'唯心的'历史，犹有复活反动的倾势。吾侪治史学于今日的中国，新史观的树立，对于旧史观的抗辩，其兴味正自深切，其责任正自重大。"① 这就是说，"新史观"与"旧史观"在中国思想世界的并存与斗争，将是一个长时期的过程，不能指望在短期内就有定论。因此，"旧史观"在今天仍然有其影响并不奇怪，这一点已经为李大钊在倡导"新史观"之初就已预言。由此来看这两种19—20世纪中国哲学史观，可以清楚地看到分别打上了李大钊所说的"旧史观"和"新史观"的印记，体现了不同历史观的精神。在前一种19—20世纪中国哲学史观中，离开社会历史变迁而以退化的眼光看待19—20世纪中国哲学，显然体现的是"旧史观"的精神；而在后一种19—20世纪中国哲学史观中，立足社会历史变迁而以前进的眼光看待19—20世纪中国哲学，则鲜明地体现着"新史观"的精神。可以说，这种"旧史观"与"新史观"的对立，正是这两种19—20世纪中国哲学史观分歧的实质之所在；只有从这种历史观的区别入手，才能了解和把握这两种哲学史观的分歧，才能了解和把握这种分歧的来源与实质。

三、问题之三：如何看待严复促成"哲学"概念在中国生根

严复引入西方哲学以改造中国哲学，对19—20世纪中国哲学开展作出了重大贡献，研究者们往往会从本体论、认识论、历史观、文化观、政治哲学等方面加以阐发和肯定；但严复有一个贡献却因为不在这些方面之内，往往会被研究者们所忽视，这就是他对促成"哲学"概念在中国生根起了重要作用。正是由于"哲学"概念在中国生根，使中国人对经学与哲学有了明确的区分，在经学时代结束后于后经学时代发展出哲学学科，并以此来建构中国哲学史，推进了中国哲学的现代转型和传统更新。北京大学中国哲学门的设立，影响一时的胡适著《中国哲学史大纲（卷上）》和梁漱溟著《东西文化及其哲学》相继问世，就典型地反映了中国学术的这种深刻变化。因此，如何看待严复促成"哲学"概念在

① 李大钊：《史观》，中国李大钊研究会编注：《李大钊文集》第三卷，北京，人民出版社，1999，第230页。

中国生根，是看待和衡论严复对中国哲学贡献的一个重要方面。

在中国哲学的开展中，“哲学”作为一个普遍性概念，不是中国人自己提出来的，而是从国外引入的。19 世纪下半叶，日本最早的西方哲学传播者西周，使用汉字的“哲学”二字表述源于古代希腊的西方哲学学说（即 philosophy）。中国晚清外交家兼学者黄遵宪，将“哲学”一词由日本介绍到中国来。在 20 世纪第一个十年中，一些中国学者开始使用“哲学”概念，并力图通过与中国传统学术中的相关内容进行格义，加以会通，促使这一概念为中国人所接纳，进入中国学术主流。严复是中国最早使用和倡导“哲学”概念的哲学家之一，于此作出了多方面的努力。

严复在 1900—1902 年所写《穆勒名学》按语中，即用中国传统的“理学”概念来理解刚刚引入的“哲学”概念。他说：“理学，其西文本名，谓之出形气学，与格物诸形气学为对，故亦翻神学、智学、爱智学。日本人谓之哲学。”① 这里的“格物诸形气学”，指自然科学诸学科；这里的“出形气学”，则指形而上学，也就是哲学。这就在中国学术史上第一次对“哲学”概念作了明确界定，使中国人对“哲学”概念有了明晰的了解。

严复于 1903 年手订《京师大学堂译书局章程》，从近代科学分类出发，对京师大学堂译书局的翻译课本工作作了明确规定，指出：“翻译课本，拟照西学通例，分为三科：一曰统挈科学；二曰间立科学；三曰及事科学。”② 统挈科学包括名学（逻辑学）与数学，间立科学包括力学与质学（化学），及事科学指有关天地人物之学，包括天文学、地质学、气候学、人种学、社会学、历史学、植物学、动物学等学科。这个章程接着又指出：“以上三科而外，所余大抵皆专门专业之书，然如哲学、法学、理财、公法、美术、制造、司账、卫生、御舟、行军之类，或事切于民生，或理关于国计，但使有补于民智，则亦不废其译功。”③ 这样一来，在中国现代大学文件中，第一次明确地予以了“哲学”的位置。

辛亥革命后，经学失去了封建国家政治权力的支撑，哲学作为一门专门学科突破经学的束缚开始在中国现代大学设立，严复对此起了重要的作用。1912 年，中华民国成立，出任中华民国教育总长的蔡元培明确

① 严复：《〈穆勒名学〉按语》，王栻主编：《严复集》第四册，北京，中华书局，1986，第 1029 页。

② 严复：《京师大学堂译书局章程》，王栻主编：《严复集》第一册，北京，中华书局，1986，第 130 页。

③ 严复：《京师大学堂译书局章程》，王栻主编：《严复集》第一册，北京，中华书局，1986，第 130 页。

提出："普通教育废止读经，大学校废经科，而以经科分入文科之哲学、史学、文学三门。"① 他的具体构想是："清季学制，大学中仿各国神学科的例，于文科外又设经科。我以为十四经中，如《易》、《论语》、《孟子》等，已入哲学系；《诗》、《尔雅》，已入文学系；《尚书》、三《礼》、《大戴记》、春秋三《传》，已入史学系；无再设经科的必要，废止之。"② 就在这一年，京师大学堂更名为北京大学，严复出任北京大学首任校长，在北京大学首先创设哲学学科。

正当严复主持北京大学时，一些人以经费困难为由主张停办北京大学，一时间北京大学能否继续办下去竟然成了一个大问题。严复撰写了《论北京大学校不可停办说帖》进行呼吁，不仅论证北京大学不可停办，而且强调北京大学需要设立哲学学科。他说："国家建立大学，在宗旨与中小学等各学校不同。中小高等皆造就学生之地，大学固以造就专门矣，而宗旨兼保存一切高尚之学术，以崇国家之文化。各国大学如希腊、拉丁、印度之文学、哲学，此外尚有多科，皆以为文明国家所不可少，设立学官、立之讲座、给予优薪、以待有志者，来学者得其师资，即使无人，而各科自为研究，探赜索隐，教思无穷，凡所以自重其国教化之价值也。"③

北京大学经各方努力得以保存，严复又强调通过改革办好学校，撰写了《分科大学改良办法说帖》介绍北京大学的改革方案。他首先谈到北京大学文科的改革，指出："本校从前经、文原分两科。经科只开《毛诗》、《周礼》、《左传》三门，文科只开中国文学、中国史学二门，今已将经科并入文科。……至将来更定办法，则拟分哲学、文学、历史、舆地各门，中国经学、周秦诸子、汉宋各家学说，本为纯美之哲学，而历史、舆地、文学亦必探源于经，此与并经于文办法亦合。惟既为大学文科，则东西方哲学、中外之历史、舆地、文学，理宜兼收并蓄，广纳众流，以成其大。"④ 根据这一改革方案，北京大学在1912年设立中国哲学门，并于1914年开始招收学生。这标志着中国现代大学哲学教育的开

---

① 蔡元培：《全国临时教育会议开会词》，《蔡元培教育名篇》，北京，教育科学出版社，2007，第12页。

② 蔡元培：《我在教育界的经验》，《蔡元培教育名篇》，北京，教育科学出版社，2007，第303页。

③ 严复：《论北京大学校不可停办说帖》，孙应祥、皮后锋编：《〈严复集〉补编》，福州，福建人民出版社，2004，第117页。

④ 严复：《分科大学改良办法说帖》，孙应祥、皮后锋编：《〈严复集〉补编》，福州，福建人民出版社，2004，第120～121页。

启。1919 年，在蔡元培主持北京大学时，将中国哲学门改名哲学系，以后百年直到今日未变其名。

继北京大学设立中国哲学门后，在以后 20 年间，中国现代大学中相继出现了第一批哲学系。武昌私立中华大学于 1915 年设立中国哲学门，这是最早在中国南方出现的现代大学哲学系。接下来，南开大学哲学系于 1919 年，东南大学哲学系（今南京大学哲学系前身）于 1920 年，武昌高等师范学校教育哲学系（今武汉大学哲学系前身）于 1922 年，中山大学哲学系于 1924 年，清华大学哲学系于 1926 年，相继设立。这些现代大学哲学系的设立，使“哲学”概念通过现代大学教育实践，最终进入到中国人的现实生活中，成为中国现代大学教育和中国人现实生活的一个不可或缺的有机组成部分。

这样一来，严复不仅对“哲学”概念作出了明确界定，而且促成了“哲学”概念转化为中国现代大学哲学系的创办。正是通过中国现代大学教育实践，“哲学”概念与中国人现实生活建立起实实在在的联系，在中国获得了现实的土壤而生下根来。使“哲学”在中国由概念变为现实，严复有其重要贡献，这是不应当为历史所尘封的。

四、问题之四：如何看待严复引入西方经验主义

严复引入西方哲学以改造中国哲学，最为关键的是引入西方经验主义，包括引入西方近代经验主义传统和现代实证主义原则，以此作为基础来建构新形态的中国哲学。严复哲学思想呈现的实证哲学特质，其根基正在于西方经验主义；由此入手，才能真正了解和把握严复哲学思想，以及严复对 19—20 世纪中国哲学开展的影响。兰军的这部著作对此十分重视，作了相当全面的阐发。然而，由于严复的这一工作在中国哲学史上是前无古人的，因而也使得如何看待这一工作成为理解严复哲学思想的困难点和分歧点。

首先，中国哲学早在先秦时期已经产生了以墨子为代表的经验主义，严复何以不从中国古代哲学中吸取经验主义资源，而要引入西方经验主义作为新形态中国哲学的基础呢?

这里的原因，不在于严复只知“西学”而不懂“中学”，而在于他敏锐地看到西方经验主义，主要是近代经验主义传统和现代实证主义原则，与中国古代经验主义是不同的。西方近代经验主义传统和现代实证主义原则，都可以追溯到英国哲学家培根那里。培根主张以科学实验作为经验的来源和内容，并以自己倡导的“新工具”——归纳方法整理经验，

对经验中混杂的各种假象进行批判和剔除，从而奠定了经验作为知识来源的根据和基础，促成了西方近代科学技术的大发展。而中国古代经验主义，却未能像西方哲学那样对经验作出培根式的批判和过滤，因而在所重视的经验中往往混杂各种假象，由此获得的知识也就往往包含错误的内容。

墨子提出“兼爱”“非命”“尚贤”“尚同”“天志”“明鬼”“非攻”“非乐”“节用”“节葬”十大主张，希望基于这些主张建立一个小生产者和下层民众所渴望的没有对立、没有战争、人人相爱、人人互利的理想社会；其中“明鬼”主张的认识论根据和基础，就是他的经验主义。墨子认为：“天下之所以察知有与无之道者，必以众之耳目之实，知有与亡为仪者也。……闻之见之，则必以为有；莫见莫闻，则必以为无。”① 这是说，判断一个事物是否存在，必须以众人的感觉经验所反映的实在内容（即“众之耳目之实”）作为依据（即“仪”）。只有众人都感觉到了，才能断定有这个事物的存在；如果大家都没有感觉到，那就没有这个事物的存在。在墨子看来，证明确实有鬼的存在也是如此。他以周之《春秋》、燕之《春秋》、宋之《春秋》、齐之《春秋》等各国史书上有关诸多国君遇见鬼的记载，作为确实有鬼存在的证据，指出：“以若书之说观之，鬼神之有，岂可疑哉！”② 这种建立在经验主义基础上的“明鬼”主张，在今天看来当然是荒谬可笑的；而导致这种错误的认识论根源，就在于墨子没有能够对经验作出培根式的批判和过滤，因而把经验中混杂的各种假象也当成了真实的事物和现实的存在。

严复对中国哲学的一大贡献，就在于清醒地看到了对经验作培根式的批判和过滤的重要意义，因而把西方经验主义引入中国哲学。他对于培根开创西方近代经验主义传统大加推崇，指出：“是以制器之备，可求其本于奈端（即牛顿——引者注）；舟车之神，可推其原于瓦德（即瓦特——引者注）；用电之利，则法拉第之功也；民生之寿，则哈尔斐（即哈维——引者注）之业也。而二百年学运昌明，则又不得不以柏庚氏（即培根——引者注）之摧陷廓清之功为称首。学问之士，倡其新理，事功之士，窃之为术，而大有功焉。”③ 他所说的学问上的“新理”，就是培根所开创的西方近代经验主义传统，以及后续的现代实证主义原则。在他看来，正是这种“新理”的确立和采用，使得西方科学技术得以突飞

---

① 《墨子·明鬼下》。

② 《墨子·明鬼下》。

③ 严复：《原强修订稿》，王栻主编：《严复集》第一册，北京，中华书局，1986，第29页。

猛进，产生了一大批科学巨匠，取得了一系列重大成就。因此，严复不从中国古代哲学中吸取经验主义资源，而要引入西方经验主义作为新形态中国哲学的基础。

那么，严复引入西方经验主义，以此作为基础来建构新形态的中国哲学，对19—20世纪中国哲学开展产生了哪些重要影响呢?

19—20世纪中国哲学开展，如果从哲学问题的层次上看，包含了不同层面的内容，既有最抽象的本体论与认识论，又有最具体的政治哲学，还有居其中的历史观与文化观。严复引入西方经验主义，以此作为基础来建构新形态的中国哲学，对这些不同层面的哲学开展都产生了重要影响。他在文化观上所展开的西化思潮，在历史观上所力倡的进化史观，在政治哲学上所引入的自由主义，都是以经验主义作为基础的。特别是在本体论与认识论问题上，他从认识论入手引入西方近代经验主义传统和现代实证主义原则，以此为基础解构传统哲学本体论、建构新形态科学宇宙观，尤其深刻地影响了19—20世纪中国哲学开展。

19世纪末，与严复同时代的康有为、谭嗣同，率先吸取西方近代科学思想资源，建构具有近代特点的中国哲学本体论，力图推进中国哲学由古代形态转变为近代形态。但中国古代哲学的本体论与宇宙论相结合的传统，依然纠缠着这些先进哲学家的头脑，使他们难以走出哲学与科学相杂糅的思维定势，从而使他们建构的新形态中国哲学本体论成为一种传统哲学本体论与近代科学宇宙论的混合物，并由此得出了在哲学上和科学上都似是而非的结论。康有为主张："不忍人之心，仁也，电也，以太也，人人皆有之，故谓人性皆善。"① 谭嗣同主张："仁以通为第一义。以太也，电也，心力也，皆指出所以通之具。"② 这些主张都把中国古代哲学的"仁"与西方近代科学的"以太"混为一谈，今天看来当然是一些似是而非的东西。这就导致了19世纪与20世纪之交新形态中国哲学本体论的困境。

与康有为、谭嗣同同时代的严复，正是面对19世纪与20世纪之交新形态中国哲学本体论的困境，来引入西方经验主义以改造中国哲学的。他在引入西方经验主义的时候，不仅重视西方近代经验主义传统，而且强调现代实证主义原则。现代实证主义原则是孔德在经验主义的基础上提出的，强调哲学只讨论与经验有关的东西，不讨论经验之外的东西。

---

① 康有为：《孟子微》，北京，中华书局，1987，第9页。

② 谭嗣同：《仁学》，蔡尚思、方行编：《谭嗣同全集》（增订本），北京，中华书局，1981，第291页。

在孔德看来，自然界的规律都是可以在经验范围内加以证实的，是不能否定的，必须加以研究；而那种超现象超经验的本体问题，是不能在经验范围内加以证实或证伪的，因而是人类精神无法解决的问题，没有必要进行研究。

严复依据现代实证主义原则，强调感觉经验以外的东西，是不可能证实也不可能证伪的，无法认识和把握。他借用佛教语言，将这种不可能证实也不可能证伪的东西，称之为“不可思议”之物。所谓“不可思议”，指由于超出感觉经验范围，而为人的认识能力（包括语言、思维）所不可及。在《天演论》的按语中，严复对“不可思议”作了明确解释，指出：“‘不可思议’四字，乃佛书最为精微之语。……夫‘不可思议’之云，与云‘不可名言’、‘不可言喻’者迥别，亦与云‘不能思议’者大异。假如人言见奇境怪物，此谓‘不可名言’；又如深喜极悲，如当身所觉，如得心应手之巧，此谓‘不可言喻’；又如居热地人，生未见冰，忽闻水上可行，如不知通吸力理人，初闻地员对足底之说，茫然而疑，翻谓世间无此理实，告者妄言，此谓‘不能思议’。至于不可思议之物，则如云世间有圆形之方，有无生而死，有不质之力，一物同时能在两地诸语，方为‘不可思议’。”① 在这里，他用举例的方式，以“有圆形之方”“有无生而死”“有不质之力”“一物同时能在两地”等命题，具体而形象地说明了何谓“不可思议”。通过这些命题可以看出，所谓“不可思议”实际上是指人类在抽象思维中所遭遇的矛盾性，这种矛盾性在超越感觉经验的形而上学中最为突出地显现出来。

对于传统哲学本体论中的这些“不可思议”的本体观念，严复的态度包括两个方面：一方面，他认为必须对传统哲学本体论予以重视，不能简单地宣布为胡说和谬误，因为这毕竟是人类在哲学思维领域中艰苦探索的成果。他说：“仆往尝谓理至见极，必将不可思议。故诸家之说皆不可轻非，而希格尔（即黑格尔——引者注）之言尤为精妙。”② 另一方面，他又认为传统哲学本体论由于超越了感觉经验，带有强烈的主观性，毕竟在理论上难以稳固立足。他说：“古之言万物本体也，以其不可见，则取一切所附著而发见者，如物之色相，如心之意识而妄之。”③ 因此，

---

① 严复：《〈天演论〉复案》，王栻主编：《严复集》第五册，北京，中华书局，1986，第1379～1380页。

② 严复：《〈穆勒名学〉按语》，王栻主编：《严复集》第四册，北京，中华书局，1986，第1040页。

③ 严复：《〈穆勒名学〉按语》，王栻主编：《严复集》第四册，北京，中华书局，1986，第1036页。

他明确表示赞同穆勒的观点："人心于物，所谓知者，尽于觉意；至其本体，本无所知，亦无由知。"① "自吾人有生以后，常为气质之拘，于物本体，断无可接而知之理，则纽美诺（即 Noumenon，本体——引者注）终为神閟之事而已矣。"② 这两个方面的态度，其实并不矛盾，在严复的哲学思想中实是统一的。因为在前一个方面，他强调的是对传统哲学本体论"不可轻非"，反对简单的否定；而在后一个方面，他则是以现代实证主义原则为依据，对传统哲学本体论进行批判。正是这样，他得出了结论："窃尝谓万物本体虽不可知，而可知者止于感觉"③，认为不能超越感觉经验的范围来谈认识的可靠性，哲学家们长期探讨的万物本体就属于这类不能被可靠认识的东西。他坚决反对任何背离现代实证主义原则的主张，说："不实验于事物，而师心自用，抑笃信其古人之说者，可惧也夫！"④ 在他看来，不论是"师心自用"，还是"笃信其古人之说"，由于离开了感觉经验的范围，所得出的认识结论都是值得警惕的。

严复以经验主义为基础对传统哲学本体论所进行的这些批判，是对传统哲学本体论的一种深刻解构，使得中国传统哲学本体论的哲学与科学相杂糅的思维定势也随之而解构了，从而走出了 19 世纪与 20 世纪之交中国哲学本体论的困境。通过对传统哲学本体论的批判，严复提出了中国哲学发展的新方向：把宇宙论从本体论中剥离出来，在近代经验科学的基础上建立新的科学宇宙论，取代传统哲学本体论，使中国哲学走上科学化、实证化的道路。严复首先沿着这个新方向努力探索，建构起一个新的以牛顿力学和达尔文-斯宾塞进化论为框架的科学宇宙论体系。《天演论》译文说："自吾党观之，物变所趋，皆由简入繁，由微生著。……小之极于跂行倒生，大之放乎日星天地；隐之则神思智识之所以圣狂，显之则政俗文章之所以沿革。言其要道，皆可一言蔽之，曰：天演是已。"⑤ 这段译文实际上也体现了严复的哲学思想。因此，他所建构的科学宇宙论体系可以称之为"天演之学"。所谓"天演"，也就是宇

① 严复：《〈穆勒名学〉按语》，王栻主编：《严复集》第四册，北京，中华书局，1986，第 1035 页。

② 严复：《〈穆勒名学〉按语》，王栻主编：《严复集》第四册，北京，中华书局，1986，第 1034 页。

③ 严复：《〈穆勒名学〉按语》，王栻主编：《严复集》第四册，北京，中华书局，1986，第 1036 页。

④ 严复：《〈穆勒名学〉按语》，王栻主编：《严复集》第四册，北京，中华书局，1986，第 1032 页。

⑤ 严复：《〈天演论〉复案》，王栻主编：《严复集》第五册，北京，中华书局，1986，第 1326 页。

宙进化的意思。后来的20世纪20年代经验论科学主义，接续了严复的这一思路；其代表人物之一王星拱在珞珈山下撰写的《科学概论》一书，就建构了一个更新的科学宇宙论体系。

20世纪三四十年代，中国人文主义思潮哲学家开展了重建中国哲学本体论的工作，相继产生了熊十力的“新唯识论”、冯友兰的“新理学”、贺麟的“新心学”几个有代表性的哲学本体论体系，成为中国哲学现代转型的标志性成果。严复对传统哲学本体论的解构，对人文主义思潮哲学家也发生了启示作用，使他们看到重建中国哲学本体论需要重新确立出发点；这个新的出发点，不应再是康有为、谭嗣同所建构的具有近代特点的中国哲学本体论，而应当是严复对这种本体论与宇宙论相结合、哲学与科学相杂糅的思维特点所作的解构。这些新的中国哲学本体论体系，虽然各具个性特色，但也有共同之点，这就是都以区分科学与哲学为其前提，不再是本体论与宇宙论相结合、哲学与科学相杂糅的混合物，因而有熊十力提出“科学”与“哲学”的划界，冯友兰主张“实际”与“真际”的区分，贺麟强调“心理意义的心”与“逻辑意义的心”的不同。

严复所引入的西方经验主义，对20世纪中国哲学认识论的开展也投下了深刻影响。对经验的重视和探讨，成为了20世纪中国哲学家开展认识论研究的关键性内容。不仅人文主义思潮哲学家张东荪、科学主义思潮哲学家金岳霖，在自己的认识论体系建构中着重探讨了经验问题，而且更有马克思主义哲学家毛泽东，在建构“实践论”哲学体系中对经验问题作了深刻阐发。毛泽东强调人的认识和知识，都来源于人的经验，特别是来源于人的直接经验。他指出：“一切真知都是从直接经验发源的”①；即使“在我为间接经验者，在人则仍为直接经验。因此，就知识的总体说来，无论何种知识都是不能离开直接经验的”②。但毛泽东并不完全赞成经验主义对经验的理解，认为：“哲学上的‘唯理论’和‘经验论’都不懂得认识的历史性或辩证性，虽然各有片面的真理（对于唯物的唯理论和经验论而言，非指唯心的唯理论和经验论），但在认识论的全体上则都是错误的。”③ 在他看来，马克思主义哲学认识论在吸取经验主义的“片面的真理”而重视经验之于认识活动的意义时，还有超越经验主义的地方。首先，马克思主义哲学认识论强调经验来自人的社会实践，

① 毛泽东：《实践论》，《毛泽东选集》第一卷，北京，人民出版社，1991，第288页。
② 毛泽东：《实践论》，《毛泽东选集》第一卷，北京，人民出版社，1991，第288页。
③ 毛泽东：《实践论》，《毛泽东选集》第一卷，北京，人民出版社，1991，第291页。

来自人的生产活动、阶级斗争和科学实验，这与从培根开始以科学实验作为经验的来源和内容相比，无疑揭示了经验的更深刻的来源和更丰富的内容。其次，马克思主义哲学认识论反对割裂认识活动中的感性认识和理性认识，主张“认识的感性阶段有待于发展到理性阶段——这就是认识论的辩证法”①；相反，“如果以为认识可以停顿在低级的感性阶段，以为只有感性认识可靠，而理性认识是靠不住的，这便是重复了历史上的‘经验论’的错误”②。毛泽东曾深受严复的影响，而又以他创立的“实践论”超越了严复的经验主义。

通过上述论析可以清楚看出，严复引入西方哲学以改造中国哲学，最为关键的是引入西方经验主义，包括引入西方近代经验主义传统和现代实证主义原则，以此作为基础来建构新形态的中国哲学。这对于推动19—20世纪中国哲学开展，特别是对于促成20世纪中国哲学的本体论和认识论建构，投下了深刻的影响。在这些新形态中国哲学的建构中，既有对严复经验主义思想的接续，也有受严复经验主义思想的启示，还有对严复经验主义思想的超越。总而言之，回顾和反思19—20世纪中国哲学，严复经验主义思想是不可绕过的。换言之，不懂得严复经验主义思想，是难以正确理解和深入把握19—20世纪中国哲学开展的。

五、简短的结语

以上这些问题的探讨，都是我自己的一些看法。这些看法，实则是依毛泽东的论断，以严复作为“在中国共产党出世以前向西方寻找真理的一派人物”的代表而展开的，一步步说明了如何看待和衡论严复向西方国家寻找真理，以及这种上下求索对于中国文化和中国哲学古今之变的意义。由此来看，兰军的这部专著将严复哲学思想定位为“现代形态中国哲学的开端”，并由此对严复哲学思想的背景、来源、内涵、意义及局限进行细致的梳理和深入的阐发，确实有着很高的学术价值，对我们认识和理解严复、认识和理解19—20世纪中国哲学开展、认识和理解中国文化和中国哲学在21世纪的历史走向，都是富有启发性的。

企盼读者诸君能从兰军的这部专著中多多受益！

2022年1月8日于武汉大学

① 毛泽东：《实践论》，《毛泽东选集》第一卷，北京，人民出版社，1991，第291页。

② 毛泽东：《实践论》，《毛泽东选集》第一卷，北京，人民出版社，1991，第291页。

目　录

导 论 研究框架

自鸦片战争以来，中国文化开始进入了一个全新的发展阶段：从传统文明向近现代文明转型。这一过程不仅包括了政治制度、经济制度、风俗观念的改变，而且非常明显地体现在包括中国哲学在内的中国学术的发展历程之中。可以说，转型是中国近现代文化的最基本特征之一，因而转型现象也就成为了中国学术界所探讨的热点问题之一。从20世纪80年代中后期起，学者们特别关注中国学术所经历的近现代转型。在研究中，他们明显地感受到了严复思想的影响力。戴逸先生就明确指出："中国近现代学术肇始于严复翻译西方的学术名著，19世纪末，他翻译了赫胥黎的《天演论》，向中国人介绍了进化学说，使中国学术界的观念发生了革命性的变化。"①以《天演论》为载体的进化论在中国哲学近现代发展过程中有着革命性的意义，冯契先生认为："严复译述《天演论》等著作，则标志着中国人对西学的认识已由'器'而进于'道'，达到了一个新的阶段……康有为把公羊'三世'说改造为历史进化论，严复倡导'天演哲学'，他们用进化论作武器，来反对顽固派、洋务派那种'天不变，道亦不变''中学为体，西学为用'的理论。这标志着中国近代哲学革命的开始。"②"新的阶段"和"近代哲学革命"其实就是指哲学转型。冯契先生主要是从历史观、文化观的角度来论述中国哲学的近现代转型的。而李维武又从本体论的角度深入地讨论了这一问题："从19世纪中期的龚自珍、魏源到19世纪末的康有为、谭嗣同、严复，就是中国哲学的近代形态从发生到向现代形态转变的时期。严复建立起中国哲学史上第一个完全近代意义的哲学体系，这个体系同时又成为中国哲学的现代形态的开端。中国哲学的现代形态经过新文化运动而进入全面的发展时期，至今仍在生气勃勃地展开之中。"③总之，中国现代哲学与中国传统哲学之间存在着理论形态上的差异，而这一差异的真正形成是以严复哲学思想的出现

① 戴逸：《二十世纪中国学术概论(代序言)》，李维武：《徐复观学术思想评传》，北京，北京图书馆出版社，2001，第1～2页。

② 冯契：《中国近代哲学的革命进程》，上海，上海人民出版社，1989，第83～84页。

③ 李维武：《形态、问题与思潮：20世纪中国哲学研究的方法论思考》，《学术月刊》2004年第9期。

为标志的。[①]

那么，为什么说严复的哲学思想是属于现代理论形态的？严复哲学思想的现代特征体现在哪些地方？具有现代理论形态属性的严复哲学思想是如何形成的？这些都是严复哲学思想研究和中国近现代哲学研究中的重要问题，但却没有被人们系统而深入地研究。笔者就是要从现代形态中国哲学产生发展的角度来诠释和评价严复的哲学思想，说明严复哲学思想的特质，凸显出严复哲学思想在这一哲学运动中的重要位置，揭示出严复对这一哲学运动的划时代贡献。

一、解题：哲学转型的本质是哲学基本思维方式的历史转换

既然我们要从中国哲学现代转型的角度出发来讨论严复的哲学思想[②]，那么首先要阐明的问题就是：什么是哲学形态？什么是哲学转型？中国哲学经历了怎样的转型？中国哲学的转型有什么样的特点？

本书采用了李维武对哲学形态概念的界定："所谓哲学的形态，是指哲学在历史发展中所呈现的一定的思维方式。这种思维方式规定了一定时期哲学的致思趋向和话语系统，规定了一定时期的哲学文化风貌，使之与以往时代的哲学呈现出明显区别。"[③]相应地，哲学转型是指哲学形态的转换。这一界定强调三个方面的内容：第一，哲学形态表现为哲学文化风貌。处于同一发展阶段的哲学理论，不论它们之间的内容差异有多大，实际上都是同一发展阶段的思维方式的产物。因而它们对于哲学研究的对象、任务和方法有着大体相同的看法，能够共同构成这一时期的"哲学文化风貌"。第二，哲学思维方式是形成"哲学文化风貌"的最根本力量。第三，哲学理论的发展是有阶段性的，表现为哲学形态的形成及其转换。

实际上，哲学形态和哲学转型是中国学者在哲学史研究中经常使用的范畴。冯友兰先生在20世纪30年代就指出："普通西洋哲学家多将西洋哲学史分为上古、中古、近古三时期。此非只为方便起见，随意区分。

---

① 笔者不完全赞同李维武的观点。笔者认为，严复的哲学不是"完全近代意义的哲学体系"，而是"现代形态的哲学体系"。

② 在本书中，"近现代转型"的含义比"现代转型"要广泛些："现代转型"强调严复哲学思想与他之后的其他中国哲学理论之间的相通之处，而"近现代转型"除此意义之外，更强调严复哲学思想与他之前及同时代其他中国哲学家的哲学思想在理论形态方面的差异。

③ 李维武：《形态、问题与思潮：20世纪中国哲学研究的方法论思考》，《学术月刊》2004年第9期。

西洋哲学史中，此三时期之哲学，实各有其特别精神，特殊面目也……在西洋哲学史中，中古哲学与近古哲学，除其产生所在之时代不同外，其精神面目，实有卓绝显著的差异也。”①这里的中古哲学指西方中世纪哲学，近古哲学就是我们现在所说的西方近代哲学，上古哲学就是我们现在所说的古希腊、古罗马哲学。在这里，冯友兰先生的“特殊面目”就是“哲学文化风貌”的雏形，他在《中国哲学史》中所说的子学时代和经学时代也是哲学形态的雏形。20 世纪 80 年代，冯契先生在研究中国近现代哲学时指出：“达尔文进化论的输入标志着中国近代哲学革命的开始。从戊戌变法时期到‘五四’前夕，整整一代的革命者，都信奉进化论。”②这里的“进化论”就是一种“哲学文化风貌”。李维武在其 20 世纪 90 年代的博士论文《20 世纪中国哲学本体论问题》中，就是从科学主义、人本主义和马克思主义三大哲学思潮的角度来讨论的。他明确认识到 20 世纪中国哲学的思维方式与之前的中国哲学是完全不同的，因而其“哲学文化风貌”也与之前的中国哲学不同。这与德国学者赖欣巴哈的观点倒是相通的：“二十世纪所提供的哲学面貌就完全与十九世纪的不同。”③李维武的“20 世纪中国哲学”这一概念的本质内容就是现代形态中国哲学，他持续研究中国近现代哲学十多年后才明确提出“哲学形态”的概念。这一概念明显受到库恩的范式理论的影响。根据库恩的理论，科学的发展本质上是一个一个的范式产生、发展和被替代的过程，每一种范式就是一种基本的思维方式及与其相对应的各种理论体系、概念体系和逻辑解释体系，而这些体系的总体就是一种文化风貌、某一时代的主导思维方式。与它相对应的理论界的总体状态，就是科学的“文化风貌”。把这一思路引入哲学领域，意味着哲学的发展是一个一个的“哲学文化风貌”的形成、发展和转换，其实质上是哲学思维方式的转化。当我们用古代、近代和现代来划分“时代”时，“哲学文化风貌”就转化为古代哲学形态、近代哲学形态和现代哲学形态。特别是李维武提出来的哲学形态的概念，是符合马克思历史唯物主义原理的：作为上层建筑的哲学要与其经济基础相一致，当中国社会发生转型时，相应的哲学理论及其形态也要发生转型。因而本书采用了李维武对哲学形态的界定。

北京大学的胡军也在研究中国哲学的现代转型，他说：“‘中国哲学的现代转型’或者说‘中国现代哲学’……她本身也有哲学内容现代化的含

① 冯友兰：《中国哲学史》下册，上海，华东师范大学出版社，2000，第 3 页。

② 冯契：《中国近代哲学的革命进程》，上海，上海人民出版社，1989，第 6 页。

③ 〔德〕H. 赖欣巴哈：《科学哲学的兴起》，伯尼译，北京，商务印书馆，1983，第 98 页。

义。这就是说中国哲学必须要现代化。而现代化的含义诚如冯友兰所说的那样必须使传统中国哲学的概念的含义清晰明白，使中国传统哲学具有一个论证的形式系统。”[①]正是从“论证的形式系统”出发，他指出：“严格地说来，在20世纪的30年代以前，中国还没有能够形成自己的有现代形式系统的哲学体系。”[②]现代的“论证的形式系统”或“现代形式系统的哲学体系”也可以说是一种“哲学文化风貌”，因为中国传统哲学不是这样表现自己的。因而胡军的观点也蕴含着本书所说的哲学形态的意思。当然，依据胡军的观点，严复在中国现代哲学转型中的地位并不突出。但是，中国哲学从传统形态走向“现代形式系统的哲学体系”是一个过程，在这个过程中，严复也是作出了重大贡献的(胡军认为严复的贡献是引入西方现代的归纳逻辑学)。如果把将现代西方逻辑学或西方现代哲学理论引入中国传统哲学看作是这个过程的开端的话，严复还真的就是中国现代哲学转型的开启者。总的来看，李维武的中国哲学转型观是从哲学根本的思维方式出发的，而胡军的中国哲学转型观则是从论证形式出发的。笔者选择李维武的观点。

本书的研究视角是中国哲学的近现代转型，它所对应的就是中国古代哲学形态、中国近代哲学形态和中国现代哲学形态。那么，如何对中国哲学的发展进行古代、近代和现代的分期呢？传统哲学和现代哲学指的又分别是什么呢？关于这一问题，学者们仁者见仁，智者见智，并没有得出一个普遍认同的结论。但由于这些范畴来自于西方哲学，西方人对它们的理解与中国人不一样。再加上中西方哲学发展的差异性，这些范畴在中国哲学研究和西方哲学研究中的意思并不完全一致：在中国哲学研究中，虽然学者们对近代哲学和现代哲学的划分标准有不同的意见，但一般都承认它们是哲学发展的两个完全不同的阶段；而在西方哲学研究中，近代和现代是同一个单词——英语中的modern，即近代哲学和现代哲学没有什么区别，西方学者大致把中国人所说的现代哲学称为contemporary philosophy。同时，对于近代哲学属于现代哲学还是属于传统哲学，中国学者的意见也不一致：研究西方哲学的学者一般都把近代哲学归于传统哲学，而研究中国哲学的学者一般都把近代哲学归于现代哲学，或者说归于从传统哲学向现代哲学的过渡，但具有更多的现代哲学的特征。笔者从中国哲学研究的角度使用这些范畴，即近代形态的哲学

① 胡军：《中国哲学的现代转型》，北京，北京大学出版社，2013，第75页。

② 胡军：《中国哲学的现代转型》，北京，北京大学出版社，2013，第256页。

和现代形态的哲学之间虽然存在着很大的差异，但它们又都属于现代哲学，而严格意义上的传统哲学就是指古代哲学。实际上，古代哲学向近代哲学转化、近代哲学向现代哲学转化，就是所谓的哲学转型。正如李维武指出的："所谓哲学的转型，不是指以某一重大政治事件为起点和终点的社会历史时期中的哲学发展，而是指哲学自身的形态(思维方式)所发生的质的飞跃及其新质的展开，是指哲学的致思趋向、话语系统及其整个哲学文化风貌的转变。"①因此，哲学转型就是指哲学基本思维方式的历史转换；对中国哲学的发展进行分期，实际上就是探寻中国哲学的理论形态以及相应的基本思维方式。相应地，中国哲学的古代、近代和现代分期就是：龚自珍、魏源之前的中国哲学为古代哲学或中国传统哲学，严复之后的中国哲学为现代哲学，二者之间的哲学为近代哲学。②

由于中西方哲学发展的差异，哲学的三种理论形态的发展及其基本思维方式的历史转换在西方哲学的发展中体现得最为鲜明，因而西方哲学的理论形态及其思维方式的转换就成为研究中国哲学的理论形态及其思维方式的转换的重要参考。中国学者一般把从泰勒斯到培根之前的西方哲学称为西方古代哲学，这一时期的哲学理论可以说都是本体论，本体论就是这一时期的"哲学文化风貌"。相应地，唯物主义和唯心主义是这一形态的西方哲学开展的两种基本的哲学思维方式。③ 绝大多数西方古代哲学家认为，哲学就是本体论，形而上学是最高等级的知识。但在关于本体是什么的问题上，他们产生了根本性的分歧：一部分哲学家认为本体是物质性的，这以德谟克利特的原子论为代表，采用的是唯物主义的思维方式；另一部分哲学家则认为本体是精神性的，这以柏拉图的理念论为代表，采用的是唯心主义的思维方式。随着文艺复兴运动的开

① 李维武：《论二十世纪中国哲学的转型》，《中华文史论丛》第六十二辑，上海，上海古籍出版社，2000，第87页。

② 对于中国哲学的分期来说，学者们基本上同意将龚自珍、魏源作为古代哲学和近代哲学的分界点，而对近代哲学和现代哲学的分界点却争论不休。笔者认为，以西方哲学为参照，从哲学形态来说，严复哲学思想是中国现代哲学的起点。当然，这一观点当前还不被学者们所普遍认同。

③ 笔者承认唯物主义和唯心主义是贯穿所有哲学发展过程的两种最基本的哲学思维方式，但它们在哲学发展史上的表现形式不一样：西方古代、近代哲学家讨论本体是精神还是物质的问题，唯物主义和唯心主义作为最基本的哲学思维方式得到了直接体现；而大多数现代西方哲学家确实不直接讨论本体是精神还是物质的问题，唯物主义和唯心主义作为最基本的哲学思维方式没有充分地直接体现出来，它们实际上是作为一种理论前提而存在。本书此处就是在表现形式的意义上使用唯物主义和唯心主义这对范畴的。

展、宗教改革的进行、民族国家的出现、自然科学①的发展和资本主义运动的兴起，西方逐渐发展至近代社会，西方哲学也进入了近代哲学的发展阶段。中国学者一般把从培根到黑格尔的西方哲学称为西方近代哲学。与古代哲学相比，这一时期的西方哲学家虽然继续讨论本体问题，但也特别关注认识论问题，他们是从认识论出发讨论本体问题的，因而被称为西方哲学的"认识论转向"。"认识论转向"可以被看成这一时期的"哲学文化风貌"，而经验主义和理性主义、唯物主义和唯心主义是这一形态西方哲学的基本思维方式，其中经验主义和理性主义是更为明确、直接的哲学的基本思维方式，直接决定了这一时期西方哲学理论的主要特征。西方近代哲学家基本上认为，只有对人的认识能力进行全面、深刻的探讨，以此为出发点，所有的哲学问题包括形而上学的问题才有可能被解决，因而认识论就成了哲学的核心内容。但在知识的来源、知识的本质特征和真理的标准等认识论的基本问题上，西方近代哲学家产生了根本性的分歧：英国的哲学家基本上采用了经验主义的思维方式，他们认为知识来源于感觉经验，人只能以经验为手段获得知识，否认超验知识的存在。洛克和休谟是其中的主要代表人物。而欧洲大陆的哲学家则基本上采用了理性主义的思维方式，他们认为来自感觉的知识不具有真正的普遍性，人只有从某一不来自于经验的观念出发，通过类似于数学的推理形式，才能获得真正的知识。笛卡儿和莱布尼茨是其中的主要代表人物。为了解决经验主义哲学和理性主义哲学之间的对立，德国古典哲学开始兴起：康德用经验主义的思维方式来改造理性主义的思维方式，构建了一个先验的哲学体系；黑格尔用理性主义的思维方式来包容、消解经验主义的思维方式，用绝对精神和辩证逻辑构建了一个包罗万象的形而上学体系。另外，西方近代哲学家也继续对本体是精神还是物质的问题展开激烈的争论，黑格尔哲学是西方近代唯心主义哲学的代表，而费尔巴哈哲学则是西方近代唯物主义哲学的代表。随着自然科学的进一步发展、西方国家开始向帝国主义阶段转化和西方近代文化弊端的充分展现，西方社会进入现代发展阶段，相应地，西方现代哲学也开始产生和发展。中国学者一般把黑格尔之后的西方哲学称为西方现代哲学。反对传统的本体论、排斥形而上学成为这一时期西方哲学理论的最根本特征，也是这一时期的"哲学文化风貌"，而科学主义、人本主义和马克

① 笔者所说的自然科学都是指近现代自然科学，即伽利略以来建立在实验基础上的自然科学。

思主义是这一形态西方哲学最明确、最直接的基本思维方式[①]。西方现代哲学家基本上不把本体理解为完全脱离现象世界并决定现象世界的终极存在，也不承认人能通过哲学而获得关于本体的知识，而把获得知识的任务全部归于科学。但在关于哲学的研究任务问题上，西方现代哲学家却存在着根本性的分歧：科学主义哲学家认为哲学应该研究认识论问题或知识论问题，走科学化、实证化的道路，排斥形而上学，因而他们从经验实证、逻辑分析、语言分析等方面来研究哲学问题；人本主义哲学家则坚持哲学要研究本体问题，但反对传统形而上学把本体理解为与现象世界相分裂的理性存在，而把本体与人的存在(特别是人的非理性特征和人的价值需求)联系起来。人本主义哲学家的本体论不同于传统的本体论，不是关于知识的，而是关于价值的，因而他们从人的存在的角度来讨论本体问题。而马克思主义哲学家则超越了科学主义哲学和人本主义哲学的对立，把哲学理解为人们改造世界的理论指导，即哲学就是世界观和方法论，因而他们依据唯物史观和辩证唯物主义的原理，从实践的角度来讨论哲学问题。

正如冯契先生指出的："中国近代哲学是从中国传统哲学演变而来的；同时，它又在一定意义上重复了西方近代哲学发展史。中国近代哲学发展史与西方近代哲学发展史有共同的特征和相似的规律性。然而，决不能忽视这两者之间的差别。"[②]也就是说，中国哲学的理论形态及其思维方式的转换既与西方哲学有着某些相似之处，又有自身的特征。

相似之处主要表现在两个方面：第一，中国哲学也经历了从古代理论形态向近代理论形态、现代理论形态的发展，产生这一哲学运动的根本动力是中国要从传统社会向近现代社会过渡，其突出地表现为中国近现代政治运动的兴起、中国近现代工商业的产生及发展和近现代自然科学在中国的传播及发展。这与西方哲学的发展是相类似的。第二，中国现代哲学家的哲学基本思维方式与西方现代哲学家的哲学基本思维方式相似。由于中国近现代社会发展和中国哲学近现代发展的特殊性，中国现代哲学的发展是在西方现代哲学的影响下开始的，中国现代哲学理论及其思维方式在相当程度上可以说是直接来源于西方现代哲学。中国现代哲学家分别采用科学主义、人本主义和马克思主义三种现代哲学基本思维方式讨论哲学问题，他们研究哲学问题的思路与相应的西方现代哲

---

① 当然，在某种意义上，这三种思维方式也可以具有归属于唯物主义和唯心主义的性质。

② 冯契：《中国近代哲学的革命进程》，上海，上海人民出版社，1989，第11页。

学家大体上是一致的。当然，中国现代哲学理论与相应的西方现代哲学理论存在着或大或小的差异，其中，中国人文主义哲学与西方人本主义哲学的差异较为明显：中国人文主义哲学家一般都特别关注中国传统文化发展，对自然科学也相当推崇，不像西方人本主义哲学家那样特别强调自然与人文的差异、人的存在的本体论意义以及非理性与理性的对立。另外，中国古代哲学家和西方古代哲学家的思维方式也存在一定程度的不谋而合。虽然古代中国没有哲学学科，而且中国古代哲学家所讨论的主要是政治哲学和伦理学的问题，但他们也采用唯物主义和唯心主义两种思维方式对本体问题作了相当程度的探讨：张载和王夫之可以说是中国唯物主义哲学家的代表，他们认为本体是物质性的存在——“气”；而朱熹和王阳明则可以说是中国唯心主义哲学家的代表，他们认为本体是精神性的存在——“理”或“心”。这些观点与古希腊哲学家对本体问题的讨论相当类似。

中国哲学自身的特征主要表现在三个方面：第一，西方哲学的近现代转型受到的非西方文化的直接干涉或影响是比较小的，可以看成西方文化独立发展的产物；而中国哲学理论形态的近现代转型或者说中国哲学基本思维方式的近现代转换，是在中西文化冲突与交流的过程中产生和发展的，与西方近现代自然科学知识、社会科学知识和哲学理论的传入密切相关：中国现代哲学中的科学主义、马克思主义哲学的思维方式可以说是西方哲学中国化的结果，而人本主义哲学的思维方式可以说是西方人本主义哲学的中国化和中国现代人本主义哲学家反对唯科学主义哲学运动的产物。从现实来看，鸦片战争之后，当中西文化开始进行近代交流时，特别是中日甲午战争之后的戊戌维新时期，西方近现代文化开始大规模传入中国时，西方的哲学理论及其思维方式就已经是现代形态的了，而中国的哲学理论及其思维方式还没有真正超越古代形态。因而，中国哲学理论形态的近现代转型或者说中国哲学思维方式的近现代转换，就具有了中西古今文化之争的形式。这样一来，中国哲学的现代转型就主要表现为中国现代哲学家如何理解中西文化之间的关系，运用西方现代哲学理论及其思维方式来批判、改造中国传统哲学理论及其思维方式，并重建现代形态的中国哲学理论。第二，现代形态中国哲学与近代形态中国哲学、古代形态中国哲学之间的关系相当复杂。西方现代哲学家虽然赞同某些西方古代哲学家、近代哲学家的某些观点，但对他们的哲学基本思维方式和哲学立场大体上持批判的态度。而中国现代哲学家在接受西方现代哲学理论并批判、改造中国传统哲学理论的时候，还有着发掘、转换中国传统哲学理论资源的任务。中国现代哲学家基本上都有探寻中国传统哲学理论与西方现代哲学理论之间所具有的相通性的倾向，特别是大多数中国人文主义哲学家明确表达了对某些中国古代哲学基本路向的认同。同时，中国现代哲学家虽然不同意中国近代哲学家对中国文化与西方文化、哲学与科学之间关系的理解，但又继承了中国近代哲学家引入西方近现代文化批判、改造中国传统哲学理论的思路。总之，与西方哲学的现代转型相比，中国哲学的现代转型或中国哲学基本思维方式的现代转换的过程和动力更为复杂，有着自身的特殊性。第三，古代形态中国哲学的发展特别漫长，从老子、孔子到19世纪中叶的龚自珍、魏源之前，经历了二千多年的时间；而近代形态中国哲学的发展却特别短促，从龚自珍、魏源到康有为、谭嗣同，只有五十多年的时间。这就使得中国古代哲学家、近代哲学家的基本思维方式与西方古代哲学家、近代哲学家的基本思维方式之间呈现出很大的差异性。中国哲学在其古代形态和近代形态的发展阶段中并没有获得独立的自觉的存在形式，即当时的中国学术中没有哲学这门学科，中国古代哲学家、近代哲学家并没有让哲学问题专属于哲学这门学科，没有把哲学问题与科学问题、宗教问题明确区分开来，也没有明确认识到哲学问题要用哲学的方法来研究。因而中国哲学没有形成像西方古代哲学、近代哲学那样态度鲜明的哲学思维方式：古代形态中国哲学的思维方式没有直接表现为唯物主义、唯心主义的思维方式，近代形态中国哲学的思维方式也没有直接表现为经验主义和理性主义、唯物主义和唯心主义的思维方式。

那么，古代形态中国哲学的基本思维方式、近代形态中国哲学的基本思维方式是什么？冯友兰先生在其《中国哲学史》中明确地将康有为、谭嗣同以前的中国哲学划分为“子学时代”和“经学时代”。这就是说，从中国古代哲学直到近代哲学的发展可以看成“经学”哲学的形成、发展和解体的过程，中国哲学家主要是用“经学”的方式来讨论哲学问题，因而“经学”哲学可以说就是中国古代哲学的“哲学文化风貌”，经学的思维方式就是中国古代哲学的基本思维方式。那么，从理论形态来看，与中国古代哲学相比，中国近代哲学的特征是什么呢？从龚自珍、魏源到康有为、谭嗣同的中国近代哲学家非常重视引入西方自然科学来改造中国传统哲学思想。自然科学的思维方式本来与经学的思维方式是相对立的，并且能够最终突破经学的思维方式。但中国近代哲学家却没有能够完全摆脱传统的经学的思维方式的束缚，而是强调中国传统哲学思想与西方近代自然科学的结合。因而中国近代哲学家实际上是把经学的思维方式和一定程度的自然科学的思维方式混合起来思考哲学问题，他们的哲学思想也就呈现出梁启超所说的“不中不西即中即西”[①]的特征。因此，在相当程度上，“不中不西即中即西”既可以看成中国近代哲学家的思维方式，也可以看成中国近代哲学的“文化风貌”。

那么，严复为什么能突破中国近代哲学家的思维方式呢？这是由于他的哲学思想基本上直接来源于英国早期实证主义哲学。实证主义是西方19世纪开始兴起的现代哲学思潮，人们一般把法国哲学家孔德作为实证主义哲学的创始人。孔德的哲学背离了欧洲大陆近代哲学重视理性的传统，而认同英国近代哲学重视经验的传统，因而它在法国的影响不大，却得到了当时英国哲学家的积极拥护，穆勒、斯宾塞和赫胥黎就是其中的代表，他们的哲学思想被称为西方早期实证主义哲学或英国早期实证主义哲学，是西方现代科学主义思潮早期发展阶段的代表。实证主义哲学主张哲学应该成为一门实证科学，只关心经验所能给予的能够被实证的东西，而不要去探求事物的基础、本质和终极原因等形而上学的东西。因此，实证主义哲学家强调科学的意义和科学方法的普遍性、坚决排斥形而上学，这就彻底否定了以本体论为核心的传统哲学。正因为如此，严复接受并宣扬英国早期实证主义哲学，在中国哲学发展史上有着重大的意义。李维武认为，康有为、谭嗣同“所建立的哲学本体论，仍是传统意义上的本体论与宇宙论的结合物。用梁启超的话说，就是一种‘不中不西即中即西’的学说。唯有严复，才真正改变了这种中西杂糅、新旧混陈的状况，才真正走出了中国传统本体论的困境”[②]。根据李维武的观点，“中国传统本体论的困境”就是指中国古代哲学家将本体论与宇宙论结合在一起，使得哲学与科学长期杂糅不分。康有为和谭嗣同虽然相当重视西方的自然科学成果在哲学领域内的意义，但没有意识到西方近现代自然科学在本质上是与传统本体论不相容的，反而运用这些知识来重构本体论，本体论与宇宙论仍然没有分离。因而他们未能解决“中国传统本体论的困境”。而严复则认为哲学应该走科学化、实证化的道路，本体是不可知的，宇宙论必须而且能够科学化和实证化。他又用牛顿力学和达尔文进化论构建了中国哲学史上第一个近代意义上的科学宇宙论，这是中国哲学家第一次把本体论与宇宙论完全分离，完全突破了“中国传统本体论的困境”。因此，从哲学思维方式的历史转换或哲学理论形态的转变出

---

① 梁启超：《清代学术概论》，北京，东方出版社，1996，第88页。
② 李维武：《20世纪中国哲学本体论问题》，长沙，湖南教育出版社，1991，第100页。

发，笔者赞同李维武的观点：严复是“现代形态中国哲学的开启者”[①]。可以说，正因为严复是中国最早完成哲学基本思维方式现代转换的哲学家，他的哲学思想在中国近现代哲学转型中才具有重要的地位。因此，严复哲学思想的现代意义也只能通过其思维方式的基本特征来探寻。

二、视域：中西古今哲学的多维影响

严复是在中国近现代哲学运动中完成其哲学思维方式的现代性转换的。简单地说，中国近现代哲学运动就是由西方哲学的中国化和中国哲学的现代化相互作用，共同构成中国哲学的近现代转型。因此，人们要理解严复哲学思想的现代意义，就必须要考察中西方哲学对严复的影响。

就严复哲学思想的现代特性而言，西方哲学的影响是第一位的。严复不仅从西方现代哲学中得到了现代哲学的思维方式，还从西方现代文化中获取了讨论近现代中国哲学问题的理论资源[②]。他运用英国早期实证主义哲学和自然科学(特别是达尔文进化论和牛顿力学)来讨论近现代中国哲学的本体论、认识论问题，运用西方的古典自由主义理论和西方19世纪下半叶盛行的进化论[③]来讨论近现代中国哲学的政治哲学问题，运用进化论来讨论近现代中国哲学的历史观、文化观问题。可以毫不夸张地说，严复哲学思想的每一部分内容都与西方现代哲学和现代科学有着直接的渊源关系，这正是严复哲学思想之所以属于现代形态的根源所在。但是，正如史华兹指出的：“严复对西方的反应，并不是对整个西方实体的反应，而只是对18、19世纪的西方思想体系中的某几种有影响的思想的反应。”[④]从目前的文献来看，严复对英国和欧洲大陆的哲学都是有所了解的，他甚至有机会接触到马克思主义哲学，但他为什么只对“某几种有影响的思想”作出反应？或者说，严复为什么选择了这几种思想？除了时代的原因外，这又不得不归结于中国传统哲学对严复的影响。严复对《群学肄言》的态度就是一个典型的例子。在西方思想界，《群学肄言》算不上一部经典理论著作，甚至称不上斯宾塞的代表作，但严复对该书相当推崇，其原因是：“约其所论，其节目支条，与吾《大学》所谓诚正

① 李维武：《20世纪中国哲学本体论问题》，长沙，湖南教育出版社，1991，第110页。

② 这些理论资源包括西方近现代哲学理论、自然科学理论和社会科学理论。

③ 在本书中，“天演论”和“进化论”是同一个意思，两者可以混用。由于严复是以“天演论”翻译英文中的“evolution”，笔者倾向于在讨论严复本人思想时使用“天演论”，而在讲西方思想时使用“进化论”。

④ 〔美〕本杰明·史华兹：《寻求富强：严复与西方》，叶凤美译，南京，江苏人民出版社，1996，第4页。

修齐治平之事有不期而合者。”[①]显然，严复是以中国传统哲学所提供的价值标准来评判、选择西方理论的。此外，中国传统哲学对严复的影响还体现在两个方面：第一，正如冯友兰先生指出的：“赫胥黎的进化论当时在西方本来是发生消极作用的，但是严复介绍到中国来，在当时却发生了积极的作用。赫胥黎的不可知论，当时在西方本来是发生积极作用的，严复介绍到中国来，在当时却发生了消极作用。”[②]也就是说，某一西方哲学思想在中国与其本源的西方文化中所产生的意义是不同的，这可以说是西方哲学的中国化。发生这种变化的原因，除了当时的社会现实和思想家本人的主观因素外，应当归于中国传统哲学观念的影响。第二，正如冯契先生所指出的：“一般地说，凡是在中国近代史上起了积极影响的哲学家，总是善于把西方先进思想与中国的优秀传统思想结合起来，以回答现实问题和理论问题，从而作出了创造性的贡献。”[③]这一观点现在已成为学界共识。严复作为其中的代表人物，其哲学思想必然有某种传统哲学因素。因此，严复哲学思想是中西方哲学共同影响下的产物：西方哲学赋予严复哲学思想以现代性的特征，中国传统哲学则使严复选择了西方现代哲学中“某几种有影响的思想”，并使它们在中国文化中呈现出其在本源的西方文化土壤中所没有的意义。因而我们探讨严复哲学思想的来源，就不能仅仅只强调西方现代哲学对严复的影响，而是要关注中西古今哲学对严复的多维影响。

为了厘清中西方哲学理论是如何影响严复哲学思想的，本书特别重视“古今中西文化对比”[④]的方法。“古今中西文化对比”的方法是人们研究中国近现代哲学所经常使用的一种方法，对本书来说，它显得尤其重要。因为现代性是针对传统性而言的，即只有在“古今”哲学理论之间的对比中，现代性才能突显出来。而在严复哲学出现之前，中国还没有完全意义上的近代形态的哲学理论，中国哲学理论并没有真正超越传统的形态，只有西方哲学理论才是现代形态的。因此，只有在中西古今哲学理论的对比中，人们才能够理解严复哲学思想的现代性特征。除了渗透于各个问题的论述之外，本书特别强调了两个方面的“古今中西文化对比”：第一，中国传统哲学和西方哲学对严复哲学思想的影响。这是一种

① 严复：《原强》，王栻主编：《严复集》第一册，北京，中华书局，1986，第6页。

② 冯友兰：《从赫胥黎到严复》，商务印书馆编辑部编：《论严复与严译名著》，北京，商务印书馆，1982，第100页。

③ 冯契：《中国近代哲学的革命进程》，上海，上海人民出版社，1989，第6页。

④ 中国传统学术中没有哲学学科，并且西方近现代自然科学对严复哲学思想的影响特别大，因此，笔者使用“古今中西文化”，而不采用“古今中西哲学”的说法。

直接的“古今中西文化对比”。通过这种对比，人们可以更好地理解严复哲学思想现代性的理论来源及其理论特征。第二，严复哲学思想与同时代其他先进的中国哲学家的哲学理论之间的对比。在本书中，与严复同时代的其他先进的中国哲学家主要指康有为和谭嗣同。因梁启超的思想变化太大，笔者不进行严复哲学思想与梁启超哲学思想之间的对比。从哲学思维方式来看，严复哲学思想是现代形态的，而康有为、谭嗣同哲学思想则属于从传统形态向现代形态的过渡，这可以说是一种“古今文化”的对比。造成严复哲学思想和康有为、谭嗣同哲学思想之间差异的根本原因是：严复基本上是从西方现代哲学理论出发来讨论问题，而康有为、谭嗣同则基本上是从中国传统哲学理论出发来讨论问题。从这种意义上，严复哲学思想与康有为、谭嗣同哲学思想之间的对比也可以看作是一种“中西文化”的对比。

三、内容：以严复哲学思想的主要问题为中心

中西古今哲学对严复哲学思想的多维影响，最终要通过严复对近现代中国哲学基本问题的思考体现出来。可以说，严复哲学思想就是严复接受了西方现代哲学理论及其哲学思维方式，利用中西文化资源来回答近现代中国哲学基本问题的结果。那么，这些问题包括哪些内容呢？它们又有什么样的特征呢？

在讨论近现代中国哲学的基本特征时，李维武把它的基本问题概括为：“一是本体论与认识论问题，二是历史观与文化观问题，三是政治哲学问题。”[①]本书采用了这一观点。因为本体论问题、认识论问题、政治哲学问题、历史观问题和文化观问题(大致可以理解为历史哲学问题和文化哲学问题)可以说都是具有普遍意义的纯粹的哲学理论问题，古今中外的哲学家都要讨论这些问题。因而我们从这些问题出发，能够更准确地把握住哲学理论形态的转变或思维方式的转换，特别是中国近现代哲学运动的过程及其特征。

可以说，中国近现代哲学家以不同于中国古代哲学家的思维方式来思考这些问题的过程，就是中国哲学的近现代转型。从时间上看，中国哲学的近现代转型首先是从历史观与文化观开始的。大致说来，在中国古代哲学中，道德原则与政治结构的“变”与“不变”、人类社会是“进步”

① 李维武：《形态、问题与思潮：20世纪中国哲学研究的方法论思考》，《学术月刊》2004年第9期。

的还是“倒退”的是历史观所讨论的核心内容，“夷夏之辨”“道器之辨”则是文化观所讨论的核心内容。而在中国近代哲学中，龚自珍所提出的“衰世”和“更法”论意味着“古今”之争的开始，魏源所提出的“师夷之长技”意味着“中西”之争的开始。之后，早期改良派、洋务派提出了“中主西辅”“中体西用”等观点，进一步加深了“古今中西”之争。直到康有为提出“全变”的观点、严复倡导“大讲西学”，“古今中西”之争即中国传统文化与中国现代化、西方现代文化与中国现代化之间的关系，才明确地成为中国历史观与文化观问题的核心内容，并且直到今天也是中国哲学家最为关注的问题之一。中国哲学的历史观与文化观的转型不仅表现为所讨论的核心问题的变化，更为根本的是思维方式的转换。大体说来，中国古代哲学家运用经学、形而上学的思维方式来探讨传统的历史观与文化观问题；而从龚自珍、魏源到康有为、谭嗣同的中国近代哲学家都从《春秋公羊传》和《周易》出发来讨论“古今中西”之争的问题，他们可以说是在运用传统的思维方式来讨论现代的历史观与文化观问题，因而始终未能突破中国传统的历史观与文化观的基本框架，无法真正满足中国近代社会发展的理论要求，这实际上预示着传统思维方式逐渐走向没落。但直到严复引入西方的科学进化论时，中国哲学家才第一次运用现代哲学的思维方式(科学主义的思维方式)来讨论“古今中西”之争的问题，中国哲学的历史观与文化观才彻底突破了传统思维方式的束缚，真正进入了现代形态的发展阶段。继历史观与文化观之后，中国政治哲学也开始进入近现代转型阶段。龚自珍、魏源基本上没有讨论近现代政治哲学的问题。之后，虽然王韬、冯桂芬等少数学者提到了西方的议会制度，但并没有得到人们的响应，因而早期改良派、洋务派所提倡的学习西方文化基本上停留在器物层面。到了甲午战争之后，随着康有为、梁启超所领导的维新改良运动的兴起，学习西方的政治制度成为中国社会变革的当务之急，政治哲学的问题才开始成为中国近现代哲学的核心问题。大体说来，中国古代政治哲学家基本上运用经学、形而上学的思维方式，讨论的主要是道德、天道与封建政治制度之间的关系；而中国近现代政治哲学家讨论的核心问题则是现代政治制度是什么，以及中国怎样才能建立起现代政治制度。康有为从“今文经学”出发、谭嗣同从“仁学”本体论出发，回答了这些问题。虽然他们讨论的是近现代政治哲学的问题，但思维方式却基本上是传统的。只有到了严复引入西方的科学进化论、自由主义和社会契约论来讨论这些问题时，中国政治哲学才真正突破传统的思维方式，获得了现代的理论形态。最后，以康有为、谭嗣同的本体论、认识论为标志，中国哲学的本体论与认识论也开始了近代转型。正如本书前面所指出的，无论是就哲学思维方式还是就哲学问题来说，康有为、谭嗣同的本体论、认识论与中国传统哲学没有根本性的差异，但他们承认西方近代自然科学知识的价值，并运用它们来讨论传统的本体论与认识论问题，这又使得他们的本体论、认识论带有近代哲学的某些特征，从而与中国传统哲学有很大的差异。只有到了严复引入西方早期实证主义哲学之后，中国哲学家才开始运用现代哲学思维方式来对本体论与认识论问题进行提问：哲学要排斥本体论还是重建本体论？哲学是本体论还是认识论？人如何才能获得知识？人如何才能认识本体？知识与价值之间是一种什么样的关系？由此，中国哲学才真正进入现代形态的发展阶段。总之，从近代以来，本体论与认识论问题、政治哲学问题、历史观与文化观问题就一直是中国哲学家所孜孜探求的问题，但他们采用的思维方式和所思考的问题又与中国传统哲学家有着根本性的差异。

同时，中国近现代哲学家对这些问题的思考充分体现了中国哲学的近现代转型不同于西方哲学的特征。一般说来，在西方哲学中，除了少数政治哲学理论外，绝大部分都与社会现实没有直接的关系。因而西方哲学中的本体论与认识论问题、政治哲学问题、历史观与文化观问题基本上可以说是纯粹的哲学问题，西方哲学家也主要是在理论思维的领域内讨论、思考这些问题的。但在中国哲学的近现代转型中，正如冯契先生所说的："在中国近代史上，许多有成就的思想家并不是专门研究哲学的，他们研究哲学主要是为了回答'中国向何处去'的问题。"①"中国向何处去"的问题实际上是在中国特有的现代化进程中出现的关于中国社会发展、文化变革的问题，是一个非常现实的问题。也就是说，中国近现代哲学家本身不是从纯粹理论的角度出发讨论近现代中国哲学的基本问题，而是从回答"中国向何处去"这一时代问题的角度出发讨论这些问题。这就使得中国近现代哲学的本体论与认识论问题、政治哲学问题、历史观与文化观问题，不再是纯粹的理论问题，而与近现代中国社会的现实变革密切相关。关于这一点，李维武明确指出："本体论与认识论问题则是最具抽象性的问题。当然，这些抽象性很强的问题，最终也不是高悬在天上的，还是与解答'中国向何处去'这一时代的大问题有着某种关联。"②即使是最抽象的本体论与认识论问题都"与解答'中国向何处去'这

① 冯契：《中国近代哲学的革命进程》，上海，上海人民出版社，1989，第5页。

② 李维武：《长江流域文化与近代中国哲学》，武汉，湖北教育出版社，2005，第41页。

一时代的大问题有着某种关联”，那么政治哲学问题、历史观与文化观问题同中国现实的社会变革之间的关系就更为明显、密切。同时，这也可以解释为什么中国近现代哲学理论的更替并不是以抽象的逻辑思维能力发展为依据的，为什么中国近现代哲学转型是从历史观与文化观开始的，为什么历史观与文化观是不能分离的，为什么历史观与文化观始终受到中国近现代哲学的高度重视，以及为什么某些中国近现代哲学家的本体论、认识论与其政治哲学、历史观、文化观之间没有一种逻辑上的一致性等问题。总之，中国近现代哲学家所讨论的本体论与认识论问题、政治哲学问题、历史观与文化观问题具有更多的社会现实性的特征，与相应的西方哲学问题之间有着相当大的差异，充分体现了中国哲学的民族特色和时代特点。

既然严复等人所思考的中国近现代哲学的基本问题既有纯粹的哲学思维的性质，又有一定的社会现实性，那么相对应于这个基本特征，我们将选择什么样的研究方法呢？是选择“重视哲学问题”还是选择“重视哲学范畴演变”呢？正如李维武所指出的：“在哲学史研究中，对哲学问题的重视与对哲学范畴演变的重视，其指向与意义是不相同的，反映了两种不同的哲学史观。对哲学范畴演变的重视所凸显的是哲学观念之间的联系，这是一种以逻辑主义为基础的哲学史观；而对哲学问题的重视，所凸显的是哲学观念与文化历史之间的联系，这是一种以历史文化方法为基础的哲学史观。”①“哲学观念与文化历史之间的联系”正是中国近现代哲学转型的基本特征，因此“重视哲学问题”的研究方法更能满足本书的要求。但是，“重视哲学问题”并不意味着排斥哲学范畴演变。因为在任何一种哲学中，不可能只有“哲学观念与文化历史之间的联系”或“哲学观念之间的联系”，而是两者并存，只不过程度差异不同而已。其实，在中国哲学的近现代转型中也存在着一定程度的范畴演变，中国传统的哲学范畴如“道”“仁”“心”“善”“理”“自然”“体用”“知行”等仍有活力，严复等中国近现代哲学家也都试图赋予这些传统范畴以现代性的内容。因此，本书要以哲学问题为中心来研究严复哲学思想，就要采用“以哲学问题为主，以哲学范畴演变为辅”的研究方法。

四、本书的基本结构

根据以上论述，本书将以严复如何回答现代形态中国哲学的基本问

① 李维武：《形态、问题与思潮：20世纪中国哲学研究的方法论思考》，《学术月刊》2004年第9期。

题为线索来展开，其基本结构如下：

在第一章中，笔者将讨论严复为什么能够开启现代形态中国哲学的问题。中国哲学的现代转型是中西古今文化交汇的结果，严复是第一个真正理解西方文化以及中西古今文化交汇性质的中国学者，因而是严复，而不是他人成为中国严格意义上的第一个现代哲学家。

在第二章中，笔者将讨论严复如何回答现代形态中国哲学的认识论问题。受英国早期实证主义哲学的影响，严复认为认识论问题是哲学研究首先要讨论的问题。从知识的经验性和归纳逻辑学出发，严复讨论了现代知识的基本特征、科学知识何以可能、科学的方法论和科学知识的界限等认识论的基本问题，从而构建了中国哲学史上第一个具有真正现代意义的认识论体系。

在第三章中，笔者将讨论严复如何回答现代形态中国哲学的本体论问题。从知识的经验性出发，严复坚决主张哲学应该排斥形而上学，走科学化、实证化的道路，并用达尔文进化论和牛顿力学构建了中国哲学史上第一个完全科学意义上的宇宙论，从而彻底否定了中国传统哲学家讨论本体论问题和宇宙论问题的思维框架。同时，严复将中国传统的天人关系也科学化，构建了一种天演的天人关系。最后，严复将中国传统本体论中的宗教内容也科学化，即以实证哲学的立场对待宗教，将宗教与科学、哲学分离开来。这成为中国哲学开始进入现代形态发展阶段的标志。

在第四章中，笔者将讨论严复如何回答现代形态中国哲学的政治哲学问题。严复的政治哲学是围绕着西方现代民主制度展开的，他从自由主义的立场来理解西方现代民主制度，并用天演论来说明这种制度的产生、发展和未来意义。被严复用作理论框架的天演论是一种具有科学主义哲学性质的思维方式，自由主义是具有现代意义的政治哲学理论，因而严复实际上构建了中国哲学史上第一个具有真正现代意义的政治哲学理论。

在第五章中，笔者将讨论严复如何回答近现代中国哲学的历史观与文化观问题。严复最先用具有科学主义性质的天演论来讨论中国传统文化与中国现代化、西方现代文化与中国现代化之间的关系，构建了中国哲学史上最早的具有真正现代意义的历史观与文化观。

总之，笔者试图根据以上所讨论的研究框架来探讨严复哲学思想的现代性特征，希望能够为人们从人物的角度研究现代形态中国哲学积累资料，同时加深人们对严复哲学思想的理解。因此，虽然笔者承认严复哲学思想并非只具有本书所关注的现代性意义，但笔者的研究强调的是严复哲学思想的现代性特征，只选择严复哲学文献中那些具有现代性意义的材料，也只从现代性的角度来评判严复哲学思想。

第一章　严复：站在中西古今文化交汇点上的现代哲学家

从中国近现代哲学转型来看，严复哲学思想首要的现代特征是：它是第一个真正属于现代形态的中国哲学理论。这一现象确实有些奇怪，为什么开启现代形态中国哲学的不是作为中国传统经学大师的康有为、章太炎等人，而是被当时的人们称为“西学圣人”的严复？严复所接受、宣扬的西方理论，竟然标志着中国哲学进入了现代形态的发展阶段！这意味着中国哲学发展的断裂，还是体现着中国近现代哲学发展的某些特征？李维武认为：“鸦片战争以后百年间的中国哲学发展，正是中西古今文化及其哲学碰撞、交流、融会的产物，包括了西方哲学的中国化与中国哲学的现代化双向的哲学运动。古老的中国哲学，正是在这短短的百年之间，实现了从传统形态向近代形态再向现代形态的历史性转变。”①也就是说，近代形态的中国哲学和现代形态的中国哲学虽然是从传统形态的中国哲学发展而来的，但这一过程离不开西方文化的参与，它是“中西古今文化及其哲学碰撞、交流、融会的产物”。因此，只有从中西古今文化的交汇出发，人们才能回答以上问题。

第一节　严复在中国哲学近现代转型中的位置

严复在中国哲学近现代转型中的位置，既要取决于严复本身做了什么，更要决定于中国哲学近现代转型中的某一特征，这一特征使严复的所作所为具有转折点意义。对于中国哲学近现代转型来说，严复的主要成就是接受、译介和传播西学，特别是西方现代的实证主义哲学。而中国哲学近现代转型的一大特征就是其与西学东渐的程度是一致的，因而本节就在回顾中国哲学近现代转型的历程的基础上讨论中国哲学近现代转型与西学东渐、严复与西学东渐这两个问题。

① 李维武：《长江流域文化与近代中国哲学》，武汉，湖北教育出版社，2005，第2页。

一、中国哲学近现代转型的历程

中国哲学近现代转型，就是指中国哲学从古代形态向近代形态、现代形态的过渡。相应地，这一运动的历程可以划分为明末清初思想启蒙运动(古代形态中国哲学的自我否定)、近代形态中国哲学的产生和展开、现代形态中国哲学的产生和展开三个阶段。

明末清初，中国思想界发生了一场具有启蒙性质的生机勃勃的哲学运动：李贽提出了“是非无定论”，否认传统的权威主义的是非观；黄宗羲通过《明夷待访录》中的《原君》《原臣》《原法》《学校》等篇章，对传统的政治哲学进行了彻底的批判；顾炎武等人反对明代空谈性理的学风，倡导学术应该走“经世致用”的道路；方以智提倡发展自然科学；徐光启把欧几里得几何学的基本内容译介到中国；李之藻则基本上把亚里士多德的逻辑学译介到中国。其中最为重要的是，王夫之对传统的本体论、认识论和历史观进行了系统的批判和重建，这既是这场思想启蒙运动的顶峰，又代表着传统思维方式之下中国哲学所能达到的最高理论水平。可惜的是，由于各种原因，清代中期的中国哲学发展偏离了明末清初思想启蒙运动所开启的方向，因而这场思想运动并没有被继承和发扬光大。这不仅大大影响了中国社会的发展，而且使得近代形态中国哲学没有能够从传统哲学中产生出来。正是在这一意义上，这场运动被人们称为“难产”的明末清初思想启蒙运动。但是，正如肖萐父先生所说的：“严格意义上说，这种启蒙运动仅仅是特定条件下封建主义的自我批判，仅仅与资本主义萌芽经济相适应，只是表现旧思想要崩溃的征兆，新思想快出现之前的先声。”①对于中国哲学近代转型来说，明末清初思想启蒙运动具有特殊的意义：它是“新思想快出现之前的先声”。这表明传统哲学已经失去了继续发展的动力，传统的哲学思维框架和哲学理论已不能满足中国哲学家对“新思想”的渴求，中国哲学已经发展到了需要一种新哲学的程度。因此，新哲学虽然没能从明末清初思想启蒙运动中产生出来，但这场思想运动意味着中国哲学的进一步发展需要新的理论形态。从中国哲学的发展方向来看，中国哲学近现代转型本质上就是要完成这场运动所提出的任务。因而，在这一意义上，中国哲学近现代转型可以看成明末清初思想启蒙运动的某种继续。就这一点来说，中国哲学

---

① 肖萐父：《中国文化的优良传统与启蒙思潮——答〈中国社会科学·未定稿〉记者问》，《吹沙二集》，成都，巴蜀书社，1999，第39～40页。

近现代转型具有古今文化交汇的意义。

由于明末清初思想启蒙运动的“难产”，直到第一次鸦片战争之后，当中国哲学家引入西方的自然科学、社会科学和哲学理论来批判中国传统哲学并重建中国哲学的时候，中国哲学近现代转型才得以真正展开。从第一次鸦片战争到戊戌维新运动，就是中国哲学近代转型的发展时期。从龚自珍、魏源到早期改良派中的王韬、冯桂芬、郑观应等人，洋务派中的曾国藩、张之洞等人，维新派中的康有为、谭嗣同等人，是这一时期中国哲学发展的主要代表人物。

龚自珍、魏源以历史观与文化观为突破口，揭开了近代形态中国哲学发展的序幕。第一次鸦片战争前夕，龚自珍就已朦胧地意识到：中国的封建文化已经没落，中国社会即将进入一个天翻地覆的文化大变革的时代。因而他以“器变道不变”中的“器变”为理论旗帜，否定了中国文化不可变革的传统观念，希望中国能够产生出一种新的文化。但是，由于视野的局限和理论资源的缺乏，龚自珍并未赋予“器变”以近代的意义。因而他所设想的新文化的面目是模糊的，基本上还是传统的。随后，魏源将龚自珍所提出的“器变”发展为“师夷之长技”的观念。魏源所说的“技”或“器”，主要指产生“坚船利炮”等军备的西方近代军事技术及与其相关的工业技艺、自然科学的知识。可以说，魏源所主张的“师夷之长技”标志着中国哲学家的目光投向了西方近代科学知识。从此，西方近代科学知识及西方文化开始成为中国哲学近代转型的理论资源。但是，“师夷之长技”是一种不彻底的西化主张，它实际上认为西方文化的优势仅仅在于“长技”，整体上还是落后于中国文化。即中国传统文化整体上是合理的，它只需要“师夷之长技”而已。总之，龚自珍所说的“器变”和魏源所说的“师夷之长技”虽然没有能够突破传统的历史观与文化观的基本框架，但它们能够包容西方的近代科学文明，因而开始具有“不中不西即中即西”的特征，意味着中国的历史观与文化观开始进入近代形态的发展阶段。

与龚自珍、魏源相比，早期改良派有着更好的条件来理解西方文化：他们一般都与西方传教士有着良好的私人关系，有些甚至就是教徒；他们大都长时间生活在香港或上海租界，有些甚至游历过西方社会。因而他们对西方文化的理解比龚自珍、魏源要深刻得多，能够突破“师夷之长技以制夷”的观念。比如容闳就说：“借西方文明之学术以改良东方之文化，必可使此老大帝国一变而为少年新中国。”[①]这就将学习西方的内容从“长技”扩充为“文明”“学术”[②]，将学习西方的目的从“制夷”升华为“使此老大帝国一变而为少年新中国”，即文化的创新。正因为如此，冯契先生才说：“龚、魏讲‘器变道不变’以后，早期改良派接着运用‘道器’‘体用’‘本末’等范畴来讨论中学与西学的关系，用‘中道西器’说或‘中体西用’说来论证采纳西学和进行改良的必要，在当时历史条件下是有进步意义的。”[③]其实，早期改良派的主张具有两面性：一方面，他们强调中国封建文化的可变革性和西方文化的先进性，论证了中国引入西方文化的必要性和合理性，这是其“进步意义”；另一方面，他们将中西文化之间的关系界定为“中主西辅”“中道西器”和“中体西用”，认为中国传统文化从根本上说还是优于西方文化，中国文化中的“道”和“体”是不需要改变的，这又将中国文化的变革限制在一定的范围之内。后一方面的内容被洋务派所继承和强调，张之洞认为：“五伦之要，百行之原，相传数千年，更无异义。圣人所以为圣人，中国所以为中国，实在于此。故知君臣之纲，则民权之说不可行也；知父子之纲，则父子同罪，免丧废祀之说不可行也；知夫妇之纲，则男女平权之说不可行也。”[④]张之洞清醒地认识到，中国封建文化与西方近代文化在本质上是对立的，学习西方最终要面临这么一个问题：中国传统的“五伦”是应该坚持还是必须被改变？或者说，中国文化发展的方向是传统的还是西方式的？这恰好是“古今中西之争”最核心的问题之一。虽然张之洞所主张的“中学为体，西学为用”是一种保守主义的回答，但它将“中体”与“西体”之间的尖锐对立明确地显示出来，表明中国学者对“古今中西之争”的思考达到了一个相当的高度。总之，早期改良派和洋务派的历史观与文化观是中国哲学近代转型的一个重要环节。

在甲午战争之后的戊戌维新时期，康有为、谭嗣同将中国哲学近代转型推向高潮。首先，康有为将“公羊三世”说改造成“三世进化论”，明

---

① （清）容闳：《予之教育计划》，中共中央党校文史教研室中国近代史组编：《中国近代政治思想论著选辑》上册，北京，中华书局，1986，第245页。

② 早期改良派所说的“文明”和“学术”的范围比严复等人所理解的要狭窄得多：“文明”主要指西方的近代科学技术和经济制度，也涉及西方的议会制度；“学术”主要指近代科学知识。

③ 冯契：《中国近代哲学的革命进程》，上海，上海人民出版社，1989，第80页。

④ （清）张之洞：《劝学篇·明纲》，中共中央党校文史教研室中国近代史组编：《中国近代政治思想论著选辑》上册，北京，中华书局，1986，第508页。

确承认了中国文化全面落后于西方文化，并认为中国“全变则强，小变仍亡”①，中国文化的变革必须涉及张之洞等洋务派所说的“中体”。仅仅从内容上说，康有为的历史观与文化观远远超越了早期改良派和洋务派所能达到的高度，与现代观念没有本质的差别。其次，康有为所领导的维新运动的最核心的内容就是用西方的君主立宪制来取代中国的封建君主专制，它需要具有近代性质的政治理论为指导，这就导致了中国政治哲学的近代转型。最后，康有为、谭嗣同运用西方近代自然科学知识来讨论本体论与认识论问题，因而他们所构建的本体论与中国古代本体论有着性质上的差异。这意味着中国哲学的核心内容开始发生理论形态的近代转型，中国古代哲学理论形态的近代转型全面展开。但是，康有为、谭嗣同的哲学思想本身具有很大的局限性，这一点很早就被人们认识到，梁启超就指出：“康有为、梁启超、谭嗣同辈，即生育于此种‘学问饥荒’之环境中，冥思枯索，欲以构成一种‘不中不西即中即西’之新学派，而已为时代所不容。”②“西”指西方近现代学术，“中”指中国古代学术。从中国哲学的近代发展来说，西方近现代学术提供的主要是内容，而中国古代学术提供的主要是能容纳西方近现代学术的思维方式、理论框架，当然也包含某些内容。因此，“不中不西即中即西”实质就是用中国古代哲学的思维方式、理论框架来容纳西方近现代科学知识及某些政治学理论，强调中西古今文化的调和。这种思维方式确实一直被中国近代哲学家所使用，康有为、谭嗣同也是如此：他们的历史观、文化观和政治哲学的价值取向明明是西方式的，却披上了经学的外衣；他们的宇宙论明明具有近代科学的性质，却被纳入了传统本体论之中。由于康有为、谭嗣同对西学的理解远远超出前人，这种“不中不西即中即西”的思维方式可以说在他们的哲学思想中达到了顶峰。同时，这也意味着他们的这种做法“已为时代所不容”，因为“中”“西”学术在本质上是不能相容的，中国古代哲学的理论框架没有能力容纳现代哲学理论、现代科学知识。因此，中国哲学已发展到了必须抛弃古代哲学的理论框架的时候，即将进入一个新的发展阶段。

严复哲学思想的出现，意味着中国哲学开始进入现代转型的发展阶段，这最典型地体现在严复的本体论思想中。正如李维武指出的，严复的本体论“不是在中国传统哲学本体论的框架中，容纳更多的西方近代科

---

① 康有为：《上清帝第六书》，汤志钧编：《康有为政论集》上册，北京，中华书局，1981，第 211 页。

② 梁启超：《清代学术概论》，北京，东方出版社，1996，第 88 页。

学知识，而是摒弃中国传统哲学本体论的框架，引入西方哲学的基本思想，以奠定新形态中国哲学的基础”①。这就是说，严复认识到中国传统哲学的思维方式已经过时了，它和西方现代哲学是不相容的。因此，中国哲学的发展方向不是用中学来包容西学，而是用西学来彻底批判中学，并在此基础上重建中国哲学。由于严复接受的是英国早期实证主义哲学，因而他也就把重建中国哲学理解为彻底抛弃中国传统哲学而接受西方现代科学主义哲学。这样一来，严复的哲学思想自然就属于现代形态的哲学理论，并带有强烈的西化色彩。虽然后来的很多中国现代哲学家并不赞同严复对中国哲学的重建，但基本上都同意严复运用西方现代哲学来彻底批判中国古代哲学的思路。并且，从严复开始，中国出现了现代哲学思潮。严复通过引入西方的现代实证主义哲学、现代政治哲学理论和某些现代社会科学理论，开启了中国现代哲学中的科学主义思潮和自由主义思潮。随着中国近现代政治运动的开展和西方现代文化更大规模的传入，特别是新文化运动的产生和发展，其他的中国哲学现代思潮相继产生，而严复所开启的哲学思潮也得到了发展和壮大，现代形态中国哲学进入了蓬勃发展的时期。

综上所述，中国哲学近现代转型既有中国哲学发展的历史源头，又是在中国近现代社会的变革和中西文化的交汇中展开的，它实际上是中西古今文化交汇的产物。其中，严复哲学思想具有转折点意义，它意味着中国哲学从近代形态转型的发展阶段进入了现代形态转型的发展阶段。

二、中国哲学近现代转型与西学东渐

回顾中国哲学近现代转型，无不显示出其与西学东渐的进程是一致的：明末清初思想启蒙运动与明末清初的西学东渐相应，清末中国哲学运动也与清末的西学东渐相应。清末早期启蒙学者、洋务派和康有为、谭嗣同等维新派学习、理解西方自然科学，而严复则径直接受、引入西方现代哲学(主要是西方早期实证主义哲学)。可以说，西学全程介入了清末中国哲学运动，使得这一时期的中国哲学发展打上了明显的西学烙印。西方系的哲学和起源于西方的自然科学与中国系的哲学之间在进行着中西古今文化大交汇，这一现象被学者们称为中国哲学的现代化与西

① 李维武：《20世纪中国哲学本体论问题》，长沙，湖南教育出版社，1991，第101页。

方哲学[①]的中国化相统一。而西方哲学的发展，它主要是非常纯正的西方文化的发展，即使其中有中国文化、印度文化的要素，但其分量和作用明显小得多。这就引出一个问题：为什么中国近现代哲学运动不是从传统文化中较为纯正地发展出来的，而是与西学东渐密不可分，甚至发展到直接引入西方哲学的程度？具体地说，为什么明末清初具有思想启蒙性质的哲学运动流产了？为什么清末的中国哲学近现代转型有赖于西学东渐的深入？

根据马克思的历史唯物主义，哲学属于社会意识，其发展最终要决定于社会存在的发展状况。同时，社会意识具有相对独立性，其发展也要受到之前形成的社会意识的影响，还要受到其自身理论资源的制约。而理论资源既包括自身所在文化体系的东西，也包括来自其他文化体系的内容，即所谓的文化交流融合。二者之中，归根结底是社会存在起决定作用，即中国社会发展状况、经济基础变革决定了相应的哲学运动的展开及其结局，并且决定了中西文化交流的成效。在此观点的基础上，本节主要讨论以上两个问题。

明末清初具有思想启蒙性质的哲学运动什么会流产？从文化交流的角度来看，主要有以下几个原因：

第一，中国传统的学术资源不足。明末之前，中西文化的交流很不充分，甚至可以说双方基本各自处于一种相对封闭的状态。但是，中国封建文化发展特别成熟、辉煌，在东亚形成了一个以中国为中心的“夷夏文化圈”，周边文化无法对中国文化形成真正的交流和挑战。因此，除了佛教哲学的影响外，中国哲学基本上是非常纯正地从先秦诸学派发展而来的。反观西方，欧洲与西亚、中东的文化交流历来都很充分，而且在历史上形成了具有丰富特色的、源流众多的文化，因而欧洲文化实际上是多元的。欧洲中世纪的文化基本上是基督教文化，其他的历史文化几乎都被欧洲人忘掉了。当欧洲人刚要走出中世纪时，才通过与阿拉伯人的来往又接触到了古希腊、古罗马文化，这就引起了文艺复兴运动。这实际上是四种性质不同的文化的交流，即基督教文化与古希腊的理性文化、古罗马的法律文化的交流融合，再加上欧洲近代实验性、数学化的科学文化。这就构成了西方近代以来的文化风貌。[②] 因此，相较于西方

① 本节主要采用西学的说法而不是西方哲学的说法，是因为西方近现代哲学的引入是从严复开始才进行的。之前的中国学者引入、学习的主要是从西方文化中发展出来的自然科学。

② 欧洲近现代的基督教文化指宗教改革之后的基督教文化。

哲学而言，中国哲学近现代转型的理论资源要贫乏得多，正如黄见德所说的："哲学交流是促进哲学事业发展的重要条件，没有这个交流过程，哲学难以走向成熟。反之，交流过程一旦停止，哲学就可能趋于萎缩。"①这正是清初到清末中国哲学停滞不前的重要原因。

第二，中国传统文化在东亚的先进性，使得国人包括哲学家、思想家在内都形成了一种"中国文明中心论"的社会心理。这一社会心理盲目推崇传统文化、贬低其他文化，这又使得国人不能真正认清外域文化、谦虚地向异质文化学习。从第一次鸦片战争开始，虽然中国受到西方列强的武力凌辱，但直到甲午战争的失败之前，当时较为清醒的先进的知识分子仍然相信中国的文化总体上要比其他国家先进，而不肯认真地去理解西方文化，其中还包括了在美国接受教育的容闳、在欧洲各国接受教育的辜鸿铭。在众多的驻外大使中，也只有郭嵩焘真正认识到西方文化比中国传统文化要高级。因而可以想象，在明末清初，中国学者会怎么看待通过基督徒传入的不太先进的西方自然科学。可以说，明末清初的中西文化交流虽然存在，但主要是非深层次性的。当时先进的中国学者并没有真正开眼看西方，他们学习西方文化的主动性不足。

第三，明末清初的西学东渐运动中，传播西学的人主要是葡萄牙基督徒，他们的目的是传教，因而他们所传播的西学主要是与基督教相适应的自然科学。而当时在欧洲，科学主要是在英国、法国、意大利的科学家与教会的斗争中发展起来的。因而这些传教士对当时欧洲先进的自然科学的理解并不透彻，他们传到中国的西学先进性也不够。而且他们没有传入当时欧洲先进的社会科学和哲学理论，无法满足当时中国学者的理论需要。这样的西学当然无法对中国传统文化、传统哲学形成真正的挑战。

第四，中国传统文化、传统哲学具有很强的包容性。特别是宋代理学兴起以后，儒学容纳、吸收、消化了佛教文化、佛教哲学，中国学术界实际又回到儒学一家独大的状态。这使得中国人对传统学术信心大增，认为其已囊括宇宙间所有有价值的道理，可以包容、消化一切外来文化要素。即使到了清末，洋务派还在用"中西""夷夏""体用""主辅""道器"等范畴来包容西学，康有为还在用今文经学来容纳西方的民主政治。冯友兰先生形象地将这些行为比喻为"欲以此绝新之酒，装于旧瓶之内"②，

① 黄见德：《20世纪西方哲学东渐史导论》，北京，首都师范大学出版社，2007，第3页。

② 冯友兰：《中国哲学史》下册，上海，华东师范大学出版社，2000，第343页。

即用中国传统的“旧瓶”来装西方现代的“新酒”。可以推测，明末清初的中国传统学术还是很有生命力的，确实有可能发展出中国系的近现代学术、近现代哲学思想，但当时传入中国的西学无法满足中国哲学进一步发展的需要。这也是明末清初的思想运动流产的重要原因。

第五，更为重要的原因是明末清初的社会大动荡。直到康熙、雍正年间，中原的经济状况才得以恢复，这就基本上破坏了明末清初具有启蒙性质的思想运动的经济基础。同时，清朝为了统治的需要，对知识分子实行严格的控制，又执行了闭关锁国的政策，使得明末清初的西学东渐被迫中断，清代的学术也被迫偏离了明末清初的路线，因而这一思想运动不得不中止。可以说，历史给明末清初具有启蒙性质的思想运动的时间太短了。佛教于东汉传入中国，直到宋学兴起，中国人花了近千年的时间才消化了它；西方近代的文艺复兴运动、自然科学的发展、近现代哲学的发展，也经历了几百年的时间。从历史来看，明末清初具有启蒙性质的思想运动有源而无流，无法产生中国系的近现代思想。

到了清末，为什么中国哲学近现代转型不得不依赖于西学的传入？从文化交流的角度来看，主要有以下几个原因：

第一，清末传入中国的西学与中国传统学术、传统哲学是性质不同的两种文化。西学基本上是当时先进的西方自然科学，严复传入的是当时先进的西方社会科学、哲学理论，它们是现代形态的理论。从社会发展阶段来看，它们属于高级的资本主义文明。而与明末清初相比，中国传统学术、传统哲学的理论形态差别不大，属于低级的封建主义文明。也就是说，两种文化之间存在着高级、现代与低级、传统的时代差距。因而当两种文化碰撞、交流时，固然有文化交流的性质，但从发展的角度来说，本质上是中国传统文化通过学习西方现代文化以实现自身的发展；从哲学的角度来说，就是中国哲学的近现代化与中国向西方文化学习的进程是一致的。因此，从这一视角来看，清末中国哲学的发展离不开西学的传入。

第二，西学在清末之所以能引起先进的中国人的关注，主要不再是因为它是传播基督教的工具，而是因为它能产生西方列强用来凌辱中国的“坚船利炮”等强大的军事武器。当时，先进的中国人是为了“制夷”而“师夷”“以洋为师”的，因而他们是在主动地学习西学。而且，这种强烈的现实社会危机使得先进的中国人不再按部就班地发展传统的自然科学和包括哲学在内的社会科学，而径直走上了学习西方的道路。可以说，社会现实已经不能给中国哲学提供足够的发展时间了，必须走上学习西学的道路。宏观来说，中国社会从传统进入近现代，中国学术相应地从传统向近现代发展，是有被迫性的。但对于当时先进的中国人来说，学习西方却是有主动性的，是解决中国现实社会危机的最直接的方法。相应地，中国哲学近现代转型就离不开西学了。

第三，中国哲学现代转型中存在“学问饥荒”的问题，身处其中的梁启超回忆说：“盖当时之人，绝不承认欧美人除能制造能测量能驾驶能操练之外，更有其他学问，而在译出西书中求之，亦确无他种学问可见。康有为、梁启超、谭嗣同辈，即生育于此种‘学问饥荒’之环境中。”①康有为、梁启超、谭嗣同等人对中国传统学术无疑极为熟悉，而他们又都明确地感受到“学问饥荒”。这就说明了传统学术无力应对现实问题，也无法独立地支撑中国哲学的近现代发展。而西学的传入或面向西方，是当时先进的中国人解决“学问饥荒”问题的唯一选择。

第四，中国哲学的近现代发展不仅仅是向西方学习的单向度过程，还包括了中国传统哲学的现代化。也就是说，中国传统哲学中的某些要素是具有现代性意义的，或者说是可以发展出现代内容的。它们就是中国传统哲学中有着积极意义的东西，是中国传统哲学的现代化的活水源头。正是由于它们的存在，先进的中国哲学家们才能像黄见德所说的，“吸收西方哲学的某些思想融会到中国哲学中来，从而使中国传统哲学走上了变革和转型的阶段”②。西方哲学才能真正地被中国化，成为中国传统哲学发展的有机养料；中国传统哲学的现代化才有可能进行。而中国传统文化中有积极意义的要素，只有在应对强势的西方现代文化的挑战中，在中国传统文化与西方现代文化之间的对比参照之下，才会显现出来。从这一意义来说，西学东渐也是必要的。

综上所述，对于中国哲学的近现代发展来说，西学东渐不仅是一种历史现象，而且其中蕴含着某种逻辑上的必要性，即中国哲学的近现代发展与西学东渐是同步的。对于当时的中国人来说，中国传统文化、传统哲学的内容是清楚的，而对西学的认识却是模糊的。因此，中国哲学的近现代发展就取决于中国人对西方社会和西方学术的认识。当中国人真正清醒地认识到西方近现代文化的本质及其与中国传统文化的关系时，中国哲学现代转型就来临了。正如汤一介先生指出的：“20 世纪西方哲学传入中国，对中国学术文化形成了巨大的冲击，从而使中国学术文化

---

①　梁启超：《清代学术概论》，北京，东方出版社，1996，第 88 页。

②　黄见德：《20 世纪西方哲学东渐史导论》，北京，首都师范大学出版社，2007，第 5 页。

进入了较之印度佛教传入的更为深刻的文化转型时期。”[①]对于中国哲学的发展来说，文化转型就是近现代哲学转型。

三、严复与西学东渐

既然清末中国哲学的近现代转型取决于中国人对西方社会和西方学术的认识，那么严复在中国哲学近现代转型中的位置就取决于他在西学东渐中所起的作用以及他对西方文化的认识。实际上，严复之所以在中国哲学史上声名卓著，就是归功于他对西学的译介。

严复明确的译著有十二部，据高惠群、乌传衮的研究，按翻译的时间顺序分别是：《天演论》《群学肄言》《支那教案论》《原富》《群己权界论》《社会通诠》《英文汉诂》《穆勒名学》《孟德斯鸠法意》《名学浅说》《中国教育议》和《欧战缘起》。商务印书馆将其中在中国最有影响、理论性很强的八部合辑为“严译名著丛刊”：《天演论》《群学肄言》《原富》《群己权界论》《社会通诠》《穆勒名学》《孟德斯鸠法意》和《名学浅说》。其中名气最大、最有影响力的当推《天演论》，它奠定了严复在西学东渐中的显赫地位。严复对此也颇为自豪，自称为“天演宗哲家”，人们尊称他为“严天演”。以今天的眼光来看，“严译名著丛刊”中真正称得上是西学经典名著的只有《原富》《群己权界论》和《孟德斯鸠法意》。在严复的时代，《穆勒名学》也可以称得上是哲学名著。其他的非西学经典名著的严复译著在中国产生的影响力远远大于其本源地，这固然主要取决于中国社会的现实需要，但也与严复本人的主观发挥有关。此外，近年来，关于严复的《政治讲义》是否属于译著引起了争议。据毕业于清华大学历史系的戚学民博士考证，《政治讲义》实质上是英国剑桥大学近代史教授西莱的《政治科学导论》的中译本。戚学民博士在文本的考据对比方面相当扎实可靠，推理也很有逻辑，但却没有严复本人的史料作为依据。纵观严复的译著及其为人，陈宝琛称他“其为学，一主于诚，事无大小无所苟”[②]；陈独秀评严复在袁世凯复辟事件中的表现时称“其事虽非，其自家所主张之理论，固一致贯彻”[③]。对于袁世凯复辟事件，严复也自称“顾吾生平不能作违心之

① 汤一介：《〈20世纪西方哲学东渐史〉总序》，黄见德：《20世纪西方哲学东渐史导论》，北京，首都师范大学出版社，2007，第37～38页。

② 陈宝琛：《清故资政大夫海军协都统严君墓志铭》，王栻主编：《严复集》第五册，北京，中华书局，1986，第1542页。

③ 陈独秀：《复辟与尊孔》，《独秀文存》，合肥，安徽人民出版社，1987，第111页。

言”[①]。其实，这不仅仅是严复在这一政治事件中的立场和态度，还是他一贯的为人原则。正是由于他坚持“诚”和“不能作违心之言”的原则，他的译著才少而精(相对于为译书而译书、为西学而西学的人而言)，而且很少有今天所谓的知识产权之争。况且严复本来就是以翻译享誉于世的，几乎没有独立的学术专著，他本人也无意写作独立的学术专著(后面要讨论这个问题)，因而他应该没有理由将一本译著窃为专著。严复没有将《政治讲义》明确作为自己的译著，自有其原因。而且《政治讲义》仅仅是一个专题演讲而已，严复也明说其中的内容都有西学的依据。因此，笔者倾向于将《政治讲义》是属于译著还是属于专著的问题暂时搁置，而将它作为严复本人的思想，至少是他赞同的观念[②]。从严复生活的时代来看，一个人独立翻译这些著作确实是空前的事业，他对西学东渐的贡献就主要体现在“严译名著丛刊”的八部译著上。

首先，看一看与严复同时代的人对他的译著的评价，特别是对《天演论》的评价。

梁启超是最先阅读严复翻译的《天演论》的极少数学者之一，在《天演论》正式刊印之前，就运用它来作文章《说群》了。梁启超在给严复的信中说：“南海先生读大著后，亦谓眼中未见此等人。”[③]康有为在给张之洞的信中说“《天演论》为中国西学第一者也”[④]。梁启超读了《原富》后，称严复“中学西学皆第一流人物”[⑤]。康有为、梁启超对严复译著的评价可以说高到了极致，因为康梁在年青一代学者眼中也是中国传播西学的旗手型人物，如陈独秀说：“南海康有为先生，为吾国近代先觉之士，天下所同认。吾辈少时，读八股，讲旧学，每疾视士大夫习欧文谈新学者，以为皆洋奴，名教所不容也；前读康先生及其徒梁任公之文章，始恍然于域外之政教学术，粲然可观，茅塞顿开，觉昨非而今是。吾辈今日得稍

① 严璩：《侯官严先生年谱》，王栻主编：《严复集》第五册，北京，中华书局，1986，第1551页。

② 笔者倾向于《政治讲义》是严复对几部西方著作的综合通融的结果，其中以西莱的《政治科学导论》为主，但所占比例没有戚学民博士考证出来的那么大。即这部书不是严格意义上的译著，而是严复对某些西方政治学著作的文献统合。但严复没有明确地说《政治讲义》不是译著，也存在着它是译著的可能性。所以，关于这个问题的争议的最终解决，要取决于严复本人的史料依据。

③ 梁启超：《与严又陵先生书》，李华兴、吴嘉勋编：《梁启超选集》，上海，上海人民出版社，1984，第42页。

④ 转引自王栻：《严复传》，上海，上海人民出版社，1976，第43页。

⑤ 严复：《与梁启超书》，王栻主编：《严复集》第三册，北京，中华书局，1986，第516页。

有世界知识，其源泉乃康、梁二先生之赐。”[①]可见康梁所宣扬的西学当年在中国的影响力。梁启超对此也相当自信：“在第二期，康有为、梁启超、章炳麟、严复等辈，都是新思想界勇士，立在阵头最前的一排。”[②]严复译著得到当时中国学界最顶端人物康梁的高度推崇，能令传播西学的巨头心服口服，可见其译著理论水平和翻译质量之高，

黄遵宪称：“《天演论》供养案头，今三年矣……公于学界中，又为第一流人物，一言而为天下法则，实众人之所归望者也……然新字新理，日发我聋而振吾聩。”[③]黄遵宪是中国近代有名的外交家，历任驻日参赞、驻旧金山总领事、驻英参赞、驻新加坡总领事，因此他对西方社会和日本是很了解的，是有世界眼光和清醒头脑的先进知识分子。在戊戌维新前后，他参加上海强学会，与梁启超、谭嗣同等人创办《时务报》；在湖南任职时，他参与筹办南学会。他是一个实干的维新积极分子。《天演论》能令这样的人物振聋发聩，并将其置于案头，可见其理论水平和见识之高。

吴汝纶评价《天演论》：“吾国之所创闻也……自吾国之译西书，未有能及严之者也。”[④]他读了《天演论》后，“比经手录副本，秘之枕中。盖自中土翻译西书以来，无此宏制。匪直天演之学，在中国为初凿鸿蒙”[⑤]。能让清末桐城派的大儒手抄副本，并且“每忧旧学之消灭”[⑥]，可见《天演论》对其思想的震撼有多大。

《天演论》不仅在当时的知名学者中颇有影响力，在社会上也形成了一种风气。蔡元培说：“自此书出后，‘物竞’、‘争存’、‘优胜劣败’等词，成为人人的口头禅。”[⑦]胡适说：“有一次，他教我们班上买吴汝纶删节的严复译本《天演论》来做读本，这是我第一次读《天演论》，高兴的很。

---

① 陈独秀：《驳康有为致总统总理书》，《独秀文存》，合肥，安徽人民出版社，1987，第68页。

② 梁启超：《五十年中国进化概论》，李华兴、吴嘉勋编：《梁启超选集》，上海，上海人民出版社，1984，第835页。

③ 黄遵宪：《黄遵宪致严复书》，王栻主编：《严复集》第五册，北京，中华书局，1986，第1571～1573页。

④ 吴汝纶：《译〈天演论〉吴序》，王栻主编：《严复集》第五册，北京，中华书局，1986，第1317页。

⑤ 吴汝纶：《吴汝纶致严复书》，王栻主编：《严复集》第五册，北京，中华书局，1986，第1560页。

⑥ 严璩：《侯官严先生年谱》，王栻主编：《严复集》第五册，北京，中华书局，1986，第1549页。

⑦ 蔡元培：《五十年来中国之哲学》，高叔平编：《蔡元培全集》第四卷，北京，中华书局，1984，第352页。

他出的作文题目也很特别，有一次的题目是‘物竞天择，适者生存，试申其义’……这种题目自然不是我们十几岁小孩子能发挥的，但读《天演论》，做‘物竞天择’的文章，都可以代表那个时代的风气。《天演论》出版之后，不上几年，便风行全国，竟做了中学生的读物了……几年之中，这种思想像野火一样，延烧着许多少年人的心和血。‘天演’、‘物竞’、‘淘汰’、‘天择’等等术语，都渐渐成了报纸文章的熟语，渐渐成了一班爱国志士的‘口头禅’。还有许多人爱用这种名词做自己或儿女的名字……我自己的名字也是这种风气底下的纪念品。”①鲁迅说：“看新书的风气便流行起来，我也知道了中国有一部书叫《天演论》。星期日跑到城南去买了来……一口气读下去，‘物竞’、‘天择’也出来了，苏格拉第、柏拉图也出来了，斯多噶也出来了……一有闲空，就照例地吃侉饼、花生米、辣椒，看《天演论》。”②蒋梦麟说：“自从强调物竞天择、适者生存的进化论以及其他科学观念输入中国以后，年轻一代的思想已经起了急剧的变化。”③这四位学者的回忆，充分表明《天演论》极大地改变了当时中国的社会风气，并深深地印在下一代中国学者心中，直接影响了中国思想、中国哲学的未来走向。

其次，讨论一下人们对严复译著的某些消极评价。

梁启超对严复译著的理论性方面推崇备至，但认为严复的翻译在文字方面还是有不足的：“吾辈所犹有憾者，其文章太务渊雅，刻意摹仿先秦文体，非多读古书之人，一翻殆难索解。夫文界之宜革命久矣。欧、美、日本诸国文体之变化，常与其文明程度成正比例……况此等学理邃赜之书，非以流畅锐达之笔行之，安能使学童受其益乎？著译之业，将以播文明思想于国民也，非为藏山不朽之名誉也。文人积习，吾不能为贤者讳矣。”④简言之，严复用来译西学的是古文，而不是白话，因此不深通古文的人是理解不了的，这大大影响了其“播文明思想于国民”的成效。梁启超的评价是有道理的，后来的年轻人就不太喜欢严复译著，而转服于梁启超从日本转译的白话西学。黄遵宪也赞同梁启超对严复的建议：“《新民丛报》以为文笔太高，非多读古书之人，殆难索解……至于《原富》之篇，或者以流畅锐达之笔行之，能使人人同喻，亦未可定……

① 胡适：《四十自述》，欧阳哲生编：《胡适文集》第一册，北京，北京大学出版社，1998，第70页。

② 鲁迅：《琐记》，《朝花夕拾》，北京，人民文学出版社，1973，第58～59页。

③ 蒋梦麟：《西潮》，沈阳，辽宁教育出版社，1997，第42页。

④ 转引自王栻：《严复与严译名著》，商务印书馆编辑部编：《论严复与严译名著》，北京，商务印书馆，1982，第18页。

以四千余岁以前创造之古文……即以之书写中国中古以来之物之事之学，已不能敷用，况泰西各科学乎……窃亦有所求于公：第一为造新字……第二为变文体。”[①]黄遵宪的观点是有见识的，可惜未被严复接受。张君劢评价严复译著：“以古今习用之说，译西方科学中之义理。故文学虽美，而义转歧。”“好以中国旧观念，译西洋新思想，故失科学家字义明确之精神。”[②]这也确实指出了严复译著在用词方面的缺陷。对严复译著评价最低的是傅斯年，他说：“假使赫胥黎和孟德斯鸠晚死几年，学会了中文，看看他原书的译文，定要在法庭起诉；不然，也要登报辩明。”“他只对于自己负责任，他只对于自己的声名地位负责任。”[③]这个评价就有点尖锐了，简直是从学术和人品上否定严复了。贺麟打圆场说：“傅斯年和张君劢所指责的是《天演论》、《法意》、《穆勒名学》三书。而胡先骕所称赞的是《群己权界论》及《社会通诠》，他们三人的意见，其实并无冲突。”[④]这种调和论没有说服力，他们评的是严复的翻译水平，而不是某一译著。如果他们连译者本人的主要译作都没有看完就从整体上进行评价，这至少不是学者所应具有的严谨态度。其实，翻译评价是多元的，有赞美就有指责，只要言之有据就行了。在笔者看来，梁启超和黄遵宪的评价主要在于他们与严复在翻译路子上的分歧，具有合理性；张君劢的评价是对梁黄二人观点的进一步发挥，即语言具有历史性、民族性和时代性，也要与时俱进，因而也有其合理性。至于傅斯年的评价，笔者不太赞同。[⑤] 胡先骕说：“吾尝取《群己权界论》、《社会通诠》，与原文对观，见其义无不达，句无剩义……要为从事翻译者永久之模范也。”[⑥]笔者赞同这一观点，因为笔者在作本论文时将“严译名著”一一读完，并没有觉得摸不着头脑。严译《原富》《孟德斯鸠法意》《群己权界论》和新译本之间的文本意义差别并不大，没有明显的误读，而且严复的按语更能让人理解原文；《天演论》和《群学肄言》都有新译本，二者的差异确实很大，

① 黄遵宪：《黄遵宪致严复书》，王栻主编：《严复集》第五册，北京，中华书局，1986，第1571～1573页。

② 转引自贺麟：《严复的翻译》，商务印书馆编辑部编：《论严复与严译名著》，北京，商务印书馆，1982，第33页。

③ 转引自高惠群、乌传衮：《翻译家严复传论》，上海，上海外语教育出版社，1992，第62页。

④ 贺麟：《严复的翻译》，商务印书馆编辑部编：《论严复与严译名著》，北京，商务印书馆，1982，第33～34页。

⑤ 当然，从纯粹的翻译的角度来说，傅斯年的观点也确实是有理有据的。

⑥ 转引自贺麟：《严复的翻译》，商务印书馆编辑部编：《论严复与严译名著》，北京，商务印书馆，1982，第33页。

笔者更喜欢严译。总之，严复译著属于上乘作品，也确实存在着某些瑕疵，但这些不足之处不影响其在西学东渐中的地位和意义。

最后，我们看看现代中国学者从思想史、哲学史角度对严复译著的评价。①

特别要突出的是，从推动严复思想的研究来说，毛泽东的评价最有力："洪秀全、康有为、严复和孙中山，代表了在中国共产党出世以前向西方寻找真理的一派人物。"②中华人民共和国成立后，严复在中国哲学史研究中占有一席之地，毛泽东的这个评价具有纲领性的意义。从理论上说，毛泽东突出的是严复译著在中学与西学、新学和旧学的斗争中的代表性意义，充分肯定了严复在西学东渐中的划时代贡献。严复同期或稍后的学者中，梁启超评价严复为"西洋留学生与本国思想界发生关系者，复其首也"③，"这一期学问上最有价值的出品，要推严复翻译的几部书，算是把十九世纪主要思潮的一部分介绍进来"④。胡适称严复是"介绍西洋近世思想的第一人"⑤。蔡元培说："五十年来，介绍西洋哲学的，要推侯官严复为第一。"⑥这些评价主要是从西学东渐史的角度作出的。梁启超、胡适和蔡元培都可以称得上是哲学家，但他们的评价还是从哲学史之外作出的(这时还没有纯粹的包括古代哲学和近代哲学在内的中国哲学史著作)。首先从整个哲学史的角度对严复作出评价的是冯友兰，他认为："在本世纪初，关于西方思想的最大权威是严复。"⑦20世纪80年代，冯契先生称"严复在中国近代思想史上，首先对中学和西学作了认真的比较"，他"抓住西学命脉来比较中学和西学"。⑧ 这就明确地将严复对西学特别是西方哲学的译介纳入到了中国哲学的近现代发展中。汤一介先生说："把西方哲学最早传入中国的、最有影响的应该说是严复，他翻译的《天演论》等，其进化论思想影响了中国几代人的哲学观念，

① 本书讨论的是严复译著在西学东渐中的意义，因而不专门讨论严复在翻译理论上的贡献。

② 毛泽东：《论人民民主专政》，《毛泽东选集》第四卷，北京，人民出版社，1991，第1469页。

③ 梁启超：《清代学术概论》，北京，东方出版社，1996，第89页。

④ 梁启超：《五十年中国进化概论》，李华兴、吴嘉勋编：《梁启超选集》，上海，上海人民出版社，1984，第834页。

⑤ 胡适：《五十年来中国之文学》，欧阳哲生编：《胡适文集》第三册，北京，北京大学出版社，1998，第211页。

⑥ 蔡元培：《五十年来中国之哲学》，高叔平编：《蔡元培全集》第四卷，北京，中华书局，1984，第351页。

⑦ 冯友兰：《中国哲学简史》，北京，北京大学出版社，1985，第373页。

⑧ 冯契：《中国近代哲学的革命进程》，上海，上海人民出版社，1989，第124页。

可以说他是介绍西方哲学到中国来的第一功臣。”①这就是在直接讨论西方哲学，而不是更为宽泛的西学，使严复从“介绍西学第一人”变成了“介绍西方哲学到中国来的第一功臣”。笔者认为，李泽厚的观点更为准确：“严复在中国近代思想史上开创了一个新纪元，使广大的中国知识分子第一次真正打开了眼界，看到了知识的广阔图景：除了中国的封建经典的道理以外，世界上还有着多么丰富深刻新颖可喜的思想宝藏。”②严复译著更为重要的意义是开辟了中国哲学发展的新资源库，从而影响到了中国哲学的后期发展，即后来的中国哲学家有意识地将中国哲学的现代化与西方哲学的中国化统合起来。

综上所述，清末中国哲学的近现代转型与西学东渐的进程是同步的。而严复在西学东渐中功勋卓著，其译著成为西学东渐中里程碑式的标杆，这就奠定了他在中国哲学近现代转型中的显赫地位。

第二节　“中国第一个真正了解西方文化的思想家”

从时间上看，严复与康有为等人基本上属于同时代的人物，但为什么他们的哲学思想在理论形态上完全不同？为什么严复开启了现代形态中国哲学的大门，而康有为等人只能结束中国传统哲学？对此，梁启超非常准确地指出，当时先进的中国学者如康有为、梁启超、谭嗣同等人都陷入了“学问饥荒”的困境。他所说的“学问饥荒”应该是针对西方近现代学术而言的，绝不是针对中国传统学术，因为康有为等人对此是相当熟悉的。也就是说，康有为等人虽然也意识到了当时中国哲学发展所面临的问题，但由于陷入了“学问饥荒”的困境而无力应对它。因此，谁能解决“学问饥荒”的问题，在学术上就有可能比康有为等人走得更远。既然解决“学问饥荒”的问题，最终要归结到对西方文化的理解，那么本节就来讨论：为什么严复能够比其他人更深入、更全面地理解西方文化？

一、严复生平及其时代背景

笔者不打算多谈严复的生平，但要了解严复何以能够深刻地了解西方文化，就不能不知道他所植根的土壤，不能不知道他所处的时代及其独特的生活经历。

---

① 汤一介：《〈20世纪西方哲学东渐史〉总序》，黄见德：《20世纪西方哲学东渐史导论》，北京，首都师范大学出版社，2007，第13页。

② 李泽厚：《论严复》，《中国近代思想史论》，北京，人民出版社，1979，第259页。

1854年1月8日，严复出生于福建侯官县阳岐村(今属福州市)的一个儒医家庭。因为他从小就很聪明，当他七岁的时候，他的父亲就开始让他接受传统的教育，给他请当地最好的老师，希望他能通过科举考试获取功名。1866年，福州霍乱流行，严复的父亲不幸染病去世，由此家境陷入穷困之中，严复被迫辍学。正好沈葆桢负责的马尾造船厂附设的船政学堂招生，严复以第一名的成绩考入该校。

这是严复人生的一大转折点。从此，他走上了一条与中国传统知识分子不同的人生道路：他的生活不再以科举考试为目的，而与中国学习西方的运动紧密地联系在一起，并且处于中西文化交流与冲突的旋涡中心①。船政学堂是洋务派创办的，属于洋务运动的一个产物。湘军、淮军的军事领导人在镇压了太平天国运动之后，意识到中国传统文化在物质层面上落后于西方，于是发起了洋务运动这场以学习西方军事、工业技术和部分经济制度为内容的早期现代化运动。从这一意义上说，洋务运动代表了当时中国社会发展的新方向，也代表了当时中国人对西方文化的最高理解水平，真正地实施了魏源的“师夷之长技以制夷”的主张，所学习的是西方近现代科学技术。为了满足中国最早的近代工业和经济发展的需要，洋务派组织人员翻译了大量的西方自然科学文献，使康有为、谭嗣同等传统知识分子能够接触到一些西方的近代自然科学知识；洋务派开办了许多讲授西方科学技术的新式学堂，培养了大量的新式学生；在洋务派的鼓动下，清政府派出大量的外交官和留学生，这不仅培养了大批具有近现代意识的知识分子，而且使这些人能够更直接、更深入地理解西方文化并突破洋务运动的局限，严复就是其中的代表之一。可以说，严复考入船政学堂，实际上就意味着他已经不自觉地被历史大潮推到中国社会发展和中国思想发展的最前沿。

1867年到1871年，严复在船政学堂学习，读书十分用功，“卒业大考最优等”②。毕业后，严复进入南洋水师，在军舰上实习和工作了五年，乘军舰南至马六甲海峡，北达日本海，到过新加坡、槟榔屿、长崎、横滨等地。1877年到1879年，严复被派往英国留学，史华兹指出了这一事件对严复的重大影响：“1877年，当严复最终被送去英国深造时，

---

① 这里的旋涡中心指文化，而不是政权，即严复等人对中西文化之间的差异和冲突最为敏感。

② 严璩：《侯官严先生年谱》，王栻主编：《严复集》第五册，北京，中华书局，1986，第1546页。

他已经踏上了一条与本国绝大多数人大相径庭的生活道路。”[1]作为一名留学的海军军官，严复虽然“英国海军学校肄战术及炮台建筑诸学，每试辄最”[2]，但没有上英国军舰实习过一天，而把相当多的精力用于研究中西方社会之间的差异以及探讨产生这种差异的理论根源。严璩说：“每值休沐之日，府君辄至使署，与郭公(指当时出使英国的郭嵩焘——引者注)论述中西学术政制之异同。”[3]严复曾随郭嵩焘到法国游历，对法国的教育制度、市政管理等也非常有兴趣。因而严复对当时整个欧洲社会的发展状况是有所了解的，并不仅仅局限于英国。留学英国的经历对严复后来的生活及其学术成就起着决定性的影响，甚至可以说严复后来的学术根基就是在这一时期奠定的。

1879年，严复回国，先在船政学堂当教师。1880年，严复调任北洋水师学堂总教习(即教务长)[4]，直到1900年，他才离开这所学校。北洋水师学堂的发展与严复的辛勤工作分不开，严璩在《侯官严先生年谱》中说：“该学堂之组织及教授法，实由府君一人主之。”[5]他最后成为该校校长，但他对此并不满意。由于和李鸿章的关系不太和谐，严复“不预机要，奉职而已”[6]。

回国后，严复继续研究西方的社会科学和哲学理论。从严复译著所涉及的内容来看，两年的留学经历不可能为他提供如此丰富的理论材料，这应该归因于他回国后的继续研究。当严复开始运用他从西方现代文明中获得的新思想、新观念来评判中国人的传统观念和议论国际、国内时势时，他的观点不被当时的绝大多数知识分子所接受。他“自思职微言轻，且不由科举出身，故所言每不见听”[7]。因此，在1885年到1893年，严复四次参加科举考试，但都以失败告终。

甲午战争爆发后，由于中国在军事上的失利和对当时政局的不满，

---

① 〔美〕本杰明·史华兹：《寻求富强：严复与西方》，叶凤美译，南京，江苏人民出版社，1996，第25页。

② 原文在《清史稿》本传，转引自王栻主编：《严复集》第五册，北京，中华书局，1986，第1543页。

③ 严璩：《侯官严先生年谱》，王栻主编：《严复集》第五册，北京，中华书局，1986，第1547页。

④ 有学者认为严复这时在北洋水师学堂的职务是“洋文正教习”。

⑤ 严璩：《侯官严先生年谱》，王栻主编：《严复集》第五册，北京，中华书局，1986，第1547页。

⑥ 陈宝琛：《清故资政大夫海军协都统严君墓志铭》，王栻主编：《严复集》第五册，北京，中华书局，1986，第1541页。

⑦ 严璩：《侯官严先生年谱》，王栻主编：《严复集》第五册，北京，中华书局，1986，第1547页。

严复自述："甲午春半，正当东事臬兀之际，觉一时胸中有物，格格欲吐，于是有《原强》、《救亡决论》诸作，登布《直报》。"[①]他开始在报刊上发表论文。后来，中国在甲午战争中失败，严复"大受刺激。自是专致力于翻译著述。先从事于赫胥黎 T. Huxley 之《天演论》*Evolution and Ethics*，未数月而脱稿"[②]。这既是出于对战争中所牺牲的同学和学生的怀念，又是出于对自己的预测不幸言中的恐惧。他把所有的悲愤和爱国情感都以论文和译著的形式表达出来，这成为他报效国家的主要方式[③]。从此，严复找到了自己的事业所在，他说："若自为所能为作想，只有开报、译书、学堂三事尚可奋其驽末。"[④]严复对中国近代社会发展的贡献确实也主要表现在这三个方面，他做得最成功的是译书，其次是办报和办学堂。

关于严复译书，前面已经讨论过了。这里要强调的是，严复通过译书把他所理解的西方文化展现给了中国人，这些译著就是当时中国人对西方文化最深刻的理解，代表了当时中西文化交汇的最高水平。

严复办报是相当成功的。1897 年，他和王修植、夏曾佑等人在天津创办《国闻报》。这份报纸虽然只维持了不到一年，但它介绍了大量的西方新理论，并且以新思维议论天下时事，为中国思想启蒙运动作出了重大贡献，"当戊戌年间，西人评骘中国报界以之为第一，而《时务报》不与焉，亦可以见其价值矣"[⑤]。

严复办学堂也可以说是成功的：1896 年，奉李鸿章之命办"俄文馆"；同年，协助张元济等创办"通艺学堂"；1902 年到 1904 年，任京师大学堂编译局总纂；1905 年，帮助马相伯创办复旦公学，并任第二任校长；1906 年到 1907 年，任安徽高等师范学堂监督；1912 年，任北京大学校长。当然，同在翻译方面的成就相比，严复办学堂的成绩不那么突出。他办事相当认真，也试图给以上各学校带来现代化的改革，虽然由于种种原因，这些改革都没有真正实施或坚持下来，但以上各学校都承认严复对学校发展所作出的贡献。

---

① 严复：《与梁启超书》，王栻主编：《严复集》第三册，北京，中华书局，1986，第 514 页。

② 严璩：《侯官严先生年谱》，王栻主编：《严复集》第五册，北京，中华书局，1986，第 1548 页。

③ 由于严复离开军舰多年，并且吸食鸦片，他是不可能上战场的。

④ 严复：《与张元济书》，王栻主编：《严复集》第三册，北京，中华书局，1986，第 555 页。

⑤ 西江欧化社：《〈国闻报汇编〉序》，王栻主编：《严复集》第五册，北京，中华书局，1986，第 1557 页。

辛亥革命后，严复的思想日趋保守。1913 年，严复带头列名为孔教会发起人之一。他先后发表《读经当积极提倡》《〈民约〉平议》等文章，提倡尊孔读经，认为共和制不适合当时的中国。他私下认为复辟是当时中国人的最佳选择①，这就导致了 1915 年他被列名为筹安会发起人之一。虽然人们承认严复在筹安会事件中并非自愿，因为他并不赞成袁世凯称帝，但他也承认自己是反对共和制的，而且主张复辟，所以他没有为筹安会事件作公开的辩护。筹安会事件对严复的打击相当大，“自是之后，闭门谢客，不愿与闻外事”②。从此，严复基本上没有再参与过社会活动。但从与极少数师友的书信中，人们可以发现严复仍然保持着强烈的爱国情感。1921 年 10 月 27 日，严复在福州家乡病逝。

毛泽东指出：“自从一八四〇年鸦片战争失败那时起，先进的中国人，经过千辛万苦，向西方国家寻找真理。洪秀全、康有为、严复和孙中山，代表了在中国共产党出世以前向西方寻找真理的一派人物。”③这里的“真理”指救国救民的真理。这就是说，“向西方寻找真理”只是严复哲学思想的表现形式，爱国主义才是严复哲学思想的根基。严复等船政学堂出身的海军学员在感谢他们的英国老师的信中说：“生等愿尽所能为国效劳。”④他们中的绝大部分人坚守了这一诺言，许多人为国捐躯，而严复则时时忧虑中国有亡国灭种的危险，“每念此言，尝中夜起而大哭”⑤。虽然老年严复对中国的局势彻底失望，但还希冀中国会有一个美好的未来。1920 年 2 月，严复的长孙覲祖出生，他非常高兴，作诗云：“震旦方沈陆，何年得解悬。太平如有象，莫忘告重泉。”⑥他所念念不忘的还是国家的命运。

严复生活的时代，正是中国近代最黑暗的时期：中国在第二次鸦片战争、中法战争、甲午战争和八国联军侵华战争中一败再败，完全失去

---

① 准确地说，严复只是认为复辟是比共和制更好的选择。他认为，中华民国建立之后，中国其实也没有复辟的条件，复辟只会造成中国社会的混乱。因此，他没有公开发表文章赞同复辟。

② 严璩：《侯官严先生年谱》，王栻主编：《严复集》第五册，北京，中华书局，1986，第 1551 页。

③ 毛泽东：《论人民民主专政》，《毛泽东选集》第四卷，北京，人民出版社，1991，第 1469 页。

④ 严复等：《与嘉乐尔书》，孙应祥、皮后锋编：《〈严复集〉补编》，福州，福建人民出版社，2004，第 214 页。

⑤ 严复：《与吴汝纶书》，王栻主编：《严复集》第三册，北京，中华书局，1986，第 521 页。

⑥ 严复：《元旦覲祖生》，王栻主编：《严复集》第二册，北京，中华书局，1986，第 411 页。

了抵御外国侵略的能力，沦为半殖民地半封建社会；洋务运动、戊戌维新运动、辛亥革命都失败了，中国陷入了北洋军阀混战的困境之中，失去了自强的基本政治条件[①]。严复亲身经历了许多重大历史事件，由于理想与现实的分离，他始终生活在失望之中。他痛苦地说："嗟夫！有此无不有之国，无不能之民，用庸人之论，忌讳虚骄，至于贫且弱焉以亡，天下恨事孰过此者！"[②]他曾倾慕西方文明，以为西方文明就是中国未来发展的方向，但第一次世界大战使他再次失去了方向："觉彼族三百年之进化，只做到'利己杀人，寡廉鲜耻'八个字。"[③]他曾经美化过西方特别是英国，但西方对中国的凌辱使他认识到"西人不以人理待中国也"[④]。事实上，在中国共产党诞生以前，中国近代社会的发展就是在这种期望与失望交织的状态下进行的，走的是一条以西方为师但又具有摇摆性的发展之路。正是这样的历史情境影响着严复的人生，而严复的人生体会又凝聚成了他的哲学思想。因此，严复哲学思想中蕴含着古老的中国哲学传统在实现自身现代化中所经历的磨难，充分体现出了中国哲学现代化过程中中西文化的冲突与交融，以及一代学人对祖国富强的期望和奉献。

二、与传统知识分子迥异的"西洋留学生"

从严复的人生历程来看，他属于新式的知识分子——"西洋留学生"，而康有为、谭嗣同等人则属于中国传统的知识分子。也就是说，虽然严复与康有为、谭嗣同等人生活在同一个时代，但从知识结构来看，他们的思想之间有着传统和现代的本质差异。可以说，正是这种差异在很大程度上导致了他们对西方文化的不同理解。具体说来，作为新式知识分子的严复与康有为、谭嗣同等传统知识分子主要有如下的差异：

首先，由于所受的教育不同，严复与康有为等人的思维方式不同。严复接受的基本上是近现代的教育，他系统地接受了西方近代自然科学知识及其相关训练。虽然严复在十四岁之前接受过传统的教育，但这段教育经历对严复的思想影响并不大，正如欧阳哲生所说的："严复早年的

① 笔者是站在严复的立场上述说这些政治事件的。

② 严复：《辟韩》，王栻主编：《严复集》第一册，北京，中华书局，1986，第35页。

③ 严复：《与熊纯如书》，王栻主编：《严复集》第三册，北京，中华书局，1986，第692页。

④ 严复：《与张元济书》，王栻主编：《严复集》第三册，北京，中华书局，1986，第540页。

这段苦读生活，为其打下了一个学人在封建科举时代必须具备的幼学基础。”①严复所获得的仅仅是“幼学基础”而已。后来的教育对严复来说才是至关重要的。在船政学堂学习期间，严复“所习者为英文、算术、几何、代数、解析几何、割锥、平三角、弧三角、代积微、动静重学、水重学、电磁学、光学、音学、热学、化学、地质学、天文学、航海术”②。在英国留学期间，严复在格林威治皇家海军学院继续学习各种与海军相关的自然科学知识，因而他对自然科学的理解相当深刻。这种教育背景的熏陶形成了严复对自然科学的偏爱，正如史华兹指出的：“严复后来对西方科学的热情，是建立在直接(虽属初步涉及)与真正的自然科学的方法和资料相关的基础之上的……在某种程度上，未尝不可以说，严复对科学产生的热情来自于科学本身。”③显然，严复对西方科学的热情来自他所受到的关于自然科学的教育，而这种热情也使他对科学具有某种偏好，并以科学的态度思考中西文化之间的关系问题。这就促使严复研究西方文化中学理层面的东西，即从西方学术中探寻西方富强的根源。同时，这种教育背景也赋予了严复近现代科学的思维方式。对于严复哲学思想来说，这种科学的思维方式主要有两个方面的意义：第一，它使严复能非常准确地把握中西文化之间的差异，特别是学术和政治制度方面的差异，并使严复基本上能正确而又全面地理解西方的各种社会理论和哲学理论。严复译著涉及哲学、宗教、逻辑学、生物学、物理学、社会学、经济学、政治学、法学等方面的内容，没有科学的思维方式，是很难基本准确地理解并翻译这些理论的。正如罗素指出的：“近代世界与先前各世纪的区别，几乎每一点都能归源于科学。”④严复具有科学的思维方式，因此，他对西方文化的理解才比同时代的其他先进的中国人更为深刻、准确。第二，它使严复完全抛弃并彻底地批判传统的思维方式。严复十四岁就中断了传统的教育，因而他所接受的传统知识及传统学术的训练相对而言是浅薄的，经过长时间的科学教育和熏陶，这些东西就所剩无几了。严复通过译著而享誉于世的时候，曾自评：“若夫仆中学之浅深，尤为朋友所共见，非为谦也。道不两隆，有所弃者而后有取。加以晚学无师，于圣经贤传，所谓宫室之富，百官之美，皆未得其门而

---

① 欧阳哲生：《严复评传》，南昌，百花洲文艺出版社，1994，第 4 页。

② 严璩：《侯官严先生年谱》，王栻主编：《严复集》第五册，北京，中华书局，1986，第 1546 页。

③ 〔美〕本杰明·史华兹：《寻求富强：严复与西方》，叶凤美译，南京，江苏人民出版社，1996，第 24 页。

④ 〔英〕罗素：《西方哲学史》下卷，马元德译，北京，商务印书馆，1976，第 43 页。

人之。”[①]严复的中学旧学水平确实不能与其西学水平相比。总体来看，科学的思维方式和中国人的传统思维方式是相对立的。严复接受了科学的思维方式，就必然会反对中国传统的做学问的方法，因而他对程朱理学和陆王心学、今文经学和古文经学都持反对态度。反观康有为、谭嗣同等人，他们接受的是传统的教育，不论他们学习的是程朱理学还是陆王心学、是今文经学还是古文经学，都只能具有传统的思维方式。因而，他们只能在传统的思维框架内批判传统文化，也只能在传统的思维框架内接受西方文化及思考中西文化之间的关系。因此，从教育背景来看，严复比康有为等传统知识分子更容易理解西方文化。

其次，由于生活阅历的差异，严复与康有为等人对西方文化的感受不同。章太炎指出：“严氏之为人也，少游学于西方，震叠其种，而视黄人为猥贱。”[②]章太炎的语言虽然比较偏激，但也说出了实情：由于“游学”的原因，严复相当推崇西方文化，因而他对中国传统文化进行了彻底的批判[③]。严复是学习海军的，在军舰上实习和工作了五年，到过一些国家和地区，因而对世界局势较为了解，直接感受到了西方文化的扩张与中国可能存在的危机。对于一名军人来说，这种危机感往往转化为责任感和紧迫感，正是这种责任感促使严复深入地探索西方的富强之道。后来，严复到英国留学，直接生活在西方现代文明之中，亲身体会了西方资本主义的繁荣，实地考察了英、法两国的政治、法律、教育等制度。强烈的中西文化差异，促使严复去寻找西方社会发展和繁荣的原因。而在甲午战争以前，康有为等传统知识分子对世界大势的理解主要来源于洋务派和上海租界、香港等地教会所译的西书或所办的杂志，因而他们对西方文化扩张性的感受远不如严复强烈。并且，康有为哲学思想的出发点是圣人之道或“不忍人之心”，因此康有为对西方文化的推崇是与圣人之道相联系的，而严复对西方文化的推崇是与生存问题相关的。也就是说，西方文化的优越性对他们来说意义是不一样的。相对于康有为等人而言，严复探索西方文化奥秘的动力更为强烈。因此，就生活阅历而言，严复比康有为等传统知识分子有更多的机会深入理解西方文化。

---

① 严复：《与梁启超书》，王栻主编：《严复集》第三册，北京，中华书局，1986，第516页。

② 章太炎：《“社会通诠”商兑》，张枬、王忍之编：《辛亥革命前十年间时论选集》第二卷下册，北京，生活·读书·新知三联书店，1963，第648页。

③ 根据严复所理解的社会达尔文主义，人种优劣其实就是文化的优劣，因而“视黄人为猥贱”就是对传统文化的否定。从进化的意义上看，严复不是“视黄人为猥贱”，而是“忧黄人为猥贱”。严复否定的是传统文化，而不是“黄人”。

最后，由于外语水平的差异，严复与康有为等人理解西方文化的能力不同。梁启超指出："拿'变法维新'做一面大旗，在社会上开始运动，那急先锋就是康有为、梁启超一班人。这班人中国学问是有底子的，外国文却一字不懂。"①正是因为戊戌维新变法失败以前，康有为、梁启超、谭嗣同等人"外国文却一字不懂"，使得他们缺乏直接选择和理解西方理论著作的能力，对西方文化的理解必须依赖于他人的翻译。当时的翻译水平和所翻译的内容，使康有为等人不能更为深入地理解西方文化。而严复在船政学堂就开始学习英语，在英国留学期间，他的英语水平提高很快，有时他和郭嵩焘一块会见英国官员，还临时充当翻译。因此，严复可以自由地与英国人交往，能够接受当时英国流行的各种社会思潮和科学理论，也可以自由地选择自己所需要的理论。王栻甚至认为严复在英国留学期间就已经大量阅读西方理论著作："我们可以想象到，严复所最倾心的、以后常常在著作中提到他们或亲自翻译他们的著作的，如亚丹斯密、孟德斯鸠、卢梭、边沁、穆勒、达尔文、赫胥黎、斯宾塞等人，不管是进步的或是反动的，在当时，严复大概都已开始阅读他们的著作，或甚至在孜孜钻研了。至少，这些资产阶级思想家的名字及其重要著作，必定耳闻已熟了。"②因此，严复理解西方文化的能力远远高于康有为等传统知识分子。

另外，严复也不同于当时的其他"西洋留学生"。梁启超指出："西洋留学生与本国思想界发生关系者，复其首也……晚清西洋思想之运动，最大不幸者一事焉，盖西洋留学生殆全体未尝参加于此运动。"③严复就是极少数参与"晚清西洋思想之运动"的西洋留学生之一，他为什么会走上与其他"西洋留学生"不同的道路呢？对此，严复自己解释："复自入学官以来，所谓同学者，以十数；所谓后进者，以百数，又其中以他途进者，不识几何人，此皆通其文语，亲见国俗，习其艺数者也。而试求所谓殚众生之便蕃，察教派之流变者几人哉？有几人哉？"④严复自认为对社会理论的兴趣是他成为学者的最重要因素之一。确实，严复不是中国第一批留学西方的学生，在甲午战争以前，"通其文语，亲见国俗，习其艺数"的中国人是相当多的。严复和他们的最大区别在于：他不追求"习

① 梁启超：《五十年中国进化概论》，李华兴、吴嘉勋编：《梁启超选集》，上海，上海人民出版社，1984，第834页。

② 王栻：《严复传》，上海，上海人民出版社，1976，第9页。

③ 梁启超：《清代学术概论》，北京，东方出版社，1996，第89页。

④ 严复：《与梁启超书》，王栻主编：《严复集》第三册，北京，中华书局，1986，第515页。

其艺数”，而是“殚众生之便蕃，察教派之流变者”。严复的兴趣已经从自然科学知识及技艺转向西方的哲学等人文社会理论，这就导致了他与包括他的同学在内的绝大多数其他“西洋留学生”的根本性差异：他参加了“晚清西洋思想之运动”并作出了巨大贡献，而绝大多数其他“西洋留学生”则“未尝参加于此运动”。

总之，作为一个对西方学术很有兴趣的“西洋留学生”，严复确实比同时代的其他中国学者更有可能真正地理解西方文化。

三、严复自身的哲学思想与他所译介的西方哲学

本书的一个基本观点是：严复不仅翻译了西方理论著作，而且接受了其理论，特别是其中的进化论、自由主义理论和实证哲学。这三种理论的主要表现之一就是“严译名著丛刊”，即严复的译著不仅是西学，也是他本人哲学思想的表达，二者是统一的。因而严复自身的哲学思想才是现代形态的，才能开创现代形态的中国哲学。但是，在严复自身的哲学思想与他所译介的西方哲学是否相一致这一问题上，学术界却是大有争议的。

王栻说：“严复的翻译，并不仅仅尽了舌人之劳。他每翻译出版一部书，都有一定的目的与意义。他常借着西方著名资产阶级思想家的著作，来表达自己的思想。他在书中加上的许多按语，更发挥了自己的见解。”①“借着西方著名资产阶级思想家的著作，来表达自己的思想”，即严复自身的思想与其译介的西方理论所表达的内容基本上是一致的。这得到了当前大部分学者的认同，但也有一些著名学者提出了相反的观点。贺麟说：“他所译述的学说，不是他服膺有心得的真理，而只是救时的药剂。所以到晚年来他会自己放弃，甚至反对他所译述过的学说了。”②郭湛波说：“严氏译述虽为工业资本社会之思想，其本身则仍为中国农业宗法封建社会之思想。”③即严复自身的思想与其译介的西方理论之间存在着根本性的差异，二者是不一样的。这一观点也得到李泽厚这样的大学者的拥护，“在某种意义上，也可以说，与其是严复本人的主观思想，不如说是受严复译作重要影响的后人的思想作为，使严复在中国近代史上

---

① 王栻：《严复与严译名著》，商务印书馆编辑部编：《论严复与严译名著》，北京，商务印书馆，1982，第8页。

② 贺麟：《五十年来的中国哲学》，北京，商务印书馆，2002，第26页。

③ 郭湛波：《近五十年中国思想史》，济南，山东人民出版社，1997，第51页。

取得如此光荣的一席。”[①]李泽厚高度评价严复译著及其影响，而对严复自身的思想却不太感兴趣。

因此，本书必须对严复自身的哲学思想与他所译介的西方哲学之间的统一关系进行论证。“严译名著丛刊”的内容主要是关于西方进化论、西方自由主义理论和英国早期实证哲学的。那么第一个要讨论的问题就是：严复是否接受了这些理论？

第一，严复有没有接受西方进化论？对于达尔文进化论，严复说：“论者谓达氏之学，其彰人耳目，改易思理，甚于奈端氏之天算格致，殆非溢美之言也。”[②]而他称赞牛顿力学：“此所谓旷古之虑。自其例出，而后天学明，人事利者也。”[③]对于斯宾塞进化论，他说：“呜乎！欧洲自有生民以来，无此作也。”[④]在“严译名著丛刊”中，与进化论有关的除了《天演论》外，还包括《群学肄言》(从斯宾塞进化论的体系来看)和《社会通诠》。对于斯宾塞的《群学肄言》，严复说：“不佞读此在光绪七八之交，辄叹得未曾有……窃以为其书实兼《大学》、《中庸》精义，而出之以翔实。”[⑤]他对自己的翻译也颇为自负：“吾译此书真前无古人，后绝来哲，不以译故损价值也。”[⑥]可以说，严复对该书的推崇达到了无以复加的地步。而对于甄克思的《社会通诠》，严复称赞：“是书所言，著治理之天演，自其粗简，以至精繁，使因果相生，厘然可指。”[⑦]确实，《社会通诠》引起了严复在思想上的巨大共鸣，他自述，在翻译该书的过程中“不佞移译是编，所为数番掷管太息，绕室疾走者也”[⑧]。据此，说严复仅仅是客观地译述西方19世纪的进化论，而他本人的思想仍然是传统的，这是令人难以想象的。严复将西方的进化论译为天演论，甚至将自己的别

---

① 李泽厚：《论严复》，《中国近代思想史论》，北京，人民出版社，1979，第260页。

② 严复：《原强》，王栻主编：《严复集》第一册，北京，中华书局，1986，第5页。

③ 严复：《译〈天演论〉自序》，王栻主编：《严复集》第五册，北京，中华书局，1986，第1320页。

④ 严复：《〈天演论〉复案》，王栻主编：《严复集》第五册，北京，中华书局，1986，第1325页。

⑤ 严复：《〈群学肄言〉译余赘语》，王栻主编：《严复集》第一册，北京，中华书局，1986，第126页。

⑥ 严复：《译〈群学肄言〉有感》，孙应祥、皮后锋编：《〈严复集〉补编》，福州，福建人民出版社，2004，第12页。

⑦ 严复：《读新译甄克思〈社会通诠〉》，王栻主编：《严复集》第一册，北京，中华书局，1986，第146页。

⑧ 严复：《译〈社会通诠〉自序》，王栻主编：《严复集》第一册，北京，中华书局，1986，第136页。

号取为“天演宗哲学家”①。笔者认为，这些充分说明严复（至少是早年严复，即翻译西学时的严复）接受了天演论。

但是，严复在译介西方进化论时，并没有选择达尔文进化论的代表作《物种起源》或斯宾塞进化论的代表作《综合哲学·第一原理》，而是选择了赫胥黎的 *Evolution and Ethics* 的上半部，将其命名为《天演论》，这是一部坚持达尔文进化论但反对斯宾塞主义的著作。这是否说明严复并没有真正地信服斯宾塞进化论呢？如果不是，他为什么要这么做呢？严复认为，斯宾塞的《综合哲学·第一原理》“其文繁衍奥博，不可猝译”②，而赫胥黎的著作是演讲集，便于人们理解。而在《天演论》的按语中，严复非常详尽地介绍了斯宾塞的进化论，并且经常以斯宾塞的思想来反驳赫胥黎的观点，以至于史华兹认为：“说《天演论》是将赫胥黎原著和严复为反赫胥黎而对斯宾塞主要观点进行的阐述相结合的意译本，是一点也不过分的。”③应该说，史华兹误解了严复：赫胥黎对严复的影响是很大的，他的进化论不是作为斯宾塞进化论的陪衬，而是有其独特的意义。严复指出：“赫胥黎氏此书之旨，本以救斯宾塞任天为治之末流，其中所论，与吾古人有甚合者。且于自强保种之事，反复三致意焉。”④原来，严复不同意斯宾塞“任天为治”的观念，而且斯宾塞的著作不易发挥出“自强保种”的意义。严复要将斯宾塞和达尔文的进化论统合起来，将它们运用于中国当时的“自强保种”运动。如果严复追求中国“自强保种”的目的是真的，他就是真诚地接受并改造了西方进化论。

第二，严复有没有接受西方自由主义理论？确实，严复是从中国“自强保种”出发来接受自由主义的，他说：“夫士生今日，不睹西洋富强之效者，无目者也。谓不讲富强，而中国自可以安；谓不用西洋之术，而富强自可致；谓用西洋之术，无俟于通达时务之真人才，皆非狂易失心之人不为此。”⑤那么，西方文化的根本是什么？中国学习西方，从根本上是学什么呢？他又指出：“其命脉云何？苟扼要而谈，不外于学术则黜伪而崇真，于刑政则屈私以为公而已。斯二者，与中国理道初无异也。

① 转引自欧阳哲生：《严复评传》，南昌，百花洲文艺出版社，1994，第 2 页。

② 严复：《〈天演论〉复案》，王栻主编：《严复集》第五册，北京，中华书局，1986，第 1327 页。

③ 〔美〕本杰明·史华兹：《寻求富强：严复与西方》，叶凤美译，南京，江苏人民出版社，1996，第 93 页。

④ 严复：《译〈天演论〉自序》，王栻主编：《严复集》第五册，北京，中华书局，1986，第 1321 页。

⑤ 严复：《论世变之亟》，王栻主编：《严复集》第一册，北京，中华书局，1986，第 4 页。

顾彼行之而常通，吾行之而常病者，则自由不自由异耳。”①“推求其故，盖彼以自由为体，以民主为用。”②既然严复认为自由的观念是西方近现代文化的“体”，西方的科学和政治原则都是建立在自由的观念之上的，他会不接受自由的观念吗？此外，他特别强调自由对于个人的意义：“侵人自由者，斯为逆天理，贼人道。其杀人伤人及盗蚀人财物，皆侵人自由之极致也。故侵人自由，虽国君不能，而其刑禁章条，要皆为此设耳。”③他又说：“考希腊辣丁时代，自由名辞与奴隶对。盖其时，民有资格之殊。一等之民，有资格者，谓之自由平民，其无此者，则为奴隶。”④据此，说严复没有接受西方 19 世纪的自由主义思想，等于说严复自觉自愿地选择做奴隶，以使自己的身家性命随时可能被君王所剥夺。这显然是荒谬的。正是由于严复如此推崇自由的观念，与译介进化论不同，他译介自由主义理论时所选择的原本是西方经典名著 *On Liberty*，译为《群己权界论》。对于该书，他说：“夫自繇之说多矣，非穆勒是篇所能尽也。虽然，学者必明乎己与群之权界，而后自繇之说乃可用耳。”⑤严复认为，中国人要理解西方自由主义理论，必须要从该书开始。由此可见，他对该书的评价是很高的。因此，严复对其译著的社会效果的期望也是相当高的：“呜呼！此稿既失复完，将四百兆同胞待命于此者深，而天不忍塞其一隙之明欤？”⑥其实，“严译名著丛刊”可以说都是西方自由主义者的作品。因此，至少早年的严复是接受了西方自由主义理论的。

另外，关于“严译名著丛刊”，还有两部书：《孟德斯鸠法意》和《原富》。对于《原富》，严复说：“自有此书，而后世知食货为专科之学。此所以见推宗匠，而为新学之开山也。”⑦他又说：“观其（即西方人——引者注）治生理财之多术，然后知其悉归功于亚丹斯密之一书，此泰西有识之公论也。”⑧对于《孟德斯鸠法意》，严复称其“导福禄特尔（即伏尔

---

① 严复：《论世变之亟》，王栻主编：《严复集》第一册，北京，中华书局，1986，第 2 页。
② 严复：《原强》，王栻主编：《严复集》第一册，北京，中华书局，1986，第 11 页。
③ 严复：《论世变之亟》，王栻主编：《严复集》第一册，北京，中华书局，1986，第 3 页。
④ 严复：《政治讲义》，王栻主编：《严复集》第五册，北京，中华书局，1986，第 1282 页。
⑤ 严复：《译〈群己权界论〉自序》，王栻主编：《严复集》第一册，北京，中华书局，1986，第 132 页。
⑥ 严复：《〈群己权界论〉译凡例》，王栻主编：《严复集》第一册，北京，中华书局，1986，第 135 页。
⑦ 严复：《译斯氏〈计学〉例言》，王栻主编：《严复集》第一册，北京，中华书局，1986，第 98 页。
⑧ 严复：《原强修订稿》，王栻主编：《严复集》第一册，北京，中华书局，1986，第 29 页。

泰——引者注）、卢梭辈先路者也”[①]。在《孟德斯鸠法意》的按语中，严复忍不住赞叹：“吾译是编至此，不觉废书而叹也！何孟氏之先获我心耶！”[②]“吾译此节之文，不觉首俯至地，而叹孟德斯鸠之精识为不可及也。”[③]“吾译此章，不觉低首下心，而服孟德斯鸠之伟识也。”[④]据此，我们有理由相信，严复是一个西方19世纪自由主义的崇拜者，他不是仅仅翻译了这两部西学经典，而是接受了其中的观点。

第三，严复有没有接受英国早期实证哲学？严复接受的西方进化论和西方自由主义理论的哲学基础都是实证哲学，或者说都是实证派的进化论和自由主义理论。严复关注的不是生物学的达尔文进化论，而是具有社会达尔文主义色彩的斯宾塞进化论[⑤]。而斯宾塞进化论本身是实证哲学，斯宾塞被公认为英国早期实证哲学的代表。因此，从逻辑上说，严复接受了斯宾塞进化论、赫胥黎进化论和穆勒自由主义，在哲学上就属于实证哲学。况且，严复还翻译了当时早期实证哲学的代表作《穆勒名学》，并对它评价很高：“纯如能于此书读有心得，真是凤毛麟角，于十九稘哲学思过半矣。”[⑥]即该书是西方19世纪哲学、逻辑学的代表作。他对自己的翻译也是相当满意的：“《名学》年内可尽其半，中间道理真如牛毛茧丝。此书一出，其力能使中国旧理什九尽废，而人心得所用力之端；故虽劳苦，而愈译愈形得意。得蒙天助，明岁了此大业，真快事也。”[⑦]而且严复对此书是很有感情的，1918年，他的身体已大大不如从前了，还惦记着“《穆勒名学》尚余半部未译，垂老颇思一卒斯业，以饷后人”[⑧]。据此，我们可以说严复是接受了穆勒的逻辑学和实证哲学的，否则他就用不着如此费力劳神地翻译《穆勒名学》了。至于《名学浅说》，严复对它评价确实不高。该书只是耶方斯所写的一部通俗逻辑学读物而已，严复也只是将其作为逻辑学的入门教材使用。但正因为《名学浅说》是作为教

---

① 严复：《孟德斯鸠传》，王栻主编：《严复集》第一册，北京，中华书局，1986，第144页。
② 严复：《〈法意〉按语》，王栻主编：《严复集》第四册，北京，中华书局，1986，第948页。
③ 严复：《〈法意〉按语》，王栻主编：《严复集》第四册，北京，中华书局，1986，第971页。
④ 严复：《〈法意〉按语》，王栻主编：《严复集》第四册，北京，中华书局，1986，第991页。
⑤ 本书没有说斯宾塞是社会达尔文主义者，是因为斯宾塞的《综合哲学》在达尔文的《物种起源》之前发表，也就是说，从时间上看，斯宾塞理论不是达尔文理论在人类社会中的运用。实际上，进化论被人们接受，确实是因为达尔文的著作；斯宾塞进化论风行一时，就是由于它得到达尔文进化论的科学支持。因此，从实际的社会影响力来看，人们将斯宾塞进化论作为社会达尔文主义的代表。
⑥ 严复：《与熊纯如书》，王栻主编：《严复集》第三册，北京，中华书局，1986，第608～609页。
⑦ 严复：《与张元济书》，王栻主编：《严复集》第三册，北京，中华书局，1986，第546页。
⑧ 严复：《与熊纯如书》，王栻主编：《严复集》第三册，北京，中华书局，1986，第608页。

材使用，所以严复是接受了其观点的。该书是关于经验逻辑的，属于实证哲学。

要认清严复自身的思想与其译著的关系，必须将他看成思想家、哲学家，而不能仅仅将他看成翻译家，即严复的译著中含有其自身思想。或者说，严复的译著是其自身思想的一种表现形式。

首先，严复的翻译工作有一个特别明显的特点，即相对于西方浩瀚的学术著作和当时中国由于“学问饥荒”引起的巨大理论需求来说，“严译名著丛刊”的八部书实在是太少了。梁启超指出：“这一期学问上最有价值的出品，要推严复翻译的几部书，算是把十九世纪主要思潮的一部分介绍进来。”①这“一部分”远远不能满足国人的需求，所以他才采用“所谓‘梁启超式’的输入，无组织，无选择，本末不具，派别不明，惟以多为贵”。② 贺麟也认为：“严氏的译品，质的方面，很少有人訾议；量的方面，却嫌其太少。”③实际上，《名学浅说》是最后一部出版的“严译名著”，它是在1909年出版的，而严复此后还活了12年。其间，他参加过许多社会活动，甚至被任命为海军部编译处总纂，也翻译过一些西方报刊材料。但他除了想补译《穆勒名学》下半部之外，没有翻译或试图翻译任何一部西方理论著作。从严复的译文、按语和论文来看，他对西方学术的理解是相当广泛而有深度的，要再译别的作品并不是一件很困难的事。为什么他没有这样做呢？再者，严复非常清楚，在八部“严译名著”中，有一半在西方并不是经典理论著作，它们在西方思想界的实际影响并不大。这其中包括大名鼎鼎的《天演论》、被严复推崇为集《大学》和《中庸》的精华于一身的《群学肄言》，以及《社会通诠》和《名学浅说》。也就是说，“严译名著”与西学经典是有一定差异的。这又是为什么呢？对这两种现象的合理解释是：严复并不是一个简单的西学译介者，而首先是一个有主见的选择者。与其说严复没有时间和精力做翻译工作，还不如说他认为八部“严译名著”已足以表达他本人的思想立场和基本观点。

那么，严复本人的思想立场和基本观点是什么呢？实际上，早在翻译《天演论》之前，严复就已经发表了一系列论文，公开宣讲西方思想。在《论世变之亟》中，他就首先介绍了进化、自由和科学的观念；在《原

---

① 梁启超：《五十年中国进化概论》，李华兴、吴嘉勋编：《梁启超选集》，上海，上海人民出版社，1984，第834页。

② 梁启超：《清代学术概论》，北京，东方出版社，1996，第89页。

③ 贺麟：《严复的翻译》，商务印书馆编辑部编：《论严复与严译名著》，北京，商务印书馆，1982，第30页。

强》中，他更是详细地介绍了达尔文和斯宾塞的进化论；在《辟韩》中，他直接运用自由主义的契约论反对中国传统的圣人政治；在《救亡决论》中，他说："救之之道当何如？曰：痛除八股而大讲西学。"①为什么中国不能回归传统文化，而要"大讲西学"呢？严复认为："取西学之规矩法戒，以绳吾'学'，则凡中国之所有，举不得以'学'名；吾所有者，以彼法观之，特阅历知解积而存焉，如散钱，如委积。此非仅形名象数已也，即所谓道德、政治、礼乐，吾人所举为大道，而消西人为无所知者，质而言乎，亦仅如是而已矣。"②简言之，中国必须走"西学救国"的路。西学就是包括进化论、自由主义理论在内的西方现代学术，其哲学基础就是实证哲学。这些果真就是严复本人的真实想法吗？他说："甲午春半，正当东事臬兀之际，觉一时胸中有物，格格欲吐，于是有《原强》、《救亡决论》诸作，登布《直报》。"③很难想象，严复这位海军将领出身的海军学堂校长，在甲午战争这种背景之下，即当自己的同学和学生大都牺牲于对日作战前线之时，会公开发表自己所不赞同的来自西方的理论。换言之，严复所宣讲的西学就是他本人思想的表达。

如果我们将以上所说的四篇论文与"严译名著"相对照，就会发现一个惊人的现象，即史华兹所指出的："1895 年至 1898 年间，严复发表了一系列论文，其中有《论世变之亟》、《原强》、《救亡决论》、《辟韩》等。这几篇写于 1895 年一年间的论文，极其清楚地表明了严复当时对世界的整个看法。这些文章也清楚地表明了严复的全部基本观点，这些观点正是他在以后几年里致力于翻译的基础。严复后来在翻译赫胥黎、亚当·斯密、孟德斯鸠、穆勒的著作时，曾加了大量按语。参照严复的论文阅读这些按语，就会发现两者差不多是一脉相承的。这几篇论文，不仅实际上构成了严复全部译著的绪论，而且还洋溢着一种久所欲言、一吐为快的强烈感情。"④原来，严复的翻译不是随意的，而是有一个先在的自身的理论框架作为基础。他以此来选择西方理论著作，而不管它们在西方是不是理论经典。因此，严复的译著可以看作是他自身思想的展开。

严复将译著作为自身哲学思想的重要展开方式，确实有点怪异。他自己也承认："朋友或訾不佞不自为书，而独拾人牙后慧为译，非卓然能

① 严复：《救亡决论》，王栻主编：《严复集》第一册，北京，中华书局，1986，第 43 页。

② 严复：《救亡决论》，王栻主编：《严复集》第一册，北京，中华书局，1986，第 52～53 页。

③ 严复：《与梁启超书》，王栻主编：《严复集》第三册，北京，中华书局，1986，第 514 页。

④ 〔美〕本杰明·史华兹：《寻求富强：严复与西方》，叶凤美译，南京，江苏人民出版社，1996，第 37～38 页。

自树者所为，不佞笑颔之而已。”①“朋友”就是大名鼎鼎的吴汝纶。吴汝纶说：“以谓执事若自为一书，则可纵意驰骋。若以译赫氏之书为名，则篇中所引古书古事，皆宜以元书所称西方者为当，似不必改用中国人语。以中事中人，固非赫氏所及知。”②吴汝纶明确指出严译《天演论》的严重缺陷：以赫胥黎所不知道的“中事中人”来代替原书中的相应内容③。而要解决这一问题并不太难，就是严复自己写一部书。严复也很清楚译本与自著之间的差异，但他为什么不接受吴汝纶的建议，仅仅“笑颔之而已”？

我们先来考察严复译书的目的，他自述：“复自客秋以来，仰观天时，俯察人事，但觉一无可为。然终谓民智不开，则守旧维新两无一可。即使朝廷今日不行一事，抑所为皆非，但令在野之人与夫后生英俊洞识中西实情者日多一日，则炎黄种类未必遂至沦胥；即不幸暂被羁縻，亦将有复苏之一日也。所以屏弃万缘，惟以译书自课。”④他又说：“复今者勤苦译书，羌无所为，不过闵同国之人，于新理过于蒙昧，发愿立誓，勉而为之。”⑤简言之，严复译书的目的是通过译著引入西学来开启民智，以利于中国救亡图存。因而他译书的态度是特别审慎的，“不佞译文，亦字字由戥子称出。”⑥据此，严复确实配得上“向西方寻找真理的一派人物”的称誉。如果严复是真诚的，他应该会接受他所译介的西学理论，特别是他赋予了自己的译书另一种特别的意义：“且吾闻善为学者，在即异而观其同……虽然，异矣，而其中常有同者，则形质不殊，而所受诸天以为秉彝者，莫不一故也。是故学者，居今而欲识古之圣人所谓达道达德者乎，则必取异民殊种，所必不可畔者而观之，所谓达之理著矣。是故彼此谣俗，古今典训，在彼有一焉为其民所传道。迨返而求诸吾国，亦将有一焉与之相当。”⑦就是说，严复认为中学和西学之间必然有共同之处，这个共同之处就是“达之理”。因此，纯粹的翻译仅仅是引入西学，不是“为学”求理之道，只有在翻译过程中进行中西对比，即“即异而观其

① 严复：《译〈名学浅说〉序》，王栻主编：《严复集》第二册，北京，中华书局，1986，第266页。

② 吴汝纶：《吴汝纶致严复书》，王栻主编：《严复集》第五册，北京，中华书局，1986，第1560页。

③ 从翻译的角度来看，严复的这种做法确实不合适，傅斯年对严译的批判实有其合理之处。

④ 严复：《与张元济书》，王栻主编：《严复集》第三册，北京，中华书局，1986，第525页。

⑤ 严复：《与张元济书》，王栻主编：《严复集》第三册，北京，中华书局，1986，第527页。

⑥ 严复：《〈法意〉按语》，王栻主编：《严复集》第四册，北京，中华书局，1986，第969页。

⑦ 严复：《〈习语辞典集录〉序》，王栻主编：《严复集》第二册，北京，中华书局，1986，第359页。

同”，才能寻找到“达道达德”。可以说，严复的这种中西对比的翻译方式本身就是一种探究真理的方法，也是实证哲学在翻译领域的运用。他还说：“考道之士，以其所得于彼者，反以证诸吾古人之所传，及澄湛精莹，如寐初觉……是以生今日者，乃转于西学，得识古之用焉，此可为知者道，难与不知者言也。”①因此，严复才坚持以译书而不是著书的方式来表达自己的观点。

这也造成了严复译著的如下特征。第一，特别强调中西文化之间的对比。严复说：“大抵取译西学名义，最患其理想本为中国所无，或有之而为译者所未经见。”②他的翻译在中西文化对应方面是花了很大功夫的，贺麟就指出：“严氏所选译的书，他均能了悉该书与中国固有文化的关系，和与中国古代学者思想的异同。”③第二，工作量特别大。这表现在严复译著的大量按语和某些晦涩的中国古词汇的应用。贺麟说：“严氏所选译的书都是他精心研究过的。凡与原书有关系的书，他都涉猎过的。不然，他作的案语，必不能旁征博引，解说详明，且有时加以纠正或批评了。”④严复自述：“新理踵出，名目纷繁，索之中文，渺不可得，即有牵合，终嫌参差，译者遇此，独有自具衡量，即义定名。顾其事有甚难者……一名之立，旬月踟蹰。”⑤中学与西学的相对应以及用旧词汇翻译新理，其中的艰辛可能只有严复自知了。第三，经常采用意译的方式。一方面，这易于严复的自我发挥；另一方面，确实是因为中西词汇一一对照难度特别大。严复自述：“吾之为书，取足喻人而已，谨合原文与否，所不论也。”⑥这句话是针对《名学浅说》的翻译而言的，也完全适用于《天演论》的翻译。“严译名著丛刊”中的其他几部书，除了《穆勒名学》、《孟德斯鸠法意》和《原富》外，都有意译的内容，只不过比例不大而已。

确实，要将严复自身的思想与其译著分开是一件十分困难的事，两

① 严复：《译〈天演论〉自序》，王栻主编：《严复集》第五册，北京，中华书局，1986，第1319～1321页。

② 严复：《与梁启超书》，王栻主编：《严复集》第三册，北京，中华书局，1986，第518页。

③ 贺麟：《严复的翻译》，商务印书馆编辑部编：《论严复与严译名著》，北京，商务印书馆，1982，第31页。

④ 贺麟：《严复的翻译》，商务印书馆编辑部编：《论严复与严译名著》，北京，商务印书馆，1982，第31页。

⑤ 严复：《〈天演论〉译例言》，王栻主编：《严复集》第五册，北京，中华书局，1986，第1322页。

⑥ 严复：《译〈名学浅说〉序》，王栻主编：《严复集》第二册，北京，中华书局，1986，第266页。

者的融合在《政治讲义》中得到了充分的体现。该书曾被公认为严复的唯一专著，而俞政却将其作为译著，但他说："这本书是在严复把他所读过的西方政治学书籍融会贯通以后，再以演讲的口气表达出来。其中已分不清哪些内容出自哪本西书，哪些内容属于他的个人见解。"①戚学民博士进一步考证出《政治讲义》来源于英国思想家西莱的《政治科学导论》，甚至可以说是它的一个节译本。戚学民非常准确地指出《政治讲义》中的哪些内容来自《政治科学导论》，哪些内容是严复自己加入的。最终，他认为："《政治讲义》通篇讲述的是政治学的基础观念和基本问题，比较集中地表达和体现了严复的政治思想和主张。"②在这里，笔者所要强调的是不要看轻了严复所增加的内容的意义。从所要讨论的问题来看，严复的《政治讲义》和西莱的《政治科学导论》之间还是有很大差异的：西莱关注的是政治学的科学化，是一个较为纯粹的理论问题；而严复强调的是中国传统政治制度与西方现代制度之间的内在联系，这只有通过现代科学方法才能揭示出来，是一个当时中国政治制度变革的现实问题。并且，严复是从斯宾塞主义的角度出发来理解现代科学方法的，他认为进化不是仅仅发生在生物界，而是宇宙间的普遍现象，包括政治制度在内的人类社会的发展都要遵循进化论的规律，因而达尔文研究生物学的方法可以用来研究政治问题，或者说科学的进化论就应该成为研究政治问题的基本理论框架。正是由于《政治科学导论》非常彻底地体现了这一思路，严复才选择西莱的这本在西方并没有多大影响的，本身并不属于自由主义阵营，却具有进化论色彩的理论著作，来阐发他本人的带有科学性质的自由主义的政治思想。当时就有人提出："或者严君别有心得，托之西人，亦未可知。"③

根据以上分析，严复不是一个纯粹的西方理论著作的翻译者，而是一个有主见的真正的西学传播者，他基本上信奉他所译介的西方近现代学说。严复的译著具有很强烈的个性色彩，其自身的思想也通过译著展现出来，因此，严复自身的思想与其译著基本上是统一的。除非严复本人明确反对，其译著中的观点可以看作是严复本人接受了的，至少是影响了严复本人的思想的。在哲学领域，这就意味着严复本人的思想属于西方现代哲学，与中国传统哲学完全不同。

---

① 俞政：《严复著译研究》，苏州，苏州大学出版社，2003，第289页。

② 戚学民：《严复〈政治讲义〉研究：文本渊源、言说对象和理论意义》，北京，清华大学博士学位论文，第15页。

③ 转引自王栻：《严复传》，上海，上海人民出版社，1976，第50页。

四、早年严复与晚年严复对西学的态度

本书讨论严复本人的哲学思想，还必须要先讨论早年严复与晚年严复对西学的态度。人们一般以辛亥革命为界，将严复的思想分为早年与晚年。贺麟说："他所译述的学说，不是他服膺有心得的真理，而只是救时的药剂。所以到晚年来他会自己放弃，甚至反对他所译述过的学说了。"①李泽厚也指出："严复已经背弃了他早年曾热情相信过、宣传介绍过的'新学''西学'，而完全回到封建主义怀抱中去了。数千年中国封建主义经常把好些'向西方学习'的先进分子又逐渐吞噬、消化进去了。严复不过是一个典型例子。"②如果贺李二位先生的观点是正确的，早年严复与晚年严复对西学的态度就是不一致的，在哲学上就意味着严复不是真正地接受了进化论、自由主义理论和实证哲学。那么，严复在中国哲学史上的地位就是由他所翻译的西方理论著作在中国产生的效用决定的。甚至可以说，严复是一个翻译家，是一个旧思想家，而不是一个开创型的现代哲学家。因此，笔者要讨论早年严复与晚年严复对西学的态度。

晚年严复放弃了进化论吗(特别是第一次世界大战爆发之后)？第一次世界大战在欧洲爆发时，中西方学者大都认为是西方文化出了问题。当时有许多人认为西方国家流行的"强权压倒公理"的理念导致了这场世界大灾难，而这一理念就是从社会达尔文主义中引申出来的。对此，严复辩解说："至其訾天演学说，则坐不能平情以听达尔文诸家学说，又不悟如今日，德人所言天演。以攻战为利器之说，其义刚与原书相反。西人如沙立佩等，已详辨之，以此訾达尔文、赫胥黎诸公，诸公所不受也。"③在严复看来，第一次世界大战的发生不是达尔文进化论的社会运用，而是"其义刚与原书相反"，因此真正的达尔文进化论仍然是正面意义的。并且，严复晚年仍然用进化论来看待中国的境遇，在《读经当积极提倡》一文中，他是正面使用西方天演论和斯宾塞的观点的。他在1916年指出："自物竞天择之说兴，大地种族，各以持保发舒为生民莫大之天职。"④1919年，他评述新文化运动"须知此事，全属天演，革命时代，学

---

① 贺麟：《五十年来的中国哲学》，北京，商务印书馆，2002，第26页。
② 李泽厚：《论严复》，《中国近代思想史论》，北京，人民出版社，1979，第284页。
③ 严复：《与熊纯如书》，王栻主编：《严复集》第三册，北京，中华书局，1986，第623页。
④ 严复：《新译〈日本帝国海军之危机〉序》，王栻主编：《严复集》第二册，北京，中华书局，1986，第348页。

说万千，然而施之人间，优者自存，劣者自败”[①]。这些都可以充分说明晚年严复仍然是进化论的坚持者。

同样，晚年严复放弃了自由主义理论吗？被作为严复放弃了他早年所宣讲的西学——其中就包括了自由主义理论——的最有力的证据有三个。第一，严复对卢梭《社会契约论》的批判，即其《〈民约〉平议》一文。不过，这不能理解为是对自由主义的否定，至多是对“天赋自由”观念的批判，是自由主义理论中的实证论与天赋论之间的争论。第二，严复反对以孙中山为代表的资产阶级革命。当中华民国建立后，中国社会发展陷入困境之时，他支持袁世凯实行强人政治，甚至还有复辟言论[②]。笔者曾仔细考察了严复对辛亥革命的态度，认为：“严复反对孙中山等人革命排满的主张，一定程度上可以说是辛亥革命的反对者，但他并不是站在康有为梁启超等保皇改良的立场上反对革命主张的，也不是为了维护传统封建制度而反对革命的主张，而是认为，中国的救亡图存和中国社会的发展还有另一条更为有效的、代价更低的改良之路，即发展中国的民力民智民德。从这个意义上说，以严复为代表的这一派改良派并不是辛亥革命党人的敌人，而是与革命派相彰得益的殊途同归者。”[③]“他最为关注的是民力民智民德的提高，他支持一切他认为可以有利于提高中国民力民智民德的政治环境。因而在辛亥革命前后，严复对民主共和国的态度经历了坚决反对、惊喜地拥护、徘徊于批判与未完全否定之间的过程。因此，在某种意义上，严复可以说是民主共和制的有条件的支持者。”[④]因此，根据严复在辛亥革命前后的政治主张，不能理解为他是反对自由主义的，因为革命和共和制并不是自由主义的基本内容。而严复所主张的强人政治也只是权宜之计，并不是走向君主专制，而是逐步走向自由主义的共和制。晚年严复确实很少讲自由、人权、法制和议会，但他从未明确反对自由主义的基本观念。第三，严复说：“故一切学说法理，今日视为玉律金科，转眼已为蘧庐刍狗，成不可重陈之物。譬如平

---

① 严复：《与熊纯如书》，王栻主编：《严复集》第三册，北京，中华书局，1986，第699页。

② 笔者认为，面对中华民国建立后的困境，严复认为帝制是一种比共和制更好的选择，因为中国人的国民素质达不到共和制的要求。但他实际否定了清朝皇室，也不认为袁世凯可以做皇帝。因此，他已经认识到这一主张没有现实性，仅仅在理论上主张用帝制来代替共和制而已。

③ 都兰军：《革命与改良之间：严复对辛亥革命的态度》，《聊城大学学报(社会科学版)》2011年第6期。

④ 都兰军：《革命与改良之间：严复对辛亥革命的态度》，《聊城大学学报(社会科学版)》2011年第6期。

等、自由、民权诸主义，百年已往，真如第二福音；乃至于今，其弊日见，不变计者，且有乱亡之祸。”①照字面意思，这可理解为：严复认为，在西方已经流行上百年的自由主义理论，今天已经显现出其弊端，它必须要发展、改进。这很合天演论呢！因而这不能理解为严复放弃了自由主义理论，而是严复认为，在新形势下，自由主义理论必须要发展，上百年前的理论已不能机械地用于新世界了。在遗嘱中，严复对子女说：“事遇群己对待之时，须念己轻群重。”②群己关系正是严复自由主义的主题，“己轻群重”正是早年严复建立在天演论的基础上的自由主义观念。因此，总体上说，晚年严复仍然是一个自由主义的拥护者，但他希望自由主义获得进一步发展。

还有，晚年严复放弃实证哲学了吗？在严复译著中，实证哲学除了表现于进化论之外，还体现在两部逻辑学著作中。晚年严复对西方文化的批判几乎不涉及逻辑学。从晚年严复还想补译《穆勒名学》下半部来看，他对实证逻辑学的态度并没有改变。另外，晚年严复对西方文化的批判不涉及《孟德斯鸠法意》和《原富》及其中的思想，没有理由说明晚年严复背弃了他译这两部书时的观念。

那么，我们应该如何看待晚年严复对西方文化的批判？

在第一次世界大战爆发后，严复就开始对西方文化特别是科学进行猛烈的批判，“欧洲三百年科学，尽作驱禽食肉看……甲寅欧战以来，利器极杀人之能事，皆所得于科学者也”③。第一次世界大战真的要完全归罪于科学吗？他又进一步指出：“欧逻巴之战，仅三年矣，种民肝脑涂地、身葬海鱼以亿兆计，而犹未已。横暴残酷，于古无闻。兹非孟子所谓率土地以食人肉者欤！则尚武爱国，各奋其私，不本忠恕之效也。”④也就是说，“尚武爱国，各奋其私”才是罪恶的根源，而科学又将这种罪恶扩大到一种最为糟糕的程度。换言之，西方文化的真正弊端在价值，而不在科学。将科学与价值完全分离是实证哲学的最基本主张，严复就说：“是故西学之与西教，二者判然绝不相合。”⑤“西学”就是自然科学，而“西教”就是价值，包括了道德和宗教。严复又认为，科学与价值在西

① 严复：《与熊纯如书》，王栻主编：《严复集》第三册，北京，中华书局，1986，第667页。

② 严复：《遗嘱》，王栻主编：《严复集》第二册，北京，中华书局，1986，第360页。

③ 严复：《何嗣五赴欧观战归，出其记念册子索题，为口号五绝句》，王栻主编：《严复集》第二册，北京，中华书局，1986，第403页。

④ 严复：《太保陈公七十寿序》，王栻主编：《严复集》第二册，北京，中华书局，1986，第350～351页。

⑤ 严复：《救亡决论》，王栻主编：《严复集》第一册，北京，中华书局，1986，第52页。

方社会发展的程度是不一致的："故西国今日；凡所以为器者，其进于古昔，几于绝景而驰，虽古之圣人，殆未梦见。独至于道，至于德育，凡所以为教化风俗者，其进于古者几何，虽彼中夸诞之夫，不敢以是自许也。惟器之精，不独利为善者也，而为恶者尤利用之。"①科学与"器"相关，而价值与"教化风俗"相关，这两者的分离所导致的恶果在第一次世界大战中体现出来。因而，严复批判科学要否定的实际上是西方的价值观，而不是西学本身。并且，严复也确实是在价值层面上肯定中国传统的经书或孔孟之道的，他说："于是蔑经之谈，阒然而起，而是非乃无所标准，道德无所发源，而吾国乃几于不可救矣。"②他又说："不佞垂老，亲见脂那七年之民国与欧罗巴四年亘古未有之血战，觉彼族三百年之进化，只做到'利己杀人，寡廉鲜耻'八个字。回观孔孟之道，真量同天地，泽被寰区。"③不管是"是非乃无所标准，道德无所发源"，还是"利己杀人，寡廉鲜耻"，都是价值的内容。正是从科学与价值二分的立场出发，严复说："故曰经书不可不读也。若夫形、数、质、力诸科学，与夫今日世界之常识，以其待用之殷，不可不治，吾辈岂不知之?"④严复强调的不是用经书来代替科学，而是强调二者的存在都是有必要的。也就是说，严复要求回归孔孟之道，是试图将西学与中国传统的价值结合起来，为西学构筑另一种价值体系，而不是要求回归中国传统的学术。他实际上并没有否定西学。

因此，笔者不赞同李泽厚的如下观点："到暮年，严复每况愈下，不但完全抛弃经验论，而且最后(第一次世界大战中)又终于放弃了他一直坚决信奉的进化论。"⑤晚年严复的观点与早年严复的观点确有不同，但绝没有放弃他早年信奉的进化论、自由主义理论和实证哲学。同样，笔者也不赞同郭颖颐的如下观点："严复奠定了新时代思想家们把现代科学作为一种价值体系而接受的基础。严格说，严复并不能算是中国新思想的开山，因为他后来从自己在 90 年代的进步思想倒退了，而且一直用文

---

① 严复：《论教育与国家之关系》，王栻主编：《严复集》第一册，北京，中华书局，1986，第 167 页。

② 严复：《读经当积极提倡》，王栻主编：《严复集》第二册，北京，中华书局，1986，第 331 页。

③ 严复：《与熊纯如书》，王栻主编：《严复集》第三册，北京，中华书局，1986，第 692 页。

④ 严复：《读经当积极提倡》，王栻主编：《严复集》第二册，北京，中华书局，1986，第 332 页。

⑤ 李泽厚：《论严复》，《中国近代思想史论》，北京，人民出版社，1979，第 278 页。

言文来表达新概念。”[①]诚然，晚年严复的思想并没有与时俱进，因而他没有站在中国思想界的最前列。但与早年严复相比，晚年严复的思想并没有发生根本性变化，而是保持着一致性，而且文言文也不应该成为严复思想倒退的主要证据。因此，笔者支持史华兹的观点：“这一时期的严复始终坚持根本的急务，而且，内在的思想实质是前后一致的。”[②]当然，由于中国近现代思想变动剧烈，这种思想的稳定性可以使先进的思想变化为落后的观念。

贺麟、李泽厚等哲学家对中国哲学发展史极为熟悉，为什么会对严复译著和严复自身的思想作出这种评价呢？笔者认为有四个原因：

第一，对王栻观点的推理性发挥。王栻是严复研究的权威，其观点影响甚大。他这样说严复，“维新运动时期，他是一个最出色的维新变法理论家，提倡新学(西学)，反对旧学(中学)。这是他最进步的时期……在辛亥革命以后以至于去世(1911—1921 年)前，他虽仍保持强烈的爱国思想，却已成为一个保守的老人了”[③]。作为历史学家，王栻的观点是很中性的，而且他是从中国近现代思想史的角度来评价严复的，基本上符合历史事实。但王栻的观点容易令人误会：早年严复思想与晚年严复思想是对立的(进步与保守的对立)，而早年严复之所以是进步的，就是因为他积极提倡西学而反对传统的中学，那么就可以推理出，晚年严复之所以成为“保守的老人”是因为相反的做法——提倡传统的中学而反对西学(这一点王栻倒是没有明确地提出来)。而严复确实在演讲、书信中或与朋友的交往中有提倡传统的中学而反对西学的观点，这似乎又为这一观点(早年严复思想与晚年严复思想对立)提供了文献依据。王栻又指出：“严复的思想——无论在翻译方面或在著作文字方面所发挥的，都可以概括为西学救国论或教育救国论。”[④]作为历史学家，这一观点是符合事实的，也是中性的。但对于哲学家来说，却可以发挥为：严复译著是为救国的目的服务的，是手段，手段当然是可以变化的，当形势变化时，晚年严复抛弃早年严复译著的观点，当然是可以理解的。王栻还说：“怪不

① 〔美〕郭颖颐：《中国现代思想中的唯科学主义》，雷颐译，南京，江苏人民出版社，1995，第 3～4 页。

② 〔美〕本杰明·史华兹：《寻求富强：严复与西方》，叶凤美译，南京，江苏人民出版社，1996，第 195 页。

③ 王栻：《严复与严译名著》，商务印书馆编辑部编：《论严复与严译名著》，北京，商务印书馆，1982，第 1 页。

④ 王栻：《严复与严译名著》，商务印书馆编辑部编：《论严复与严译名著》，北京，商务印书馆，1982，第 20 页。

得在许多人的印象中，倒并不看重严复自己撰写的文字，却非常看重他的翻译……及其按语。”[①]这是一种历史的描述，但却容易令人产生这么一种误解：“严译名著丛刊”才是真正有价值的，而严复自身的思想则逊色多了。按这一思路就会推出：严复自身的思想与其译著是不一样的。对此，笔者的观点有三个：第一，保守和进步是相对于社会发展来说的，观点可以不变，但评价却可以是相反的；第二，同一观念在不同的形势下有不同的表现，即早年严复思想与晚年严复思想是一致的，但由于形势不一样，表现形式也就不一样了；第三，与严复同时代的学者想要学习的是西学，严复译著相当于源，严复自己的按语和论文相当于流，人们当然更重视源了。而贺麟、李泽厚二位先生是从中国近现代哲学思想运动的角度来评价严复的。毫无疑问，严复译著或早年严复思想在中国近现代哲学思想运动中的地位远远超过晚年严复思想。即使晚年严复与早年严复的思想是一致的，晚年严复思想在中国思想史上仍然没有多大的意义，因为晚年严复所处的时代已经大大不同于早年严复所处的时代。因而，在材料不充分[②]的情况下，他们在承认早年严复思想与晚年严复思想对立的框架下作了一定的逻辑推理：晚年严复背弃了早年严复信奉的西学。

第二，贺麟、李泽厚二位先生从中国近现代思想运动和政治运动出发，作了一定的推理性发挥。从思想运动来说，梁启超指出：“在第二期，康有为、梁启超、章炳麟、严复等辈，都是新思想界勇士，立在阵头最前的一排。到第三期时，许多新青年跑上前线，这些人一躺一躺被挤落后，甚至已经全然退伍了。”[③]这本来是一个客观的历史现象，但容易造成一个不太准确的印象：在辛亥革命后，严复与康有为的思想渐趋一致。而且，严复也确实有赞扬康有为和反对新文化运动的文献。康有为在晚年的思想确实更多地表现为传统的中学，这就容易得出晚年严复也回归中国传统的旧学的结论。从政治运动来说，严复确实日趋保守，他不仅一直反对孙中山等人的资产阶级革命活动，而且是袁世凯的支持者，至少他是赞成复辟帝制的(与戊戌变法一样，严复基本上没有参与到现实政治活动中)。戊戌变法中，严复在政治上发挥积极作用，是因为他

---

① 王栻：《严复与严译名著》，商务印书馆编辑部编：《论严复与严译名著》，北京，商务印书馆，1982，第18页。

② 所谓材料不充分，指的是晚年严复的思想材料。贺麟、李泽厚对早年严复的文献资料是非常熟悉的。

③ 梁启超：《五十年中国进化概论》，李华兴、吴嘉勋编：《梁启超选集》，上海，上海人民出版社，1984，第835页。

宣扬西学；相应地，在辛亥革命后，他在政治上起的是消极作用，这应该表明他的思想发生了改变：抛弃了他早年宣传的西学，而回归了传统的中学。笔者认为，现有的文献不足以支撑这些通过推理而得出的观点。

第三，贺麟、李泽厚二位先生都是哲学家，都创建了自己的本体论，与严复的实证哲学不是同一路子，所以他们可能对严复哲学思想有所误会。当然，严复的文献材料也为这种误会提供了一些依据，虽然这些依据实际上并不能充分支撑起他们的观点。

第四，贺麟、李泽厚二位先生将严复作为翻译家而不是哲学家来看待，或者说没有充分认识到严复哲学思想的特殊性，即严复的译著是其自身思想的一种表现形式。这个内容上文已讨论了。

还有两个问题本书必须要讨论：从早年严复思想到晚年严复思想到底发生了什么样的转变？为什么这种转变不意味着晚年严复抛弃了西学而回归传统的中学？这里的中学和西学中的“学”是狭义上的，即实证哲学意义上的知识。以西学为例，就是指以近现代以来的西方自然科学为代表的学术知识，它不包括价值方面和伦理方面的内容。

早年严复思想是在甲午战争之后才逐渐展现出来的。甲午战争的失败宣告了洋务派学习西方模式的破产，要求中国必须在一个新的层面上学习西方。康有为、梁启超等改良派将学习的内容推及政治制度，从内容上突破了洋务运动学习西方的框架。严复则从另一个角度反思洋务运动，他认为洋务运动也曾引进了不少当时西方先进的产业模式和城市管理模式等，“此中大半，皆西洋以富以强之基，而自吾人行之，则淮橘为枳，若存若亡，不能实收其效者，则又何也？”①如果这一问题不能解决，中国学习西方的政治制度仍将面临失败的危险。问题到底在哪里呢？严复指出：“及今而图自强，非标本并治焉，固不可也。不为其标，则无以救目前之溃败；不为其本，则虽治其标，而不久亦将自废。标者何？收大权、练军实，如俄国所为是已。至于其本，则亦于民智、民力、民德三者加之意而已。”②原来，洋务派学习西方之所以失败，是因为他们只注重了“标”的引入，而忽视了“本”的建设，使得“标”“本”分离。严复认为，相比“标”的引入而言，“本”的建设是一项更为艰巨复杂的任务。因而他本人并不热心于具体的政治改良活动，而是大力倡导“鼓民力、开民智、新民德”的观念。在这三者之中，严复特别强调“开民智”的作用：

① 严复：《原强修订稿》，王栻主编：《严复集》第一册，北京，中华书局，1986，第26页。

② 严复：《原强》，王栻主编：《严复集》第一册，北京，中华书局，1986，第14页。

“民智者，富强之原。”[①]“以今日民智未开之中国，而欲效泰西君民并主之美治，是大乱之道也。”[②]“民智不开，则守旧维新两无一可。”[③]确实，严复早期的活动主要是译书、办报和办学堂，都是围绕着“开民智”进行的。

严复所说的“民智”中的“智”来自斯宾塞的教育学理论，即现在人们所说的智育。简单地说，“开民智”就是用近现代科学知识代替传统知识，以提高民众的科学知识水平，使民众的行为符合科学的规律。严复为什么会如此重视运用近现代科学来“开民智”呢？为什么会将近现代科学与“开民智”牢牢地绑定在一起呢？这是因为他认识到，科学在西方近现代社会发展中起着决定性的作用。他说：“约而论之，西洋今日，业无论兵、农、工、商，治无论家、国、天下，蔑一事焉不资于学。”[④]“请先思今日欧美诸邦，其国力之富厚，其实业之精进，较之吾国相去几何？次思列强进于此境者，从何时始？三思此不及二百年中，彼土所以致此古未曾有之盛者，实由何故？……必言近因，则惟格致之功胜耳。”[⑤]“使中国民智民德而有进今之一时，则必自宝爱真理始。仁勇智术，忠孝节廉，亦皆根此而生，然后为有物也。”[⑥]此时的严复可以说是一个十足的科学的崇拜者，也是科学救国论的最为积极的鼓吹者，因而他要求引入西方近现代科学来替代中国传统的教育模式：“以中国前此智育之事，未得其方，是以民智不蒸，而国亦因之贫弱。欲救此弊，必假物理科学为之。”[⑦]那么，这些“物理科学”又从哪儿来呢？科学在此时的西方已经十分发达，因而中国人必然要从西方大量引进自然科学。也就是说，自然科学是以西学的面目进入中国的，这就必然涉及中学西学之争的问题。

从“开民智”和促进自然科学的发展出发，严复在中学西学之争中明确地否定了中学。他指出，中国传统的圣人之道有两个致命的缺陷。第一，否定了竞争的意义。根据进化论，严复认为“民之智勇，又必待有所

① 严复：《原强修订稿》，王栻主编：《严复集》第一册，北京，中华书局，1986，第29页。

② 严复：《中俄交谊论》，王栻主编：《严复集》第二册，北京，中华书局，1986，第475页。

③ 严复：《与张元济书》，王栻主编：《严复集》第三册，北京，中华书局，1986，第525页。

④ 严复：《救亡决论》，王栻主编：《严复集》第一册，北京，中华书局，1986，第48页。

⑤ 严复：《论今日教育应以物理科学为当务之急》，王栻主编：《严复集》第二册，北京，中华书局，1986，第282～283页。

⑥ 严复：《〈群己权界论〉译凡例》，王栻主编：《严复集》第一册，北京，中华书局，1986，第134页。

⑦ 严复：《论今日教育应以物理科学为当务之急》，王栻主编：《严复集》第二册，北京，中华书局，1986，第285页。

争竞磨砻而后日进，此又不易之理也”[①]，但“盖我中国圣人之意……物不足则必争，而争者人道之大患也。故宁以止足为教，使各安于朴鄙颛蒙，耕凿焉以事其长上，是故春秋大一统。一统者，平争之大局也……嗟乎！此真圣人牢笼天下，平争泯乱之至术，而民智因之以日窳，民力因之以日衰。其究也，至不能与外国争一旦之命，则圣人计虑之所不及者也”[②]。第二，没有自由的观念。严复指出，西方文化“其命脉云何？苟扼要而谈，不外于学术则黜伪而崇真，于刑政则屈私以为公而已。斯二者，与中国理道初无异也。顾彼行之而常通，吾行之而常病者，则自由不自由异耳。夫自由一言，真中国历古圣贤之所深畏，而从未尝立以为教者也”[③]。这就是中国未能建立起真正的“崇真”的学术传统和“为公”的政治文化的根本原因，直接导致了中国自然科学发展的落后和民智的低下。因此，严复对中国文化的源泉近乎全盘否定：“四千年文物，九万里中原，所以至于斯极者，其教化学术非也。不徒嬴政、李斯千秋祸首，若充类至义言之，则六经五子亦皆责有难辞。”[④]“六经”，指先秦儒学的经典，它是儒学的源；“五子”，就是“北宋五子”，代指宋学，它是儒学的后期发展、是流。简言之，“六经五子”就是传统儒家的圣人之道。也就是说，中国传统学术从根源上就有问题，与现代社会的发展不相符合。不仅如此，严复还指出，中国传统学术的发展与科学的发展也是背道而驰的：“盖吾国所谓学，自晚周秦汉以来，大经不离言词文字而已。求其仰观俯察，近取诸身，远取诸物，如西人所谓学于自然者，不多遘也。夫言词文字者，古人之言词文字也，乃专以是为学，故极其弊，为支离，为逐末，既拘于墟而束于教矣。而课其所得，或求诸吾心而不必安，或放诸四海而不必准。”[⑤]“赫胥黎有言：‘天下之最为哀而令人悲愤者，无过于见一国之民舍故纸所传而外，一无所知。既无所信向，亦无所持守。徒尚修辞，以此为天下之至美；以虫鸟之鸣，为九天之乐。’嗟呼！赫氏此言，无异专为吾国发也。”[⑥]对于中国的救亡图存和“开民智”来说，这

① 严复：《拟上皇帝书》，王栻主编：《严复集》第一册，北京，中华书局，1986，第 65 页。
② 严复：《论世变之亟》，王栻主编：《严复集》第一册，北京，中华书局，1986，第 1～2 页。
③ 严复：《论世变之亟》，王栻主编：《严复集》第一册，北京，中华书局，1986，第 2 页。
④ 严复：《救亡决论》，王栻主编：《严复集》第一册，北京，中华书局，1986，第 53～54 页。
⑤ 严复：《〈阳明先生集要三种〉序》，王栻主编：《严复集》第二册，北京，中华书局，1986，第 237 页。
⑥ 严复：《论今日教育应以物理科学为当务之急》，王栻主编：《严复集》第二册，北京，中华书局，1986，第 282 页。

些传统学术毫无意义。因此，严复说："是故欲开民智，非讲西学不可。"①此时的严复确实表现为一名激进的西化论者，这主要表现在他通过译著向国人传播西方近现代的自然科学、社会科学和哲学理论。

晚年严复思想之所以有了很大的变化，是由于国内国际局势发生了具有转折性意义的事件。从国内来说，严复一向反对的资产阶级革命取得了胜利，辛亥革命推翻了清朝统治，建立了中华民国。但之后，中国政局却陷入一片混乱之中，严复对此非常不满意："民国之建亦有年矣，他事未效，徒见国维驰，三纲隳，吏之作奸，如猬毛起，民方狼顾，有朝不及夕之忧。"②"统一不能，则所谓法令，格而不行；所设治理，人自为政，长此终古，其鱼烂而亡，殆可决也。"③根据社会有机体说和进化论，严复实际上认为中国已经失去了自强、自救的政治条件，在政治上已经处于破产的境地。可以说，他早期所提出的"开民智""教育救国"等主张已经无法真正实施。因而晚年严复所思考的重心已经不再是中国通过何种方式"开民智"的问题，而是中国依凭什么渡过当前困境的问题："但使国性长存，则虽被他种之制服，其国其天下尚非真亡。"④"即今民智闭塞，学术空疏，无乘时竞进之能力，此其患若较前二者为甚矣。然得先知先觉之传，为振兴其教育，专门普通分程并进，则拙者可巧，蠢者可灵，其转移尚非无术也。独至国性丧亡，民习险诈，则虽有百千亿兆之众，亦长为相攻相感不相得之群，乃必鱼烂土崩而不可救耳！"⑤简言之，晚年严复所思考的重心是中国国民性问题，即那种能够保持住中华民族的生机，使得中华民族可以复兴的创造力到底是什么的问题。

恰好此时，第一次世界大战爆发，西方近现代文明的弊端暴露无遗。严复认为"西国文明，自今番欧战，扫地遂尽"⑥，"欧洲三百年科学，尽作驱禽食肉看……甲寅欧战以来，利器极杀人之能事，皆所得于科学者也"⑦。西方近现代科学和文明都褪去了神圣的光环，不再成为中国人顶

① 严复：《原强修订稿》，王栻主编：《严复集》第一册，北京，中华书局，1986，第30页。

② 严复：《太保陈公七十寿序》，王栻主编：《严复集》第二册，北京，中华书局，1986，第351页。

③ 严复：《与熊纯如书》，王栻主编：《严复集》第三册，北京，中华书局，1986，第675页。

④ 严复：《读经当积极提倡》，王栻主编：《严复集》第二册，北京，中华书局，1986，第330页。

⑤ 严复：《导扬中华民国立国精神议》，王栻主编：《严复集》第二册，北京，中华书局，1986，第342页。

⑥ 严复：《与熊纯如书》，王栻主编：《严复集》第三册，北京，中华书局，1986，第690页。

⑦ 严复：《何嗣五赴欧观战归，出其记念册子索题，为口号五绝句》，王栻主编：《严复集》第二册，北京，中华书局，1986，第403页。

礼膜拜的圣物，这使得早年严复所持的西化观念失去了道德的基础。因此，晚年严复将思考中国国民性问题的目光转向了中国传统文化："即他日中国果存，其所以存，亦恃数千年旧有之教化，决不在今日之新机。"①"大凡一国存立，必以其国性为之基。国性国各不同，而皆成于特别之教化，往往经数千年之渐摩浸渍，而后大著。"②因而，严复对中国的传统文化特别是孔孟之道给予了极高的评价："鄙人行年将近古稀，窃尝究观哲理，以为耐久无弊，尚是孔子之书。"③"文明科学，终效其于人类如此，故不佞今日回观吾国圣哲教化，未必不早见及此，乃所尚与彼族不同耳。"④晚年严复对传统文化的态度确实与早年严复不同。

那么，晚年严复对西方文化的批判和对孔孟之道的颂扬，是否可以理解为晚年严复否定了他早年信奉、译介的西学呢？笔者前面已经作出了探讨：严复否定的其实是西方文化中价值的内容，并且特别强调了西学是中性的。正是由于西方在价值方面出了问题，才导致了第一次世界大战，科学只不过将这种问题放大了。也就是说，西方的科学与西方人的价值观是不匹配的。严复对孔孟之道的肯定也不是知识方面的肯定，而是价值方面的肯定，强调的实际上不是回归传统，而是孔孟之道具有现代意义。他说："须知中国不灭，旧法可损益，必不可叛。"⑤"四子五经，故(固)是最富矿藏，惟须改用新式机器发掘淘炼而已。"⑥不管"损益"还是"改用新式机器发掘淘炼"，其实质都是用现代生活改造传统的道德范畴和价值原则，赋予它们以现代的内容。因此，晚年严复并没有否定他早年信奉、译介的西学。

综上所述，严复的思想确实发生了很大的转变：早年严复思考的重心是运用西学来为中国人"开民智"，因此他译介、宣传他所信奉的西学；而晚年严复思考的重心是如何构建中国国民性以及反省西方文化中价值的内容，因而他对中国传统的孔孟之道作了积极的肯定。从实证哲学的角度来看，这是价值领域和知识领域之间的关系的问题。这意味着严复对中西文化的认识更加全面、深刻，而且仍然坚持着早年严复信奉、宣传的西方理论——进化论、自由主义理论和实证哲学。从哲学上说，早

① 严复：《与熊纯如书》，王栻主编：《严复集》第三册，北京，中华书局，1986，第662页。
② 严复：《读经当积极提倡》，王栻主编：《严复集》第二册，北京，中华书局，1986，第330页。
③ 严复：《与熊纯如书》，王栻主编：《严复集》第三册，北京，中华书局，1986，第668页。
④ 严复：《与熊纯如书》，王栻主编：《严复集》第三册，北京，中华书局，1986，第642页。
⑤ 严复：《遗嘱》，王栻主编：《严复集》第二册，北京，中华书局，1986，第360页。
⑥ 严复：《与熊纯如书》，王栻主编：《严复集》第三册，北京，中华书局，1986，第668页。

年严复思想与晚年严复思想都是现代意义的，并没有根本性转变、对立。

第三节　严复对中西古今文化的理解与中国哲学的现代转型

由于中国近现代社会及中国哲学近现代发展的特殊性，中国哲学的近现代转型过程与中国人对西方文化的理解程度是相应的。那么，作为中国哲学的现代转型的开启者，严复是如何理解西方文化的？他对西方文化的理解达到何等程度？这种对西方文化的理解如何影响他对中国哲学问题的思考，进而对中国哲学的发展产生了什么样的影响？弄清这些问题，对于研究中国哲学的现代转型和严复哲学思想的现代意义来说，都是十分重要的。

一、对中西古今文化的理解

严复是在中西古今文化的对比中理解西方文化的：通过中西文化的对比，逐渐探寻到了西方近现代文化的“命脉”即西方现代文明中最具有创造力的东西，它造成了中西文化的根本性差异；将中国文化与西方文化之间的差异放入人类历史的进程之中，从而准确地把握住了中西文化的本质——中国文化是“古”，西方文化是“今”。

严复指出，在西方文化中，“汽机兵械之伦，皆其形下之粗迹，即所谓天算格致之最精，亦其能事之见端，而非命脉之所在。其命脉云何？苟扼要而谈，不外于学术则黜伪而崇真，于刑政则屈私以为公而已。斯二者，与中国理道初无异也。顾彼行之而常通，吾行之而常病者，则自由不自由异耳。”①“于学术则黜伪而崇真”指科学的原则，“于刑政则屈私以为公”指民主的原则。“命脉”既是某一文化体系的核心内容，又是某一文化体系的创造能力。在某种意义上，可以说它形成了该文化体系中的器物层面、制度层面和学理层面的所有内容，实质上就是该文化体系中最本质的东西。在严复看来，西方国家的现代技术及其知识是以科学的原则为基础的，西方国家的现代政治制度是以民主的原则为基础的，并且因为西方人具有自由的观念，科学的原则和民主的原则能真正发挥作用，即自由的观念、科学的原则和民主的原则是西方文化中最本质的东西。应该说，严复对西方文化的这种理解是相当准确的，以至于哈茨不得不承认：“西方思想的西方评论家告诉我们的较多的是我们已知的事

① 严复：《论世变之亟》，王栻主编：《严复集》第一册，北京，中华书局，1986，第2页。

情；而严复进一步告诉了我们一些我们所不知道的事情。”①这是因为西方评论家是从西方文化出发看西方文化，严复是从中国文化出发看西方文化，而西方文化独有的特征只有在对比中才能显现出来。同时，严复对西方文化的这种理解在西学东渐过程中有着十分重大的意义。贺麟这样概括中国人学习西方的过程：“我们最初只注意到西人的船坚炮利，打了几次败仗之后，才觉悟到他们还有高度有组织的政治法律。最后在新文化运动的大潮中，才彻悟到别人还有高深的学术思想，我们才真正明了思想改革和研究西方哲学思想的必要。”②康有为、谭嗣同等人只是间接地了解到西方的“政治法律”，而严复却在西方近代资本主义文化的发源地英国直接把握住了西方文化的“高深的学术思想”。可以说，严复对西方文化的这种理解标志着中国人对西方文化的理解达到了一个新的高度，而且成为新文化运动的先声。

严复对西方文化的理解不仅仅在于他找到了西方文化的命脉，更重要的是其体现在他的译著中。严复的翻译水平得到了后世学者的公认，史华兹说：“总的来看，严复的翻译的确传达了他想传达的思想的实质，他的语言所论述的和穆勒、孟德斯鸠、斯宾塞他们所论述的是同一个宇宙。”③因此，尽管严复的翻译主要使用的是古雅的文言文，并且相当一部分是意译，但他还是基本上准确地表达了西方现代理论。从内容来看，“严译八部”涉及哲学、逻辑学、生物学、天文学、物理学、经济学、法学、社会学、政治学等方面，可以说严复对西方学术的理解是相当全面的。其中除了《孟德斯鸠法意》和《原富》之外，都是当时西方流行的理论，但即使在今天看来，这两部书仍然是西方近代经济学、法学和政治学的经典。并且，严复在这两部书的按语中也谈到了当时西方最新的经济学、法学和政治学理论，因而他对西方学术的理解具有相当的深度。严复对西方哲学理论的理解是相当全面的，在《天演论》中，他就对古希腊哲学作了详细的介绍，其中涉及泰勒斯、赫拉克利特、苏格拉底、柏拉图、德谟克利特、伊壁鸠鲁等人的哲学思想，也详细地介绍了笛卡儿的“我思故我在”和赫胥黎的怀疑论；在其他译著的按语中，他介绍了培根、洛克、康德等人的哲学理论；他还特地写了关于黑格尔哲学思想和卢梭自

---

① 〔美〕路易斯·哈茨：《〈寻求富强：严复与西方〉序》，〔美〕本杰明·史华兹：《寻求富强：严复与西方》，叶凤美译，南京，江苏人民出版社，1996，第9页。

② 贺麟：《五十年来的中国哲学》，北京，商务印书馆，2002，第24页。

③ 〔美〕本杰明·史华兹：《寻求富强：严复与西方》，叶凤美译，南京，江苏人民出版社，1996，第85页。

由主义的论文。总的说来，从学术的角度看，严复对西方近现代文化的了解是相当深刻而又比较全面的。

对于中国人来说，要从总体上认清西方文化的真面目，仅仅在器物、制度和学理层面上学习西方文化是不够的，还必须要了解西方文化与中国文化之间的内在关系。严复以进化论为框架来讨论这一问题，他说："夫天下之群众矣，夷考进化之阶级，莫不始于图腾，继以宗法，而成于国家。"[①]"图腾"相当于我们现在所说的原始社会；"宗法"相当于我们现在所说的封建社会；"国家"相当于我们现在所说的资本主义社会，严复有时又称其为"军国"[②]。严复认为"夫支那固宗法之社会，而渐入于军国者"[③]，而西方列强则基本上属于"国家"。根据社会进化的规律，"国家"是比"宗法"更高级的文明，因而西方文明总体上优于中国文明。不仅如此，"国家"是从"宗法"发展出来的，"宗法"将来要发展成"国家"。因此，严复认为"使中国必出以与天下争衡，将必脱其宗法之故而后可"[④]。即当时的西方文明与中国文明实际上代表着人类社会发展的不同阶段：西方文明是人类社会发展的高级阶段，而中国文明是人类社会发展的低级阶段，西方文明就是中国文明发展的方向。

正是由于严复从中西古今文化的角度出发，基本上揭示了西方现代文化的本质特征，中外学者都高度评价了严复对西方文化的理解，哈茨指出："严复的看法，在极大程度上，很可能最终会成为我们的看法。"[⑤]冯友兰也说："新文化运动提出'民主与科学'这个口号，指出此二者是西方的'长技'的根本。上边所说的严复的四篇文章(即《论世变之亟》《原强》《救亡决论》和《辟韩》——引者注)虽然没有说得这样明确，但有这个意思。"[⑥]也就是说，严复对西方文化和中西文化之间关系的理解后来基本上获得了中外学者的普遍认同，今天的中国人大体上也是这样看待这些问题的。因此，严复确实是当时对中西文化交汇理解得最为透彻的中国

① 严复：《译〈社会通诠〉自序》，王栻主编：《严复集》第一册，北京，中华书局，1986，第135页。

② 笔者倾向于使用"军国"这一概念。

③ 严复：《〈社会通诠〉按语》，王栻主编：《严复集》第四册，北京，中华书局，1986，第923页。

④ 严复：《读新译甄克思〈社会通诠〉》，王栻主编：《严复集》第一册，北京，中华书局，1986，第151页。

⑤ 〔美〕路易斯·哈茨：《〈寻求富强：严复与西方〉序》，〔美〕本杰明·史华兹：《寻求富强：严复与西方》，叶凤美译，南京，江苏人民出版社，1996，第2页。

⑥ 冯友兰：《中国哲学史新编》第六册，北京，人民出版社，1989，第159页。

人，用冯友兰的话说，他就此成为“中国第一个真正了解西方文化的思想家”①。

二、“奠定新形态中国哲学的基础”

严复真正理解了西方文化，因而他拥有康有为、谭嗣同等中国传统知识分子所无法想象的理论资源。当严复运用这些理论资源来思考近现代中国哲学的基本问题时，就奠定了新形态中国哲学的基础。这主要体现在以下几个方面。

首先，由于真正理解了西方文化，严复彻底突破了中国传统哲学的思维方式，这典型地体现在本体论问题中。李维武指出：“康有为、谭嗣同主张把西方近世科学知识与中国传统哲学资源结合起来，建构新的哲学体系。而实际上，他们是把西方近世科学知识纳入到中国哲学传统框架中，从而把中国传统哲学的宇宙论与本体论相结合的特点推向了极端。”②“西方近世科学知识与中国传统哲学资源”是康有为、谭嗣同构建其哲学体系的理论资源。由于缺乏现代哲学观念，康有为、谭嗣同不能区分科学和哲学，无法把宇宙论和本体论相分离，因而不能突破中国传统哲学的思维框架。而严复则接受了英国早期实证主义哲学的思维方式，能够将科学和哲学严格区分开来。他说：“理学，其西文本名，谓之出形气学，与格物诸形气学为对，故亦翻神学、智学、爱智学。日本人谓之哲学。顾晚近科学，独有爱智以名其全，而一切性灵之学则归于心学，哲学之名似尚未安也。”③“形气”就是现象世界。严复有时把 Philosophy 译为“理学”，其不研究现象世界，因而被称为“出形气学”。“格物诸形气学”就是以现象世界为研究对象的自然科学和社会科学。在严复等实证主义者看来，科学是“形气学”，研究关于事物的知识；而哲学是“出形气学”，以“爱智”为内容。因此，科学和哲学“为对”，它们是不同性质的学术。形而上学追求的是关于超越现象世界的本体的知识，因而它是一种“出形气学”。而根据英国早期实证主义哲学，人只具有经验的认识能力，无法认识“出形气”的本体，因而形而上学是不能成立的。而宇宙论的问题却是一个知识的问题，所以宇宙论应该成为一门科学。这样一来，严复就把本体论和宇宙论严格区分开来，彻底突破了中国传统哲学家讨论

① 冯友兰：《中国哲学史新编》第六册，北京，人民出版社，1989，第 151 页。

② 李维武：《中国科学主义思潮的百年回顾》，《哲学动态》1999 年第 12 期。

③ 严复：《〈穆勒名学〉按语》，王栻主编：《严复集》第四册，北京，中华书局，1986，第 1029 页。

本体论问题的基本框架。可以说，正是由于思维方式的差异，严复的本体论思想不仅在内容上与康有为、谭嗣同等人的本体论思想完全不同，而且在中国学术史上的意义也完全不同。欧阳哲生指出，康有为和严复“两人在学术史上的地位，则代表着两个截然不同的学术时期，康有为的学术意味着旧学术时代的终结，严复的学术则预告了新学术时代的来临。这也是‘五四’那一代人舍弃康有为，愿意奉严复为其思想圭臬的一个重要原因”[①]。而产生这一差异的根本原因，是严复真正理解了西方现代学术。

其次，由于真正理解了西方文化，严复开启了中国现代哲学思潮。笔者在导论中指出，严复基本上否定了中国传统哲学的基本思维方式及其理论，而引入英国早期实证主义哲学来回答近现代中国哲学的本体论、认识论问题，引入西方 19 世纪的古典自由主义理论来回答近现代中国哲学的政治哲学问题，引入西方 19 世纪下半叶的进化论来回答近现代中国哲学的历史观、文化观问题。这样，严复就以西化的方式开启了现代中国哲学的科学主义思潮、自由主义思潮、科学的进化历史观思潮[②]。严复之所以能够开启现代中国哲学的这几大主要思潮，并得到后来的许多中国现代哲学家的认同，就是因为他基本上正确地理解了西方的实证主义哲学、自由主义理论和进化论。

最后，对于中国哲学现代转型来说，还有一点也是非常重要的：正是由于真正理解了西方文化，严复的哲学思想成为西方哲学中国化和中国传统哲学现代化的起点。

在严复的时代，西方哲学中国化主要指译介西方哲学的理论。严复在译介西方哲学方面的贡献得到了人们的普遍承认。严复不仅译介西方哲学的成就比同时代的其他人大，而且是最先特意并系统译介西方哲学的中国人，他所开启的这条道路被后来的中国哲学家继承。在严复之前，中国人并没有认真地研究西方文化，传入中国的西学主要是自然科学知识，对哲学和社会科学则只有一些零星、模糊的介绍，西方哲学的理论对中国哲学的近代发展几乎没有什么影响。在严复译著出现之后，这种情况得到了根本的扭转。可以说，正是由于严复译介了一批经典的西方

---

① 欧阳哲生：《严复评传》，南昌，百花洲文艺出版社，1994，第 51 页。

② 在本书中，进化史观、进化论和进化历史观的含义是有差异的：进化史观特指从达尔文进化论出发来解释人类社会发展过程的历史观；进化论指人们从达尔文进化论出发讨论宇宙论、价值观、方法论、历史观、文化观等问题而得到的理论，进化史观是其中的一部分；进化历史观指把人类社会的发展看成一个进化的过程的理论，进化史观是其中的一种理论。进化历史观与进化论之间是相互交叉的关系，它们互不统属。

近现代理论著作，使中国近现代哲学家的眼光不再局限于中国传统文化，极大地开阔了中国哲学的研究视野。实际上，严复为现代中国哲学的发展提供了新的理论资源——西方哲学。虽然后来的中国哲学家很少仅仅通过严复译著来了解西学，其中相当一部分有很好的外语能力，甚至直接在国外专门学习西方哲学，对西方哲学的理解远远超过严复，但他们都可以说是沿着严复的研究路向前进的。

在严复的时代，中国传统哲学现代化就是用现代哲学的眼光重新整理、诠释中国传统哲学思想。蔡元培高度评价严复对中国学者整理传统哲学思想的工作所作出的贡献："至于整理国故的事业，也到严复介绍西洋哲学的时期，才渐渐倾向哲学方面。"①"国故"指的是中国的传统学术；"整理国故"就是以西方现代学术为标准来梳理和重新理解中国的传统学术，发掘出传统学术的现代价值。从哲学的角度"整理国故"，可以说就是中国传统哲学现代化的最初阶段。当然，蔡元培赞扬的是严复所翻译的理论，即只有以西方现代哲学理论为框架，中国哲学才能逐渐从传统学术中分化、独立出来，严复的翻译正好为中国人提供了整理古代哲学所需要的理论框架。其实，严复是最早运用西方的现代理论框架来整理中国古代哲学的学者之一：翻译本身就是中西方哲学思想的沟通，传统词汇的哲学运用本身就是对传统哲学思想的发掘。撇开这一点不谈，严复译著中就有不少内容是对传统哲学理论进行现代解释的，他还特意对《老子》和《庄子》两书作了现代哲学的诠释。虽然严复对整理古代哲学的贡献远远小于他对译介西方哲学的贡献，而且他对古代哲学的整理并不系统，也没有对古代哲学作一种哲学史的梳理，但严复的工作是一种预示：中西方哲学之间有许多可以相通的理论，中国传统哲学经过现代性的诠释后可以成为中国人建构现代哲学体系的理论资源。

综上所述，由于中国哲学的近现代转型是中西古今文化交汇的产物，中国人对西方文化的理解对其有直接影响；严复是中国第一位真正理解西方文化的哲学家，因而他能够开启现代形态的中国哲学。李维武指出："严复所建立的中国哲学史上第一个完全近代意义的哲学体系，以及他对西方近代经验主义和逻辑学的译介、重视，有力地促进了中国传统哲学的改造和近代哲学的发展，对融会中西哲学有筚路蓝缕之功。"②这就是

① 蔡元培：《五十年来中国之哲学》，高叔平编：《蔡元培全集》第四卷，北京，中华书局，1984，第366页。

② 李维武：《新编中国哲学史》第五编，冯达文、郭齐勇主编：《新编中国哲学史》下册，北京，人民出版社，2004，第299页。

说，严复对现代中国哲学的贡献不在于他是否提出了某个具有独创性的纯粹的哲学理论体系，也不在于他的思想是否对后来的某个中国哲学理论产生了具体的影响，而在于他通过引入西方的现代哲学理论及其哲学思维方式，从整体上否定了传统形态的中国哲学，给予了中国哲学一个现代性的理论基础和新的发展路向，使中国哲学彻底告别了传统形态的发展阶段。正是在这个意义上，我们认为严复是当之无愧的站在中西古今文化交汇点上的现代哲学家。

三、中国哲学发展史上的严复哲学思想

当严复接受了他所译介的西方哲学时，就意味着他的哲学思想是现代形态的，并开启了现代形态的中国哲学。这就是严复在中国哲学发展史上的地位。因而，从时间上看，严复与康有为、谭嗣同等人处于同一时代；但从哲学形态来说，严复哲学思想与康有为、谭嗣同哲学思想之间存在着根本性质的不同。而中国哲学家认识到严复哲学思想的这一基本特征却经历了相当长的过程。

梁启超是最早评价严复对中国哲学史的发展的贡献的，但他看重的是严复所译介的西学，而不是严复本人的思想。而且他将康有为、谭嗣同和严复看作是同一时代的人物，这些人都是积极向西方学习的“立在阵头最前的一排”。因此梁启超并没有认识到严复哲学思想与康有为、谭嗣同哲学思想之间的性质差异。后来的蔡元培等人评价严复哲学思想时基本上沿用这一思路。

最先明确认识到严复哲学思想与康有为、谭嗣同哲学思想的性质不同的是冯友兰先生。在20世纪30年代出版的《中国哲学史》中，冯友兰先生将中国传统哲学分为“子学时代”和“经学时代”。他将康有为、谭嗣同和廖平作为“经学时代”结束的代表，而对同时代的严复却只字不提。这就暗示：如果严复哲学思想在中国哲学史上有一席之地的话，它不属于中国传统哲学、不属于“经学”哲学。他又说：“故中国哲学史中之新时代，已在经学时代方结束之时开始。”①严复哲学思想可以说呼之欲出。果然，在20世纪40年代出版的《中国哲学简史》中，冯友兰先生明确地增加了一节“西方思想的传入”，讨论的就是严复和王国维的哲学思想。冯友兰先生在其晚年的《中国哲学史新编》中指出：“中国近百年历史的发展，在思想上看有四个层次：第一层是全封建思想，以慈禧太后为代表；

① 冯友兰：《中国哲学史》下册，上海，华东师范大学出版社，2000，第343页。

第二层是半封建思想，以康有为为代表；第三层是半资产阶级思想，以严复为代表；第四层是全资产阶级思想，以孙中山为代表。”①严复的思想是否属于半资产阶级思想，这是可以讨论的。但冯友兰先生明确将同时代的严复哲学思想与康有为哲学思想从哲学性质方面区分开来，这是相当有见识的。他又说：“谭嗣同是站在中学的立场，以中学为主，从中学看西学，对于西学做格义；严复是站在西学的立场，以西学为主，从西学看中学，对于中学做格义。”②即从哲学性质来看，严复哲学思想与谭嗣同哲学思想是根本不同的：严复哲学思想属于现代的西学，而谭嗣同哲学思想属于传统的中学。

“文化大革命”结束之后，中国哲学的研究逐渐步入正轨。陈元晖最先提出“严复是中国第一代实证主义者”③，这就明确揭示出严复哲学思想的性质：现代形态的实证哲学。这一观念对后来的中国哲学研究影响很大，后来的学者研究中国实证主义哲学都是从严复开始的。

冯契先生在其20世纪80年代的著作《中国近代哲学的革命进程》中指出：“到了近代，与西方的机械唯物论的阶段相当，中国哲学则是经历了一个进化论的阶段。为什么在中国近代是进化论阶段代替了机械唯物论阶段?”④冯契先生认为，中国哲学的发展史不能机械地套用古代朴素唯物主义、近代机械唯物主义、现代辩证唯物主义的唯物主义发展模式，在中国近代哲学⑤中，机械唯物主义体现得不显著，反而是进化论哲学发展得很明显。依此思路，康有为与严复的哲学思想也属于进化论哲学，他们二人的哲学形态应该是一样的。但冯契先生又说：“哲学的近代化就是对经学的否定。”⑥众所周知，从哲学形态上来说，康有为哲学思想总体上还是属于中国传统经学，而严复哲学思想却属于他所译介的西学。因此，冯契先生实际上暗示：虽然康有为与严复的哲学思想都属于进化论哲学，但二人的哲学形态是不同的——康有为哲学思想属于从传统哲学向近代哲学的过渡，而严复哲学思想却是明确属于近代哲学的。因此，冯契先生的学生们都沿着这一思路研究中国实证主义哲学思潮。

胡伟希在20世纪80年代研究中国实证主义哲学思潮时就指出：“中

---

① 冯友兰：《中国哲学史新编》第六册，北京，人民出版社，1989，第10页。

② 冯友兰：《中国哲学史新编》第六册，北京，人民出版社，1989，第153页。

③ 陈元晖：《严复和近代实证主义哲学——严复是中国第一代实证主义者》，《哲学研究》1978年第4期。

④ 冯契：《中国近代哲学的革命进程》，上海，上海人民出版社，1989，第563页。

⑤ 冯契先生所说的“近代哲学”包括了本书中的部分现代哲学。

⑥ 冯契：《中国近代哲学的革命进程》，上海，上海人民出版社，1989，第8页。

国近代出现了一个颇有声势的实证主义思潮，它由严复肇其端，中经胡适，直至冯友兰、金岳霖，历经半个世纪而不衰。”①这就指出了严复哲学思想的哲学流派，实际上承认了严复哲学思想属于现代形态的哲学。他又指出了严复哲学思想的来源：“严复留学英国，正当实证主义思想在英国广泛流播之时，出现了斯宾塞、赫胥黎、穆勒等著名的实证主义思想家。严复阅读了他们的著作，思想上接受了实证主义的洗礼，并把它作为西方文化的代表介绍到中国来，这是很自然的。”②“严复介绍和接受的不是西方某个实证主义哲学家，而是整个英国的实证主义思想体系。”③本书承认这种观点的合理性。

杨国荣老师在 20 世纪 90 年代指出：“概而言之，由严复开其端，中国近代的实证主义经历了一个演进和展开的过程……如果说，以广义的新儒家(从康有为到熊十力)为代表的近代人本主义思潮较多地表现为对传统哲学的认同，那么，中国近代的实证主义思潮则更侧重于推进传统哲学的近代化，二者构成了中国近代哲学二个不可忽视的方面。”④这就突出了康有为哲学思想与严复哲学思想的差异：康有为哲学思想属于人本主义思潮，而严复哲学思想属于实证主义思潮，分别属于同时代的不同哲学流派。他又说：“中国哲学步入近代后，第一个比较系统地引入实证主义的人物是严复。作为真正受过西方哲学洗礼的哲学家，严复在中西哲学的交融会通中，表现出更多的近代特征。与康有为、谭嗣同等由糅合‘以太’、‘仁’等等而建构不中不西的思辨哲学不同，严复通过输入西方的实测内籀之学，从思辨的构造转向了实证的观念，而这种转化一开始便受到了西方实证主义的影响。”⑤这指出了严复哲学思想之所以与康有为、谭嗣同哲学思想不同，就是因为它来自西方的实证哲学。依本书的观点，它属于现代哲学。

20 世纪末 21 世纪初，研究中国实证主义哲学思潮的还有中国人民大学的宋志明、孙小金。他们指出：“在中国哲学史上没有严格意义上的

---

① 胡伟希：《金岳霖与中国实证主义认识论》，上海，上海人民出版社，1988，第 1 页。

② 胡伟希：《金岳霖与中国实证主义认识论》，上海，上海人民出版社，1988，第 2 页。

③ 胡伟希：《金岳霖与中国实证主义认识论》，上海，上海人民出版社，1988，第 4 页。

④ 杨国荣：《从严复到金岳霖：实证论与中国哲学》，北京，高等教育出版社，1996，第 7 页。

⑤ 杨国荣：《从严复到金岳霖：实证论与中国哲学》，北京，高等教育出版社，1996，第 9 页。

实证哲学传统，实证哲学是从西方传入中国的。”①“实证哲学是西方现代哲学的重要组成部分。它是西方近代以来实证科学经过长足发展之后出现的哲学思潮，也是西方哲学认识论发展到现代而形成的一种理论形态。”②“最早把实证方法介绍到中国来的人是严复，他的思想来自译介西方学者的著作。”③这就把严复对中国实证主义哲学思潮的贡献和实证哲学的理论形态明确地表述出来了。

肖蓬父、李锦全二位先生主编的《中国哲学史》，则强调了康有为的自然观与严复的自然观的差异：“康有为以经学的形式概括了他当时所能掌握的自然科学和西方哲学，形成了他的哲学思想的新特点。”④“严复根据其所能掌握的自然科学知识，如牛顿的力学理论、达尔文的进化论和无神论、康德的星云说，形成不同于我国古代朴素唯物主义而具有机械唯物主义思想特征的自然观，奠定了近代中国资产阶级哲学的理论基础。”⑤这就暗示：既然康有为的自然观是以“经学的形式”出现的，那么它基本就没有脱离中国传统哲学；而严复的自然观则是来自西方自然科学的，它是科学。因此，二者是不同的哲学形态。

李维武在其20世纪80年代的博士论文中则明确指出：“唯有与康、谭同时的严复，才真正改变了这种中西杂糅、新旧混陈的状况。严复通过引进达尔文进化论，为中国哲学第一次提供了完全近代意义的思维框架；通过引进西方的近代认识论和逻辑学，为中国哲学第一次提供了完全近代意义的认识方法。在这个基础上，严复把宇宙论从传统本体论中分离出来，超越传统本体论，确立科学宇宙论。这就使中国哲学实现了具有重要历史意义的理论飞跃，从而结束了从龚自珍、魏源到康有为、谭嗣同的中国哲学由传统形态向现代形态的转换，开启了中国哲学发展的新时代……这就明确肯定了严复开创新形态中国哲学之功。由严复所开启的现代形态中国哲学，经过五四新文化运动而得到全面展开，形成了各种思潮，建立了不同体系。”⑥这就将严复在中国哲学发展史上的地

① 宋志明、孙小金：《20世纪中国实证哲学研究》，北京，中国人民大学出版社，2002，第4页。

② 宋志明、孙小金：《20世纪中国实证哲学研究》，北京，中国人民大学出版社，2002，第6页。

③ 宋志明、孙小金：《20世纪中国实证哲学研究》，北京，中国人民大学出版社，2002，第17页。

④ 肖蓬父、李锦全主编：《中国哲学史》下卷，北京，人民出版社，1983，第321页。

⑤ 肖蓬父、李锦全主编：《中国哲学史》下卷，北京，人民出版社，1983，第351页。

⑥ 李维武：《20世纪中国哲学本体论问题》，长沙，湖南教育出版社，1991，第33页。

位明确地凸显出来。笔者除将所引文献中的“近代意义”修正为现代意义外，基本上接受李维武的观点，并将其作为本书的基本思路。

综上所述，经过国内几代学者几十年坚持不懈的研究，严复在中国哲学发展史上的开创性贡献逐渐显现出来。本书要强调的是：严复之所以能发挥如此作用，是因为中国哲学的近现代转型运动与西学东渐密切相关，而严复在西学东渐中发挥了举足轻重的作用，特别是他通过引入西方哲学促进了中国哲学的现代化进程。可以说，他是第一位站在中西古今文化交汇点上的中国现代哲学家。

第二章　实证主义的认识论

从哲学理论形态的转换来看，近现代哲学思维方式的变革最直接地发生、体现在认识论领域。英国早期实证主义哲学家就是从认识论出发来探讨哲学问题的，严复接受了他们的基本观念，也是从认识论开始进行哲学思考的。因此，本书就先从认识论探讨严复哲学思想的现代性特征。

严复认识论思想的现代性特征，首先就表现在他所思考的问题上。那么，实证主义认识论所关注的是哪些问题呢？冯契先生在进行了中西方近现代哲学基本特征的对比之后指出："在欧洲近代，随着实证科学的发展，形而上学的思辨遭到不断的抨击，哲学的各部门(认识论、本体论、逻辑学、伦理学、美学等)被分别地进行研究。这是一个进步，但也带来了局限性，产生了一种颇为流行的狭义认识论观点，以为认识论的范围限于研究实证科学知识之所以可能的条件，只研究上面列举的前两个问题，即'感觉能否给予客观实在'和'科学知识何以可能'……这种狭义的认识论特别为实证论各流派所鼓吹。"①这里的"客观实在"指传统认识论中的本体和实体，"科学知识"指以感觉经验为对象、能够直接或间接赋予人们改造世界的力量的那些经验知识。像贝克莱、休谟和康德等人一样，实证主义哲学家从主观的感觉现象出发，认为感觉不能给予客观实在，即人们无法认识本体或实体，关于本体或实体的知识是不可能存在的，所有的知识都是经验的。这样，他们就完全抛弃了以认识本体为目的的西方古代认识论传统，也否定了以认识"性与天道"(即本体在中国哲学中的表现形式)为最终目的的中国古代认识论传统。因此，"感觉能否给予客观实在"的问题和"科学知识何以可能"的问题就与传统的认识论问题有着根本性的区别。作为一名实证主义者，严复认识论当然要讨论这两个问题。

但是，这两个问题在严复认识论中的地位和表现形式是有差异的。严复特别关注中国学习西方近现代科学知识的问题，因而他不仅强调"科学知识何以可能"的问题是现代认识论的核心问题，而且以此为出发点来

① 冯契：《中国古代哲学的逻辑发展》上册，上海，上海人民出版社，1983，第40页。

看待“感觉能否给予客观实在”的问题，将它转化为“经验何以成为科学知识出发点”的问题和“现象世界何以成为科学知识界限”的问题。既然严复认识论是围绕着“经验何以成为科学知识出发点”“现象世界何以成为科学知识界限”和“科学知识何以可能”这三个问题展开的，笔者就以此为线索来探讨严复认识论思想。

第一节　经验：科学知识的根本特征

知识是经验的还是理性的？这是认识论的一个基本问题。哲学家们对这一问题的回答具有明显的时代性。在西方哲学中，古希腊大哲学家柏拉图明确地将来自感觉的认识归于意见，认为真正的知识只能来自纯粹理智，即知识是理性的，具有超验性。柏拉图的观点得到绝大多数西方古代哲学家的认同，他们一般认为哲学就是本体论，本体的知识就是最高的知识，或者说，获得本体的知识是人类认识活动的最终目的。到了近代，从培根到休谟的英国经验论者开始承认知识是来自于经验的，否认有超验知识的存在，传统认识论开始动摇。在此基础上，康德论证了人只能获得经验的知识，无法获得本体的知识，因此认识的任务就是获得经验的知识，并反对传统形而上学，将知识限定在经验的范围之内。可以说，传统认识论开始崩溃。后来的实证主义哲学坚持彻底的经验主义立场，继承了康德的反形而上学路线，而完全否定其中的先验因素，既否定了不可认识的本体、实体的存在，也否定了先天综合判断的存在。此后，西方现代哲学家的立场不管有多大的差异，一般都认为知识是经验的，传统的形而上学是不能成立的。因此可以说，对“知识是经验的还是理性的”这一问题的回答，非常明显地体现出了传统认识论向现代认识论的转变。

中国哲学认识论的发展也有如此特征：与西方古代哲学相似，中国古代认识论要把握的是超验的道、性与天命等本体，对现象世界的规律则不屑一顾；而中国现代认识论则基本上来源于西方，承认本体论不是知识，科学知识才是认识论所要探讨的内容。从中国哲学发展史来看，中国哲学认识论的这一转变可以说是从严复才真正开始的。那么，本节就来探讨他是怎样论证“知识是经验的”这一现代哲学基本命题的。

一、现代知识就是科学的知识

现代知识就是科学的知识，实际上就是说现代哲学家、科学家认为知识就是指科学的知识，或者说科学的知识是唯一的知识。简单地说，科学的知识就是指可以被人们用来改造世界的那种技术性的知识，它是经验性的。其实，自古以来，由于科学的知识的实用性，人们根本不可能忽视其存在。但为什么它在古代哲学中只是作为一种低级的知识甚至意见而被排斥在真正的知识之外，在现代哲学中却成为唯一的知识或者说知识的典型形态？究其原因，正如亚里士多德指出的，古希腊哲学家“为求知而从事学术，并无任何实用的目的”①；而文艺复兴之后的西方哲学家、科学家，则正如梯利所说：“重视和渴求知识，不是为其自身，而是为实用，为其实际价值：知识就是力量。”②“为其自身”的知识就是传统知识，而“为实用”的知识就是科学的知识，就是现代知识。因此，承认“实用”是知识的最根本属性之一，就是西方学者接受现代知识观而抛弃传统知识观的根本原因。

在圣西门的影响下，孔德创立了实证主义哲学，他将西方哲学史上知识观的这种变革纳入其所谓人类智力发展的规律：“这条规律就是：我们的每一种主要观点、每一个知识部门，都先后经过三个不同的理论阶段：神学阶段，又名虚构阶段；形而上学阶段，又名抽象阶段；科学阶段，又名实证阶段。”③简言之，知识最终都要进入实证阶段，成为科学的知识。或者说，当人类智力进入实证阶段以后，只有科学的知识才是知识。早期实证主义者都高度颂扬科学知识的价值，斯宾塞就说：“什么知识最有价值？一致的答案就是科学。”④科学的知识就是那种对“生活技艺有帮助的知识”，即今天所说的实用的能帮助人们改造世界的知识，近代以来的西方自然科学就是其典型代表。

受他们的影响，严复接受了这种实证主义的科学知识观，也是从实用的角度来看待近现代科学知识的。只不过，严复等中国近现代学者所理解的实用更多是关于国家富强的内容。在严复之前，中国近代学者就逐渐接受了科学知识，魏源就说：“有用之物，即奇技而非淫巧。”⑤虽然魏源所说的“有用之物”主要指西方近代军事技术，但这代表着中国人开

---

① 〔古希腊〕亚里士多德：《形而上学》，吴寿彭译，北京，商务印书馆，1959，第5页。

② 〔美〕梯利著，〔美〕伍德增补：《西方哲学史》(增补修订版)，葛力译，北京，商务印书馆，1995，第281～282页。

③ 〔法〕孔德：《实证哲学教程》，洪谦主编：《西方现代资产阶级哲学论著选辑》，北京，商务印书馆，1964，第25页。

④ 〔英〕赫·斯宾塞：《教育论》，胡毅译，北京，人民教育出版社，1962，第43页。

⑤ (清)魏源：《海国图志·筹海篇(三)》，中共中央党校文史教研室中国近代史组编：《中国近代政治思想论著选辑》上册，北京，中华书局，1986，第90页。

始以“实用”为中介来接受近代科学知识。郑观应则进一步指出：“论泰西之学，派别条分，商政、兵法、造船、制器以及农、渔、牧、矿诸务，实无一不精，而皆导其源于汽学、光学、化学、电学，以操御水、御火、御风、御电之权衡，故能凿混沌之窍，而夺造化之功……故泰西之强，强于学。”[①]这就非常全面地展现了自然科学知识的实用性特征。但郑观应又倡导“西学中源”说，认为“泰西之学”原本是中国古人所发现的，后来在中国失传了，却流传到西方且得到了发扬光大。因而郑观应并未认识到他所说的自然科学实际上是西方近代社会的产物，未能分清古今中西学术在性质上的差异，他对“泰西之学”的认识仍然是模糊的。严复进一步发挥了郑观应的观点：“约而论之，西洋今日，业无论兵、农、工、商，治无论家、国、天下，蔑一事焉不资于学。”[②]具体说来，“观其治生理财之多术，然后知其悉归功于亚丹斯密之一书，此泰西有识之公论也。是以制器之备，可求其本于奈端；舟车之神，可推其原于瓦德；用电之利，则法拉第之功也；民生之寿，则哈尔斐之业也。”[③]在这里，严复强调的是西方国家的富强可以说就是科学知识的运用的成果，而且这些科学知识全是西方近代以来发展起来的。与郑观应等人相比，严复对近代自然科学与西方国家经济活动之间关系的认识无疑要深刻多了。

严复不仅承认科学知识的实用性，而且指出，这种知识与传统知识是相对立的：“夫西洋之于学，自明以前，与中土亦相埒耳。至于晚近，言学则先物理而后文词，重达用而薄藻饰。”[④]先“文词”和重“藻饰”的知识是非科学的知识，它被中西方传统的哲学家、科学家所承认；而“先物理”和“重达用”的知识就是科学的知识，它产生于近代西方社会。严复进而又探讨了近代科学产生于西方的原因：“二百年学运昌明，则又不得不以柏庚氏之摧陷廓清之功为称首。”[⑤]“摧陷廓清”指培根强调“知识就是力量”、知识的经验特征和以经验为基本的归纳法，并且用这种新的知识观来批判西方前近代的知识观和认识论。严复又认为，中国没有能够发展出近代科学的原因是：“中国赵宋以前之儒者，其所讲者，固不外耳目践履之近者也。其形上者，往往求之老佛之书。自宋之诸儒，始通二者之邮，大明乎下学上达之情，而以谓性与天道，即见于可得闻之文章，则

① （清）郑观应：《西学》，中共中央党校文史教研室中国近代史组编：《中国近代政治思想论著选辑》上册，北京，中华书局，1986，第284～285页。

② 严复：《救亡决论》，王栻主编：《严复集》第一册，北京，中华书局，1986，第48页。

③ 严复：《原强修订稿》，王栻主编：《严复集》第一册，北京，中华书局，1986，第29页。

④ 严复：《原强修订稿》，王栻主编：《严复集》第一册，北京，中华书局，1986，第29页。

⑤ 严复：《原强修订稿》，王栻主编：《严复集》第一册，北京，中华书局，1986，第29页。

又痛辟乎二氏之无当。自陆王二子，主张良知，而永嘉经制之学，乃逐物破道。愈为儒教偏宗，非其所尚者矣。”①“谓性与天道，即见于可得闻之文章”是程朱理学的主张，即人们通过对儒家经典的诠释可以把握“性与天道”；“永嘉经制之学”，就是永嘉学派，叶适是其主要代表；“逐物破道”是说“道”就在“物”之中，人们只有从对“物”的探求出发，才能把握“道”。在严复看来，中国的学术在宋代发生了重大转折，儒学在宋代以后获得了大发展：为了对抗佛教和道教，程朱学派从对儒家经典的注释出发、陆王学派从良知之心出发，构建了一系列本体论体系，促进了中国传统本体论的发展。他们的目光从“耳目践履之近者”转向“形上者”，加深了中国的学术“无实”和“无用”的特征，这就是宋代以后儒学的主流。功利主义的永嘉学派强调对现象世界的研究，这本来可以把中国传统学术导向“实”与“用”，但却不被后来的儒者“所尚”。后来，程朱理学和科举制度相结合，中国的学术开始八股化，这就使传统知识分子更看不到与技术相关的经验知识对社会发展的意义，从而严重地阻碍了近代科学在中国的出现。因此，严复说：“学术之非，至于灭种，此吾所以不能不太息痛恨于宋人也。”②这样，站在近现代学术的立场上，严复否定了以宋学为代表的中国传统学术，要求中国彻底抛弃传统的学术，引入来自西方的近现代自然科学和哲学理论。

严复不仅从国家富强的角度充分肯定了西方近现代科学知识的价值和意义，而且将它从“器”的层面推进到了“道”的层面。这体现在三个方面。

第一，严复指出，西方近现代文明“其命脉云何？苟扼要而谈，不外于学术则黜伪而崇真，于刑政则屈私以为公而已”③。“学术”就是人们的认知活动，它以“崇真”为归宿；“黜伪”的根本原则就是经验证实。当严复将“学术”推崇到“命脉”时，它其实已达到了中国传统思想中的道的层面，或者说，“学术”就是近现代西方文明的“道”。根据严复的天演论，中国传统文化最终也要走上西方的路，因而“学术”也是中国未来文化的“命脉”。

第二，严复进一步探讨了西方近现代政治与西方近现代自然科学之间的关系。他指出：“名、数、质、力四者皆科学也。其通理公例，经纬万端，而西政之善者，即本斯而立。故赫胥黎氏有言：‘西国之政，尚未

---

① 严复：《〈法意〉按语》，王栻主编：《严复集》第四册，北京，中华书局，1986，第992页。

② 严复：《〈原富〉按语》，王栻主编：《严复集》第四册，北京，中华书局，1986，第906页。

③ 严复：《论世变之亟》，王栻主编：《严复集》第一册，北京，中华书局，1986，第2页。

能悉准科学而出之也。使其能之，其致治且不止此。’中国之政，所以日形其绌，不足争存者，亦坐不本科学，而与通理公例违行故耳。”[①]这就是说，中西方近现代政治制度之间的差异，实际上是由它们与自然科学之间的关系造成的：西方的政治制度奠基于自然科学之上，而中国的政治制度却违反了自然科学的原理。因此严复反对“政本艺末”的观点，强调自然科学是政治制度的“本”。根据中国传统观念，政治制度的“本”就已属于道的层次了。严复还指出，西方政治制度的变革与自然科学的发展是同步的，他高度推崇哥白尼的天文学：“伟哉科学！五洲政治之变，基于此矣。盖自古人群之为制，其始莫不法于自然。故《易》曰：‘天尊地卑，乾坤定矣’。有其至高者在上以为吾覆，有其至卑者居下以为吾践。此贵贱之所由分，而天泽之所以位也。乃自歌白尼（即哥白尼——引者注）之说确然不诬，民知向所对举而严分者，其于物为无所属也。苍苍然高者，绝远而已，积虚而已，无所谓上下也。无所谓上下，故向之名天者亡。名天者亡，故随地皆可以为极高，高下存乎人心，而彼自然，断断乎无此别也。此贵贱之所以不分，而天泽之所以无取也。三百数十年之间，欧之事变，平等自由之说，所以日张而不可遏者，溯其发端，非由此乎？”[②]因为哥白尼的天文学抽掉了传统等级制度的自然基石，“自由平等”观念才开始在欧洲流行起来，而欧洲的政治制度正是建立在“自由平等”观念之上的。因此，从政治制度变革的角度来看，自然科学属于道的层次。

第三，严复径直指出：“请言不变之道：有实而无夫处者宇，有长而无本剽者宙；三角所区，必齐两矩；五点布位，定一割锥，此自无始来不变者也。两间内质，无有成亏；六合中力，不经增减，此自造物来不变者也。能自存者资长养于外物，能遗种者必爱护其所生。必为我自由，而后有以厚生进化；必兼爱克己，而后有所和群利安，此自有生物生人来不变者也。此所以为不变之道也。若夫君臣之相治，刑礼之为防，政俗之所成，文字之所教，吾儒所号为治道人道，尊天柱而立地维者，皆譬诸夏葛冬裘，因时为制，目为不变，去道远矣！”[③]也就是说，从近现代自然科学来看，真正不变的是宇宙的无限，几何学和力学、生物学的

① 严复：《与〈外交报〉主人书》，王栻主编：《严复集》第三册，北京，中华书局，1986，第559页。

② 严复：《政治讲义》，王栻主编：《严复集》第五册，北京，中华书局，1986，第1241页。

③ 严复：《救亡决论》，王栻主编：《严复集》第一册，北京，中华书局，1986，第50～51页。

原理，而中国传统学术中被认为不变的东西实际上是“譬诸夏葛冬裘，因时为制”。换言之，中国传统学术中所谓的道其实不是真正的道。因为根据中国传统的学术观念，不变是道的最本质属性，所以只有近现代自然科学原理才符合道的不变性的规定，它才是中国学者应该追求的道。这样，严复实际上就从科学知识的角度否定了中国传统的学术观、知识观，试图确立起科学知识的权威地位。

在确立了科学知识的权威地位之后，严复以西方近代自然科学的标准对中国传统学术进行了全面的否定：“是故取西学之规矩法戒，以绳吾‘学’，则凡中国之所有，举不得以‘学’名；吾所有者，以彼法观之，特阅历知解积而存焉，如散钱，如委积。此非仅形名象数已也，即所谓道德、政治、礼乐，吾人所举为大道，而诮西人为无所知者，质而言乎，亦仅如是而已矣。”①也就是说，中国传统学术还处于前科学状态，中国学术的发展必须全面效法西学。因而严复试图引入西方的科学体系来代替中国传统学术体系，他说：“执果穷因，是惟科学。”②“夫科学者，举凡宇宙之所有，与人心之所得思，莫不标之以为学。”③也就是说，科学所研究的内容是一切自然现象、社会现象和心理现象中的因果关系，其具体内容就是：“欲为群学，必先有事于诸学焉。不为数学、名学，则吾心不足以察不遁之理，必然之数也；不为力学、质学，则不足以审因果之相生，功效之互待也。名数力质四者之学已治矣，然吾心之用，犹仅察于寡而或荧于纷，仅察于近而或迷于远也，故必广之以天地二学焉。盖于名数知万物之成法，于力质得化机之殊能，尤必藉天地二学，各合而观之，而后有以见物化之成迹。名数虚，于天地征其实；力质分，于天地会其全，夫而后有以知成物之悠久，杂物之博大，与夫化物之蕃变也。虽然，于群学犹未也。盖群者人之积也，而人者官品之魁也。欲明生生之机，则必治生学；欲知感应之妙，则必治心学，夫而后乃可以及群学也。”④简言之，科学的知识体系包括了数学、名学、力学、质学、天学、地学、生学、心学和群学，严复试图用这个科学知识体系代替中国传统的经史子集的学科分类。其直接来自斯宾塞的《教育论》，但二者还是有差异的：斯宾塞是从培养人的智育发展的角度来看这个学科顺序

① 严复：《救亡决论》，王栻主编：《严复集》第一册，北京，中华书局，1986，第52～53页。

② 严复：《译〈群学肄言〉自序》，王栻主编：《严复集》第一册，北京，中华书局，1986，第123页。

③ 严复：《〈普通百科新大词典〉序》，王栻主编：《严复集》第二册，北京，中华书局，1986，第277页。

④ 严复：《原强修订稿》，王栻主编：《严复集》第一册，北京，中华书局，1986，第17页。

的，而严复是从科学研究的角度来看这个学科顺序的。这是中国学者第一次将来自近现代西方的各门学科系统化，表明中国哲学家开始具有了现代的学术观念或知识观念。

陈卫平高度评价了严复对自然科学知识的态度："严复讴歌自然科学是'黜伪崇真'的最确切的真理，认为这是'西学'的基础。他也把自己的哲学思想建立在这个基础之上。"①以西方近现代自然科学为基础的哲学当然不同于中国的传统哲学，因而严复对自然科学的讴歌就为其认识论思想奠定了坚实的现代性基础。不仅如此，严复的知识观在中国哲学发展史上还有着相当重大的意义。罗素指出："科学带来的新概念对近代哲学发生了深刻的影响。"②确立起科学的知识才是真正知识的观念，就是"科学带来的新概念对近代哲学发生了深刻的影响"之一。可以说，严复的知识观彻底改变了中国哲学家对知识的传统看法，进而动摇了中国传统认识论和本体论的基础。这不仅有利于现代科学在中国扎根、发展，而且促进了中国哲学的近现代转型。

二、知识来源于经验

知识是否来源于经验？这是认识论的又一个基本问题，对这一问题的不同回答同样显示出传统哲学认识论与近现代哲学认识论之间的差异。一般说来，西方古代哲学家承认来源于感觉的经验是有意义的，柏拉图甚至还把它们当作灵魂"回忆"的必不可少的手段，但他们都承认真正的知识是超越经验的，知识不能来源于经验。到了近代，英国的经验主义哲学家培根、洛克等人否认先验知识的存在，认为知识都是经验的；而欧洲大陆的唯理论哲学家笛卡儿、斯宾诺莎、莱布尼茨等人却认为有先验的不来自经验的知识，当然他们指的主要是数学的知识。随后，康德站在理性主义的立场对这两个对立的哲学派别作了调和：纯粹的理性或纯粹的感性都构不成知识，构成知识的必须是理性与感性的综合，因而知识必须与现象相关，但其中又有来自纯粹的理性的内容(纯粹先天直观形式和纯粹先天直观范畴)。黑格尔之后的大多数西方现代哲学家虽然对知识是否具有超验成分的问题争论不休，但基本上都承认知识必须是经验的，来源于经验，纯粹的理性知识是不存在的。

中国古代哲学家的观点与西方古代哲学家类似，其主流的观点认为

---

① 陈卫平：《自然科学是推动哲学发展的革命力量——论严复的哲学思想与西方的自然科学》，《光明日报》1978年6月6日。

② 〔英〕罗素：《西方哲学史》下卷，马元德译，北京，商务印书馆，1976，第44页。

知识是非经验的，即使有经验的知识存在，人们所追求的仍然是超验的知识。张岱年先生指出："关于知之性质与起源之问题，其根本争点在于内与外……第一，主外说，承认外界独立，以为知识起于感官由外界得来之印象。此为荀子王充等之说。"①"主外说"就相当于西方哲学的经验论。荀子的认识论确实有经验论的内容，但他又说"心者，形之君也"②，"夫何以知？曰心。"③"心"大致相当于西方哲学中的理性，"形"大致相当于西方哲学中的现象。所以荀子也不是严格意义上的彻底的经验主义者，因为他承认心知的存在和"心"对"形"的统摄。张岱年先生又指出："程朱认为知是人所固有而必格物以致之；格物所致得之知，乃本来所固有的。"④"本来所固有的"就是先验、超验的知识，"格物"虽然可以理解为感觉经验，但它仅仅是人们获得"固有"知识的一个中介手段而已，这与柏拉图的知识论大致相当。至于陆王心学，更是直接否认经验的知识的存在，要求人们的认识直指本心良知。显然，中国传统的知识起源论不能满足中国发展科学知识的需求。因此，严复在确立了知识就是科学的知识这一观念之后，为了进一步批判中国传统哲学的认识论，又讨论了知识的来源问题。

在知识的来源问题上，实证主义哲学家所承接的是英国经验主义的传统。孔德指出："从培根以来一切优秀的思想家都一再地指出，除了以观察到的事实为依据的知识以外，没有任何真实的知识。"⑤这一观点后来为斯宾塞、穆勒等人发扬，成为实证哲学的基本观点之一。受到他们的影响，严复在知识的来源问题上也是持经验主义的立场。

严复赞同穆勒对知识的划分："人之得是知也，有二道焉：有径而知者，有纡而知者。"⑥"径而知者"就是直观的知识，"纡而知者"就是间接的知识。直观的知识是指什么呢？穆勒说"径而知者谓之元知，谓之觉性"⑦。西方现代实证论者认为人只具有感性直观的能力，康德所谓的先天直观范畴是不存在的。因而直观的知识就是人运用自身的感觉器官对事物各种属性或特征的直接把握，它的形成不需要任何超验的成分，是

① 张岱年：《中国哲学大纲》，北京，中国社会科学出版社，1982，第526页。
② 《荀子·解蔽》。
③ 《荀子·解蔽》。
④ 张岱年：《中国哲学大纲》，北京，中国社会科学出版社，1982，第527页。
⑤ 〔法〕孔德：《实证哲学教程》，洪谦主编：《西方现代资产阶级哲学论著选辑》，北京，商务印书馆，1964，第27页。
⑥ 〔英〕穆勒：《穆勒名学》，严复译，北京，生活·读书·新知三联书店，1959，第7页。
⑦ 〔英〕穆勒：《穆勒名学》，严复译，北京，生活·读书·新知三联书店，1959，第7页。

纯粹经验的。严复接受了这些观点，因此他说："良知与元知绝异。"①因为"良知"是先验的、超验的或者说具有先验的、超验的成分，而"元知"却是完全经验的。

那么，间接的知识又是指什么呢？穆勒说："纡而知者谓之推知，谓之证悟……即由觉性而递推者耳。"②严复又将 Intuition(即"觉性")译为"元知"，"元"在中文中有大、最初、最根本、最基础的意思。这就是说，间接的知识只能来源于感觉直观，只能以感觉直观为基础，通过逻辑推理来获得。严复又认为，逻辑推理的规则也是经验性的："格物穷理之用，其涂术不过二端。一曰内导；一曰外导。此二者不是学人所独用，乃人人自有生之初所同用者，用之，而后智识日辟者也……名学析之至细如此，然人日用之而不知。须知格致所用之术，质而言之，不过如此。特其事尤精，因有推究精微之用。"③受穆勒的影响，严复从人的生活世界中寻找逻辑原理的根据，认为归纳法和演绎法只是人的生活能力的学术化，逻辑学的原理可以说是研究人的思维现象所得到的。也就是说，人的逻辑推理能力中并没有任何先验或超验的成分。因此，无论从来源还是推理规则来说，间接的知识都是经验的。以此为基础，严复否定了数学是非经验的知识的传统观念："即至数学公例亦由阅历，既非申词之空言，而亦非皆诚而无所设事。言数固无所设，及物则必设也。由此不独见形、数二科为同物，且与力、质诸科但有深浅，生熟之殊，而无性情本原之异。"④"阅历"就是经验，"申词"就是分析判断。严复认为，数学原理"非申词之空言"，不是分析判断，必须"及物""设事"，不能离开事物而独立存在。严复的这一主张与康德的理论有相通之处：数学和自然科学是相同性质的，都是综合判断，都与现象世界有着内在的关系。但由于受到穆勒的影响，严复不承认有先天的综合判断，而认为综合判断只能是经验的。因此，在严复看来，数学的原理和物理学、化学的原理是相同性质的，即"亦由阅历"，都是经验的，没有先验的成分。

从严复对直观的知识和间接的知识的理解来看，他是一个彻底的经验主义者。受到洛克"白板说"的启迪，严复提出了"心体为白甘"说："智

---

① 严复：《〈穆勒名学〉部乙篇五插语》，〔英〕穆勒：《穆勒名学》，严复译，北京，生活·读书·新知三联书店，1959，第 196 页。

② 〔英〕穆勒：《穆勒名学》，严复译，北京，生活·读书·新知三联书店，1959，第 7 页。

③ 严复：《西学门径功用》，王栻主编：《严复集》第一册，北京，中华书局，1986，第 94 页。

④ 严复：《〈穆勒名学〉按语》，王栻主编：《严复集》第四册，北京，中华书局，1986，第 1050～1051 页。

慧之生于一本，心体为白甘，而阅历为采和，无所谓良知者矣。”①“白甘”相当于洛克所说的“白板”，“心体”就是中国传统哲学中的认识主体，“良知”指先验或超验的知识。在严复看来，人的“心体”最初就像一张白纸一样，没有先验或超验的知识，人只有通过经验才能获得知识，并且经验不需要任何非经验的东西来支撑，因而人的所有知识都是经验的。据此，严复批判了中国传统认识论中的先验论倾向：“西语阿菩黎诃黎（即 apriori——引者注）。凡不察事实执因言果，先为一说以概余论者，皆名此种。若以中学言之，则古书成训十九皆然；而宋代以后，陆、王二氏心成之说尤多。”②从实证哲学的立场来看，这些以先验论为基础的理论是完全错误的，应该被以经验论为基础的自然科学所替代。

总的来看，严复对英国早期实证主义哲学的理解是相当深刻的，基本上从实证主义哲学的立场回答了知识的来源问题和知识的经验属性问题。虽然人们对严复的论证过程和他关于逻辑推理、数学性质的观点有异议，但严复关于人的知识来源于经验这一主张，在中国哲学发展史上具有十分重要的意义：它根源于自然科学的发展，通过否认先验的知识的存在，从根本上动摇了中国传统哲学理论特别是传统认识论和本体论的理论基石，直接促进了中国哲学的现代转型。

三、经验与知识的检验

知识的检验指人们根据什么来判定一个命题是真的还是假的，这是认识论最重要的问题之一，西方哲学家主要从符合论、融贯论和实用论的角度来回答这一问题。实证主义者持符合论的观点。所谓的符合，就是说某一命题与它所要揭示、描述的东西相一致，这个东西可能是经验事实，也可能是纯粹的理念。实证主义者把“符合”理解为“实证”。孔德认为，实证哲学中的“实证”的含义“主要在于以精确对照模糊……精确的含义使人想起真正哲学精神的恒久倾向，即处处都要赢得与现象的性质相协调并符合我们真正需要所要求的精确度”③。根据这一标准，能够“赢得与现象的性质相协调并符合我们真正需要所要求的精确度”的知识只能是科学的知识，而科学的知识只有在近代哲学中才开始成为真正的

① 严复：《〈穆勒名学〉按语》，王栻主编：《严复集》第四册，北京，中华书局，1986，第1050页。

② 严复：《〈穆勒名学〉部乙篇四插语》，〔英〕穆勒：《穆勒名学》，严复译，北京，生活·读书·新知三联书店，1959，第172页。

③ 〔法〕奥古斯特·孔德：《论实证精神》，黄建华译，北京，商务印书馆，1996，第30页。

知识。因此，虽然符合论很早就被古代哲学家所提倡，但是实证主义者所说的“实证”与西方传统认识论中的“符合”的意义是完全不同的。

中国传统认识论中也有符合论的内容，正如张岱年先生所指出的：“关于真知表准之问题，墨家之三表说最为宏卓……至汉代王仲任乃有更进的说法，宋张子以共见共闻为感觉之真之表准，以断事无失为学说之真之表准，立说亦甚精湛。”①但是，中国传统认识论中的三表说、符验说、重效验等观念并没有成为中国哲学认识论的主流。而且这种符合论也不是建立在近现代自然科学基础之上的，与实证哲学的符合论性质完全不同。特别是中国古代哲学实际上是从属于经学的，因而在知识检验问题上，权威主义和经学独断论才是主流。通过“中西古今文化”的对比，严复认识到权威主义和经学独断论是中国发展科学和哲学的最大障碍之一，而“实证”正是克服权威主义和经学独断论的最有效手段，因而他在介绍西方实证主义认识论时就特别强调实证的观念。

严复主要是通过穆勒、耶方斯等人来接受实证主义认识论的，他赞同穆勒的观点：“所谓诚者非他，言与事合者也；所谓妄者非他，言与事爽者也。”②“诚”就是正确或真的意思，“妄”就是错误或假的意思；“言”指命题或判断，“事”指现象；“合”的意思是符合或相一致，“爽”的意思是相反或不一致。这就是说，一个命题或判断的真假，依赖于它是否与现象相符合，或者说它能否被现象所证实。但是，自从培根以来，经验主义的符合论都面临一个问题：经验真的能够证实某一命题吗？耶方斯指出：“所谓天然公例，常例一而信验之事无穷。”③“天然公例”是指人们所把握到的自然规律，也就是实证哲学中有待证实的知识。这就是说，知识应该具有最大的普遍性，只有经过了“无穷”次的“信验”，它才能被证明是正确的或者是错误的。而人的经验始终是有限的，因此，人们实际上并不能通过经验来证实某一命题。严复是如何对待实证哲学的这一理论难题的呢？他说：“印证愈多，理愈坚确。”④既然一个命题的真或假决定于它能否被现象所证实，那么它被现象所证实的次数越多，它是真的可能性就越大。因而他赞同耶方斯的观点：“所立新例，间有与古人所已立者龃龉不合，假吾所立，反复研证，果得物理之真，则旧例不能以

① 张岱年：《中国哲学大纲》，北京，中国社会科学出版社，1982，第527页。

② 〔英〕穆勒：《穆勒名学》，严复译，北京，生活·读书·新知三联书店，1959，第20页。

③ 〔英〕耶方斯：《名学浅说》，严复译，北京，商务印书馆，1981，第4页。

④ 严复：《西学门径功用》，王栻主编：《严复集》第一册，北京，中华书局，1986，第94页。

古遂可专制。固当舍古从今。”①在严复看来，既然经验证实是确证科学理论的唯一标准，也就是说一个命题的正确性只能依赖于它能被经验所证实，那么与事实相符合的理论就比不与事实相符合的理论更可取，因而经验证实实际上成为“新例”替代“旧例”的根本依据。因此，严复所说的“印证”不是强调经验可以证实知识，而是强调“公例既立之余，随地随时可以试验”②，即知识是可以被经验所证实的，具有可修正性。这正是现代认识论的最基本特征之一。

据此，严复批判了中国传统认识论中的权威主义。他把权威主义概括为：“‘孔子圣人，圣人云然，我辈当信’……至若其事经皇帝所折中，昔贤所论断，则惟有俯首受教，不敢有违，违者或为荒经，或为蔑古。荒经、蔑古，皆大罪也。”③在传统的中国读书人看来，一个命题之所以是真的，是因为它是古代的圣人、贤良或皇帝等权威所提出的或主张的，后人必须接受，不能提出相反的意见。严复认为这种权威主义造成了“中土之学，必求古训。古人之非，既不能明，即古人之是，亦不知其所以是”④，而实证的观念正是这种权威主义的克星，因为经过经验证实之后，“虽有君父之严，贲、育之勇，仪、秦之辩，岂能夺其是非！故欧洲科学发明之日，如布卢奴(即布鲁诺——引者注)、葛理辽(即伽利略——引者注)等，皆宁受牢狱焚杀之酷，虽与宗教龃龉，不肯取其公例而易之也”⑤。因此，中国学术要发展，就必须要用实证的观念来代替传统的权威主义。

应该说，严复基本上正确理解了早期实证主义哲学的实证观念。虽然在今天来看，这一观念在理论上存在着这样或那样的不足，但严复运用它来批判中国传统认识论中的权威主义，促使中国现代哲学家开始重视知识检验的问题，不仅有利于自然科学在中国的发展，而且促进了中国哲学现代认识论的发展。

综上所述，从近现代自然科学和早期实证主义哲学出发，严复基本上论证了经验是科学知识的根本特征，这在中国哲学发展史上具有十分

---

① 〔英〕耶方斯：《名学浅说》，严复译，北京，商务印书馆，1981，第64页。

② 严复：《论今日教育应以物理科学为当务之急》，王栻主编：《严复集》第二册，北京，中华书局，1986，第284页。

③ 严复：《论今日教育应以物理科学为当务之急》，王栻主编：《严复集》第二册，北京，中华书局，1986，第283页。

④ 严复：《原强修订稿》，王栻主编：《严复集》第一册，北京，中华书局，1986，第29页。

⑤ 严复：《论今日教育应以物理科学为当务之急》，王栻主编：《严复集》第二册，北京，中华书局，1986，第282页。

重大的意义。正如王鉴平、胡伟希指出的："中国近现代实证论者大都重视哲学与自然科学的联系，大多强调哲学的实证基础，这对于中国哲学观念的近代化起了推动作用。"①严复就是第一个全面进行这一工作的哲学家，他以近现代自然科学的发展为依据，把知识理解为科学的知识，强调知识的经验特征，并以此来否定中国传统认识论的先验论和权威主义倾向，实际上预示着中国传统认识论的崩溃和现代认识论的出现，即中国哲学的认识论开始进入现代形态的发展阶段②。

第二节　归纳逻辑学：科学知识何以可能及获得方法

科学知识何以可能的问题和人们如何获得这种知识的问题，是实证主义认识论所要讨论的核心问题。因而严复在论证了经验是科学知识的根本特征之后，开始运用归纳的逻辑学来讨论这些问题。严复的逻辑思想主要体现在他所翻译的《名学浅说》和《穆勒名学》中，这两部逻辑学著作的哲学立场大致相同：都强调归纳推理，都把演绎推理纳入归纳推理的过程之中，实际上只承认归纳推理是逻辑学的核心内容。《穆勒名学》是归纳逻辑的代表作，严复相当推崇这本书，因此笔者认为除了极少部分他明确反对的观点外，严复基本上同意《穆勒名学》的内容。严复把《名学浅说》作为一本教材，又承认这本书主要是意译，和原文有很大不同，因此笔者认为严复几乎完全认同《名学浅说》的观点。

我们首先讨论严复如何来论证科学知识何以可能的问题。这是近现代认识论所特有的问题，古代的哲学家基本上不讨论它。从康德开始，西方哲学家就从人的认识能力出发来讨论人的知识何以可能的问题：人有什么样的认识能力，就有什么样的知识，人的认识能力使人的知识成为可能。这样一来，人的知识何以可能的问题就转化为人具有什么样的认识能力的问题。一般说来，人们都承认人具有感知的能力和理智认知的能力③，但这两种能力是有差异的：人的感知能力只能获得个别事物的感性特征，其实不是知识；只有人的理智认知能力才能把握具有普遍性的知识。所以，西方近现代哲学家特别重视对人的理智认知能力的研

---

① 王鉴平、胡伟希：《传播与超越——中国近现代实证主义进程研究》，上海，学林出版社，1989，第337页。

② 王鉴平、胡伟希所说的近代哲学指1840年到1949年的中国哲学，因此他们所说的"中国哲学观念的近代化"就包括了本书所说的中国哲学的现代转型的相当部分。

③ 在本节中，笔者在康德先验哲学意义上运用理智这一概念，它是自然科学发展所需要的推理能力，属于广义的理性能力中的一种。狭义的理性能力指人认识本体的能力。

究。而逻辑学就是研究人的理智认知能力的学科，因而它可以用来讨论人的知识何以可能的问题。当然，并不是任何一种逻辑学都能用来讨论这一问题，胡伟希指出："穆勒的《穆勒名学》是实证主义哲学认识论和方法论的代表作。"①科学知识何以可能的问题是实证主义认识论所要讨论的核心问题，因而作为实证主义认识论代表作的《穆勒名学》可以用来讨论这一问题。穆勒依照逻辑学的性质、概念、判断和推理的顺序来安排其逻辑学理论，严复也正是从这四个环节出发，运用归纳逻辑来回答科学知识何以可能的问题。

一、逻辑学是"求诚之学"

严复赞同穆勒对逻辑学的界定。穆勒说："名学者，求诚之学也。"②穆勒又说："诚者非他，真实无妄之知是已。"③作为实证主义者，穆勒、严复认为"知"是经验的科学知识，"诚"就是可以被经验实证的科学知识，"名学"是"求诚之学"，即逻辑学是探讨人们怎样获得经验知识的学问。这种对逻辑学的理解确实不同于以往人们对逻辑学的理解。亚里士多德逻辑学的影响最大，它主要研究纯粹的逻辑思维规则，虽然这种规则对人的知识有决定性的影响(离开了这种规则，人们不可能获得知识)，但人如何获得知识却不是这种逻辑学的核心内容。康德的先验逻辑讨论先天综合判断何以可能，虽然承认知识是经验的，但并不关心人如何才能获得正确的经验知识。黑格尔的辩证逻辑实际上是其本体论的重要内容，研究纯粹精神本体自我演化的内在机理及其过程，人如何获得经验知识更不在其研究范围之内。穆勒、严复把逻辑学界定为"求诚之学"，实际上就把逻辑看成人的一种认识能力。从认识论来说，逻辑学是"求诚之学"，就意味着人的知识要依赖于人的逻辑认识能力，即人的逻辑认识能力使人的知识成为可能。

严复赞同穆勒进一步把归纳逻辑的内容确定为"推知"："推知可妄，故名学言之；元知无妄，故名学不言。"④这就是说，穆勒、严复研究逻辑学的目的在于使人们获得正确的"推知"，因此，他们要研究人的逻辑推理能力，要详细考察"推知"的产生、"推知"的性质、"推知"的表达形式和推理规则，从而探寻出错误"推知"产生的原因以及正确"推知"的依

① 胡伟希：《金岳霖与中国实证主义认识论》，上海，上海人民出版社，1988，第4页。
② 〔英〕穆勒：《穆勒名学》，严复译，北京，生活·读书·新知三联书店，1959，第12页。
③ 〔英〕穆勒：《穆勒名学》，严复译，北京，生活·读书·新知三联书店，1959，第7页。
④ 〔英〕穆勒：《穆勒名学》，严复译，北京，生活·读书·新知三联书店，1959，第8页。

据。也就是说，他们要对人的理智认识能力进行一番批判性的考察，揭示出人的知识是如何依赖于人的理智认识能力的。

严复又赞同穆勒把“名学”界定为“知言之学”①，即强调他们的逻辑学是从语言出发来探讨人的“推知”能力的。穆勒说：“语言者思之大器。”②在穆勒、严复看来，概念、判断和推理就是人的“推知”能力，它们都必须借助于语言才能进行，语言就是它们的表现形式。离开了语言，人是无法进行思维的。因此，只有从经验知识的角度研究语言的思维功能，人们才能真正地理解人的“推知”能力。

正是因为穆勒、严复把逻辑学界定为“求诚之学”，他们的逻辑学才能用来回答科学知识何以可能的问题。由于他们的逻辑学是“求诚之学”，就把传统逻辑的纯粹思维形式(概念、判断和推理)转化成了人的现实的认识能力，即“求诚”的工具。这样，概念、判断和推理既是知识的表现形式③，也是人形成概念、判断和推理的能力。如果人的“推知”能力(概念、判断和推理)既是经验，又具有普遍性，人就能够获得经验知识，即经验知识就成为可能的。因此，穆勒、严复相当重视考察概念、判断和推理的经验属性和普遍性属性。

二、主张“正名”的概念论

严复所说的“正名”，就是人们要进行正确的推理或理智思维，就必须首先厘清概念与它所指称的感觉事物及其感觉属性之间的对应关系。这样，经过“正名”后的概念所表达的知识既是经验的，又具有普遍性，人们才能运用这种概念获得正确的知识。因此，在讨论经验知识何以可能的问题时，严复首先强调了“正名”的意义。

严复相当重视普通名词的认识论意义，他说：“既有公名斯有公例，有公例斯有学术。”④“学术”指科学；“公例”指普遍性的科学知识；“公名”就是 General name，人们现在译为“普通名词”。对于逻辑学来说，“公名”比“普通名词”准确得多，它直接体现了类与个别的关系，并且特别强调这类概念具有普遍性的意义。在严复看来，科学知识都具有普遍性，这就要求它们的表达形式一定要具有普遍性的意义。在概念中，只

---

① 〔英〕穆勒：《穆勒名学》，严复译，北京，生活·读书·新知三联书店，1959，第 12 页。

② 〔英〕穆勒：《穆勒名学》，严复译，北京，生活·读书·新知三联书店，1959，第 19 页。

③ 概念和判断是知识的表达形式，推理是人获得知识的方式，它们共同构成了知识的表现形式。

④ 严复：《〈穆勒名学〉按语》，王栻主编：《严复集》第四册，北京，中华书局，1986，第 1045 页。

有普通名词是一种具有普遍性意义的表达方式，因而“有公名斯有公例”。但是，科学知识不仅具有普遍性，还是经验的，普通名词为什么能将普遍性与经验统一起来呢？严复认同穆勒的观点，认为普通名词“其所命者物而非德，其所涵者德而非物”①。“其所命者物”，即普通名词能够指代对象，这就是概念的外延；“其所涵者德”，即普通名词能够表达对象所具有的感觉属性，这就是概念的内涵。内涵使普通名词能够表达事物的经验属性，外延使普通名词具有反映一类事物普遍性的功能。也就是说，普通名词实际上是一种指代，指代具有相同感觉属性的多个物体。普通名词的功能，就是把个别的、直接的感性特征转化成具有普遍性的东西。当然，这种普遍性的东西只是一种语言性的存在，而不是一种实在的东西，即普通概念所具有的普遍性意义，实际上就是指经验事物的集合体，这是一种经验意义上的普遍性②。而这正好满足科学知识的要求：知识既是经验的，又具有普遍性。因此，人要获得知识，就必须首先形成概念，特别是普通名词。

正是因为认识到普通名词的重要性，严复才说：“诸公应知科学入手，第一层工夫便是正名。”③概念是思维的基本单位，如果概念的意义不清晰，人们将无法获得正确的知识，所以严复说“正名”是“第一层工夫”。“正名”的原则就是耶方斯所说的“有此德而后有此名”④，“德”就是事物的感觉属性，也就是概念的内涵。“正名”的目的就是要把普通概念的普遍性牢牢地固定在经验之上，保证知识是经验的。因而严复坚决反对“丐词”，他说：“丐词乃名学言理厉禁。譬如天文有文昌、老人诸星，其名本人所命，乃既命之后而谓其星为文明、寿考诸应，此之谓丐词。”⑤他把不反映事物的感觉属性而仅仅是表达人的主观愿望的概念称为“丐词”。根据“正名”的原则，这些概念都不能正确表示出所指称对象的经验特征，因而都应该被排除出知识的领域。

根据“正名”的原则，严复还提出了改造中国传统学术概念的要求。他强调，人们形成概念或解释概念都必须以事物的感觉属性为依据：“盖

① 〔英〕穆勒：《穆勒名学》，严复译，北京，生活·读书·新知三联书店，1959，第30页。

② 也就是说，只有在语言的世界中，事物才能获得一种普遍的形式；在现实的世界中，人只能发现个别的东西。人的知识只能存在于语言的世界中。因此，人们要从语言的角度来研究逻辑的问题。

③ 严复：《政治讲义》，王栻主编：《严复集》第五册，北京，中华书局，1986，第1247页。

④ 〔英〕耶方斯：《名学浅说》，严复译，北京，商务印书馆，1981，第13页。

⑤ 严复：《〈穆勒名学〉部首插语》，〔英〕穆勒：《穆勒名学》，严复译，北京，生活·读书·新知三联书店，1959，第3页。

界说之事，在举所命之物之同德以释其名也。”①“界说”就是下定义或者形成概念。在严复看来，“界说”是在概念与它所要指示的感觉属性之间建立起一种同一的关系②。根据这一原则，中国传统学术中的训诂方法是不能形成概念的，他指出：“训诂非界说也，同名互训，以见古今之异言而已。”③即训诂割裂了概念与它所要表达的事物之间的关系，只表示古人和今人对同一思想的不同表达，无法揭示出概念的真正意义。因此，他又说：“所恨中国文字，经词章家遣用败坏，多含混闪烁之词，此乃学问发达之大阻力。”④所谓“闪烁之词”，就是词义混乱或一词多义之词，这种词根本不能用于逻辑推理和科学研究。严复认为这种状况是由于词章家采用训诂的方法来对概念进行“界说”造成的，因而他相当重视对概念的界定。在《政治讲义》中，他就花了很大的功夫讨论“国家”“政府”“自由”等概念的意义。

通过“正名”和“界说”，严复实际上指出人形成概念的能力是经验的，因而普通概念所表达的普遍性就是一种经验的普遍性，用概念来获得或表达的知识就是一种完全经验的知识。总之，严复基本上从经验主义的角度论证了概念的认识论意义，强调人们要获得正确的知识，就必须把具有普遍性的概念牢牢地建立在经验的基础之上，这正好说明了概念本质上是一种经验性的东西。因为科学知识必须依赖于概念，所以可以说概念使科学知识成为可能。

三、强调“真词”的判断观

严复所说的“真词”就是穆勒所谓的“real propositions”，即现在人们所说的“实在命题”，也就是普通逻辑学中的经验的综合判断。从康德以来，西方近现代认识论基本上都认为自然科学知识就是综合判断。因而严复要回答科学知识何以可能的问题，就必须要考察人们形成综合判断的能力。

严复首先探讨了判断对于知识的意义，他非常赞同穆勒的观点：“无

① 严复：《〈穆勒名学〉按语》，王栻主编：《严复集》第四册，北京，中华书局，1986，第1031页。

② “正名”和“界说”是有区别的：“正名”指厘清人们所使用的概念的多种意思，如人们所说的自由有多少层意思；而“界说”就是下定义，如自由是什么。当然，“正名”和“界说”是不可分割的，“正名”要依赖于“界说”。

③ 严复：《〈穆勒名学〉按语》，王栻主编：《严复集》第四册，北京，中华书局，1986，第1031页。

④ 严复：《政治讲义》，王栻主编：《严复集》第五册，北京，中华书局，1986，第1247页。

论设何等问题，其对答之言，必成一词或一有谓之句法而后可。盖非一词，非一有谓之句法，则是非然否无由施，而可信不可信之异亦无由见。故诚妄之理，必词定而后可分。”①“词”就是命题或判断，“词定”就是“必成一词或一有谓之句法”，即知识必须以命题或判断的形式表现出来。在逻辑学中，与知识相关的语言表达方式只有两种，即判断和概念。但观点只能以判断的形式表达，概念没有这种功能。比如，某人说“红”或者“花”，这两个概念不能表明他的意图，人们无法判定他所说的东西是正确的还是错误的；但是他说“这是一朵花”或者“这朵花是红的”，这两个判断就充分表达了他的观点，人们才可以判定他所说的东西是正确的还是错误的。也就是说，严复认为，概念只是人类思维的基本单位，判断②才是知识的表达形式。

严复进一步从形式上指出了判断具有普遍性的意义，他同意穆勒的观点：“词必有两端，推其一名以离合于一名者也。”③“两端”就是人们现在所说的主词和宾词，“离合”就是起肯定或否定作用的连词。作为一种纯粹的形式，判断就是用连词来连接主词和宾词，这可以说与知识的对象无关④，所以它才会成为人们表达观点的一种普遍方式。即判断不是用来表达人的某个观点或某些类别的观点的形式，而是用来表达人的所有观点的形式。严复又指出，判断的普遍性特征不仅仅体现在判断的构成形式上，更是通过全称判断体现出来，“穷理致知之事，其公例皆会通之词，无专指者”⑤。“穷理致知”就是科学研究，“会通之词”就是全称判断，“专指”就是单称判断。全称判断具有普遍性，因而它能满足科学的要求。严复赞同穆勒的观点：“人方为是词也，口其名而心其物；必物有所以离合者，而后于其名而离合之。”⑥这就是说，判断不仅是人们表达观点的方式，也是人们形成观点的能力。人们形成判断必须遵循“必物有所以离合者，而后于其名而离合之”的原则，因而判断不过是人描述经验现象的一种方式。不仅如此，严复还认为判断仅仅是表述了某种观点，并不能决定它所表述的观点是真的还是假的，他赞同穆勒的观点：“所谓

---

① 〔英〕穆勒：《穆勒名学》，严复译，北京，生活·读书·新知三联书店，1959，第20页。

② 严复把propositions译为“词”，人们现在译为“命题”，相当于“判断”。笔者采用“判断”这一术语。

③ 〔英〕穆勒：《穆勒名学》，严复译，北京，生活·读书·新知三联书店，1959，第22页。

④ 这是说判断只能以语言的形式存在，而不是说判断是非经验的。

⑤ 严复：《〈穆勒名学〉按语》，王栻主编：《严复集》第四册，北京，中华书局，1986，第1042页。

⑥ 〔英〕穆勒：《穆勒名学》，严复译，北京，生活·读书·新知三联书店，1959，第22页。

诚者非他，言与事合者也；所谓妄者非他，言与事爽者也。”①观点的真假决定于“言与事”的“合”或“爽”，这只能通过经验来证实，因而用判断来表达的知识仍然是经验的。因此，判断能将知识的普遍性特征与经验性特征有机地结合起来。

但是，并不是任何一种判断都能同等程度地满足科学发展的要求。实证主义哲学家认为科学知识实质上就是一种综合判断，因而他们特别注重区分综合判断和分析判断。关于综合判断，穆勒说：“盖真词之谓物也，所谓者必非其词主之所旧涵者，而常于旧义之外若有所增益。故其词待证。使证之而实，吾人之智由之益增，一物之性由之益尽，事物之理由之益穷。”②“真词”相当于综合判断，是宾词的意义不蕴涵于主词之中的判断。关于分析判断，穆勒说：“释名之词固无诚妄之可论……以其述所前设者，故曰申词。”③“申词”相当于分析判断，“以其述所前设者”即宾词的意义已经蕴涵于主词之中。也就是说，分析判断与综合判断的根本区别在于：分析判断不能扩充人的知识，因为它只是将主词所固有的特征表述出来，可以说都是正确的，不存在检验的问题；而综合判断则能扩充人的知识，因为它将主词与另一属性外在联结起来，其正确与否必须由经验来验证。经验主义者根据近现代科学知识发展的基本特点即实用性、经验性和发展性，认为综合判断就是科学知识的表达形式。因而从康德开始，西方认识论就特别关注综合判断何以可能的问题，只不过穆勒、严复等实证主义者认为康德所说的先验综合判断并不存在，综合判断只能是经验的。当然，严复也没有忽视分析判断的意义。分析判断的功能在于对名词意义的辨析，在逻辑学中有特殊的作用，因而他同意穆勒的观点：“释名之词，于名理有甚大之用，而于名学，相需尤殷。”④“释名之词”就是分析判断，“名学”就是逻辑学。而严复又把逻辑学称为“一切学之学”⑤。既然严复认识到分析判断在逻辑学中的重要作用，实际上也就承认了分析判断在整个人类认识体系中的意义。

总之，严复基本上从经验主义的立场出发阐述了判断的认识论意义。他强调人的知识必须依赖于判断，认为只有综合判断才能满足科学发展的要求，才是知识的真正表达形式。由于现代哲学从主体的角度理解知

---

① 〔英〕穆勒：《穆勒名学》，严复译，北京，生活·读书·新知三联书店，1959，第20页。
② 〔英〕穆勒：《穆勒名学》，严复译，北京，生活·读书·新知三联书店，1959，第98页。
③ 〔英〕穆勒：《穆勒名学》，严复译，北京，生活·读书·新知三联书店，1959，第94页。
④ 〔英〕穆勒：《穆勒名学》，严复译，北京，生活·读书·新知三联书店，1959，第94页。
⑤ 严复：《〈穆勒名学〉按语》，王栻主编：《严复集》第四册，北京，中华书局，1986，第1028页。

识，知识的表达形式就是知识的存在形式，这正好说明了判断使得科学知识成为可能。

四、重视“内籀”的推理观

严复将 induction 译为“内籀”，有时又称为内导，即人们现在所说的归纳；相应地，他将 deduction 译为“外籀”，有时又称为外导，即人们现在所说的演绎。在严复看来，归纳和演绎不仅是逻辑推理的形式，更是人们获得知识的必不可少的能力。虽然实证哲学强调“元知”的重要性，但“元知”仅仅是感性直观，它没有普遍性，实际上不是知识。只有“推知”才是真正的知识，而“推知”是要依赖于人的推理能力的。正是在这一意义上，穆勒才说：“使其事存乎元知，抑为吾耳目之所及者，将是非无待于推证。惟事待推知，而为吾官所不接者，设非推证，其是非乌从定乎？推证则名学之本事也。”①因此，严复要回答科学知识何以可能的问题，就必须要考察人们的推理能力。

人们通常把推理区分为归纳和演绎。归纳是从特殊事物出发，得出普遍性的结论；而演绎则是从普遍性的观点出发，依据一定的规则推出特殊性的结论或普遍性更小的结论。穆勒、严复等人也持这样的观点，正如穆勒所说的：“古今常法，其事皆尽于二宗：有自其偶然而推其常然者，有即其常然而证其偶然者。前者谓之内籀，后者谓之外籀。”②“常然”就是人们现在所说的一般，“偶然”就是人们现在所说的特殊。但是，由于穆勒、严复等现代经验主义者否认了先验的知识的存在，知识也就只能通过归纳而获得，即严复所说的“公例无往不由内籀”③。这实际上就对归纳和演绎进行了功能性区分：归纳使人获得知识，它能扩充人们对事物的认识；而演绎只是对知识的一种运用，它不能扩充人们对事物的认识。因而严复赞同耶方斯的观点：“夫外籀之术，自是思辨范围。但若纯向思辨中讨生活，便是将古人所已得之理，如一桶水倾向这桶，倾来倾去，总是这水，何处有新智识来？即如前论连珠，分明所得判词，早已函在公例之中。聪明人说头知尾，直可不言而喻，乌足以为新知乎。”④同时，严复认为：“常智之证，恒在原而不在委；原之既非，虽不

① 〔英〕穆勒：《穆勒名学》，严复译，北京，生活·读书·新知三联书店，1959，第 134 页。

② 〔英〕穆勒：《穆勒名学》，严复译，北京，生活·读书·新知三联书店，1959，第 137 页。

③ 严复：《〈穆勒名学〉按语》，王栻主编：《严复集》第四册，北京，中华书局，1986，第 1050 页。

④ 〔英〕耶方斯：《名学浅说》，严复译，北京，商务印书馆，1981，第 65 页。

畔外籀之术无益也。”[①]“原”就是三段论的大前提和小前提，“委”就是结论。这就是说，演绎推理不具有独立的意义，演绎的结论正确与否并不取决于推理规则。如果大前提和小前提是错误的，人们即使完全遵从演绎的规则，也得不到正确的结论。而大前提和小前提是人们运用归纳法得到的，因而人们通过演绎推理所得到的结论是否正确，必须依赖于他们对归纳法的运用。正是由于上述原因，严复赞同耶方斯的观点：“生今为学，内籀之术，乃更重也。”[②]

当然，严复也承认演绎推理的价值。他说：“至于名、数诸学，则多外导。学至外导，则可据已然已知以推未然未知者，此民智最深时也。”[③]在严复所说的科学体系中，逻辑学和数学是其他学科的基础，因此演绎法并不是可有可无的，而是人进行科学研究必不可少的能力。同时，严复指出：“科学正鹄在成外籀之故。穆勒言成学程途虽由实测而趋外籀，然不得以既成外籀，遂与内籀无涉；特例之所苞者广，可执一以御其余。此言可谓见极。西学之所以翔实，天函日启，民智滋开，而一切皆归于有用者，正以此耳。旧学之所以多无补者，其外籀非不为也，为之又未尝不如法也，第其所本者大抵心成之说，持之似有故，言之似成理，媛姝者以古训而严之，初何尝取其公例而一考其所推概者之诚妄乎？此学术之所以多诬，而国计民生之所以病也。”[④]在严复看来，如果把演绎推理和归纳推理分离，用演绎推理来指导学术，即使最初的前提是正确的，也将阻碍科学的发展，因为只有归纳推理才能扩充知识，才能使知识具有“实”和“用”的特征。所以严复认为，归纳推理和演绎推理的结合促进了西方学术发展，而归纳推理与演绎推理的分离使中国学术落后。但这并不是要否定演绎推理，而是强调归纳推理是演绎推理的基础，演绎推理必须与归纳推理相结合才能推动近现代科学知识的发展。在逻辑学中，作为推理规则的归纳法和演绎法本身就是具有普遍性的范畴：知识的普遍性本身就意味着它能被人们运用演绎法进行推理，而归纳法的结果必然是具有普遍性的东西(不管是什么意义上的普遍性)。同时，本书前面已经指出，穆勒、严复都是彻底的经验主义者，他们认为归纳法和演绎法都不是先验的，只不过是人们的经验生活能力的学术化，

---

① 严复：《〈穆勒名学〉按语》，王栻主编：《严复集》第四册，北京，中华书局，1986，第1048页。

② 〔英〕耶方斯：《名学浅说》，严复译，北京，商务印书馆，1981，第64页。

③ 严复：《西学门径功用》，王栻主编：《严复集》第一册，北京，中华书局，1986，第94页。

④ 严复：《〈穆勒名学〉按语》，王栻主编：《严复集》第四册，北京，中华书局，1986，第1047页。

它们是经验的。因此，穆勒、严复所说的归纳法和演绎法都能赋予科学知识以普遍性，并且保证了科学知识只能是经验的。

综上可见，严复通过引入穆勒、耶方斯等人的归纳逻辑，对人的理智认识能力进行了批判性的考察。他从经验的角度来理解概念、判断和推理的认识功能，这样，他就认为人通过概念、判断和推理所获得的知识既是经验的，又具有普遍性。这也就是说，只有人具有经验性的概念、判断和推理的能力，科学知识才有可能产生。这实际上就回答了科学知识何以可能的问题[①]。总的来说，穆勒、严复对逻辑学的这种理解并没有得到人们的普遍赞同。史华兹指出："他(即严复——引者注)信奉的显然是穆勒的逻辑学，一种最特殊的逻辑分支，这种逻辑背离了逻辑学的主要传统，因此后来受到逻辑学家的严厉批判。"[②]穆勒把逻辑学经验化并夸大了归纳法的意义，并不能解决逻辑学和知识的基本问题，因而后来受到逻辑学家的批判。同样，中国现代哲学家也不满意严复对逻辑学的这种理解，章太炎就非常强调演绎法的意义，后来屠实孝、陈大齐和金岳霖等人也没有接着穆勒的逻辑学讲。但史华兹又指出："不管严复所深深信奉的穆勒执迷的归纳主义是什么样的逻辑，他信奉它，首先是因为他看到这种逻辑对中国传统思想中的某些逻辑错误倾向有独特的纠正与解毒的功用。"[③]穆勒要创建一种与近现代自然科学发展相适应的逻辑学，因而他的逻辑学必然要反对所有与近现代自然科学发展不相符合的观念，并要为现代科学的发展提供认识论和方法论的指导。而严复认为这正是中国学术发展所需要的逻辑学[④]，因为它可以排除传统认识论和方法论对科学研究的干扰。冯契先生指出："严复翻译了《穆勒名学》、《名学浅说》等著作，系统地把西方的形式逻辑和实验科学方法介绍到中国。严复的影响是深远的，自他以后，许多进步的思想家如梁启超、王国维、章太炎等，都很重视逻辑学的研究，强调要用近代的科学方法来

---

① 笔者承认，严复本人主观上并没有要将穆勒、耶方斯的逻辑学用来讨论科学知识何以可能的问题，而是用来回答知识何以是科学的、经验的。但是，从逻辑上说，严复本人所信奉的逻辑学可以用来回答科学知识何以可能的问题，这一意义对于严复的实证主义的认识论和中国哲学认识论的现代发展来说是极为重要的。

② 〔美〕本杰明·史华兹：《寻求富强：严复与西方》，叶凤美译，南京，江苏人民出版社，1996，第174～175页。

③ 〔美〕本杰明·史华兹：《寻求富强：严复与西方》，叶凤美译，南京，江苏人民出版社，1996，第175页。

④ 笔者认为严复赞同穆勒的逻辑学不仅仅因为它有"纠正与解毒的功用"，也有理论方面的原因：从实证主义哲学的角度看，穆勒的逻辑学也有合理之处。

取代传统的经学方法。”[①]因此，从认识论和方法论的角度来看，严复的逻辑学构成了中国哲学认识论发展的一个重要环节，其意义不容低估。

五、科学的方法论

严复所推崇的归纳逻辑不仅研究人的“推知”能力，而且是一种科学的方法论。简单地说，科学的方法论主要讨论在实际的认识活动或科学研究中，人应该怎样行动才能获得科学知识。王鉴平、胡伟希指出：“从孔德开始，直至逻辑实证主义，西方实证主义者都将哲学的注意点移向方法论，甚或提出哲学就是方法论。与西方同步的中国实证主义，也十分重视方法论。方法论构成中国近现代实证主义哲学的中心问题。”[②]实际上，在中国，作为现代认识论重要内容的科学的方法论问题是从严复才开始被人们所探讨的。

严复相当重视科学的方法论问题，他说：“学问格致之事，最患者人习于耳目之肤近，而常忘事理之真实。”[③]严复非常清楚，科学活动不是一种自然的行为，而是专门探讨现象世界因果规律的活动，必须依赖于一套独特的方法，才能克服“耳目之肤近”而获得“事理之真实”。严复的这一观念是相当有见识的，怀特海就说：“19世纪最大的发明就是找到了发明的方法。一种新方法进入人类生活中来了……我们的注意力必须集中在方法的本身。这才是震撼古老文明基础的真正新鲜事物。”[④]通过对西方社会发展的考察，严复非常清楚“新方法”将带来科学的繁荣发达，而科学的发展必然把人类社会带入一个新的发展阶段，因而他竭力把西方现代文化中的那种“震撼古老文明基础的真正新鲜事物”介绍到中国来。

严复特别欣赏耶方斯把科学的方法论概括为：“穷理是求新知，新知必即物求之。”[⑤]“穷理”就是人的认识活动；“求新知”就是说知识有一个增长的趋势，后人的知识一定要超越前人的知识，这正是近现代科学的根本特征。根据经验主义的认识原则，严复认为，现象世界是“新知”的源泉，只有面向现象世界，人们才能获得“新知”，即“新知必即物求之”。

---

① 冯契：《〈中国近代逻辑思想史论〉序》，《智慧的探索》，上海，华东师范大学出版社，1994，第447页。

② 王鉴平、胡伟希：《传播与超越——中国近现代实证主义进程研究》，上海，学林出版社，1989，第10页。

③ 严复：《〈天演论〉复案》，王栻主编：《严复集》第五册，北京，中华书局，1986，第1329页。

④ 〔英〕A. N. 怀特海：《科学与近代世界》，何钦译，北京，商务印书馆，1959，第110页。

⑤ 〔英〕耶方斯：《名学浅说》，严复译，北京，商务印书馆，1981，第64页。

因此，人们只有通过经验的方法才能获得“新知”。

严复认为科学研究要经过考订、贯通和印证①三个阶段，这些阶段就是“即物穷理”的具体化。

考订是科学研究的第一步。

严复认为考订就是“聚列同类事物而各著其实”②，即人们要尽可能地搜集所要研究现象的特征。考订就是“即物”的具体化，保证了认识路向的正确性：只有从感性的事物出发，人才有可能获得真正的知识。严复认为考订有两种方法：“考订或谓之观察，或谓之演验。观察演验，二者皆考订之事而异名者。盖即物穷理，有非人力所能变换者，如日星之行，风俗代变之类；有可以人力驾御移易者，如炉火树畜之类是也。”③这里的“演验”就是人们现在所说的实验。观察法用于人所无法控制的现象，它很早就被古人所采用；实验法用于人可控制的现象，它是伴随着近代科学的兴起而发展起来的，其应用越来越广泛。这两种方法都是人获得认识对象感性特征的手段，都是经验性的。

严复没有讨论怎样收集对象的信息或制定出像培根的三表法一样的方法，在他对考订的论述中，有两点颇有启发性。第一，强调考订必须是经验的。他说：“观察试验之功，必用本人之心思耳目，于他人无所待也……所谓自明而诚，虽有君父之严，贲、育之勇，仪、秦之辩，岂能夺其是非！”④这里的“试验”就是人们现在所说的实验。考订并不仅仅为归纳推理准备经验材料，还有助于建立一种科学的态度，即不被他人“夺其是非”。正是依靠这种科学的态度，后人的知识才能超越前人的知识。第二，实际上承认理论和问题在经验观察中的意义。他说考订就是“聚列同类事物而各著其实”，“聚列同类事物”必须以现有理论为指导、必须有“类”的观念，“实”才能“著”。如此看来，考订就不是一种无目的的自然的行为，而是为解决某个问题开展的。

根据自己所理解的考订，严复认为中国传统学术在认识方向上就是错误的，这在宋代以后表现得特别明显。他说：“盖吾国所谓学，自晚周秦汉以来，大经不离言词文字而已。求其仰观俯察，近取诸身，远取诸物，如西人所谓学于自然者，不多遘也。夫言词文字者，古人之言词文

---

① 严复既用“试验”这个词，也用“印证”这个词。因为“试验”的意义较广泛，笔者认为“印证”更准确。

② 严复：《西学门径功用》，王栻主编：《严复集》第一册，北京，中华书局，1986，第93页。

③ 严复：《西学门径功用》，王栻主编：《严复集》第一册，北京，中华书局，1986，第93页。

④ 严复：《论今日教育应以物理科学为当务之急》，王栻主编：《严复集》第二册，北京，中华书局，1986，第282页。

字也，乃专以是为学，故极其弊，为支离，为逐末，既拘于墟而束于教矣。而课其所得，或求诸吾心而不必安，或放诸四海而不必准。”①确实，自秦汉以来，中国学术就逐渐脱离了现象世界，不管是古文经学家还是今文经学家，都认为“理”或“道”存在于古代圣贤的著作中，都强调从书本中获得知识。到了宋代，中国学术发生了一次剧变，但朱熹等理学家还是坚持知识只能来源于古代圣贤著作及其诠注，中国学术仍然没有转向对现象世界的研究。在严复看来，语言仅仅是思维的工具和知识的表达方式，非语言的现象世界才是知识的真正源泉；传统认识活动仅仅局限于语言层面，这是传统知识失去扩张性的根本原因，也是后人的知识只能是“或求诸吾心而不必安，或放诸四海而不必准”的原因。同时，严复又批判王阳明等心学家“使六合旷然，无一物以接于吾心，当此之时，心且不可见，安得所谓理者哉”②。王阳明所说的“心”可以指人的认识能力。根据经验主义的认识论，人的知识当然与认识能力有关，知识就是开始于“心”与“物”的相互作用。但王阳明所倡导的认识活动只重视“心”而排斥了“物”，结果只能是“心且不可见，安得所谓理者哉”，因而他所谓的知识只能是“师心自用”的结果。因此，严复坚决反对中国传统的治学方向，主张中国学术必须转向“学于自然”。从重构本体论的角度来说，严复对传统学术的这种全盘否定确实有不合理之处；但从科学的知识的获得的角度来说，严复的批判却是切中要害的。

贯通是科学研究的第二步。

严复说：“贯通，类异观同，道通为一……考订既详，乃会通之以求其所以然之理，于是大法公例生焉。”③贯通就是要获得现象“其所以然之理”，即发现考订的同类自然现象发生的原理。穆勒指出，这个过程只能通过归纳推理完成，“盖谓内籀为由偶推常者，以其由专端散著之理，而得会通之公例”④。严复赞同穆勒的这一观点。因此，在严复看来，贯通就是根据归纳法的原则，从考订所得到的材料中找出同类自然现象发生的原理。

严复认为，人们要进行正确的推理，就应该关注两个方面的内容。

---

① 严复：《〈阳明先生集要三种〉序》，王栻主编：《严复集》第二册，北京，中华书局，1986，第237页。

② 严复：《〈阳明先生集要三种〉序》，王栻主编：《严复集》第二册，北京，中华书局，1986，第238页。

③ 严复：《西学门径功用》，王栻主编：《严复集》第一册，北京，中华书局，1986，第93页。

④ 〔英〕穆勒：《穆勒名学》，严复译，北京，生活·读书·新知三联书店，1959，第137～138页。

第一，归纳法的原则必须通过具体的方法来实现。穆勒指出："公例之成，亦非徒积所见所闻之前事以为之，不过据此为原。"①考订只是知识的准备阶段，感性的材料转化为知识也不是一个自然的过程，必须依赖一套独特的方法，否则近代科学就不会仅仅出现在近代的西方。经验主义者特别重视对具体方法的研究，穆勒认为，契合法、差异法、同异法、剩余法和共变法就是归纳推理所要采用的主要方法，使用这些方法处理考订所获得的感性材料，人们就有可能寻找出存在于同类现象中的规律。严复认可穆勒的观点，认为"此亦观物而审者所必由之涂术也"②，承认这些方法在科学研究中的意义。

第二，贯通必须依赖于考订。严复赞同穆勒的观点："大抵生人阅历之端，皆睽孤而分觏者；积之既多，乃有会通之理，而公例生焉。"③归纳法就是要从已经发生的现象中找出因果关系，人如果没有积累足够的对现象进行观察的资料，归纳推理就根本不能进行。任何个别现象都是具体的，既表现出某种共性，也表现出其特殊性。随着相似现象的增加，个别现象所显示的共性也越来越明显，科学就是要把这些个别现象的共性揭示出来。因此，归纳推理所依赖的感性材料越丰富，其结论正确的可能性就越大。所以严复才说贯通是发生在"考订既详"之后。

还有一点要说明的是，受耶方斯的影响，严复所理解的归纳法具有了某些现代的特征，不同于培根等近代经验主义者所理解的归纳法。培根的三表法试图为人们设计出从众多的自然现象中发现规律的步骤，忽视了理论假设或理论前提的重要性。而耶方斯却说："先臆后证，斯为内籀。"④在耶方斯看来，归纳法与其说是从现象中获得具有普遍性的知识，不如说是用现象来证实或证伪理论假说。耶方斯又说："夫以所见推所不见，而绝无定理公例，行于其间。此直谓之妄意可耳，非思辨之事也。"⑤在耶方斯看来，科学上的归纳推理不是一个简单枚举的过程，只有依据已获得的科学规律，人们才能运用归纳法来获得新的知识。严复通过《名学浅说》接受了耶方斯的这些观点，这些观点更体现了现代科学方法论的要求。

印证是科学研究的第三步。

---

① 〔英〕穆勒：《穆勒名学》，严复译，北京，生活·读书·新知三联书店，1959，第140页。

② 严复：《〈穆勒名学〉按语》，王栻主编：《严复集》第四册，北京，中华书局，1986，第1046页。

③ 〔英〕穆勒：《穆勒名学》，严复译，北京，生活·读书·新知三联书店，1959，第139页。

④ 〔英〕耶方斯：《名学浅说》，严复译，北京，商务印书馆，1981，第74页。

⑤ 〔英〕耶方斯：《名学浅说》，严复译，北京，商务印书馆，1981，第112页。

严复说："中西古学，其中穷理之家，其事或善或否，大致仅此两层。故所得之大法公例，往往多误，于是近世格致家乃救之以第三层，谓之试验。"[①]"仅此两层"就是严复所说的考订和贯通；"误"就是错误；"试验"就是印证，即用新的事实来检验归纳法得出的结论是否正确。为什么说通过考订和归纳逻辑得到的知识"往往多误"呢？根据经验主义的认识论，人们运用归纳推理所得到的知识其实是目前相似现象所显现出来的共性，而不是所有同类现象所显现出来的共性。因而归纳推理只能论证这种知识适用于已经发生的现象，却不能保证它也能适用于未来的现象。当人们忽视了这两者之间的差异时，错误就将产生。也就是说，在科学研究中，印证的功能是相当特别的：依靠考订和贯通，人们就可以从经验中获得具有普遍性的知识，而印证却只是检验这种知识是否正确。但是，严复又赞同耶方斯的观点："公例者，不过臆说之有十足印证者耳。"[②]对于经验主义哲学来说，"十足印证"是不可能的，这实际上又否定印证能使假设成为知识，或者说印证能够最终证实知识。因而严复只好说："试验愈周，理愈靠实矣。"[③]实际上，严复所关心的并不是印证原则在逻辑上是否周延，而是印证作为一种方法在科学认识发展中的意义："古人所标之例所以见破于后人者，正坐阙于印证之故。而三百年来科学公例，所由在在见极，不可复摇者，非必理想之妙过古人也，亦以严于印证之故。"[④]因而，近现代科学的发展在某种意义上可以说是人们采用印证方法的结果，印证也就成为现代科学方法论的重要内容。

严复除了介绍实证哲学一般意义上的方法论外，还特别重视研究群学和政治学的方法。

本书前文已指出，严复极其推崇斯宾塞的《群学肄言》，此书在严复哲学思想中居于最核心的位置。他明确指出："《群学肄言》，非群学也，言所以治群学之涂术而已。"[⑤]"治群学之涂术"就是指研究群学的途径、过程和方法，该书是关于科学方法在群学领域具体运用的著作。严复说："故学问之事，以群学为要归。唯群学明而后知治乱盛衰之故，而能有修

---

① 严复：《西学门径功用》，王栻主编：《严复集》第一册，北京，中华书局，1986，第 93 页。

② 〔英〕耶方斯：《名学浅说》，严复译，北京，商务印书馆，1981，第 73 页。

③ 严复：《西学门径功用》，王栻主编：《严复集》第一册，北京，中华书局，1986，第 93 页。

④ 严复：《〈穆勒名学〉按语》，王栻主编：《严复集》第四册，北京，中华书局，1986，第 1053 页。

⑤ 严复：《〈群学肄言〉译余赘语》，王栻主编：《严复集》第一册，北京，中华书局，1986，第 125 页。

齐治平之功。”[1]显然，严复所说的群学不能等同于现在人们所说的社会学[2]，是关于“治乱盛衰”“修齐治平”的学问，所以他才特别重视其研究方法和途径。严格说来，《群学肄言》并没有提出群学的研究方法或社会学特有的研究方法，而是提出了群学的研究途径。严复赞同斯宾塞的观点：“故是书言讨论群学之方，则首以天演为宗旨。”[3]该书中，天演主要体现在三方面：第一，将群学研究纳入斯宾塞的科学体系之中，群学与名、数、质、力一样，都可以成为科学，都处于天演之中；第二，对群学的研究要遵从名、数、质、力、天、地、生、心的顺序，这个顺序也是科学体系天演的顺序；第三，群学中的各种现象都是天演中的事物，都要遵从天演的规律。此外，关于研究方法，该书还有三方面的内容。第一，解惑的方法。严复说：“顾治斯学有甚难者，一曰在物之难，次曰在心之难，三曰心物对待之难……故为学之方，始于解惑。”[4]群学的研究不同于自然科学研究，研究者本身的情感、学术立场、阶级立场都要影响到对群学因果关系的认识，因此必须要消除这些“难”。第二，姱心之法。严复说：“今夫学有三科，而各有姱心之用，必于学之事无阙，而后于心之德无亏。”[5]姱心相当于中国传统哲学中的正心，其意思是排除干扰科学思维的一切因素，使其处于一种客观的认知现实世界的状态。显然，斯宾塞、严复将姱心作为群学成为科学的必要过程或方法。第三，群学所特有的内容，即群己关系。严复说：“社会之变相无穷，而一一基于小己之品质。是故群学谨于其分，所谓名之必可言也。”[6]“名之必可言”就是说名都是关于现象世界的，“小己”就是个人，“群”就是群体、社会或国家，“小己之品质”就是民力、民智、民德。因此，群学必须研究群己关系和民力、民智、民德。达到这个阶段后，才能真正研究“治乱盛衰”“修齐治平”的问题。在今天看来，《群学肄言》实际上就是“群学导论”，它的重点在于导、在于“治群学之涂”，而不是在于“治群学之术”。因此就科学研究方法论来说，其意义不大。但由于该书对严复哲学思想

---

① 严复：《原强修订稿》，王栻主编：《严复集》第一册，北京，中华书局，1986，第 18 页。

② 虽然现在人们所说的社会学与严复所说的群学是同一个英文单词，但二者的含义不同。因此，笔者采用严复的群学概念。

③ 〔英〕斯宾塞：《群学肄言》，严复译，北京，商务印书馆，1981，第 298 页。

④ 严复：《〈群学肄言〉译余赘语》，王栻主编：《严复集》第一册，北京，中华书局，1986，第 125 页。

⑤ 严复：《〈群学肄言〉译余赘语》，王栻主编：《严复集》第一册，北京，中华书局，1986，第 125 页。

⑥ 严复：《〈群学肄言〉译余赘语》，王栻主编：《严复集》第一册，北京，中华书局，1986，第 126 页。

影响极大，对于严复个人的思想而言，其方法论意义不可忽视。

而严复在阐述其所接受的西方政治学理论时，则非常明确地指出其方法："吾人考求此学（指政治学——引者注），所用者是天演术，是历史术，是比较术，是内籀术。"①"天演术"就是进化论的方法，"内籀术"就是归纳法。这四种方法中，"天演术"是最基本的，严复解释说："故吾党之治此学，乃用西学最新最善之涂术。何则？其涂术乃天演之涂术也。吾将取古今历史所有之邦国，为之类别而区分；吾将察其政府之机关，而各著其功用；吾将观其演进之阶级，而考其治乱盛衰之所由；最后，吾乃观其会通，而籀为政治之公例。"②显然，严复所说的"天演术"是其"比较术"和"内籀术"的基础："比较术"就是比较各种类型的国家，"比较术"的材料就是"天演术"所得到的内容；"内籀术"就是在"天演术"和"比较术"的结论中"观其会通"，归纳出"政治之公例"。在"天演术"中，最为重要的是"观其演进之阶级"，这里的"演进之阶级"要包括原始的、处于野蛮状态的最早的国家类型。严复在讨论国家类型中引入了有机体的概念，将国家分为有机体国家和非有机体国家，而所谓的"政治之公例"就是各类型国家"演进之阶级"。因而严复所说的"天演术"是实实在在的科学性质的研究方法。那么"历史术"指什么呢？严复说："西人言读史不归政治，是谓无果；言治不求之历史，是谓无根。诸公无谓此是陈言，须知十八世纪以前，已有言治不由历史者，希腊时如柏拉图，最后如卢梭。此二人诸公所习知，其言治皆本心学，或由自然公理，推引而成。是故本历史言治，乃十九世纪反正之术，始于孟德斯鸠，至于今几无人不如此矣……虽然，科学日出，史之所载日减于古矣。而减之又减，终有其不可减者存，则凡治乱兴衰之由，而为道国者所取鉴者。是故所谓国史，亦终成一专门科学之历史。是专门科学何？即政治之学也。"③这是一种科学主义政治观。严复将对人类社会的历史研究最终归结为政治科学，这是一种狭义的历史观，是从政治科学的角度看历史。但这种观念将政治学科学化，即只有从人类历史出发讨论政治学，政治学才能科学化；只有从历史出发，人们才能使"天演术"开始于经验事实，而不是来自抽象的假设。或者说，"天演术"之所以是科学的，就是因为它的材料来自历史，因而"天演术"和"历史术"又紧密地联系在了一起。如果说严复关

① 严复：《政治讲义》，王栻主编：《严复集》第五册，北京，中华书局，1986，第1251页。

② 严复：《政治讲义》，王栻主编：《严复集》第五册，北京，中华书局，1986，第1248页。

③ 严复：《政治讲义》，王栻主编：《严复集》第五册，北京，中华书局，1986，第1243～1244页。

于一般意义上的科学研究的方法是抽象的，而《群学肄言》中对群学所独有的研究方法是综合的，那么在《政治讲义》中，其对政治学的研究方法却是具体的。群学和政治学是严复关于科学研究方法的归宿。

总的来说，严复所说的科学方法论是相当简略的，对具体的科学研究来说几乎没有实际的意义。但在中国哲学发展史上却具有重要的意义，正如北京大学哲学系的学者们所指出的："严复着重介绍西方经验主义哲学和科学方法论，丰富了中国近代哲学的内容，也为中国传统哲学的创新、转化、重建提供了思想资源。"①严复试图为中国文化注入一种注重观察、实验和证实的现代科学方法及蕴含于其中的科学精神，坚持了经验主义的认识路线，彻底批判了中国传统的学术路向，这大大促进了中国学术特别是中国哲学的现代转型②。

第三节　现象世界：科学知识的界限

严复把经验作为科学知识的根本特征，又通过归纳逻辑把人的理智认识能力经验化，实际上就承认了科学知识是有界限的：这个世界上存在着可知的领域，人只有在这个领域内才能获得科学知识，这就是经验的现象世界；同时这个世界上也存在着不可知的领域，人不可能获得其中任何事物的知识，这就是超经验的非现象世界。如何划分可知的领域和不可知的领域，以及这两个领域存在着什么样的关系，就是人们所说的科学知识的界限问题。中西方古代哲学家基本不关注科学知识的界限问题，但自从休谟、康德以来，这一问题就成为近现代经验主义认识论的核心问题之一。严复是中国最早关注这一问题的哲学家，并对此作了非常详细的探讨。

一、不可知的领域

不可知的领域指科学所不能认识的所有东西的集合体，人们得不到关于这些东西的知识。不可知的东西是否存在？这是经验主义的不可知论所必须面对的问题，也是最为古老的哲学问题之一。大致说来，近现代西方经验主义哲学家对此有三种回答：第一种是以马赫为代表的现代

---

① 北京大学哲学系中国哲学教研室编：《中国哲学史》第五编，《中国哲学史》，北京，北京大学出版社，2001，第510页。

② 北京大学哲学系的学者们所说的"近代哲学"指从第一次鸦片战争到新文化运动之间的中国哲学，包括了本书中的部分现代形态的中国哲学。

经验主义者的回答，他们认为，不能被人的经验所认识的东西，就没有理由(或者说没有必要)承认它们是存在的；第二种是休谟的回答，他认为，不能被人的经验所认识的东西，既不能肯定其存在，也不能断然否定其存在，因此人们没有必要讨论不可知的事物是否存在的问题；第三种是康德的回答，他认为，人仅仅具有认识经验的能力，而这种认识能力是有限的，因而它无法从经验出发真正解释感觉的产生、世界的统一性和道德观念的基础等问题，因此人们要理性地解释这个世界，就必须要承认不可知的领域的存在，只不过人们不能形成关于它的知识罢了。大体说来，严复支持康德的观点。

严复把不可知的东西大致分为四类。

第一类不可知的东西是哲学中的本体和实体。这里的本体和实体是亚里士多德意义上的：本体是最终的存在，是世界的最终目的或第一因；而实体是事物各种感性特征背后的支撑者，它可以说是具体的存在。严复说："老谓之道，《周易》谓之太极，佛谓之自在，西哲谓之第一因，佛又谓之不二法门。万化所由起讫，而学问之归墟也。"[①]在他看来，"道""太极""自在"和"第一因"是"万化所由起讫"，是最高的存在，就是本体；又因为它们都超越了现象世界，人不能认识到它们的本质，所以它们是不可知的。同时，严复指出："问上帝有无，实问宇宙第一原因，与其时时监观主宰之事。此虽言有无，又因果也。"[②]这就是说，本体的存在与否实际上是一个因果关系的问题。如果否认本体的存在，经验主义者将无法回答有关世界的秩序和统一性等因果性的问题。而一个没有秩序和统一性的世界，对于科学认识来说是不可思议的。因此，本体虽然是不可知的，却是存在的。

同样，关于实体，严复赞同穆勒的观点："体者，不测之外物，能感吾心使为种种觉念者也；心者，不测之内物，能为是觉念者也。"[③]"体"就是外在于人的物体，"心"就是内在于人的心灵。在穆勒、严复看来，"体"作用于"心"，人的感觉就产生了。但人只能认识由"体"与"心"而产生的感觉，却无法感知到"体"与"心"本身，因而它们都是"不测之物"，即物质实体与心灵实体也是不可知的。但是，严复认为"体"与"心"的不可知并不是说它们是无用的假设，是不存在的，因为："我虽意主，而物

① 严复：《〈老子〉评语》，王栻主编：《严复集》第四册，北京，中华书局，1986，第1084页。

② 严复：《〈穆勒名学〉按语》，王栻主编：《严复集》第四册，北京，中华书局，1986，第1039页。

③ 〔英〕穆勒：《穆勒名学》，严复译，北京，生活·读书·新知三联书店，1959，第56页。

为意因，不即因而言果，则其意必不诚。”①“意”就是感觉，“我”就是“心”，“物”就是“体”。这实际上就是说，没有实体，感觉的世界是无法产生的。或者说，运动变化的感觉的世界是没有原因的。对于科学认识来说，这种观点显然是荒谬的。因此，不可知的实体也是存在的。

第二类不可知的东西是与科学相关的基本范畴。严复说：“至于物理之不可思议，则如宇如宙。宇者，太虚也；宙者，时也。他如万物质点，动静真殊，力之本始，神思起讫之伦，虽在圣智，皆不能言，此皆真实不可思议者。”②“宇”指空间，“宙”指时间，“质点”即牛顿力学中的质点，“力”即牛顿力学中的力。在严复看来，人们无法获得这些东西的感性特征，因而也就无法得到关于它们的知识，它们就是“不可思议者”。但这些东西又是近代科学赖以成立的基本范畴，使人们以科学的方式认识世界成为可能，因而它们应该是存在的，否则人们就无法以科学的方式解释感性世界的运动变化。这就是说，它们是“皆真实”而又“不可思议”的。

第三类不可知的东西是宗教的最高主宰。严复说：“天下无无对独立者也。往者释氏尝以真如为无对矣，而景教(即唐代传入中国的基督教聂斯脱利派——引者注)则以上帝为无对矣。”③现象世界的东西都是“有对”的，比如说现象世界中有水，就有“非水”的东西存在；有花，就有“非花”的东西存在。但宗教却认为有一个“无对”的东西存在，这就是整个世界的主宰。或者说，“无对”就是宗教的最高主宰存在的形式。在科学主义者看来，宗教的最高主宰是“无对”的存在，超越了现象世界，是人所不能认识的；但他们把道德的问题归属于宗教的领域，而宗教的最高主宰是宗教赖以建立的基础，因而宗教的最高主宰应该是存在的，否则人的道德原则就要失去依托。从科学主义关于知识问题与道德问题的立场出发，严复实际上也是以存而不知的态度来对待宗教的最高主宰。需要强调的是，根据严复的认识论，虽然本体和宗教的最高主宰都是最高的存在，都是不可知的，但二者的意义是不同的：本体是一个关于知识的范畴，而宗教的最高主宰基本上是一个关于道德的范畴。并且，即使本体和宗教的最高主宰是同一个东西，由于人只具有经验的认识能力，人也不能认识二者之间的同一性。

---

① 严复：《〈穆勒名学〉按语》，王栻主编：《严复集》第四册，北京，中华书局，1986，第1037页。

② 严复：《〈天演论〉复案》，王栻主编：《严复集》第五册，北京，中华书局，1986，第1380页。

③ 严复：《〈穆勒名学〉按语》，王栻主编：《严复集》第四册，北京，中华书局，1986，第1033页。

第四类不可知的东西是鬼怪等迷信现象。严复说：“故宗教者，以人鬼为起点者也。”[①]他又说：“由是而知必科学日明，而后宗教日精，宗教日精由迷信之日寡也，宗教、迷信二者之不可混如此也。”[②]鬼怪等是与迷信直接相关的现象，迷信的实质就是人们用鬼怪等虚幻的东西来解释现象的运动变化。在严复看来，虽然原始宗教与鬼怪等虚幻的东西纠缠在一起，但宗教和迷信却是性质完全不相同的两种东西，因而基督教等高级宗教强调信仰，而否认了鬼怪等虚幻的东西的存在。宗教和鬼怪等迷信之间的性质差异通过它们与科学的关系体现出来：宗教与科学是相容的，而鬼怪等迷信与科学是不相容的。因此，“科学日明”的结果是“宗教日精由迷信之日寡”，鬼怪等迷信就被排除出知识的领域和宗教的领域。严复把宗教和迷信相分离，这实际上否认了人们可以用宗教来论证鬼怪的存在。严复又说：“故治灵学，必与经过科学教育，于此等事极不轻信者为之，乃有进步。复生平未闻一鬼，未遇一狐。不但搜神志怪，一以谬悠视之；即有先辈所谈，亦反复于心，以为难信。”[③]“灵学”是西方近代关于人与神相通的伪科学。在严复看来，既然人们运用科学的方法无法确证鬼怪等的存在，当然也不可能认识它们的性质；人们运用科学的方法就能解释现象世界的运动，用不着假设鬼怪等的存在。因此，从知识的角度来看，人们在逻辑上没有必要假设鬼怪等的存在，鬼怪等就是“以为难信”。在严复看来，既然鬼怪等现象与人的知识世界和价值世界无关，人们又不能用感觉证实鬼怪等的存在，就没有理由承认鬼怪等的存在，它们不仅是不可知的，而且是不存在的。

严复坚持实证主义哲学的立场，把人所能认识的范围规定为经验世界，这必然导致不可知论。严复的不可知论受到后来的学者的批判：绝大多数中国人本主义哲学家承认人能够以某种方式把握本体，本体是可以被人认识的；科学主义哲学家金岳霖也承认本体是可以被认识的；中国马克思主义哲学家则坚决反对不可知论。可见，严复的不可知论确实不能说明许多哲学问题。但人们又不能仅仅以否定的方式对待严复的不可知论。根据上面的分析，严复的不可知论具有丰富的内涵：严复实际上从不可知论出发讨论了本体的存在问题、道德的基础问题和科学知识的基础问题等，也就是说，严复以不可知论为武器否定了传统本体论、

---

① 严复：《天演进化论》，王栻主编：《严复集》第二册，北京，中华书局，1986，第318页。

② 严复：《天演进化论》，王栻主编：《严复集》第二册，北京，中华书局，1986，第318页。

③ 严复：《与侯毅书》，王栻主编：《严复集》第三册，北京，中华书局，1986，第722～723页。

传统道德哲学、传统认识论的理论基础，这就为中国现代哲学家重构中国哲学的本体论、认识论和道德哲学开辟了道路。从这个意义上说，严复的不可知论构成了中国哲学现代发展的一个重要环节。

二、科学与不可知的领域

严复在分析了不可知的领域的内容之后，就转而讨论科学与不可知的领域之间的关系。他说："斯宾塞氏言学所以发端于不可知可知之分。"①"学"指科学，这里的"发端"不是历史意义的"发端"，而是逻辑意义的"发端"。这就是说，人们要发展科学，首先就要分清哪些是科学所要研究的内容，哪些是科学所不能认识的东西。如果科学研究那些不能被人所认识的东西，将造成科学劳而无功，并影响科学的发展。因此，严复相当重视可知的领域和不可知的领域的划界问题。

严复对可知的领域和不可知的领域的划界，充分体现在其"姱心"说中。他说："故古之中西圣贤人，皆以姱心为至重之学。中之格物、致知、诚意、正心，西之哲学、名学，皆为此方寸灵台，而后有事……然欲为姱心之学，则当知心如形体，有支部可言，有思理，有感情。思理者，一切心之所思，口之所发，可以是非然否分别者也。感情者，一切心之感觉，忧喜悲愉，赏会无端，揽结不尽，而不可以是非然否分别者也。"②"姱"就是美好的意思，"姱心"就是认清"心"在人生与社会中的重要意义。在严复看来，哲学的重要功能就是"姱心"，而要"姱心"，就必须要把心的两种能力即"思理"和"感情"严格区别开来。"思理"是人获得知识的能力，"感情"是与宗教和道德相关的能力，这两种能力本质上是互不干涉的，它们的差异最终体现在其结果上：与"思理"相关的命题是有"是非然否"的，而与"感情"相关的命题是没有"是非然否"的。根据经验主义的认识论，与"思理"相关的领域就是知识的领域，他就是可知的领域；而与"感情"相关的领域就是非知识的领域，也就是不可知的领域。因此，认清"思理"与"感情"的差异，就是对可知的领域与不可知的领域的划分。

实际上，严复对可知的领域和不可知的领域的划界是有些混乱的，他大体上从三个不同的方向讨论了这个问题。第一，现象世界和非现象

① 严复：《〈穆勒名学〉按语》，王栻主编：《严复集》第四册，北京，中华书局，1986，第1036页。

② 严复：《论今日教育应以物理科学为当务之急》，王栻主编：《严复集》第二册，北京，中华书局，1986，第279页。

世界的区分，即“可知者止于感觉”①。现象世界是可知的，本体和实体是不可知的。这种观点受到康德哲学的影响，即认识的对象是由主体的认知能力所决定的，人的认知能力的局限就是知识的范围。这是以认识的对象来区分知识的领域和非知识的领域。第二，“思理”与“感情”的区别，它强调“思理”不能解决与“感情”相关的问题，用“感情”来限制知识的领域。这是从人的不同能力出发来讨论知识的界限。第三，人们对某事物的论断是否具有“是非然否”的特征。它强调“是非然否”是知识的根本特征，这实际上是可以与人的能力相脱离的：根据经验主义的原则，一个命题的“是非然否”只能由经验证实来决定，而与“思理”和“感情”的区分不直接相关，只不过经验证实了具有“是非然否”的特征的命题都是关于“思理”领域的，关于“感情”领域的命题都不具有“是非然否”的特征。用“是非然否”来确定知识的界限，这已经相当接近维也纳学派的观点。在这三种观点中，不可知的领域并非完全一样：“感情”的领域既可以是本体，也可以是现象；没有“是非然否”的领域不一定是“感情”的领域，本体论也是没有“是非然否”的领域。当然，这三种观点有一个共同的结论：知识的领域就是现象世界，人只能获得现象世界中的事物的知识，“思理”的对象也只能是现象世界中的事物，只有关于现象世界中的事物的命题才具有“是非然否”的特征。

严复虽然赞成对可知的领域和不可知的领域进行划界，但在认识论中，他并没有平等对待这两个领域，而是搁置不可知的领域、关注可知的领域。严复实际上强调可知的领域优先，他说：“学术日隆，所必日消者特迷信耳，而真宗教则俨然不动。”②“学术”就是科学，是可知的领域；“真宗教”就是现代宗教，是不可知的领域。在严复看来，传统宗教中既有可知的东西，也有不可知的东西，迷信的内容就是传统宗教中的可知的东西。迷信问题可以由科学来解决，因而宗教的不可知性只有在科学充分发展的情况下才能显现出来。或者说，只有科学发达之后，宗教才能成为“真宗教”。因此，严复实际上是用科学来确定和限制不可知的领域。他强调的是发展科学，而不是保存不可知的领域。

事实上，严复划分可知的领域和不可知的领域的目的是确保科学的有效性，这是康德以来西方经验主义认识论的重要内容，即科学只能适用于现象世界，这是可知的领域，如果超出这个范围，人们运用科学方

---

① 严复：《〈穆勒名学〉按语》，王栻主编：《严复集》第四册，北京，中华书局，1986，第1036页。

② 严复：《天演进化论》，王栻主编：《严复集》第二册，北京，中华书局，1986，第319页。

法也得不到知识。因而严复说："不知区此，将不徒其学为谬悠无实也。"①"学"就是科学，"谬悠无实"就是说一旦把科学方法运用于超现象的领域，得到的结论就无法被证实，科学就失去了它在现象世界中的确定性。严复进一步认为，人们通过划分可知的领域和不可知的领域而使现象世界专属于科学的研究对象，这就扩大了科学的研究领域，促进了近现代科学和现代哲学的发展。他说："此所以自特嘉尔（即笛卡儿——引者注）以来，格物致知之事兴，而古所云心性之学微也。然今人自有心性之学，特与古人异耳。"②在欧洲大陆，从笛卡儿以后，人们开始承认现象世界的真实性，科学逐渐扩展到整个现象世界，出现了科学排挤哲学的现象。严复赞同古代的"心性之学"被科学的心理学代替，他承认哲学应该完全退出现象世界（即知识的领域），因为只有科学才能完成追求知识的任务。这样一来，哲学将失去传统的研究领域，促使哲学家重新思考哲学的研究对象及其研究方法，从而促进了近现代哲学的发展。

严复对科学和不可知的领域的划界存在着某些混乱的地方，如夸大了经验在人的认识活动中的作用，也没有对不可知的领域进行更加深入的探讨，特别是采取了搁置的方式对待人们对本体的认识，这受到后来的许多中国现代哲学家的批判。但这一划界工作还是相当有价值的，它保证了科学知识的有效性，并扩大了科学知识的领域，承认只有科学才能获得知识，把一切形而上学的内容和宗教的内容完全从知识的领域中排除出去，使科学成为知识的领域内的唯一权威。根据这种划界，传统哲学中与知识有关的问题将由现代科学来解决，哲学将重新审视自己的研究对象，这必然导致中国现代哲学家重新建构与现代科学发展相适应的哲学体系。因此，从这个意义上说，作为中国第一个科学主义哲学家的严复对可知的领域和不可知的领域的划界，就成为了中国哲学现代发展中的一个重要环节。

第四节　严复的认识论与中西方哲学

根据上面的论述，严复的认识论确实属于现代的认识论，与中国传统认识论有着本质上的不同。因而可以说，严复使得中国传统认识论开始向现代认识论转换。为什么他能够完成这一重任呢？冯契先生指出：

---

① 严复：《〈原富〉按语》，王栻主编：《严复集》第四册，北京，中华书局，1986，第911页。

② 严复：《〈天演论〉复案》，王栻主编：《严复集》第五册，北京，中华书局，1986，第1378页。

“一般地说，凡是在近现代史上起了积极影响的哲学家，总是善于把西方的先进思想和中国的优秀传统结合起来，以回答现实问题和理论问题，从而作出创造性的贡献。”①因此，人们要真正理解严复的认识论的现代特征，就必须要探寻中西方哲学理论是怎样影响严复的。

一、西方哲学对严复的认识论的影响

西方哲学对严复的认识论有着决定性的影响。严复的认识论基本上直接来源于英国早期实证主义哲学，其中斯宾塞、穆勒和赫胥黎的哲学思想对严复影响特别大。笔者甚至认为严复的逻辑学思想实质上就是穆勒的逻辑学理论，严复的科学主义思维方式基本上来自斯宾塞。其实，英国早期实证主义哲学并不仅仅是英国近代经验主义哲学传统的产物，它是由法国哲学家孔德创立并传入英国的，本身与欧洲大陆近代哲学存在着千丝万缕的联系。因此可以说，西方近代以来的英国哲学传统和欧洲大陆哲学传统以英国早期实证主义哲学为媒介，共同影响着严复的认识论。

英国早期实证主义哲学主要在以下几个方面影响严复。

首先，英国早期实证主义哲学使严复成为科学主义哲学家。科学主义哲学家极力推崇科学的力量，相信科学能够解决宇宙、人生的根本问题。而在中国传统文化中，政治问题既是一个与道德相关的问题，也是一个与宇宙的秩序相关的问题，即政治问题就是一个与宇宙、人生的根本问题相关的问题。在严复的时代，如果某人承认科学能够解决政治问题，就意味着他在一定程度上相信科学能够解决宇宙、人生的根本问题。因此，虽然严复很早就掌握了丰富的自然科学知识，但只有当他承认科学能够解决社会问题特别是政治问题时，他才成为一个科学主义哲学家。其中，斯宾塞的《群学肄言》发挥了关键性的作用。严复说：“不佞读此在光绪七八之交，辄叹得未曾有……窃以为其书实兼《大学》、《中庸》精义，而出之以翔实。”②在书中，斯宾塞指出，只有以科学的精神和科学的理论为指导，政府的行为才能取得积极的效果。严复相当欣赏这个观念，因此，他才把斯宾塞的这本不太重要的著作与《大学》《中庸》相提并论。尽管严复对该书的推崇并没有得到人们的普遍认可，但该书对他个人的

---

① 冯契：《智慧的探索——〈智慧说三篇〉导论》，《智慧的探索》，上海，华东师范大学出版社，1994，第602页。

② 严复：《〈群学肄言〉译余赘语》，王栻主编：《严复集》第一册，北京，中华书局，1986，第126页。

思想有着很大的影响却是肯定。它使严复相信，只有依靠科学，人们才能解决社会问题或政治问题。另外，赫胥黎的类似主张对严复也很有影响。赫胥黎认为，西方国家的现代政治状况之所以比前近代的国家更为高明，就是因为它以科学为基础，而且如果完全遵从科学的原理，它会有更好的效果。据此，严复作出了“是故以科学为艺，则西艺实西政之本”①的论断。因此，科学成为严复解读中西社会差异的钥匙，他也把发展科学作为拯救中国的根本手段。可以说，英国早期实证主义哲学的这些观点把严复导向了科学主义的哲学道路。

其次，英国早期实证主义哲学把严复引向了实证主义哲学。严复相当推崇“实证”这一观念。实证就是说人的知识都是经验的，一个观点的真假决定于它能否被经验证实。严复说：“不知古人所标之例所以见破于后人者，正坐阙于印证之故。而三百年来科学公例，所由在在见极，不可复摇者，非必理想之妙过古人也，亦以严于印证之故。”②在他看来，实证既是现代科学知识的根本特征，也是现代学术与传统学术的根本区别。正是以实证为工具，现代的学者才能突破传统的知识体系，并发现“科学公例”。也就是说，现代科学的发展要求认识论必须转化成实证主义的。

最后，英国早期实证主义哲学使经验成为严复的认识论的核心范畴。根据以上论述，严复的认识论的内容包括：知识是经验的，人的逻辑推理能力是经验的，因而超验的本体、实体和宗教的最高主宰是不可知的，现象世界就是科学的范围和界限。可以说，严复的认识论是以经验为基础、以经验知识为核心来展开的。严复对经验的理解直接来自英国早期实证主义哲学，特别是《穆勒名学》。严复说：“纯如能于此书读有心得，真是凤毛麟角，于十九稘哲学思过半矣。”③严复没有把《穆勒名学》仅仅看作一部逻辑学著作，而是作为19世纪西方哲学的代表作。的确，该书从归纳逻辑的角度表达了英国早期实证主义哲学的基本主张，严复基本上接受这些观点。这就意味着，在认识论问题上，严复选择了经验主义的立场。

虽然从个体上说，严复接受的是英国早期实证主义哲学，但他也受

---

① 严复：《与〈外交报〉主人书》，王栻主编：《严复集》第三册，北京，中华书局，1986，第559页。

② 严复：《〈穆勒名学〉按语》，王栻主编：《严复集》第四册，北京，中华书局，1986，第1053页。

③ 严复：《与熊纯如书》，王栻主编：《严复集》第三册，北京，中华书局，1986，第608～609页。

到英国近代经验主义哲学的影响。比如，严复的“即物穷理”的观念就来自培根。培根认为人们应该追求来自经验的实用知识，传统认识论的方向是错误的，因此他从认识论和逻辑学两个方面批判传统哲学。严复支持培根的这一观点，他的认识论也基本上是围绕这两个方面的内容来展开的。再比如，本书前面指出，严复的“心体为白甘”说来自洛克的“白板说”。严复认为先验论是经验科学的最大敌人，充分肯定洛克对先验论的批评，“此节所论即辟良知之说……此其说洛克言之最详”[①]。此外，在近代哲学中，实体不可知但能产生现象的观点也是洛克最先提出的，严复同样接受了这一观点。因此，人们不能仅仅从现代实证哲学的角度来理解严复的认识论。

另外，欧洲大陆哲学家对严复的认识论的影响也是不可忽略的。首先，实证主义哲学是孔德最先提出的，斯宾塞、穆勒都是孔德的门徒，因而严复的实证主义哲学也可以说最终来自孔德。其次，本章前面指出，严复相当欣赏笛卡儿提出的“惟意非幻”的观念，认为西方近代科学和哲学是以这一观念为基础才发展起来的。严复还说：“如占位、历时二事，物舍此无以为有，吾心舍此无以为知。占位者宇，历时者宙。体与宇为同物，其为发见也，同时而并呈；心与宙为同物，其为发见也，历时而递变。”[②]在严复看来，时间和空间既是事物存在的形式，也是人的感知能力，离开了时间和空间，“物”即“无以为有”，“吾心”亦“无以为知”，这种观点明显受到康德先验感性论的影响。可以说，严复并没有特意强调西方近现代欧洲大陆哲学和英国哲学之间的对立，而是认为两者有着某种统一性。

根据以上分析，笔者认为，严复通过英国早期实证主义哲学选择了西方近代以来有利于科学发展的哲学理论。严复对这些理论进行了综合，使他的认识论成为一种现代形态的哲学理论。

值得一提的是，严复的认识论虽然有西方的源泉，但都是经过他独立思考而获得的。比如，严复受斯宾塞的影响最大，但他并没有盲从于斯宾塞。他说：“斯宾塞氏自言，此书为旁及之作，意取喻俗，故其精微洁净，远不逮《会通哲学》诸书。”[③]“此书”就是《群学肄言》，这本被斯宾

---

① 严复：《〈穆勒名学〉按语》，王栻主编：《严复集》第四册，北京，中华书局，1986，第1049页。

② 严复：《〈穆勒名学〉按语》，王栻主编：《严复集》第四册，北京，中华书局，1986，第1036页。

③ 严复：《〈群学肄言〉译余赘语》，王栻主编：《严复集》第一册，北京，中华书局，1986，第126页。

塞视为“旁及之作”的著作，却被严复拔高到与《大学》并列的层次。严复虽然推崇斯宾塞的《会通哲学》，但认为它缺少“以人持天”的观念。因此，他选译了赫胥黎的《进化论与伦理学》，名为《天演论》，来宣传达尔文进化论①。虽然他自己也承认《天演论》“亦不过赫胥黎氏绪论之一编，并非天演正学”②，但这本译著的影响特别大，超过了后来人们翻译的“天演正学”。另外，在严复译著的按语中，人们可以发现严复对他的每一个“西方导师”都是有所批评的。他即使基本上接受《穆勒名学》的观点，也认为穆勒的逻辑学和培根的逻辑学是“各有攸当”③，因而不肯完全否定亚里士多德所提出的十个范畴的意义④。在严复译著中，《天演论》《群学肄言》《社会通诠》和《名学浅说》都不是西方理论名著，但严复并不因此而轻视它们。正是从这些文献出发，笔者认为，严复哲学思想虽然直接来源于西方哲学，但其中有严复自己的东西。

综上所述，西方哲学理论对严复的认识论具有决定性的影响，它提供了严复思考认识论问题所需要的哲学思维方式和几乎所有的思想材料，这就使得严复的认识论属于现代形态的哲学理论，并具有强烈的西化色彩。但人们也要承认，严复从西方哲学理论中吸取的东西都是经过了他的独自思考和选择的，并且能够满足中国社会和哲学理论发展的需要。因此，与其说严复是在宣传西方哲学，不如说他是在运用西方哲学。

二、中国传统哲学对严复的认识论的影响

同西方哲学相比，中国传统哲学对严复的认识论的影响要小得多。因为从内容上说，中国传统哲学没有科学主义的思维方式，也缺少面向自然界、强调经验的认识论传统，而这些正是严复的认识论的基本内容；从哲学理论形态上说，中国传统哲学属于古代形态的哲学理论，而严复的认识论则基本上属于现代形态的科学主义哲学理论，两者之间存在着性质上的差异。因而，严复对传统哲学的批判远远多于他对传统哲学的肯定。但正如胡伟希指出的：“从严复到金岳霖，中国传统哲学对中国近代实证主义认识论的影响是客观存在的。”⑤由于经验主义是严复的认识

① 从文献来看，严复非常想翻译斯宾塞的《会通哲学》。

② 严复：《与张元济书》，王栻主编：《严复集》第三册，北京，中华书局，1986，第525页。

③ 严复：《〈穆勒名学〉按语》，王栻主编：《严复集》第四册，北京，中华书局，1986，第1034页。

④ 穆勒坚决反对亚里士多德的十个范畴，而培根则认为亚里士多德的十个范畴仍是有意义的。

⑤ 胡伟希：《金岳霖与中国实证主义认识论》，上海，上海人民出版社，1988，第152页。

论的基本立场，中国传统哲学中的某些具有经验意义的理论和范畴对严复的认识论的影响也是不可忽视的，这主要表现在以下几个方面。

首先，严复接受了《大学》从“格物致知”到“治国平天下”的思维方式。与《中庸》中的“自明诚”的思维方式相比，“格物致知”具有重视经验的倾向。“诚”是一种先验的认识能力，“自明诚”认为人的认识开始于对“诚”的反省或直观。而“格物致知”则认为“致知在格物，物格而后知至”，“格物”要求人对外物产生某种直接的认识关系，感知就是其中之一；“物格而后知至”强调“知”来源于“物格”，包含有经验的内容。笔者在导论中指出，《大学》的思维方式就是严复推崇《群学肄言》的重要原因。严复从《群学肄言》中获得的结论是：“格致诚正为治平根本矣。”①这正好与《大学》从“格物致知”到“治国平天下”的思维方式是相一致的。余英时指出：“他(指严复——引者注)虽全面接受了西方的知识系统，却不表示他在价值系统方面也完全倒向了西方。事实上，我们都知道，他的价值系统始终未曾远离儒家轨道，仅仅作了部分的调整而已。”②据此，虽然严复接受《群学肄言》的观点与《大学》无关，但他对《群学肄言》的评价却依赖于《大学》所提供的评价标准。由于严复始终是西方文化的旁观者，他对西方理论的最终评判标准只能来自中国传统文化。因而得到严复推崇的西方理论，一定是符合中国传统文化的评判标准的。严复推崇《群学肄言》，正是由于认为其符合《大学》从“格物致知”到“治国平天下”的思维方式。本书前面指出，《群学肄言》对严复的哲学思想有着根本性的影响，它使严复成为一个近现代科学的推崇者和一个真正的科学主义哲学家。从这个意义上来说，《大学》的思维方式对严复的认识论的影响就不算小了。

其次，严复接受了中国传统认识论中的“解蔽”观念。“解蔽”就是破除主体的各种主观偏见，使认识主体在认识活动中处于一种客观的状态。西方的绝大多数哲学家一般都把主体当成纯粹的认识活动的发动者，假设认识活动中的主体本身就是客观的，因而强调主体的认知能力，特别是逻辑思维的能力，而忽视了主体的社会背景和思想背景对认识活动的影响。虽然培根、斯宾塞等少数哲学家也讨论了“解蔽”的问题，但并没有得到西方哲学家的普遍认同。而在中国传统哲学中，“解蔽”是认识论的主要内容，儒家和道家都强调“解蔽”在认识论中的意义，认为这是人

---

① 严复：《〈群学肄言〉译余赘语》，王栻主编：《严复集》第一册，北京，中华书局，1986，第126页。

② 余英时：《严复与中国古典文化》，《现代危机与思想人物》，北京，生活·读书·新知三联书店，2005，第116页。

获得知识的首要条件。荀子最先明确提出“解蔽”的范畴，并详细讨论了这一问题。徐复观指出：“欲了解荀子的思想，须先了解其经验的性格。即是他一切的论据，皆立足于感官所能经验得到的范围之内。为感官经验所不及的，便不寄与以信任。”①这就是说，荀子是以感官经验为基础来讨论“解蔽”问题的，使得“解蔽”本身就具有了经验的意义。严复也说：“道之不明，起于心物之交蔽，故为学之方，始于解惑。”②在他看来，如果人们不能解除“心物之交蔽”，即使运用科学方法，仍然得不到正确的认识。当然，严复承认这是斯宾塞的观点。但笔者认为，从学术传统上看，“解蔽”的观念更符合中国的认识论传统。或者说，正是由于中国传统哲学有重视经验性质的“解蔽”的传统，而斯宾塞也谈到了这个问题，所以严复才如此强调“解蔽”在现代认识论中的意义。

最后，中国传统哲学的“能所”范畴对严复的认识论也有影响。“能所”概念来自佛教哲学，“能”是能知，指认识活动的主体；“所”是所知，指认识活动的对象。佛教哲学认为，“所”只是“能”的一种表现，没有客观实在性，不能离开“能”而单独存在。王夫之对这两个概念进行了改造，他说：“以俟用者为所，则必实有其体；以用乎俟用，而以可有功者为能，则必实有其用。体俟用，则因所以发能，用用乎体，则能必副其所。”③“体”指客观的存在；“用”指认识活动；“所”是“俟用者”，即认识的对象；“能”是“用乎俟用，而以可有功者”，即认识的主体。简单地说，“所”即“体”，“能”即“用”。这就是说，认识的对象(即“所”)是客观存在的，“能”和“所”之间存在着认识关系，主体的认识行为必须指向客观对象，认识的结果要和客观对象的性质相一致。这样，王夫之通过强调认识对象的客观性和“能必副其所”的主张而否定了佛教认识论和陆王心学的“心外无物”“心外无理”的主张。经过王夫之的改造，“能所”成为一对具有经验意义并反对先验认识论的范畴。中国传统哲学家把人和认识对象之间的关系看成是“能所”关系，西方哲学家则主要把人和认识对象之间的关系看成是主体和客体的关系。从经验主义认识论的角度来看，主体和客体的关系意味着人和认识对象是不同性质的实体，其必然依赖于心理意义上的感觉经验，这就造成了西方近代经验主义认识论的心理主

① 徐复观：《中国人性论史·先秦篇》，李维武编：《徐复观文集》第三卷，武汉，湖北人民出版社，2002，第205页。

② 严复：《〈群学肄言〉译余赘语》，王栻主编：《严复集》第一册，北京，中华书局，1986，第125页。

③ (清)王夫之：《尚书引义》，北京，中华书局，1976，第141页。

义倾向。而“能所”关系意味着人和认识对象之间有某种内在的联系：“能”必须指向“所”，“所”必须以“能”为依托。因此，中国人很少研究感觉印象。“能所”范畴对严复的认识论的影响主要表现为他用“德”翻译property，他说：“是译所用德字，指凡物所具于己，无待于外，凡为物之所得者。其义至广，举凡形、相、品、数、色、力、声、味之属无所不赅。”①从翻译的角度来看，“性质”或“属性”更符合 property 的原意，表现了实体和属性的关系。而“德”却增加了“得”的意义，体现了“能所”关系：对于“所”来说，它就是“凡物所具于己”；对于“能”来说，它就是“凡为物之所得者”。“德”虽然属于认识的客体，但具有被主体把握的特征。同时，“德”虽然是经验的，但不是心理意义上的经验，而是包含了数、力等内容，其范畴远比心理意义上的经验要广泛得多，这与西方近代经验主义认识论中的心理主义趋向是不同的。可以说，严复使用中国传统认识论中的“德”翻译 property，却使其认识论更具有现代认识论的色彩。

综上所述，中国传统哲学对严复的认识论确实没有较大的影响。胡伟希指出：“严复主要介绍了以穆勒为代表的西方实证主义的认识论，中国传统哲学往往只是他为便于介绍西学而引用的工具和手段，因而他对传统的认识论没有去作专门的研究。”②实际上，中国传统哲学使严复对某些西方哲学思想作出某些小的修正，最多只能在他接受西方现代哲学理论时起一种确证的作用。但是，中国传统哲学对严复的认识论有影响这一事实可以说明，严复在思考认识论问题时并没有忽视中国传统哲学资源。也就是说，在某种条件下，某些中国传统哲学思想能够显现出其现代的价值。因而，在一定意义上，严复所接受的西方现代认识论可以看成是中国传统哲学中的那些重视经验因素或者说与现代认识论相通的观念的发展。

三、严复的认识论与同时代其他先进中国哲学家的认识论的比较

正是由于严复从西方现代哲学理论出发，并选择相应的中国传统哲学理论资源来讨论认识论问题，他的认识论才与康有为、谭嗣同的认识论之间存在着理论形态上的差异：严复的认识论属于现代形态的哲学理论，康有为、谭嗣同的认识论属于从传统形态向现代形态过渡的哲学理

① 严复：《〈穆勒名学〉按语》，王栻主编：《严复集》第四册，北京，中华书局，1986，第1040页。

② 胡伟希：《金岳霖与中国实证主义认识论》，上海，上海人民出版社，1988，第152页。

论。这种差异体现了严复的认识论的现代特征。笔者不准备在严复的认识论与康有为、谭嗣同的认识论之间进行一种详细而全面的对比，而只讨论能够体现出他们的理论形态差异的内容。

现代认识论与传统认识论的根本差异主要体现在哪些方面呢？从西方认识论的发展来看，现代认识论认为知识是经验的，和道德是分离的；而传统认识论认为，知识是超验的，最终要归结于道德的范畴(即本体)，或者说关于本体的知识是最高等级的知识。在西方哲学史上，巴门尼德最先严格区分知识和意见：人通过经验只能获得意见，只有通过理性才能获得知识。也就是说，意见是经验的，而知识是超验的。这种观念流行于西方古代哲学中，后来虽然受到英国近代经验主义哲学的挑战，但同时代的欧洲大陆理性主义哲学家基本上仍承认知识有非经验的内容。直到孔德实证哲学出现以后，西方哲学家才承认知识是完全经验的①。另外，在西方哲学史上，苏格拉底最先明确提出“德性就是知识”，这就使知识和道德纠缠在一起。这种观念受到柏拉图、亚里士多德的支持和改造，知识就不再和实用技术相关，而且最后要指向具有道德意义的本体。后来这种观念也受到英国近代经验主义哲学的挑战，培根明确提出“知识就是力量”，要求知识与工业技术相结合，成为人们改造自然的工具。随后，休谟又否定了知识命题和道德命题之间存在着内在联系，并用怀疑论将知识与本体完全分离。而同时代的欧洲大陆理性主义哲学家仍然承认对本体的认识在认识论中的特殊地位，也就是说知识最后仍然要指向具有价值意义的本体。直到康德认为本体(即上帝、世界和灵魂)只能作为信仰的对象，而不能作为知识的对象，才彻底把知识与本体、道德相分离。在孔德以后，西方哲学家普遍认同了康德的这一观点。

中国传统哲学家对知识的理解与西方古代哲学家相类似。《大学》明确提出：“大学之道，在明明德，在亲民，在止于至善。”这就明确把道德作为知识的归宿。《大学》的这个观点一直被后来的儒家所坚持。宋儒在构建本体论时，对儒家的道德原则和政治原理赋予形而上的“理”“太极”“心”，使儒家哲学的本体明确具有了道德的意义。中国传统的认识论就是要认识“明德”“至善”或那种本体意义的“理”“太极”“心”，因而中国传统的知识始终与道德纠缠在一起。另外，中国传统哲学没有形成较为强大的重视经验的认识传统。孔子承认有“生而知之”，孟子强调“良知”，

① 西方现代哲学家基本上承认人的知识是经验的，但相当一部分哲学家承认世界上有不可知的东西。

这些都是先验论；老子强调“静观”“玄览”，庄子强调“齐物”，这些都是直观论；后来的汉学、宋学以及由印度传入并中国化的佛学也都不强调经验的重要性；先秦墨家有经验主义倾向，也承认知识应该是具有实用性的，但这种观点却没有被后人继承下来。虽然道家有“为学日益，为道日损”①之分，但他们关注的是“为道”而不是“为学”，其认识论是为了把握超越现象世界的“道”；儒家虽然提倡“尊德性”和“道问学”相结合，但他们实际上更为强调“尊德性”，以“尊德性”来统摄“道问学”，其“道问学”也没有指向经验的知识。因此，虽然知识与经验的对立、道德与知识的一致性在中国传统认识论中表现得不如西方哲学那样鲜明，但中国传统哲学家还是基本上认为：知识应该是非经验的，知识最终要归结于道德。

据此，严复的认识论和康有为、谭嗣同的认识论在理论形态上的差异就显现出来了。

康有为说：“必有宋学义理之体，而讲西学政艺之用。”②“宋学义理”可以说就是本体论，“西学”就是近现代自然科学。康有为承认“西学”是一种“用”，也就是说他认为知识是实用性的，也是经验的，因而他的认识论不是传统认识论；但他又认为“宋学义理”和“西学政艺”之间是“体”“用”关系，显然没有认识到科学和本体论、知识和道德应该是完全分离的，因而他的认识论也不是现代认识论。根据上述传统认识论和现代认识论的根本差异，康有为的认识论属于从传统形态向现代形态过渡的哲学理论。

谭嗣同的认识论基本上和康有为的认识论相似。谭嗣同说：“凡为仁学者，于佛书当通《华严》及心宗、相宗之书；于西书当通《新约》及算学、格致、社会学之书；于中国书当通《易》、《春秋公羊传》、《论语》、《礼记》、《孟子》、《庄子》、《墨子》、《史记》及陶渊明、周茂叔、张横渠、陆子静、王阳明、王船山、黄梨洲之书。”③谭嗣同承认他的仁学中包括有“算学、格致、社会学之书”，这说明他承认近现代科学的价值，他的认识论已不是传统认识论；但他又把佛学、基督教、墨家、道家和各个时期的儒家作品混杂在一起，这说明他不是从现代的角度来理解道德与知

---

① 《老子·第四十八章》。

② 康有为：《致朱蓉生书》，上海市文物保管委员会编：《戊戌变法前后康有为遗稿》，上海，上海人民出版社，1986，第232页。

③ 谭嗣同：《仁学》，蔡尚思、方行编：《谭嗣同全集》(增订本)，北京，中华书局，1981，第293页。

识、科学与宗教、科学与本体论之间的关系，他的认识论还不是现代的认识论。所以，谭嗣同的认识论也属于从传统形态向现代形态过渡的哲学理论。

而根据本书前面的论述，严复的认识论基本上来源于英国早期实证主义哲学，属于现代形态的哲学理论。

具体说来，严复的认识论和康有为、谭嗣同的认识论还有下面的几个差异。

首先，他们在认识论上的基本立场不同。康有为、谭嗣同具有近代理性主义的倾向。康有为的《实理公法全书》就是试图运用几何学的方法来论证社会发展的原理。在《仁学》中，谭嗣同也赋予了代数一种普遍的意义，他说："平等生万化，代数之方程式是也。"①在康有为、谭嗣同看来，在西方各门科学中，数学最具有精确性和普遍必然性，其方法具有普遍的性质，可以被用来研究政治、伦理以及其他社会科学领域的问题，这一主张与斯宾诺莎的《伦理学》可以说是不谋而合。而严复虽然精通数学，但他最为推崇的却是可以实证的进化论。他认为，达尔文进化论以生物学和地质考古学为依托，"证据厘然，弥攻弥固，乃知如如之说，其不可撼如此也"②。受英国早期实证主义哲学的影响，严复认为，知识就是人对现象世界中因果关系的把握，它必须要能够被经验所证实。他甚至赞同穆勒把数学和逻辑学经验化的主张。因此，严复可以说是一个彻底的现代经验主义者。

其次，他们对感知能力的评价不同。康有为、谭嗣同都承认人有超越感觉的认识能力。谭嗣同说："'至于用力之久，而一旦豁然贯通焉'，顿教也；'则众物之表里精粗无不到，而吾心之全体大用，无不明矣'，圆教也。"③"顿教"就是佛教哲学所说的顿悟，是一种超越感觉和逻辑推理的直观，能使人在某一瞬间把握宇宙间最普遍的原理；"圆教"就是在"顿教"的基础上理智地直观天地万物，全面地把握具体事物的所有特征及其原理。在谭嗣同看来，人只有运用"顿教"和"圆教"的方法，才能把握"众物"的规则和"吾心之全体大用"。也就是说，人不仅有超验的认识能力，而且只有超验才能把握真理。康有为也有类似的观点，他自述：

---

① 谭嗣同：《仁学》，蔡尚思、方行编：《谭嗣同全集》(增订本)，北京，中华书局，1981，第292页。

② 严复：《〈天演论〉复案》，王栻主编：《严复集》第五册，北京，中华书局，1986，第1345页。

③ 谭嗣同：《仁学》，蔡尚思、方行编：《谭嗣同全集》(增订本)，北京，中华书局，1981，第331页。

“日有新思，思考据家著书满家，如戴东原，究复何用？因弃之。而私心好求安心立命之所。忽绝学捐书，闭户谢友朋，静坐养心……静坐时，忽见天地万物皆我一体，大放光明，自以为圣人，则欣喜而笑。忽思苍生困苦，则闷然而哭。”①康有为否定了考据学的价值，也不承认学习书本能够使人获得知识，但他没有转向经验，而是走向传统的“静坐养心”。这其实是一种直观体悟，康有为认为自己的知识就是通过这种直观体悟而获得的。因而，康有为、谭嗣同的认识论都有一种轻视感觉经验的趋向。谭嗣同说：“眼耳鼻舌身所及接者，曰色声香味触五而已。以法界虚空界众生界之无量无边，其间所有，必不止五也明矣。仅凭我所有之五，以妄度无量无边，而臆断其有无，奚可哉！”②在谭嗣同看来，人的感觉经验是相当有限的，只能认识现象世界中很小的部分，因而人的知识不能依靠于经验。康有为也有类似的观点，他这样批评朱熹的学说：“滞在偏隅，如耳目鼻口之各明一义，不举大体也。”③康有为认为，人通过“耳目鼻口”等感觉器官只能“各明一义”，而无法“举大体”；只有通过心，人才能“举大体”。因而在康有为的认识论中，心的重要性要远远超过感觉。而严复是一个彻底的现代经验主义者，他不承认人有任何超越感觉的认识能力，也不承认人有非经验的知识。严复说：“良知良能诸说，皆洛克、穆勒之所屏。”④经验主义者既然不承认“良知良能”，自然也就把知识的领域确定在现象世界。他又说：“于是世间一切可以对待论者，无往非实……是域而外固无从学，即学之亦于人事殆无涉也。”⑤因此，在严复看来，经验世界就是人生存的世界，人没有能力获得超验世界的知识，也没有必要去追求这种知识。

最后，他们对中国传统经学的态度不同。康有为、谭嗣同都赞同今文经学。梁启超称“今文学运动之中心，曰南海康有为”⑥。康有为也说：

---

① 康有为著，楼宇烈整理：《康南海自编年谱》(外二种)，北京，中华书局，1992，第8页。

② 谭嗣同：《仁学》，蔡尚思、方行编：《谭嗣同全集》(增订本)，北京，中华书局，1981，第317页。

③ 康有为：《致朱蓉生书》，上海市文物保管委员会编：《戊戌变法前后康有为遗稿》，上海，上海人民出版社，1986，第222页。

④ 严复：《〈穆勒名学〉按语》，王栻主编：《严复集》第四册，北京，中华书局，1986，第1051页。

⑤ 严复：《〈穆勒名学〉按语》，王栻主编：《严复集》第四册，北京，中华书局，1986，第1036页。

⑥ 梁启超：《清代学术概论》，北京，东方出版社，1996，第69页。

“必有人恢张今学而大明之，以复孔子后学之绪，而因以明孔子之道者。”[①]在康有为看来，“孔子之道”就体现在儒家经典之中，人们只有通过今文经学的方法才能把握，他自己的使命就是以今文经学的形式来发扬“孔子之道”。梁启超指出，今文经学是谭嗣同《仁学》的三个重要组成部分之一：“又用今文学家‘太平’、‘大同’之义，以为‘世法’之极轨，而通之于佛教。”[②]谭嗣同虽然不是晚清今文经学运动的领袖，但也深受其影响，是它的坚定支持者。另外，本书在前面提到，康有为称他的学术“必有宋学义理之体”，谭嗣同也把宋学作为《仁学》的理论来源之一，因而他们对宋学都有相当程度的肯定。而严复却坚决反对包括今文经学在内的所有传统的治学方式，他说：“赫胥黎有言：‘天下之最为哀而令人悲愤者，无过于见一国之民舍故纸所传而外，一无所知。既无所信向，亦无所持守。徒尚修辞，以此为天下之至美；以虫鸟之鸣，为九天之乐。’嗟呼！赫氏此言，无异专为吾国发也。”[③]在严复看来，今文经学和古文经学一样，都是把学术引向“故纸”的错误认识路向，不会使人获得知识；只有面向大自然和依靠感觉经验，才能获得真正的知识。同时，本书在前面指出，严复对宋学进行了猛烈的批判。他认为，只有对宋学进行全盘的否定，中国的现代学术才能发展起来。

通过以上分析可以看出，严复的认识论和康有为、谭嗣同的认识论之间确实存在着理论形态方面的根本差异：严复的认识论属于现代形态的哲学理论，而康有为、谭嗣同的认识论则属于从传统形态向现代形态过渡的哲学理论。并且，这一差异使得严复的认识论对后来中国哲学的发展产生了深远的影响。胡伟希指出：“中国近代实证论者在介绍传播西方实证论哲学时，也把狭义认识论观点传播到中国。自严复以来的中国实证主义者无一不采取这种狭义认识论观点。”[④]实证主义是最重要的中国现代认识论思潮之一，而严复是中国第一个实证主义哲学家。因此，不管怎样评价中国实证主义思潮，人们都必须承认严复对中国现代认识论发展的贡献。

总之，严复从现代实证主义哲学出发思考认识论问题，回答了当时中国哲学的认识论问题，把西方的近现代经验主义认识论和归纳逻辑学

---

① 康有为：《致朱蓉生书》，上海市文物保管委员会编：《戊戌变法前后康有为遗稿》，上海，上海人民出版社，1986，第225页。

② 梁启超：《清代学术概论》，北京，东方出版社，1996，第83页。

③ 严复：《论今日教育应以物理科学为当务之急》，王栻主编：《严复集》第二册，北京，中华书局，1986，第282页。

④ 胡伟希：《金岳霖与中国实证主义认识论》，上海，上海人民出版社，1988，第156页。

引入中国的认识论研究，彻底否定了以认识超验知识为中心的中国传统认识论，确立起以把握经验的科学知识为中心的中国现代认识论体系。杨国荣指出："近代实证主义以认识论以及逻辑与方法论为重心，它的引入与阐发，对中国哲学自身的深化与拓展，无疑具有不可低估的意义……中国近代的实证主义思潮则更侧重于推进传统哲学的近代化。"① 严复是"中国近代的实证主义思潮"(它属于本书所说的中国现代科学主义思潮)的开启者，他对中国哲学认识论现代发展的贡献就是通过中国实证主义思潮的发展来体现的。

① 杨国荣：《从严复到金岳霖：实证论与中国哲学》，北京，高等教育出版社，1996，第7页。

第三章 传统本体论的科学化

严复所接受的英国早期实证哲学，属于西方现代哲学中的科学主义流派，其基本主张就是将传统哲学科学化、实证化，排斥形而上学。正如孔德所指出的："人类的精神受本性的支配，在它的每一项探讨中，都相继地使用了三种性质基本上不同、甚至根本相反的哲学方法……由此便产生了彼此互相排斥的三类哲学，或三类说明一切现象的总的思想体系。"①显然，孔德继承并改造了亚里士多德的哲学观，将哲学作为"一切现象的总的思想体系"。只不过这种思想体系是关于"现象的"，而不包括亚里士多德所说的形而上学，因而这种作为"一切现象的总的思想体系"的哲学确实可以走科学化、实证化的道路。当严复将实证哲学的这一属于现代哲学的基本观点运用于中国传统本体论时，中国传统本体论就开始解体、分化，从而使得中国哲学的理论形态呈现出了现代性的特征。

当中国传统本体论科学化、实证化时，会发生哪些变化呢？第一，宇宙论与本体论分离。李维武指出："中国传统本体论总是与宇宙论结合在一起：本体论总是依赖于宇宙论所提供的科学根据，对宇宙人生作出解释、提出希望；宇宙论又总是作为论证本体论的科学根据而存在，没有形成一种相对独立的科学体系。宇宙论与本体论的这种结合，使科学与哲学，事理与本体长期杂糅不分，严重阻碍了中国传统本体论向近代本体论进而向现代本体论的转换，使这种转换长期处于难产之中。"②"中国传统本体论总是与宇宙论结合在一起"，或者说宇宙论成为中国传统本体论的重要组成部分，这确实是中国传统哲学的基本特征。冯友兰先生的《中国哲学简史》中，就专门讨论了先秦宇宙发生论、汉代董仲舒的宇宙发生论和宋代儒学张载之前的宇宙发生论，张岱年先生更是将宇宙论作为其《中国哲学大纲》的第一部分内容。而在现代哲学看来，本体论研究"本体"问题，这是一个真正的哲学问题，属于哲学的研究领域；宇宙论研究"事理"问题，这是一个知识的问题，属于科学的研究领域。因而，本体论和宇宙论实际上分属于两种不同性质的学科。但由于中国传统哲

① 〔法〕孔德：《实证哲学教程》，洪谦主编：《西方现代资产阶级哲学论著选辑》，北京，商务印书馆，1964，第25～26页。

② 李维武：《20世纪中国哲学本体论问题》，长沙，湖南教育出版社，1991，第98页。

学家不能够作出这种区分，本体论和宇宙论杂糅不分就成为中国传统本体论的根本特征。同时，这也是中国传统哲学的思维框架：人们总是从宇宙论出发探讨本体论的问题，总是用本体论范畴回答宇宙论的问题。因而，作为现代哲学家的严复对中国传统本体论的批判就必须既要使本体论不再“依赖于宇宙论所提供的科学根据”，把“本体”和“事理”分离；又要使宇宙论不再“作为论证本体论的科学根据而存在”，把哲学和科学分离。简言之，本体论必须与宇宙论分离：以不可知论对待本体论，同时构建科学的宇宙论。

第二，中国传统的天人关系可以科学化、实证化。张岱年先生指出：“人生论是中国哲学之中心部分……宇宙论与人生论，在中国哲学中，本亦是不分别的。”①根据英国早期实证哲学，宇宙论可以成为科学的宇宙论，人生论也可以成为科学的人生论。在严复哲学思想中，科学化就表现为天演论，即天演的宇宙论和天演的人生论。张岱年先生又指出：“中国哲学中的人生论，较宇宙论为详，可析为四个部分：天人关系论，人性论，人生理想论及人生问题论。”②其中，后两个部分属于伦理问题或价值问题，在实证哲学中是不能科学化的。而在严复哲学思想中，人性论是从属于天人关系论的。因而对于严复哲学思想来说，人生论必须要科学化。其主要体现为以科学的天演论来讨论天人关系，而将人生理论与人生问题归入价值领域，与宗教相关。

第三，中国传统本体论中的宗教内容也要科学化。冯友兰先生指出：“哲学在中国文化中所占的地位，历来可以与宗教在其他文化中的地位相比。”③也就是说，中国哲学中有相当于西方社会中的宗教的内容。本体论作为中国传统哲学中最核心的内容，当然具有某些宗教内容。严复就明确指出：“中国赵宋以前之儒者，其所讲者，固不外耳目践履之近者也。其形上者，往往求之老佛之书。自宋之诸儒，始通二者之邮，大明乎下学上达之情，而以谓性与天道，即见于可得闻之文章，则又痛辟乎二氏之无当。自陆王二子，主张良知，而永嘉经制之学，乃逐物破道。愈为儒教偏宗，非其所尚者矣。顾自今以西学眼藏观之，则惟宗教，而后有如是之纷争。至于学界，断断不宜有此。”④简言之，严复认为儒家传统本体论中有宗教的成分。因而根据实证哲学的主张，严复也对这种

① 张岱年：《中国哲学大纲》，北京，中国社会科学出版社，1982，165页。

② 张岱年：《中国哲学大纲》，北京，中国社会科学出版社，1982，165页。

③ 冯友兰：《中国哲学简史》，北京，北京大学出版社，1985，第3页。

④ 严复：《〈法意〉按语》，王栻主编：《严复集》第四册，北京，中华书局，1986，第992页。

含有宗教意义的本体论进行一种科学化、实证化批判，这就得到实证哲学的宗教观。严复将其纳入天演学中，因而可以称其为天演的宗教观。

因此，笔者就从本体论、宇宙论、天人关系和宗教观四个方面来探析严复是如何批判中国传统本体论的。

第一节　排斥形而上学

这里的形而上学指那种以获得关于本体的知识为目的的本体论。传统哲学认为，关于本体的知识是最高等级的知识，哲学的最终目的就在于获得关于本体的知识。而西方现代实证哲学则认为，人只具有有限的、感性的认知能力，因而人不能获得关于本体的知识，形而上学是不能成立的。也就是说，传统本体论要走科学化、实证化的道路，就必须将形而上学逐出哲学的研究领域。因而排斥形而上学就成为严复哲学思想中最明显的现代特征。正是在这一意义上，胡伟希认为："否认'本体'可以认识，不是严复偶然的、零星的思想，而是他整个哲学思想的核心。"① 那么，严复是如何"否认'本体'可以认识"的呢？

一、"惟意非幻"

严复是从改造笛卡儿的"惟意非幻"的命题出发来排斥形而上学的，他说："自特嘉尔倡尊疑之学，而结果于惟意非幻。于是世间一切可以对待论者，无往非实。"②"尊疑之学"就是笛卡儿所说的"怀疑一切"，"实"的意思就是人可以确切地知道某物的存在，"幻"的意思与"实"相反，"对待论者"就是现象世界。"惟意非幻"就是说只有经验的现实世界才是真实的存在，这是严复对笛卡儿的"我思故我在"的改造。笛卡儿提出"怀疑一切"的主张，来为他的哲学理论寻找一个坚实的理性基础。笛卡儿认为，人可以怀疑人的生活世界、知识甚至自我和上帝的存在，却不能怀疑"我在怀疑"(即"我思")。因此，"我思"就成为笛卡儿哲学的理论基础。他从"我思"出发，推论出自我的存在，然后引导出上帝的存在，最后以上帝为依据论证了物质世界是实在的。这样，笛卡儿就在"怀疑一切"的基础上牢牢地建构了三个本体：上帝、物质和心灵。严复对笛卡儿的本体论论证没有兴趣，但相当欣赏笛卡儿从"怀疑一切"和"我思"出发来讨论哲

① 胡伟希：《金岳霖与中国实证主义认识论》，上海，上海人民出版社，1988，第4页。

② 严复：《〈穆勒名学〉按语》，王栻主编：《严复集》第四册，北京，中华书局，1986，第1036页。

学问题，并从实证主义哲学的角度对“惟意非幻”进行了改造。实证主义者认为，“我在怀疑”只能说明“思”是确实的，但不能推导出“我”的存在。同时，他们又把“思”理解为一种经验性的活动，即严复所说的“意”。因此，严复的“惟意非幻”的意思是，人们真正能够直接确定其存在的只有人的感知活动和可以被人感知的现象世界，这是人们进行哲学研究的出发点。

严复承认现象世界的确实性，即“世间一切可以对待论者，无往非实”，这就击中了传统本体论的要害，因为传统本体论就是建立在现象世界是不真实的这一观念之上的。古希腊哲学家认为，现象世界是变幻不定的，是不真实的，必然有一个与现象世界完全不同的最终的存在——本体，本体才是最真实的存在。人的认识活动总是指向真实的存在。因而大多数传统哲学家认为，人的认识活动必须要超越感性世界，依靠纯粹的理性去把握那个最真实的本体，形而上学也就成为最高等级的知识。巴门尼德最先明确提出这一观点，而在柏拉图的理论中，这一观点表现得最明显。虽然中国传统哲学不太强调本体和现象世界的分离，并且承认现象世界也是一种具有真实性的存在，但又承认本体和现象之间是形而上和形而下的关系，实际上也是认为人们应该追求形而上的“道”，而轻视对形而下的感性世界的认识。严复强调“世间一切可以对待论者，无往非实”，承认现象世界才是最真实的存在，人的认识活动就应该指向现象世界。这就否定了中国传统哲学对形而上世界和形而下世界的划分，也否定了形而上学是一种绝对知识，抽掉了中国传统本体论的理论前提，动摇了中国传统本体论的根基。

同时，这也使传统本体论“总是依赖于宇宙论所提供的科学根据”失去了根据。传统哲学家认为，本体是最真实的存在，而现象世界是不真实的或真实性较低的存在，本体决定着现象世界的状态，因而人们要论证本体的存在或认识本体的性质，其实就是要探讨本体和现象世界之间的关系。传统哲学家还认为，作为最高存在的本体决定了现象世界的起源、变化、秩序和基本结构，而现象世界的起源、变化、秩序和基本结构正是宇宙论的基本内容，因而传统本体论“总是依赖于宇宙论所提供的科学根据”，使得本体论和宇宙论杂糅在一起。古希腊哲学最初的本体论可以说都是宇宙论，人们直接把它们称为“早期自然哲学”。后来古希腊哲学的本体论虽然不能称为宇宙论，但两者还是杂糅在一起：柏拉图的善理念把秩序赋予整个世界，具有宇宙论的意义；亚里士多德的本体(神)是世界运动最初的推动者、最终的原因和最终的目的，这也可以说是一种宇宙论。托马斯就是从宇宙论中寻求上帝存在的证据。中国传统本体论与西方传统本体论相类似，老子说："道生一，一生二，二生三，三生万物。"①这就是从宇宙发生论的角度来讨论本体的"道"的根本特征。中国传统的气本论认为本体的"气"就是构成宇宙万物的基本物质，"气"的变化引起了宇宙万物的运动变化；中国传统的理本论则认为本体的"理"就是宇宙万物的秩序。因而，中国传统本体论也是与宇宙论杂糅在一起的。严复承认现象世界是最真实的存在，它的存在不需要本体作为依据。这就意味着本体的根本特征不表现为它决定现象世界的起源、变化、秩序和基本结构，人们从宇宙论出发将无法认识本体的特征。因此，中国传统哲学家讲本体论"总是依赖于宇宙论所提供的科学根据"是错误的。

严复的"惟意非幻"和"尊疑之学"是联系在一起的，这就开辟了中国哲学家讨论本体问题的新路向。对人的认识能力进行彻底的批判和反省是进行哲学研究的必要前提，人们要以此为基础，从认识论出发讨论哲学问题特别是本体问题。其实，不管是在中国传统哲学中还是在西方传统哲学中，大多数哲学家都认为人有认识所有客体的能力。亚里士多德指出："对于不同性质的事物，灵魂也有不同的部分来思考。这些不同能力同那些不同性质的事物之间也有某种相似性和亲缘关系。"②"灵魂"指人的认识能力。在亚里士多德看来，不管客体是本体、精神抑或是现象、物质，人都能够选择超越经验的理性认识能力或感性认识能力来把握它们的本质或特征。因而，古代哲学家几乎不从人的认识能力入手讨论本体问题。从17世纪的培根、笛卡儿起，西方哲学开始了认识论转向，即从人的认识能力出发讨论知识的问题。这样一来，人们也就开始从人的认识能力入手讨论本体问题。英国近代经验主义哲学认为，人只具有经验的认识能力。把这一观点贯彻到底，人就不能把握本体的特征及本体与现象世界的关系。也就是说，形而上学是不能成立的，从宇宙论出发讨论本体问题是错误的。休谟、康德的怀疑论可以说是这一哲学转向的顶峰，并深刻影响了后来西方科学主义哲学的发展。而只有到了严复译介西方现代哲学著作并接受笛卡儿的"惟意非幻"和"尊疑之学"时，中国哲学才开始了认识论转向，中国人才开始从认识论的角度讨论本体问题，这将导致中国哲学的本体论与宇宙论完全分离。

---

① 《老子·第四十二章》。

② 〔古希腊〕亚里士多德：《尼各马可伦理学》，廖申白译注，北京，商务印书馆，2003，第166页。

后来的中国现代哲学家并不承认严复的“惟意非幻”，他们大都不从“意”出发讨论本体问题。人文主义者承认本体和经验世界都是真实的存在；马克思主义者则认为本体(自然本体或实践本体)都是可知的，因而他们反对严复把客观的世界仅仅理解为“意”的世界并承认“意”之后还有一个不可知的本体。这些都充分表明了严复的“惟意非幻”不能很好地回答本体问题，但其在中国哲学现代发展史上具有重要的意义：它使中国现代哲学家开始重视考察人的认识能力，使中国哲学发生了一种认识论转向；并且它认为现象世界是最真实的存在，这就否定了中国传统哲学对形而上世界和形而下世界的划分。可以说，严复的“惟意非幻”使中国哲学家不再从宇宙论出发而是从人的认识能力入手讨论本体问题，这实际上就彻底否定了中国传统哲学家对本体问题的论证，从而要求中国现代哲学家寻找新的依据来重构中国哲学的本体论。从这个意义来看，严复的“惟意非幻”就成为中国哲学现代发展中的一个重要环节。

二、“惟意可知”

严复进一步指出，由于人的认识能力都是经验的，即使人们要去认识本体，也没有能力。因此，人只能认识现象世界，而本体和实体等超验的东西都是不能被人所认识的，即“惟意可知”①。

严复同意穆勒等人的观点，认为人没有直观本体或实体的能力，只有感性直观能力。这种能力只能获得事物所给予人的感性特征，即“元知”。穆勒说：“所谓元知止于形色。”②“形”“色”都是事物所给予人的感性特征，是“元知”的所有内容。也就是说，人的感性直观能力只能直观个别事物所给予人的感性特征，而不能直观本体或实体。因而严复赞同赫胥黎的观点：“人之生也，形气限之。物之无对待而不可以根尘接者，皆非吾人思议之所得及。”③“物之无对待”就是最高的存在，“根尘”就是人的感觉器官。在严复、赫胥黎等人看来，本体和人的感官是不能够“接”的，而人的理性认识对象是由感觉提供的。因此，本体无法被人的感觉所把握，也无法被人的理性“思议之所得及”。严复遗憾地说：“使有人具无垠之智慧，如《中庸》所谓至诚，如佛氏所谓天眼通，则据已事以

① 严复：《〈天演论〉复案》，王栻主编：《严复集》第五册，北京，中华书局，1986，第1378页。

② 〔英〕穆勒：《穆勒名学》，严复译，北京，生活·读书·新知三联书店，1959，第8页。

③ 〔英〕赫胥黎：《天演论》，王栻主编：《严复集》第五册，北京，中华书局，1986，第1455页。

推未然，真无异畴人之推星变，锱铢分秒，不能违也。”[①]“至诚”和“天眼通”就是理智的直观，可以直接把握本体或实体，因而人就能获得绝对的知识。但科学主义者都否认人类具有这种能力，因为到目前为止，人类都没有得到过这种绝对的知识，其所获得的知识全都是相对的。

严复不仅否认人能通过直观获得本体或实体的知识，而且根据语言的经验性特征进一步否认了人能通过推理而得到关于它们的知识。他说：“盖天下惟对待可言。”[②]“对待”就是现象世界，这就是语言所能适用的范围。实证主义者认为，人的推理能力就是逻辑思维的能力，而概念是最基本的思维单位。没有概念，人们就无法进行逻辑的推理。可以说，概念的适用范围就是语言的认知范围，也是“推知”的范围。根据实证主义者形成概念的原则，即穆勒的“名由德定，必有同德而后有同称”[③]，概念是用来指称事物所给予人的感性特征的，超越感性的东西是无法形成概念的。因此严复说：“往者释氏尝以真如为无对矣，而景教则以上帝为无对矣；顾其说推之至尽，未有不自相违反者。是以不二之门，文字言语道断，而为不可思议之起点也。”[④]在严复看来，本体和佛教的“真如”、基督教的“上帝”都是现象世界之外的最高存在，超出了概念、语言的适用范围。因此，人无法形成本体的概念，不能“思议”这些本体。如果人没有认识到人的推理能力或语言的局限，试图运用语言来论说本体，就会陷入“未有不自相违反者”的困境，出现康德所说的“二律背反”。因此，人的推理能力也不能把握本体。

另外，严复又根据现代实证哲学对因果范畴的理解，否认了人能通过因果关系获得本体或实体的知识。他赞同穆勒的观点：“夫体之界说，既曰感所由起之外因矣。”[⑤]穆勒、严复都承认实体是产生感觉的原因，但他们认为人不能直观实体，也不能根据因果关系从感觉现象来“推知”实体，因为“非不知必有外因，始生内果。然因同果否，必不可知。所见之影，即与本物相似可也。抑因果互异，犹鼓声之与击鼓人，亦无不

① 严复：《〈国计学甲部〉按语》，王栻主编：《严复集》第四册，北京，中华书局，1986，第848页。

② 严复：《〈穆勒名学〉按语》，王栻主编：《严复集》第四册，北京，中华书局，1986，第1039页。

③ 〔英〕穆勒：《穆勒名学》，严复译，北京，生活·读书·新知三联书店，1959，第30页。

④ 严复：《〈穆勒名学〉按语》，王栻主编：《严复集》第四册，北京，中华书局，1986，第1033页。

⑤ 〔英〕穆勒：《穆勒名学》，严复译，北京，生活·读书·新知三联书店，1959，第56页。

可"[①]。因果关系只表示有果必有因，并不蕴含因与果必然相似的意思。因与果可以是相似的，也可以是完全不同的。因此，虽然现象和实体之间有一种因果关系，人们仍然对实体一无所知。穆勒、严复等人提到的实体不仅指物质，也指心灵。严复赞同穆勒的观点："体者，不测之外物，能感吾心使为种种觉念者也；心者，不测之内物，能为是觉念者也……是能思、能感之内主，与夫致思、生感之外因，舍其发现者以为言，则二者同于不可思议已耳。"[②]"体者"是物质实体，是产生现象的外部因素；"心者"是心灵实体，是产生现象的内在因素。人们知道物质实体和心灵实体的功能在于产生现象，但无法获得关于它们的知识。穆勒、严复等人实际上承认实体只是一种推理的结果：有现象(结果)必然就有产生现象的原因(实体)；现象是人可以感知到的，人能够确证它的存在；而实体却是人根据因果关系认为应该有此存在的。根据康德的先验论，本体就是各种实体的最高统一体：世界是所有物质实体的统一体，灵魂是所有精神实体的统一体，而上帝是世界和灵魂的统一体。因此，本体和现象世界之间的关系就相当于实体和具体感觉之间的关系：实体产生具体感觉，本体产生现象世界，人们无法依据因果关系从具体感觉中获得关于实体的知识，也就无法依据因果关系从现象世界中获得关于本体的知识。后来的实证主义者虽然承认本体是不可知的，但在本体是否存在的问题上出现了差异：马赫认为存在不可知原因的观念是非常荒谬的，因而他否认了本体或实体的存在；而罗素等人则基本上认同穆勒等人的观点，认为人们虽然不能认识本体或实体，但从逻辑上来说，它们应该是存在的。在这个问题上，严复接受的是穆勒的观点，因此他明确指出人们所能认识的仅仅是感性世界："吾所知者，不逾意识，断断然矣，惟意可知。"[③]"知"指知识，"惟意可知"就是说人们只能获得关于现象世界的知识，现象就是知识的界限。因此，人不可能得到关于本体的知识，作为知识的形而上学是不能成立的。

总的来看，从实证主义哲学出发，严复把人的认识能力归结为经验的认识能力。他的"惟意可知"否认了人可以把握本体，这一主张受到了后来的中国现代哲学家的批判。作为科学主义哲学家的金岳霖运用逻辑

---

① 严复：《〈天演论〉复案》，王栻主编：《严复集》第五册，北京，中华书局，1986，第1378页。

② 〔英〕穆勒：《穆勒名学》，严复译，北京，生活·读书·新知三联书店，1959，第56页。

③ 严复：《〈天演论〉复案》，王栻主编：《严复集》第五册，北京，中华书局，1986，第1378页。

推理来把握“道”和“太极”，人文主义哲学家运用直观来把握本体，马克思主义哲学家更是反对严复的不可知论。这些都充分说明了人不仅仅具有经验的认识能力，严复的不可知论是有争议的。但是，严复的不可知论在中国现代哲学史上具有相当重要的意义，正如李维武所指出的：“他就由经验证实原则出发，对传统哲学的本体论进行了批判，主张把传统哲学所讲的‘天地元始、造化真宰、万物本体’之类都作为‘不可思议之理’而存而不论，使哲学走上科学化、实证化的道路。”①这就是说，严复的不可知论的意义在于它对传统哲学本体论的批判，在于它把中国哲学带上了新的发展道路。严复的“惟意可知”把认识现象世界和认识本体严格区分开来，并且认为：人对现象世界的认识具有独立的意义，不需要归结到对本体的认识；人对本体的认识也具有独立的意义，不需要依赖于科学知识。从此以后，中国现代哲学家都不再承认本体论是知识范畴，也不再从宇宙论出发讨论本体问题，这成为中国现代哲学家排斥本体论的根本依据或重建本体论的前提。从这个角度看，严复的“惟意非幻”和“惟意可知”就成为中国哲学本体论现代发展中的一个极为重要的环节。

第二节　构建科学的宇宙论

严复在完成了把本体论从宇宙论中剥离出来的工作之后，就开始讨论宇宙论的问题，试图把宇宙论从传统本体论中解放出来，成为一门独立的学科。这也是科学主义哲学的基本主张，它认为哲学应该走科学化、实证化的道路，而宇宙论的问题是关于现象世界的，可以通过科学研究来解决，即宇宙论应该成为科学而从哲学中分离出去。实际上，这也是排斥形而上学的哲学主张的必然要求。如果人们对传统宇宙论置之不理，那么传统形而上学就以某种形式存在着，对传统本体论的批判工作也就没有完成。因此，严复要彻底否定传统宇宙论(即传统形而上学的宇宙论)，就必须要构建出以现代科学为基础的宇宙论。这里的科学和形而上学，都是指人们探求现象世界运动规律的思维方式：形而上学不是指本体论，而是指用本体、目的、形式、第一因等范畴来解释现象世界的运动；科学是指人们用经验的因果关系等近现代自然科学的范畴来解释现象世界的运动。这就是说，与传统宇宙论相比，科学的宇宙论不仅在内

① 李维武：《新编中国哲学史》第五编，冯达文、郭齐勇主编：《新编中国哲学史》下册，北京，人民出版社，2004，第296页。

容上不同，在思维方式上也不同。因而，它也充分体现了严复本体论思想的现代特征。

一、批判传统宇宙论的形而上学思维方式

批判传统宇宙论的形而上学思维方式，实质就是要将本体范畴从宇宙论中排除出去。其实，严复所主张的“惟意非幻”和“惟意可知”就已经蕴含着这些意义了：人们仅仅知道实体是产生“意”的原因，本体是产生现象世界的原因，而对于本体的本质和本体怎样作用于现象世界却一无所知，那么，如果人们用这样的一个本体范畴来解释宇宙论问题，就等于说宇宙论问题是无法回答的。但宇宙论所讨论的都是现象世界的问题，这些问题都可以由科学来回答，并且科学已经在一定程度上回答了这些问题。这就意味着，传统宇宙论的形而上学思维方式必然要被科学的思维方式所取代。

当然，严复否定传统宇宙论不仅是因为本体范畴是不可知的，还在于他认为解答宇宙论的问题根本就用不着本体范畴。他说：“天有理而无善。”[①]“理”是自然的规律，“善”是道德的原理；“理”蕴含着必然性，“善”却意味着自由。用“理”来解答宇宙论的问题，就必须依靠因果范畴，这是现代宇宙论的思维方式；而用“善”来解答宇宙论的问题，则必须依靠本体范畴，这是传统宇宙论的思维方式。严复认为“天有理而无善”，就是说现象世界是没有自由的，只有必然性，神的意志也不能干涉自然界的必然性。因此，“理”就是宇宙万物运动变化的实际原因，人们运用“理”就能解答宇宙论的问题，神或本体范畴就要从宇宙论中被排除出去。严复又进一步指出：“执果穷因，是惟科学。”[②]即人只有通过科学的方法才能获得因果规律。这就是说，现代宇宙论要求人们运用科学的方法来探寻宇宙万物产生发展的因果规律，宇宙论应该成为一门科学。

严复又将批判的矛头指向传统宇宙论的形而上学思维方式的另一个堡垒——目的论。古代哲学家认为本体就是现象世界的目的，用目的论来解释现象世界的运动变化。柏拉图的善理念不仅是理念世界的核心，也是现象世界的最终追求；亚里士多德更是用最终目的来解释现象世界的运动变化。中国传统的宇宙论主要把本体看作宇宙万物的起源或本根，

---

① 严复：《〈天演论〉复案》，王栻主编：《严复集》第五册，北京，中华书局，1986，第1395页。

② 严复：《译〈群学肄言〉自序》，王栻主编：《严复集》第一册，北京，中华书局，1986，第123页。

其目的论特征不是很明显。但老子说："夫物芸芸，各归其根。"[①]"根"就是指作为本体的"道"。张载也说："万物不能不散而为太虚。"[②]"太虚"就是指作为本体的"气"。既然作为本体的"根"和"太虚"都被某些中国传统哲学家看成是宇宙万物的归宿，从思维方式看，这种宇宙论也是具有目的论倾向的。而严复则认为"天运之行，无目的也"[③]，"天运之行"就是现象世界的运动变化。既然现象世界的运动变化没有目的，那么任何从目的论出发来解答宇宙论的问题的理论就都是错误的，因此传统宇宙论统统站不住脚。

这样一来，严复基本上从方法论上完成了对传统宇宙论的批判，指出了宇宙论的科学性质，这就为中国现代宇宙论的发展奠定了坚实的理论基础。

二、科学的天演宇宙论

在完成了对传统宇宙论的批判之后，严复吸收了当时西方自然科学发展所取得的成就，特别是达尔文进化论和牛顿力学，构建了中国哲学史上第一个现代形态的宇宙论——科学的天演宇宙论。

严复说："通天地人禽兽昆虫草木以为言，以求其会通之理，始于一气，演成万物。"[④]这里的"气"不是本体的"气"，而是康德和拉普拉斯所说的原始星云，它本身就是自然现象。在严复看来，宇宙万物(即"天地人禽兽昆虫草木")都是从单一的原始物质发展而来的，整个宇宙呈现出一种从简单到复杂、从低级到高级的演化趋势。整个世界是自然演化出来的，并且始终处于自然演化之中。

严复又用科学来具体解释宇宙的进化过程，强调这是一个自然演化即天演的过程。在宇宙万物的发展过程中，人们最重视星体特别是太阳系的产生和人的产生，因而严复运用进化论对这两个问题作了详细的探讨。

严复运用星云假说解释太阳系的产生，他说："日局太始，乃为星气，名涅菩剌斯(即 nebula，今译为星云——引者注)，布濩六合，其质点本热至大，其抵力亦多，过于吸力。继乃由通吸力收摄成珠，太阳居

① 《老子·第十六章》。

② (宋)张载：《正蒙·太和篇》，《张载集》，北京，中华书局，1978，第 7 页。

③ 严复：《政治讲义》，王栻主编：《严复集》第五册，北京，中华书局，1986，第 1254 页。

④ 严复：《原强修订稿》，王栻主编：《严复集》第一册，北京，中华书局，1986，第 17 页。

中，八纬外绕，各各聚质，如今是也。”①在严复看来，太阳系最初是一团温度极高的气体，其排斥力大于吸引力，向外扩散；在扩散过程中，温度降低，吸引力增大，最后形成各种星体，“太阳居中，八纬外绕”，太阳系就形成了。严复又说：“居今之时，日局不徒散力，即合质之事，亦方未艾也。”②太阳系是自然演化出来的，它本身又继续处于自然演化的过程中，这种自然演化不会导向某一不变的状态，而是永远进行下去。

严复运用达尔文进化论来解释人的产生，他说：“英达尔温氏(即达尔文——引者注)曰：‘生物之初，官器至简，然既托物以为养，则不能不争；既争，则优者胜而劣者败，劣者之种遂灭，而优者之种以传。既传，则复于优者中再争，而尤优者获传焉。如此递相胜不已，则灭者日多，而留者乃日进，乃始有人。人者，今日有官品中之至优者也，然他日则不可知矣。’”③他又说：“动植如此，民人亦然。民人者，固动物之类也。”④这就是说，人和人类社会不是神有目的地创造出来的，而是自然界长期演化的产物；人和人类社会的出现不是天演过程的结束，而是在新的阶段以一种新的形式展开天演。

这样，严复实质上就否认了宇宙中存在着特殊的物质。在传统哲学中，“气”、星体和人都被赋予了某种特殊的意义。在西方哲学中，亚里士多德认为星体是神居住的地方，柏拉图认为人是具有理性的灵魂并能回忆起理念世界的特殊生物。在基督教中，人和地球更具有特殊性：人是神按自己的模样创造出来的，人居住的地球是宇宙的中心。在中国传统哲学中，“天”的意义很繁杂，在许多情况下被视为宇宙万物的主宰；“气”被视为本体或宇宙中的普遍的物质质料。“天”和“气”都不是具有科学意义的范畴，大多数中国传统哲学家或者认为人和作为本体的“天”是相通的，或者认为人是由最精细的“气”构成的。而在严复的宇宙论中，“气”、星体和人都是普通的物质，他又运用自然科学的原理来解释宇宙的进化过程，这就割断了现象世界和本体的联系以及世界的发展和造物主之间的关系。因而对宇宙论来说，本体和神就成为不必要的假定。这样，严复就成功地把本体从宇宙论中彻底排除出去，从而使他的宇宙论在性质上根本不同于传统宇宙论。

---

① 严复：《〈天演论〉复案》，王栻主编：《严复集》第五册，北京，中华书局，1986，第1327页。

② 严复：《〈天演论〉复案》，王栻主编：《严复集》第五册，北京，中华书局，1986，第1327页。

③ 严复：《保种余义》，王栻主编：《严复集》第一册，北京，中华书局，1986，第86页。

④ 严复：《原强修订稿》，王栻主编：《严复集》第一册，北京，中华书局，1986，第16页。

受斯宾塞、赫胥黎的影响，严复又运用达尔文进化论来解释世界处于天演过程中的原因。就西方哲学来说，赫胥黎反对斯宾塞对进化论的理解，但在严复看来，他们的进化论之间具有一种互补性和内在的统一性。严复赞同赫胥黎的观点："以天演为体，而其用有二：曰物竞，曰天择。此万物莫不然，而于有生之类为尤著……物既争存矣，而天又从其争之后而择之，一争一择，而变化之事出矣。"①在严复看来，"一争一择"是世界万物运动变化的原因，因而达尔文进化论的"物竞天择"并不仅仅适用于生物界，也适用于宇宙万物，只不过在生物界中表现得最为明显。也就是说，达尔文进化论可以放大为一种关于宇宙论的原理。但严复意识到，将达尔文进化论直接应用到无机界是有困难的，也很难用其来解释天体的产生和演化。因此，对进化论必须有一个普遍的科学的定义。只有这样，天演论才能"会通"无机界的演化和包括人类在内的有机界的演化，成为一种科学的宇宙论。

严复赞同斯宾塞通过引入牛顿力学解释进化论来使进化论具有普遍的意义，他说："有斯宾塞尔者，以天演自然言化……其为天演界说曰：'翕以合质，辟以出力，始简易而终杂糅。'"②"天演"是用来讨论"化"的，即从进化的角度讨论世界的变化；"化"就是"始简易而终杂糅"，即世界的变化表现为从简单到复杂、从低级到高级的进化过程；"翕以合质，辟以出力"就是说"质"和"力"的相互作用是产生进化现象的原因。严复又认为"质"和"力"是相互规定的，他说："力既定质，而质亦范力，质日异而力亦从而不同焉。"③根据牛顿力学的原理，"质"不同，"力"的性质也就不同；世界上既没有离开"质"的纯粹的"力"，也没有与"力"无关的纯粹的"质"。严复认为，正是由于"质"的差异及相应的"力"的差异，进化论的规律就有了差异：有机界的进化论的规律就是"物竞天择"，这被达尔文等生物学家所揭示；对于天体或无机界而言，进化论的规律主要表现为物理学、化学的原理，这被牛顿等物理学家、化学家所揭示。因此，严复说："大宇之内，质力相推。"④这样一来，进化论的规律虽然是有差

① 〔英〕赫胥黎：《天演论》，王栻主编：《严复集》第五册，北京，中华书局，1986，第1324页。

② 严复：《译〈天演论〉自序》，王栻主编：《严复集》第五册，北京，中华书局，1986，第1320页。

③ 严复：《〈天演论〉复案》，王栻主编：《严复集》第五册，北京，中华书局，1986，第1328页。

④ 严复：《译〈天演论〉自序》，王栻主编：《严复集》第五册，北京，中华书局，1986，第1320页。

异的，但归根到底，宇宙万物的进化现象都可以归结为“质”和“力”的相互作用，这种相互作用使得宇宙万物始终处于一种自然演化的过程中。

严格说来，严复的宇宙论也具有形而上学的色彩：“质”和“力”的本性是不可知的；“质”“力”范畴和事物之间也是一种本质和现象的关系，现象是可以被人所感知的，而本质却是不能被人所感知的。但笔者认为，严复的宇宙论仍然是一个科学的体系，不仅因为“质”“力”范畴来自于自然科学，而且因为“质”“力”范畴就像“以太”范畴一样，是一种可以被经验事实证实或证伪的理论假设。严复的宇宙论中，关于太阳系的形成、无机界的发展、生物界的演化、人类社会的进化等理论都是可以被经验证实或证伪的。如果这些理论都被经验证明是错误的，那么“质”“力”范畴就站不住脚，严复的宇宙论就是错误的。因此，严复的宇宙论确实是一种科学的宇宙论，或者说具有科学的性质。

今天看来，严复的宇宙论也有不科学的地方，其中有些内容是牵强附会的，甚至是错误的，但它是中国哲学发展的里程碑。李维武指出，严复的宇宙论有两个方面的价值。第一，“在他(即严复——引者注)看来，从牛顿、达尔文的划时代科学成就出发，完全能够说明自然界的复杂现象与历史演化，如实地描绘出宇宙运动图景，而不必去设立上帝之类的创物主，也不必去设立各种哲学本体。宇宙论不应是神学的，也不应是哲学的，而只能是科学的。”①这里的“哲学”指形而上学，“哲学的”宇宙论就是那种传统的与本体论相纠缠的宇宙论。这就是说，严复的宇宙论意味着中国出现了科学的宇宙论，中国传统的形而上学宇宙论和神学宇宙论应该被彻底抛弃，宇宙论摆脱了本体论的束缚而成为一门独立的学科。第二，“这个崭新的宇宙论以其完整的系统的科学框架和科学内容，改变了宇宙论与本体论相结合的中国哲学传统，取代了传统的本体论，真正开启了中国哲学科学化、实证化的新方向。”②也就是说，严复的宇宙论意味着中国哲学本体论出现了新的思维方式、开始了现代转型。在宇宙论成为科学而从哲学中剥离出来以后，本体问题作为真正哲学问题的性质才逐渐显露出来，中国哲学的本体论不再依托于宇宙论。只有在这个新的理论基础上，中国哲学家才可能重建中国现代本体论。从这个意义来看，严复的宇宙论就成为中国现代本体论发展的一个重要环节。

---

① 李维武:《20世纪中国哲学本体论问题》，长沙，湖南教育出版社，1991，第104页。

② 李维武:《20世纪中国哲学本体论问题》，长沙，湖南教育出版社，1991，第107页。

第三节　科学化的“天人关系”

“天人关系”在中国传统哲学中又称为“天人之辩”。严复指出：“中国所谓天字……以神理言之上帝，以形下言之苍昊，至于无所为作而有因果之形气，虽有因果而不可得言之适偶，西文各有异字，而中国常语，皆谓之天。”①在中国传统哲学中，“天”是有着多元意义的：它既可以指作为最高存在的本体或神，又可以指自然界或自然属性，也可以具体指与地相对应的天，还可以与命、理相结合而成天命、天理。当“天”指自然界时，“天人关系”就是我们现在所说的人与自然的关系；当“天”指人的自然属性或与道德范畴相结合时，“天人关系”实质上就是人性论。因而，本节中的“天人关系”包括人与自然的关系和人性论。

“天人关系”是中国传统哲学的重要内容，从孔子开始，儒家就特别关注这一问题。孔子提出要知“天命”，并将“性”“习”作为一对相辅相成的范畴，开创了儒家人性论的源头。随后，孟子提出了“顺天”说和“性善”说，稍后的荀子则径直提出了“制天命”和“性恶论”，进而将先秦儒学内部的“天人之辩”推向了第一个高潮。唐代，刘禹锡、柳宗元发展出“天人交相胜”的观点。宋代，程朱理学将“理”“欲”范畴与“天人关系”相结合而成“天理人欲”说，这又成为明末清初儒学讨论的中心问题之一。纵观中国传统哲学，“天人关系”总是与本体论、宇宙论杂糅纠缠在一起的。

本书前面已论证，当严复引入英国早期实证哲学时，中国传统的本体论由于不可知而被认为是不能成立的，但宇宙论却可以被科学化为天演的宇宙论。相应地，中国传统的“天人关系”也可以被科学化，这表现为严复以科学的天演论为框架来讨论人与自然的关系和人性论。

一、天演的“以人持天”说

严复是以科学的天演论为框架来讨论“天人关系”的。他所说的“天”就是指自然界，具体说来就是指从宇宙的产生到地球上的人类产生发展的物质过程；而他所说的“人”就是指从自然界中发展演化而来的智慧物种。因此，严复所说的“天人关系”就是我们现在所说的人与自然的关系。

严复关于人与自然的关系的论述，主要体现在他的译著《天演论》之

---

① 严复：《〈群学肄言〉按语》，王栻主编：《严复集》第四册，北京，中华书局，1986，第921页。

中，其基本观点是“以人持天”。人们普遍接受了吴汝纶的解释：“以为天不可独任，要贵以人持天。以人持天，必究极乎天赋之能，使人治日即乎新，而后其国永存，而种族赖以不坠，是之谓与天争胜。而人之争天而胜天者，又皆天事之所苞。是故天行人治，同归天演。”①这一观点强调了以人“胜天”的主观能动性和“天行人治，同归天演”这两个方面的内容，固然有其合理性，但不足以囊括严复的“以人持天”说的内容。让我们看看严译《天演论》中的这段话：

天然非他，凡未经人力所修为施设者是已。乃今为之试拟一地焉，在深山广岛之中，或绝徼穷边而外，自元始来未经人迹，抑前经垦辟而荒弃多年，今者弥望蓬蒿，羌无蹊远，荆榛稠密，不可爬梳。则人将曰：甚矣，此地之荒秽矣！然要知此蓬蒿荆榛者，既不假人力而自生，即是中种之最宜，而为天之所择也。忽一旦有人焉，为之铲刈秽草，斩除恶木，缭以周垣，衡从十亩，更为之树嘉葩，栽美箭，滋兰九畹，种橘千头，举凡非其地所前有，而为主人所爱好者，悉移取培植乎其中。如是乃成十亩园林，凡垣以内之所有，与垣以外之自生，判然各别矣。此垣以内者，不独沟塍阑楯，皆见精思，即一草一花，亦经意匠。正不得谓草木为天工，而垣宇独称人事，即谓皆人为焉，无不可耳。第斯园既假人力而落成，尤必待人力以持久，势必时加护葺，日事删除，夫而后种种美观，可期恒保。假其废而不治，则经时之后，外之峻然峙者，将圮而日卑；中之浏然清者，必淫而日塞。飞者啄之，走者蹦之，虫豸为之蠹，莓苔速其枯。其与此地最宜之蔓草荒榛，或缘间隙而文萦，或因飞子而播殖，不一二百年，将见基址仅存，蓬科满目，旧主人手足之烈，渐不可见。是青青者又战胜独存，而遗其宜种矣。此则尽人耳目所及，其为事岂不然哉！此之取譬，欲明何者为人为，十亩园林，正是人为之一。大抵天之生人也，其周一身者谓之力，谓之气；其宅一心者谓之智，谓之神。智力兼施，以之离合万物，于以成天之所不能自成者谓之业，谓之功，而通谓之曰人事。自古之土铏洼尊，以至今之电车铁舰，精粗迥殊，人事一也。故人事者，所以济天工之穷也。虽然，苟揣其本以为言，则岂惟是莽莽荒荒，自生自灭者，

① 吴汝纶：《译〈天演论〉吴序》，王栻主编：《严复集》第五册，北京，中华书局，1986，第1317页。

乃出于天生；即此花木亭垣，凡吾人所辅相裁成者，亦何一不由帝力乎？①

据此，严复的"以人持天"说包含着以下几层意思。第一，"人力"才是天与人的根本不同之处。没有人力参与的过程就是"天然"，有人力参与的过程就是"人为"。第二，"人为状态"与"天然状态"是对立的二种状态。"人为状态"有人的目的，其存在与否也有赖于人力；而"天然状态"是与人的目的和行为无关的状态。"人为状态"要改变"天然状态"，而"天然状态"则时时试图毁灭"人为状态"。第三，"自古之土铏洼尊，以至今之电车铁舰，精粗迥殊，人事一也。""人事"就是指"人力"，显然包括了一切人为的技术。"电车铁舰"更是建立在西方近现代科学基础之上的技术。也就是说，严复将西方近现代科技引入了中国传统的"天人之辩"，其意义当然也就具有了现代性。第四，"即此花木亭垣，凡吾人所辅相裁成者，亦何一不由帝力乎？""帝力"就是自然之力，也可以理解为自然规律。也就是说，不仅"天然"出于"帝力"，"人事"也出于"帝力"，"天然"和"人事"都是"帝力"的表现形式。"帝力"与"人事"之间是如何联系起来的呢？严复指出："交通之用必资舟车，而轮船铁路，非汽不行，汽则力学之事也。地不爱宝，必由农矿之学，有地质，有动植，有化学，有力学，缺一则其事不成。他若织染冶酿，事事皆资化学。"②也就是说，"帝力"要转化为"人事"必须经过科学这一环节，科学是技术的基础。实际上，严复关于"人事"与"天然"的观点已经非常接近于今天马克思主义原理中的实践观了，既具有科学性，也是现代性的，从根本上不同于中国传统的"天人之辩"。

严复明确将宗教排除出其"以人持天"说，他指出："造物立其一本，以大力运之，而万类之所以底于如是者，咸其自己而已，无所谓创造者也……古者以人类为首出庶物，肖天而生，与万物绝异。自达尔文出，知人为天演中一境，且演且进，来者方将，而教宗抟土之说，必不可信。"③这就是说，在人类的起源和人与自然的关系这一问题上，没有必要采用宗教的解释。在西方思想史上，这是科学与宗教的斗争；而对于

① 〔英〕赫胥黎：《天演论》，王栻主编：《严复集》第五册，北京，中华书局，1986，第1331～1332页。

② 严复：《论今日教育应以物理科学为当务之急》，王栻主编：《严复集》第二册，北京，中华书局，1986，第283页。

③ 严复：《〈天演论〉复案》，王栻主编：《严复集》第五册，北京，中华书局，1986，第1325页。

中国哲学史来说，则是将人与作为本体的“天”或“气”相剥离。也就是说，中国传统哲学中的“天人关系”必须与本体论分离。

要理解严复的“以人持天”说，还必须要理解与之相对应的斯宾塞的“任天”说。严复指出：

> 斯宾塞氏之言治也，大旨存于任天，而人事为之辅……斯宾塞之言曰：人当食之顷，则自然觉饥思食。今设去饥而思食之自然，有良医焉，深究饮食之理，为之程度，如学之有课，则虽有至精至当之程，吾知人以忘食死者必相藉也。物莫不慈其子姓，此种之所以传也。今设去其自然爱子之情，则虽深谕切戒，以保世存宗之重，吾知人之类其灭久矣，此其尤大彰明较著者也。由是而推之，凡人生保身保种，合群进化之事，凡所当为，皆有其自然者，为之阴驱而潜率，其事弥重，其情弥殷。设弃此自然之机，而易之以学问理解，使知然后为之，则日用常行，已极纷纭繁赜，虽有圣者，不能一日行也。于是难者曰：诚如是，则世之任情而过者，又比比焉何也？曰：任情而至于过，其始必为其违情。饥而食，食而饱，饱而犹食；渴而饮，饮而滋，滋而犹饮。至违久而成习，习之既成，日以益痼，斯生害矣。故子之所言，乃任习，非任情也。使其始也，如其情而止，则乌能过乎？学问之事，所以范情，使勿至于成习以害生也。斯宾塞任天之说，模略如此。①

简言之，“任天”就是“任情”，人情就是人的自然欲望。“任天”说的两个基本观点就是：第一，人的行为必须以某一自然欲望为基础；第二，人依学问行事，不仅仅是以“情”为基础前提，还要“范情”。显然，斯宾塞的“任天”说的内容不同于赫胥黎的“持天”说。虽然二者并不是绝对对立的关系，但就“天人关系”来说，二者确实是有对立之处的：“持天”说强调人为与自然的不同，而“任天”说则强调人为要顺应人的自然。“持天”说更能满足严复“救亡保种”的要求，但他又不完全赞成“持天”说：“赫胥黎氏是书大指，以物竞为乱源，而人治终穷于过庶。此其持论，所以与斯宾塞氏大相径庭，而谓太平为无是物也。斯宾塞则谓事迟速不可知，而人道必成于郅治……斯宾塞之言如此，自其说出，论化之士十八

① 严复：《〈天演论〉复案》，王栻主编：《严复集》第五册，北京，中华书局，1986，第1334～1335页。

九宗之，计学家柏捷特著《格致治平相关论》，多取其说。”[1]赫胥黎对人口增长问题持悲观主义的观点，因而他否定了人类进入太平盛世的可能性；而斯宾塞则对人口问题持乐观主义的立场，因而他承认了“郅治”的可能性。在这一问题上，严复明确支持斯宾塞的观点。也就是说，严复的“以人持天”说实际上是他对赫胥黎“持天”说和斯宾塞“任天”说的综合。

综上所述，严复在科学的天演论的基础上讨论中国传统哲学中的“天人关系”，融入了现代科学技术的内容，从而将它转化为人与自然的关系，实现了“天人关系”的科学化，使其与中国传统的本体论剥离开来。

二、天演的人性论

在中国传统哲学中，人与自然的关系和人性论同属于“天人之辩”。严复在用天演论探讨人与自然的关系的同时，也用天演论来探讨人性论，试图将传统的人性论也科学化。他明确指出：“宋以来儒者，以理属天，以欲属人者……大抵中外古今，言理者不出二家，一出于教，一出于学。教则以公理属天，私欲属人；学则以尚力为天行，尚德为人治。”[2]“教”指宗教，“学”指科学。严复明确地将宗教与科学分离，并指出宋以后中国传统儒家的宗教属性，也表明自己讨论人性论的基本立场——科学。严复所说的科学就是天演论。

严复的人性论深受赫胥黎的影响。赫胥黎认为：“且与生俱生者有大同焉，曰好甘而恶苦，曰先己而后人。”[3]“与生俱生”就是指人的自然本性，它不仅是经验的，也是关于个人的。“好甘而恶苦”和“先己而后人”就是严复的人性论的出发点。严复是进化论者，他所关注的是人类社会的演化发展。那么，关于个体的人性论是如何在群体的社会演化中起作用的呢？

首先，严复必须要关注个体的人是如何形成群体的。受亚当·斯密的影响，赫胥黎用同情心来解释这个问题，即人对人的同情心是人从个体到群体的根本原因。但严复反对这一观点：“赫胥黎保群之论，可谓辨矣。然其谓群道由人心善相感而立，则有倒果为因之病，又不可不知也。盖人之由散入群，原为安利，其始正与禽兽下生等耳，初非由感通而立

---

① 严复：《〈天演论〉复案》，王栻主编：《严复集》第五册，北京，中华书局，1986，第1350～1352页。

② 严复：《〈天演论〉复案》，王栻主编：《严复集》第五册，北京，中华书局，1986，第1395页。

③ 〔英〕赫胥黎：《天演论》，王栻主编：《严复集》第五册，北京，中华书局，1986，第1345页。

也。夫既以群为安利，则天演之事，将使能群者存，不群者灭；善群者存，不善群者灭。善群者何？善相感通者是。然则善相感通之德，乃天择以后之事，非其始之即如是也。其始岂无不善相感通者？经物竞之烈，亡矣，不可见矣。”①“感通”就是指亚当·斯密所说的同情心，“安利”就是指“好甘而恶苦”和生存。严复这里明显是借鉴了自由主义的自然状态理论：为了“好甘而恶苦”和生存，人必须从个体状态过渡到群体状态。群体成为生存竞争的基本单位，某一群体的个体越“善群”，该群体的竞争力就越强。经过生存竞争，“善相感通”的群体就存在下来了。因此，物竞天择是人的群体性形成的根本原因，或者说人的群体性是来自于物竞天择，而不是人的自然本性的直接呈现。

其次，“先己后人”的原则在人群演化中起什么作用呢？严复说：“自营一言，古今所讳，诚哉其足讳也。虽然，世变不同，自营亦异。大抵东西古人之说，皆以功利为与道义相反，若薰莸之必不可同器。而今人则谓生学之理，舍自营无以为存。但民智既开之后，则知非明道则无以计功，非正谊则无以谋利。功利何足病，问所以致之之道何如耳，故西人谓此为开明自营。开明自营，于道义必不背也。”②“自营”就是“先己后人”，其本意指自我优先，也可以引申出我们今天所说的自私。从逻辑上说，“自营”将会阻碍群体的发展。而在严复看来，在人类社会发展的初级阶段，“自营”确实不利于群体的发展；但到了人类社会发展的高级阶段，随着人民知识水平的提高，“自营”发展成“开明自营”，成为功利主义的基础，进而成为现代社会存在和发展的根本原则。也就是说，随着人类社会的发展，自利原则可以发展成共利原则，进一步推动人类社会的发展。

最后，严复还必须要讨论人性与恶的关系问题：“有叩于复者曰，人道以苦乐为究竟乎？以善恶为究竟乎？应之曰：以苦乐为究竟，而善恶则以苦乐之广狭为分。乐者为善，苦者为恶，苦乐者所视以定善恶者也。”③“苦乐”就是“好甘而恶苦”，它们都是经验的。严复用“苦乐”来界定善恶，其善恶也就成为经验的了。严复以此来反对中国传统的人性论：“宋代诸儒言性，其所云明善复初诸说，多根佛书……均无确证，姑存其

① 严复：《〈天演论〉复案》，王栻主编：《严复集》第五册，北京，中华书局，1986，第1347页。

② 严复：《〈天演论〉复案》，王栻主编：《严复集》第五册，北京，中华书局，1986，第1395页。

③ 严复：《〈天演论〉复案》，王栻主编：《严复集》第五册，北京，中华书局，1986，第1359页。

说，以俟贤达取材焉。”[①]“均无确证”是因为它们是先验的，与严复的经验主张根本相反。但严复也不赞同荀子的经验的人性论，“荀子‘性恶而善伪’之语，诚为过当，不知其善，安知其恶”[②]。在严复看来，既然人的本性有苦有乐，也就是说有善有恶。而荀子只看到恶，却忽视了善，因而是片面的。[③] 此外，严复的人性论的经验基础与荀子的人性论也不相同：严复的经验是与科学相联系的，而荀子的经验是指人的动物性生活状态。

既然善恶根植于人的本性，那么对于人类社会发展来说，能否达到有善无恶的境界呢？善如何克服恶呢？严复用斯宾塞进化论来回答这一问题：“斯宾塞氏得之……然于物竞天择二义之外，最重体合。体合者，物自致于宜也。彼以为生既以天演而进，则群亦当以天演而进无疑，而所谓物竞、天择、体合三者，其在群亦与在生无以异……然民既成群之后，苟能无扰而公，行其三例，则恶将无从而演；恶无从演，善自日臻。”[④]“体合”就是生物体自身结构与外在环境完全适应的状态。也就是说，天演论不只是物竞天择，还有生物体主动调整自身以适应环境的内容，人类社会的天演也是如此。在严复看来，当人类社会发展到高级阶段，人群的“体合”有可能达到斯宾塞所说的“三例”，那么“恶无从演”。简言之，善克服恶不是人的本性或道德修养的问题，而是人类社会发展程度的问题。如此看来，严复讨论问题的基本思路确实不同于中国传统的人性论。

综上所述，严复讨论人性论问题确实是从感性经验出发、以科学的天演论为框架、以群己关系为线索展开的，其内容和形态与中国传统的人性论不同，具有很强的科学化的现代性特征。

三、“世与人有相成之功”

严复最为关注的是人类社会的演化发展。人类社会的演化发展总是有时代性的，对于人们来说，他们所处的时代可以看成各种客观物质和

① 严复：《〈天演论〉复案》，王栻主编：《严复集》第五册，北京，中华书局，1986，第1373页。

② 严复：《〈天演论〉复案》，王栻主编：《严复集》第五册，北京，中华书局，1986，第1395～1396页。

③ 奇怪的是，在人性论方面，严复批判了宋儒的先验人性论，却对其源头孟子人性论毫不论及。

④ 严复：《〈天演论〉复案》，王栻主编：《严复集》第五册，北京，中华书局，1986，第1393页。

条件的总和，即可以看成“天”。因此，从人类社会发展的时代性出发，“天人关系”就转化为人们与他们所处的时代的关系。严复接受了斯宾塞的观点：“世无人固不治，人无世亦不生，世与人有相成之功，斯天演之行见矣。”[①]“世”就是指时代性。简言之，对于人类社会的演化发展来说，“天人关系”就表现为“世与人有相成之功”。“相成之功”就是说人具有主动性，能“以人持天”，“世”成就了人“功”；同时，“世”之所以如此也是由于人为，人成就了“世”“功”。“世”与人是相互规定、紧密联系起来的。这里的人既指为人类历史进步作出了重大贡献的历史伟人(严复称为圣人)，也包括众多的普通个体(严复将其集合体称为民)。

首先，“世”具有客观性。赫胥黎说：“夫转移世运，非圣人之所能为也。圣人亦世运中之一物也，世运至而后圣人生。世运铸圣人，非圣人铸世运也。使圣人而能为世运，而无所谓天演者矣。”[②]他又指出：“此之谓世变，此之谓运会。运者以明其迁流，会者以指所遭值。”[③]“迁流”就是指某物从过去到现在的变化状况，“遭值”就是指某物当下所在的环境；“世运”就是我们现在所说的“时势”，“世运铸圣人”就是我们现在所说的“时势造英雄”。赫胥黎将天演论理解为科学：“有因无创，有常无奇。”[④]因此，天演现象只是一种有因必有果的关系。在今天看来，就是说“世运”具有客观性，连圣人也不能不服从这种客观性。严复赞同赫胥黎的观点，他又指出：“彼圣人者，特知运会之所由趋，而逆睹其流极。唯知其所由趋，故后天而奉天时；唯逆睹其流极，故先天而天不违。于时裁成辅相，而置天下于至安。后之人从而观其成功，遂若圣人真能转移运会也者，而不知圣人之初无有事也。”[⑤]也就是说，虽然圣人由“世运”铸成，但他确实能够成就一番功业。不过，圣人的成功并不是由于他本人的神奇，而是归功于他把握、认识了时势发展的因果关系和事物的发展变化趋势，并且顺势而为。这就是，我们今天所说的认识并利用规律来促进人类社会的发展。这些观点实际也就批判了中国传统的圣人观。在中国传统哲学中，人类文明的典章制度都是由圣人制定的，人类文明的保持

---

① 〔英〕斯宾塞：《群学肄言》，严复译，北京，商务印书馆，1981，第27页。

② 〔英〕赫胥黎：《天演论》，王栻主编：《严复集》第五册，北京，中华书局，1986，第1362页。

③ 〔英〕赫胥黎：《天演论》，王栻主编：《严复集》第五册，北京，中华书局，1986，第1326页。

④ 〔英〕赫胥黎：《天演论》，王栻主编：《严复集》第五册，北京，中华书局，1986，第1326页。

⑤ 严复：《论世变之亟》，王栻主编：《严复集》第一册，北京，中华书局，1986，第1页。

也依赖于圣人才能发现的道理，圣人是最高的道德标准。简言之，圣人就是超人。但严复的天演论却将圣人科学家化：圣人成功的秘密在于他们把握了事物的因果关系，他们并不能无中生有地创造，他们的活动要依赖于时势。

严复最为关注的是人类社会的演化发展。人类社会的演化发展当然离不开圣人，但圣人的功业能否成功并不仅仅与天演规律相关，还与人群的特殊性相关。斯宾塞说："今之论治化者，必归其功于一二人，而悉置其所权藉。"①"权藉"就是依据，即那些使得圣人治化有"成效"的各种要素的综合体。斯宾塞又说："群之能事，必视其民……盖群者天演之一事，所本于民质者无论已。"②这就是说，民或者说"民质"就是圣人的功业的"权藉"。综而论之，一个群体的"治化"成效固然离不开圣人，但更决定于他所"权藉"的"民质"。严复接受了斯宾塞的观点，并将"民质"归纳为民力、民智、民德。据此，严复认为中国的救亡"所可悲者，民智之已下，民德之已衰，与民气之已困耳。虽有圣人用事，非数十百年薄海知亡，上下同德，痛刮除而鼓舞之，终不足以有立"③。简言之，即使中国出现圣人，也不可能在短期内追上西方，因为圣人没有其"权藉"，原因是中国"民智之已下，民德之已衰"。他甚至认为："西洋观化言治之家，莫不以民力、民智、民德三者断民种之高下，未有三者备而民生不优，亦未有三者备而国威不奋者也。"④即民才是国家治乱盛衰的根本因素。严复在天演论中讨论了圣人与民的关系，其显然不同于中国传统哲学中圣人与民的关系：在天演论中，民才是人类社会发展中最为根本的因素；而中国传统的圣人观则认为民必须有待于无所不能的圣人来拯救、感化。

综上所述，严复所推崇的天演论确实讨论了"天人关系"、人性问题和圣人与民之间的关系，其内容和理论形态明显不同于中国传统的"天人之辩"。这可以说是中国近现代哲学家第一次试图用科学的眼光来讨论中国传统的"天人之辩"，预示着其将进入现代发展阶段。

---

① 〔英〕斯宾塞：《群学肄言》，严复译，北京，商务印书馆，1981，第28页。

② 〔英〕斯宾塞：《群学肄言》，严复译，北京，商务印书馆，1981，第41页。

③ 严复：《原强》，王栻主编：《严复集》第一册，北京，中华书局，1986，第9页。

④ 严复：《原强修订稿》，王栻主编：《严复集》第一册，北京，中华书局，1986，第18页。

第四节　天演的宗教观

笔者前面已指出，中国传统本体论中的某些内容具有宗教意义。当严复依据实证哲学的原则将中国传统本体论科学化时，这部分内容不能被科学化，也不能归属于形而上学而被否定，其宗教的本性就显现出来了。赫胥黎和斯宾塞的进化论也都涉及了宗教问题，受他们的影响，严复实际上将宗教作为一种社会现象，在天演论的框架下讨论宗教发展与科学之间的关系。孔德、穆勒都对宗教问题有专门的讨论，而且他们都依据西方文化的基本立场，将宗教与社会价值观和伦理观联系在一起。受他们的影响，严复也讨论了宗教与社会发展之间的关系。因此，我们就从这两个方面讨论严复的宗教观。

一、宗教发展与科学

严复是以天演论为框架讨论宗教发展问题的，即宗教也有一个产生、发展的过程。严复接受了实证哲学的基本立场——哲学要走科学化、实证化的道路，特别强调宗教发展与科学之间的关系。

严复明确指出："是故西学之与西教，二者判然绝不相合。'教'者所以事天神，致民以不可知者也。致民以不可知，故无是非之可争，亦无异同之足验，信斯奉之而已矣。'学'者所以务民义，明民以所可知者也。明民以所可知，故求之吾心而有是非，考之外物而有离合，无所苟焉而已矣。'教'崇'学'卑，'教'幽'学'显；崇幽以存神，卑显以适道，盖若是其不可同也。"①"今夫教之为物，与学殊绝。学以理明，而教由信起，方其为信，又不必与理皆合也……呜呼！宇宙广漠，事理难周，存而不论可耳。"②"教"指宗教；"学"指知识体系，对于实证哲学来说，就是指科学。据此，严复认为，根据西方现代学术体系，宗教与科学的性质是完全不同的：宗教的基础是对神的信仰，对于人来说，要认识神是不可能的，因而宗教没有真假对错的问题；而科学的目的是"明理"，其对象是现象世界，其结论是可以被经验验证的，因而科学有真假对错的问题。也就是说，科学不能用来证明宗教的真假对错，或者说真正的科学与真正的宗教是可以并存的。

---

① 严复：《救亡决论》，王栻主编：《严复集》第二册，北京，中华书局，1986，第52页。

② 严复：《〈法意〉按语》，王栻主编：《严复集》第四册，北京，中华书局，1986，第1021页。

但从天演论来看，宗教与科学却是密切相关的。首先，从宗教的起源来看，严复指出："宗教起点，其存于今有二说焉。其一发于法人恭特(即孔德——引者注)；其一发于斯宾塞。二家之说皆有真理，而后说尤胜。"①孔德认为宗教起源于人们用神来解释各种自然现象，而斯宾塞则认为宗教起源于"人鬼"，即人们用鬼魂来解释人的生死梦幻等现象。在天演论看来，自然和人生问题在现代都属于科学问题，而在人类社会的最初阶段却属于宗教问题。因此，严复指出："宗教、学术二者同出于古初，当进化程度较浅之时范围极广，而学术之事亦多杂以宗教观念，无纯粹之宗风。"②严复又指出："不可知长存，则宗教终不可废，学术之所以穷，即宗教之所由起。"③因而在严复看来，最原始的宗教其实包含着三个内容：以不可知论为基础的信仰，以鬼神来解释自然和人生问题的迷信，以经验实证的因果关系来解释自然和人生问题的科学。他认为宗教的天演就是从原始宗教发展到真正的纯粹的宗教的过程："由是而知必科学日明，而后宗教日精，宗教日精由迷信之日寡也，宗教、迷信二者之不可混如此也……前谓宗教、学术二者必相冲突。虽然，学术日隆，所必日消者特迷信耳，而真宗教则俨然不动……宗教可以日玄而无由废也。"④在严复看来，传统的形而上学是不能成立的，因为它与迷信一样，与科学是完全对立的；但原始宗教中却有着真宗教的内容，而真宗教与科学是可以共存的。因此，严复将宗教发展归结于科学发展的结果：随着科学发展，原始宗教中的科学的内容将被科学化、实证化，而迷信的内容将消失，宗教将被纯化而显出其真正的本性(即以不可知论为基础的信仰)。

科学在严复哲学思想中有二层意义：第一，科学研究方法、科学研究对象及其相应的知识体系，这是最为常见的意义；第二，民智，即科学知识被人所掌握。严复说："柏庚有言：'民智即为权力。'岂不信哉！"⑤"民智即为权力"今天被译为"知识就是力量"，也就是说，民智就是科学知识。因而严复又说："其文化之浅深不同，则其教之精粗亦不同。大率必其教之宗旨合乎此群人之智识，则此教即可行于此群中。"⑥

---

① 严复：《天演进化论》，王栻主编：《严复集》第二册，北京，中华书局，1986，第317页。
② 严复：《天演进化论》，王栻主编：《严复集》第二册，北京，中华书局，1986，第316页。
③ 严复：《天演进化论》，王栻主编：《严复集》第二册，北京，中华书局，1986，第319页。
④ 严复：《天演进化论》，王栻主编：《严复集》第二册，北京，中华书局，1986，第318～319页。
⑤ 严复：《〈原富〉按语》，王栻主编：《严复集》第四册，北京，中华书局，1986，第874页。
⑥ 严复：《保教余义》，王栻主编：《严复集》第一册，北京，中华书局，1986，第83页。

简言之，有什么样的民智，就有什么样的宗教。

据此，严复这样评价当时中国的宗教："中国教与学之事合而为一，而西国教与学之事判而为二。"①"教与学之事判而为二"是"学"充分发展之后的结果，是宗教发展的高级阶段；"教与学之事合而为一"则是宗教发展的初级阶段。相应地，宗教发展的程度与民智发展是同步的，"而吾国之民，上者乐天任数，下者谄鬼祷祈。此其性质，实与宗教最合。"②因此，中国的真宗教要发展，必须有赖于科学的发展和民智的提高。

综上所述，严复的宗教观是与科学密切相关的。随着科学和民智的发展，宗教的内容和形式也将发生改变。

二、宗教与社会发展

严复的天演论最终关注的是人类社会从低级阶段向高级阶段的发展，而价值问题又是社会发展中的重要问题。根据西方实证哲学，宗教是人类社会的价值问题的基础，或者说价值问题是归属于宗教领域的。受到它的影响，严复又从价值的角度来讨论宗教与社会发展的问题。

严复对宗教有一个界定："合一群之人，建国于地球之面。人身，有形之物也，凡百器用与其规制，均有形之事也。然莫不共奉一空理，以为之宗主。此空理者，视之而不见，听之而不闻，思之而不测。而一群之人，政刑之大，起居之细，乃无一事不依此空理而行。其渐且至举念之间，梦寐之际，亦无心不据此空理而起也。此空理则教宗是矣……而此群人亦可因奉此教之故，而自成一特性。故风俗与教宗可以互相固结者也。"③据此，宗教有三个基本特征：第一，有人就有宗教，无论是处于高级发展阶段的人群，还是处于低级发展阶段的人群，都是有宗教的；第二，宗教核心实质上是"空理"，因而尽管宗教的形式是多元的，但它们的核心的范畴都是"空理"，这种"空理"是不可知的，是没有真假对错的；第三，宗教与风俗相关，风俗中就包括了人的价值观和道德观。

严复特别强调宗教对提升社会价值的作用，他说："今微论西洋教宗如何，然而七日来复，必有人焉聚其民而耳提面命之，而其所以为教之术，则临之以帝天之严，重之以永生之福。人无论王侯君公，降以至于穷民无告，自教而观之，则皆为天之赤子，而平等之义以明。平等义明，故其民知自重而有所劝于为善。今夫'上帝临汝，勿贰尔心'、'相在尔

① 严复：《〈原富〉按语》，王栻主编：《严复集》第四册，北京，中华书局，1986，第910页。
② 严复：《〈法意〉按语》，王栻主编：《严复集》第四册，北京，中华书局，1986，第1010页。
③ 严复：《保教余义》，王栻主编：《严复集》第一册，北京，中华书局，1986，第83页。

室，尚不愧于屋漏’者，大人之事而君子之所难也；而西洋小民，但使信教诚深，则夕惕朝乾，与吾之大人君子无所异。内省不疚，无恶于志，不为威惕，不为利诱，此诚教中常义，而非甚瑰琦绝特之行者也。民之心有所主，而其为教有常，故其效能如此。”①简单地说，西方现代社会的基本价值观——平等来源于宗教，在中国人看来只有“大人君子”才能够具有的高贵的道德品质，却是普通的西方宗教徒轻易就可以达到的。因而，宗教在近现代的西方社会中具有重要的价值。

然而，严复虽然承认西方现代价值与西方宗教之间有内在联系，也承认西方宗教在形式上比中国宗教更为高级②，却不赞同引入西方宗教。他说：“试观十五六稘之欧史，其时宗教之争最烈，而教会之所以敢于杀人，斯巴尼亚、罗马二国之所行，所长为历史之大诟者，正坐毁躯干以救灵魂之邪说耳。嗟呼！一说之兴，至使杀人焚人者，转若心安而理得，其所杀几百千万亿之人，如是而犹以为无弊。则愚不知天下何说乃有弊也。”③简言之，西方宗教的天演过程中是伴随着血腥的战争的，中国宗教不应走西方宗教的天演之路。严复力图寻找中国宗教自身的特征，他说：“故凡世间所立而称教者，则必有鬼神之事，祷祠之文，又必有所持受约束，而联之以为宗门徒党之众。异夫此者，则非今西人之所谓教也。”④而中国“孔教之高处，在于不设鬼神，不谈格致，专明人事，平实易行”⑤。以西方宗教的标准来看，中国的孔教不是宗教。但以严复对宗教的定义来看，中国的孔教就是宗教，因为它也是依“空理”的。或者说，孔教在中国可以起到宗教在西方的作用。因而，严复又从价值和道德的角度高度颂扬了孔教：“大凡一国存立，必以其国性为之基。国性国各不同，而皆成于特别之教化，往往经数千年之渐摩浸渍，而后大著。但使国性长存，则虽被他种之制服，其国其天下尚非真亡……中国之特别国性……岂非恃孔子之教化为之耶？”⑥他晚年对中国社会现实极度失望，但对中国的未来还没有彻底绝望，“中国目前危难，全由人心之非，而异

---

① 严复：《原强修订稿》，王栻主编：《严复集》第一册，北京，中华书局，1986，第 30 页。

② 西方宗教与科学是分离的，而中国宗教与科学是混合的。从天演论来看，西方宗教的发展程度比中国宗教要高。

③ 严复：《〈法意〉按语》，王栻主编：《严复集》第四册，北京，中华书局，1986，第 1016 页。

④ 严复：《〈原富〉按语》，王栻主编：《严复集》第四册，北京，中华书局，1986，第 910 页。

⑤ 严复：《保教余义》，王栻主编：《严复集》第一册，北京，中华书局，1986，第 85 页。

⑥ 严复：《读经当积极提倡》，王栻主编：《严复集》第二册，北京，中华书局，1986，第 330 页。

日一线命根，仍是数千年来先王教化之泽”①。因此，严复虽从科学的角度在整体上否定了传统儒学，却从价值的角度承认了孔教的现代意义。

严复虽然强调宗教对于社会价值道德范畴的意义，却认为人类社会的发展与宗教势力的减弱是同步的。他指出：“是故学日进，则教日休。”②“教育最大之目的，曰去宗教之流毒而已。”③“教会之有权，国家之蝥贼也”④。因而在西方社会的近现代发展中，存在着科学与宗教之间的斗争和国家权力与教会之间的斗争，这两种类型的斗争的结果都使得宗教的势力大大减弱，“三百年来，宗教权力，日衰于西。”⑤对西方以一神教为基础的基督教的未来，严复并不看好：“于是倡为道德独立之教。道德独立者，宗教虽灭，人道亦有以自存也。总之，世法莫不相倚而立者，使民质污，道德固无由独立。方独立之说不足维世，其时宗教之义，自不可破。迨民质进，而宗教义衰，则独立道德，将自有以持世而有余。”⑥要么是“独立道德”，要么是“道德独立之教”，这对于基督教来说是致命的。但在严复看来，这也许是天演的结果。

综上所述，严复的宗教观是以实证哲学的价值与知识二分为基础、以天演论为框架展开的，主要讨论的就是宗教与科学之间的关系和宗教与价值道德之间的关系，它确实是严复将科学化、实证化方法运用于中国传统本体论的结果之一，具有明显的现代性特征。

第五节　严复的本体论思想与中西方哲学

从上面的分析中可以看出，严复的本体论思想实际上是中西方哲学理论相互交汇的产物：受到西方现代哲学的影响，严复的本体论思想才具有现代性的特征；受到中国传统哲学的影响，严复的本体论思想才与相应的西方本体论思想之间存在差异。因此，只有探寻出中西方哲学是怎样影响严复的本体论思想的，人们才能够完整地理解严复的本体论思想及其现代特征。

---

① 严复：《与熊纯如书》，王栻主编：《严复集》第三册，北京，中华书局，1986，第 678 页。

② 严复：《〈法意〉按语》，王栻主编：《严复集》第四册，北京，中华书局，1986，第 1016 页。

③ 严复：《〈法意〉按语》，王栻主编：《严复集》第四册，北京，中华书局，1986，第 1016～1017 页。

④ 严复：《〈法意〉按语》，王栻主编：《严复集》第四册，北京，中华书局，1986，第 1020 页。

⑤ 严复：《〈法意〉按语》，王栻主编：《严复集》第四册，北京，中华书局，1986，第 1010 页。

⑥ 严复：《〈法意〉按语》，王栻主编：《严复集》第四册，北京，中华书局，1986，第 1013 页。

一、西方哲学对严复的本体论思想的影响

西方哲学对严复的本体论思想有着决定性的影响。严复站在现代哲学的立场上否定了传统本体论，他无论是批判形而上学还是重构现代宇宙论，都是以现代哲学和近现代科学理论为基础的。而中国传统文化中根本就没有这些东西，因此他只能从西方现代文化中获取他所需要的几乎一切理论资源。

严复的本体论思想基本上直接来源于英国早期实证主义哲学，也受到某些欧洲大陆哲学家的影响。具体说来，西方哲学主要从以下几个方面影响了严复的本体论思想。

首先，英国早期实证主义哲学使严复接受了排斥形而上学的观念。穆勒说："顾吾于形体、心神，舍其所循附发现之德相、意念，以形气之囿，均之无能思议。形上、形下之物，所能名，所可言尽此。"①严复把穆勒的这个观点解释为："可知者止于感觉……是域而外固无从学，即学之亦于人事殆无涉也。"②严复根据穆勒的"吾于形体、心神""均之无能思议"的观点推论出现象世界"而外固无从学"，这就明确否定了形而上学是知识，把本体论排挤出知识的领域。同时，穆勒是从认识论的角度否定形而上学的，这也使严复从经验主义认识论的角度思考和回答本体论问题，实际上决定了严复对本体论的基本立场。当然，严复排斥形而上学的观念不仅仅来自穆勒，排斥形而上学是整个西方实证主义哲学的基本要求，斯宾塞、赫胥黎和孔德等人的理论对严复接受排斥形而上学的观念也有很大的影响。

其次，英国早期实证主义哲学使严复用现代不可知论对待本体。赫胥黎说："人之生也，形气限之，物之无对待而不可以根尘接者，本为思议所不可及。是故物之本体，既不敢言其有，亦不得遽言其无。故前者之说，未尝固也，悬揣微议，而默于所不可知。"③严复称该观点"观物之理，最为精微"④。显然，严复非常推崇赫胥黎将本体"默于所不可知"的态度。当然，严复的不可知论不仅仅来自赫胥黎的哲学思想，斯宾塞、

① 〔英〕穆勒：《穆勒名学》，严复译，北京，生活·读书·新知三联书店，1959，第57页。

② 严复：《〈穆勒名学〉按语》，王栻主编：《严复集》第四册，北京，中华书局，1986，第1036页。

③ 〔英〕赫胥黎：《天演论》，王栻主编：《严复集》第五册，北京，中华书局，1986，第1375～1376页。

④ 严复：《〈天演论〉复案》，王栻主编：《严复集》第五册，北京，中华书局，1986，第1376页。

穆勒等人的理论对严复接受不可知论的观念也有很大的影响。[①]

再次，西方哲学家使严复接受了宇宙论应该科学化的观点。严复说："形气之学贵矣，此所以自特嘉尔以来，格物致知之事兴，而古所云心性之学微也。"[②]在严复看来，自从笛卡儿通过"我思故我在"肯定"惟意非幻"之后，人的知识就开始从"心性之学"转向"形气之学"，即人们不再用心性范畴解释自然现象，而关注现象世界的因果关系。因此，宇宙论也要从"心性之学"转向"形气之学"，即宇宙论要科学化。当然，严复关于宇宙论科学化的主张也是实证主义哲学的要求，他的宇宙论虽然受孔德、斯宾塞、赫胥黎等早期实证主义者的影响很大，但他认为宇宙论应该成为科学的主张要溯源到笛卡儿的"惟意非幻"。

最后，严复的宇宙论的内容基本上来自西方现代哲学和近现代科学理论。其中，牛顿力学、达尔文进化论和斯宾塞的综合哲学构成了严复的宇宙论的基本内容。严复这样称赞牛顿力学："此所谓旷古之虑，自其例出，而后天学明，人事利者也。"[③]"质""力"是严复的宇宙论中的基本范畴，他就是在牛顿力学的意义上使用这两个范畴的。严复高度评价达尔文进化论："泰西之学术政教，为之一斐变焉。论者谓达氏之学，其彰人耳目，改易思理，甚于奈端氏之天算格致，殆非溢美之言也。"[④]严复运用"物竞天择"的原理来解释生物界和人类社会的产生发展，这一原理就直接来源于达尔文进化论。严复对斯宾塞的《综合哲学体系》[⑤]推崇备至："斯宾塞尔者，与达同时，亦本天演著《天人会通论》，举天、地、人、形气、心性、动植之事而一贯之，其说尤为精辟宏富……呜乎！欧洲自有生民以来，无此作也。"[⑥]根据斯宾塞的思想，严复不是把天演论仅仅理解为一种生物学理论，而是将其扩大成为宇宙论。严复对天演的界定就直接来自斯宾塞的理论，因而在一定意义上，他的宇宙论可以说就是斯宾塞的综合哲学的一种发挥。当然，严复的宇宙论还与其他西方学者的理论相关，如康德-拉普拉斯星云假说等，但其理论框架基本上来

① 在《穆勒名学》的按语中，严复充分表达了本体和实体不可知的观点。

② 严复：《〈天演论〉复案》，王栻主编：《严复集》第五册，北京，中华书局，1986，第1378页。

③ 严复：《译〈天演论〉自序》，王栻主编：《严复集》第五册，北京，中华书局，1986，第1320页。

④ 严复：《原强》，王栻主编：《严复集》第一册，北京，中华书局，1986，第5页。

⑤ 即 *System of Synthetic Philosophy*，严复译为《天人会通论》。

⑥ 严复：《〈天演论〉复案》，王栻主编：《严复集》第五册，北京，中华书局，1986，第1325页。

自牛顿力学、达尔文进化论和斯宾塞的综合哲学。

但是，严复没有机械地接受西方哲学的理论。比如他认为，从笛卡儿的“我思故我在”出发，人们可以得出“惟意非幻”的结论，并把“意”理解为经验，而不是笛卡儿本来意义上的纯粹的自我意识；又如，他对传统形而上学的态度也比英国早期实证主义者要宽容一些，他说：“故诸家之说皆不可轻非，而希格尔之言尤为精妙。”①而实证主义者对黑格尔的本体论是持非常坚决的否定态度的；另外，他把斯宾塞的 *System of Synthetic Philosophy* 译为《天人会通论》，虽然斯宾塞本人反对形而上学，但“*System of Synthetic Philosophy*”的说法具有一定的本体论色彩，而“天人会通论”这个译名则更具有宇宙论的偏向。因此，虽然严复的本体论思想基本上来自西方现代哲学和近现代科学理论，但这些东西都是经过独立思考后才被他接受的。

总之，西方现代哲学和近现代科学理论对严复的本体论思想具有决定性的影响，它们提供了严复思考本体论问题所需要的哲学思维方式和几乎所有的思想材料，这就使严复的本体论思想属于现代形态的哲学理论。

二、中国传统哲学对严复的本体论思想的影响

同西方哲学相比，中国传统哲学对严复的本体论思想的影响要小得多。因为严复的本体论思想基本上属于现代的科学主义哲学，和中国传统本体论存在着性质上的差异。但正如胡伟希指出的：“中国近代实证论哲学必然受到中国传统文化和哲学思想的影响，这并不奇怪。”②中国传统哲学对严复的本体论思想也是有影响的，这主要表现在以下几个方面。

首先，中国传统哲学使严复对不可知论的评价不同于西方哲学家。中国哲学有承认本体不可言说的传统，儒家、道家、佛教哲学都认为人们不能用理性思维来把握本体，对本体的把握也是不能用语言来表达的。严复说：“‘不可思议’四字，乃佛书最为精微之语……谈理见极时，乃必至不可思议之一境，既不可谓谬，而理又难知，此则真佛书所谓‘不可思议’。而‘不可思议’一言，专为此设者也。”③显然，严复对佛学中的“不可思议”是相当推崇的，他对“不可思议”的理解和西方经验主义认识论是

---

① 严复：《〈法意〉按语》，王栻主编：《严复集》第四册，北京，中华书局，1986，第1040页。

② 胡伟希：《金岳霖与中国实证主义认识论》，上海，上海人民出版社，1988，第25页。

③ 严复：《〈天演论〉复案》，王栻主编：《严复集》第五册，北京，中华书局，1986，第1379～1380页。

有差异的。根据西方近代经验主义哲学的认识论原理，人没有能力认识本体，“谈理”到本体就结束了，因此休谟、康德等人以不可知论来确保知识的有效性；而根据中国传统哲学，“不可思议”却是“谈理”的最高层次，中国传统哲学家是以“不可思议”的形式“谈理”，这并不意味着知识的结束，而是知识的深化。严复对不可知论的评价偏重于中国传统哲学，因而他认为本体论虽然不能成立，但也不能轻易否定。当然，严复的不可知论主要是西方近现代哲学意义上的，他是以西方的不可知论而不是以中国传统哲学的不可知论来排斥形而上学的。将这两方面结合起来，笔者认为严复的不可知论有两个来源：西方近现代哲学和中国传统哲学。虽然西方近现代哲学对严复的影响是决定性的，但也不能掩蔽中国传统哲学对严复的影响。

其次，严复可以说在一定程度上接受了《易》的思维方式。严复对《易》是相当推崇的，他说：“夫西学之最为切实而执其例可以御蕃变者，名、数、质、力四者之学是已。而吾《易》则名、数以为经，质、力以为纬，而合而名之曰《易》。大宇之内，质力相推，非质无以见力，非力无以呈质。凡力皆乾也，凡质则皆坤也。”①在严复看来，《易》具有科学的特征，它与现代科学是相通的。应该说，严复把《易》理解为“名、数、质、力四者之学”，这确实是一种附会，但正如史华兹指出的：“很奇怪的是，我们清楚地看到在‘深一层’的抽象的宇宙论方面，斯宾塞对于天地万物的想象与中国某些根深蒂固的思想模式非常明显地相吻合。”②对于宇宙论来说，“中国某些根深蒂固的思想模式”主要指《易》的思维方式。《易》包括《易经》和《易传》。《易经》本来是卜筮书，成书于商周之际；《易传》则是战国时期儒家学者对《易经》的解释，在秦汉之际基本成型。《易传》把“— —”和“——”理解为阴和阳，把八卦解释为天、地、风、雷、火、水、山、泽八种象，使《易》成为一部讨论宇宙论和方法论的经典。《易》的思维方式和斯宾塞的思维方式确实是相通的。《易》认为宇宙万物都服从“易”的规律，并且运用八卦和阴阳范畴来解释宇宙万物的运动变化。如果把“易”转化成“天演”，并用“物竞天择”“质”“力”等范畴代替八卦和阴阳范畴，《易》的思维方式可以说就是斯宾塞的思维方式。胡伟希指出：“严复对《易》的推崇不是偶然的，在传统学术中，《易》向来被尊为

① 严复：《译〈天演论〉自序》，王栻主编：《严复集》第五册，北京，中华书局，1986，第1320页。

② 〔美〕本杰明·史华兹：《寻求富强：严复与西方》，叶凤美译，南京，江苏人民出版社，1996，第46页。

五经之首，认为是讲认识论和方法论的经典。”[1]在严复接触斯宾塞的理论之前，《易》可以说就是严复的宇宙观。《易》的思维方式使得严复迅速接受了斯宾塞的理论，并相当推崇这种理论。正是在这一意义上，笔者认为《易》的思维方式对严复的宇宙论是有影响的。

最后，先秦道家的理论对严复的宇宙论也是有影响的。严复相当推崇先秦道家，专门对《老子》和《庄子》作了现代意义的诠释。严复把《老子》的“天地不仁，以万物为刍狗；圣人不仁，以百姓为刍狗”诠释为“此四语括尽达尔文新理”[2]，他又把《庄子》的“夫吹万不同，而使其自己也”诠释为“一气之转，物自为变。此近世学者所谓天演也”[3]。先秦道家对宇宙论作出了深入探讨，他们确实基本上不用道德范畴或造物主来解释宇宙万物的变化，这和严复提倡的“天有理而无善”的主张基本上一致。当然，笔者承认严复“天有理而无善”的主张直接来自于实证主义哲学，但严复接受这种观点明显与道家思想有关，否则他就不会说“平生于《庄子》累读不厌”[4]。正是在这一意义上，我们认为道家思想对严复的宇宙论是有影响的。

根据上面的分析可以看出，中国传统哲学对严复的本体论思想的影响在于使严复更容易接受西方现代哲学理论，或者说起到了一种确证西方哲学理论的作用。这说明严复在思考本体论问题时并没有忽视中国传统哲学资源。胡伟希认为，严复具有深厚的西方哲学涵养，因而能够“从传统学术中看到了过去一直没有为人们所发现的内容”[5]。也就是说，通过严复的理解与诠释，某些中国传统哲学思想能够显现出现代的价值。因此，严复哲学思想确实是西方哲学中国化和中国哲学现代化的产物。

三、严复的本体论思想与同时代其他先进中国哲学家的本体论的对比

正是由于严复从西方近现代哲学理论出发，并选择相应的中国传统哲学理论资源来讨论本体问题，他的本体论思想才与康有为、谭嗣同的本体论之间存在着理论形态的差异：严复的本体论思想属于现代形态的哲学理论，康有为谭嗣同的本体论属于从传统形态向现代形态过渡的哲学理论。这种差异体现了严复的本体论思想的现代特征。笔者不准备在

---

① 胡伟希：《金岳霖与中国实证主义认识论》，上海，上海人民出版社，1988，第138页。
② 严复：《〈老子〉评语》，王栻主编：《严复集》第四册，北京，中华书局，1986，第1077页。
③ 严复：《〈庄子〉评语》，王栻主编：《严复集》第四册，北京，中华书局，1986，第1106页。
④ 严复：《与熊纯如书》，王栻主编：《严复集》第三册，北京，中华书局，1986，第648页。
⑤ 胡伟希：《金岳霖与中国实证主义认识论》，上海，上海人民出版社，1988，第140页。

严复的本体论思想与康有为、谭嗣同的本体论之间进行一种详细而全面的对比，而只讨论能够体现出他们的理论形态差异的内容。笔者认为，这种差异主要体现在两个方面。

第一，康有为、谭嗣同仍然从宇宙论出发讨论本体问题。他们都承认本体论是哲学的核心内容，谭嗣同还构建了一个可以被称为“仁学”的本体论体系。从理论来源看，康有为的本体论和谭嗣同的本体论有内在的联系。梁启超就认为，谭嗣同的本体论是康有为的本体论的发挥：“《仁学》何为而作也？将以光大南海之宗旨。”①康有为自己也说：“大哉《仁学》书，勃窣天为惊……吾道有谭生，大地放光明。”②从内容看，康、谭二人的本体论有着相当的一致性：康有为认为本体是“元”，谭嗣同认为本体是“仁”。谭嗣同说：“‘仁’从二从人，相偶之义也。‘元’从二从儿，‘儿’古人字，是亦‘仁’也。”③在谭嗣同看来，“元”就是“仁”，“仁”就是“元”。因此，康有为的本体论与谭嗣同的本体论有许多相通的地方。当然，两人的本体论也是有些差异的：康有为的本体论有许多近代科学内容，更偏向于宇宙论；谭嗣同的本体论有强烈的佛学倾向，表现出更多的传统本体论色彩。

康有为说：“其道以元为体，以阴阳为用。”④又说：“元为万物之本，人与天同本于元。”⑤“元”是天地万物存在的根据，它是道之体，又是万物之本，因而它就是最高的存在，就是本体。但康有为还说：“元者，始也。”⑥他赞同何休对气的解释：“元者，气也。”⑦“元”就是产生宇宙万物的最原始的“气”，本体的“元”就是宇宙论的“元气”。因而康有为是从宇宙论出发来讨论本体问题的，这仍然是传统哲学讨论本体问题的思维框架。

同康有为一样，谭嗣同也是从宇宙论出发来讨论本体问题的。他说：

① 梁启超：《仁学序》，蔡尚思、方行编：《谭嗣同全集》(增订本)，北京，中华书局，1981，第373页。

② 康有为：《六哀诗》，蔡尚思、方行编：《谭嗣同全集》(增订本)，北京，中华书局，1981，第558页。

③ 谭嗣同：《仁学》，蔡尚思、方行编：《谭嗣同全集》(增订本)，北京，中华书局，1981，第289页。

④ 康有为著，楼宇烈整理：《康南海自编年谱》(外二种)，北京，中华书局，1992，第12页。

⑤ 康有为：《春秋董氏学》，《康有为全集》第二集，上海，上海古籍出版社，1990，第798页。

⑥ 康有为：《春秋董氏学》，《康有为全集》第二集，上海，上海古籍出版社，1990，第795页。

⑦ 康有为：《春秋董氏学》，《康有为全集》第二集，上海，上海古籍出版社，1990，第795页。

“仁为天地万物之源。”①又说：“夫仁、以太之用，而天地万物由之以生，由之以通。”②在谭嗣同看来，本体的“仁”就是产生宇宙万物的源泉、就是近代物理学中的“以太”。“天地万物由之以生，由之以通”，这属于宇宙论的内容。因此，谭嗣同也仍然采用传统的思维框架讨论本体问题。

而严复却是从认识论出发来讨论本体问题的，他说：“窃尝谓万物本体虽不可知，而可知者止于感觉……是域而外固无从学，即学之亦于人事殆无涉也。”③严复认为人只具有感性的认识能力，因而人无法认识本体。所以严复用不可知论对待本体，否认形而上学是现代哲学的组成部分，同时对传统本体论采取搁置的态度。严复讲的本体只与人的认识能力相关，而不涉及宇宙论。因此，严复突破了中国传统哲学讨论本体问题的框架。

其实，哲学是否讨论本体问题并不能体现出现代哲学和传统哲学之间的差异。因而，严复对形而上学的排斥和康有为、谭嗣同对本体论的建构并不直接体现出现代形态中国哲学和传统形态中国哲学、近代形态中国哲学之间的区别。但严复讨论本体问题的思路和康有为、谭嗣同讨论本体问题的思路完全不同：严复采用现代哲学的思路，即从认识论出发来讨论本体问题，否认人能获得本体的知识；而康有为、谭嗣同采用传统哲学的思路，即从宇宙论出发，来讨论本体问题，承认本体论是知识。这才是造成他们的本体论之间存在理论形态差异的根本原因。

第二，康有为、谭嗣同的宇宙论既具有科学的内容，又带有本体论的色彩。康有为接受了康德-拉普拉斯星云假说，他说：“各天体创成以前，是朦胧之瓦斯体，浮游于宇宙之间，其分子互相引集，是谓星云，实则瓦斯体之一大块也。”④然后，“积气而成为天，摩励之久，热重之力生矣，光电生矣，原质变化而成焉，于是生日，日生地，地生物。”⑤“瓦斯体”就是 gas，即物理学中的气；“原质”就是化学中的元素；“热重之力生矣，光电生矣”就是物理变化；“原质变化”就是化学元素的变化。根据康德-拉普拉斯星云假说，今天的宇宙就是从原始的星云扩充变化而来

① 谭嗣同：《仁学》，蔡尚思、方行编：《谭嗣同全集》（增订本），北京，中华书局，1981，第 292 页。

② 谭嗣同：《仁学》，蔡尚思、方行编：《谭嗣同全集》（增订本），北京，中华书局，1981，第 297 页。

③ 严复：《〈穆勒名学〉按语》，王栻主编：《严复集》第四册，北京，中华书局，1986，第 1036 页。

④ 康有为：《诸天讲》，北京，中华书局，1990，第 14 页。

⑤ 康有为：《康子内外篇》（外六种），北京，中华书局，1988，第 28 页。

的，经历了一个所谓的“大爆炸”的过程，即短时间内的剧烈的物理变化和化学变化[①]，然后进入一个相对平静的扩充阶段，现在的宇宙就处于这一阶段之中。康有为的这两段话基本上转述了这种假说，这里没有了阴阳五行，气也不具有本体的意义，宇宙的产生完全是一个物理的和化学的过程。这种宇宙论既是科学的，也是进化论的。但是，康有为的宇宙论又具有本体论的成分，他说：“不忍人之心，仁也，电也，以太也，人人皆有之。”[②]在康有为的学说中，“以太”和“电”具有宇宙论的意义，它们属于自然科学的范畴。但康有为把“以太”和“电”理解为“仁”和“不忍人之心”时，仍然用形而上和形而下的关系来解释宇宙现象。这样，他的宇宙论仍然是为本体论服务的。因此，康有为的宇宙论仍然没有从本体论中独立出来，具有传统宇宙论的基本特征。

从性质来说，谭嗣同的宇宙论和康有为的宇宙论基本相同。谭嗣同说：“身之分为眼耳鼻舌身。眼何以能视，耳何以能闻，鼻何以能嗅，舌何以能尝，身何以能触？曰惟以太。与身至相切近莫如地，地则众质点粘砌而成。何以能粘砌？曰惟以太。剖其质点一小分，以至于无，察其为何物所凝结，曰惟以太。”[③]在他看来，“以太”使人能够感知外界事物，是最原始的凝结力，这些都符合“以太”假说：没有“以太”作为物质相互作用的媒介，就没有这些结果。他又说：“原质犹有六十四之异，至于原质之原，则一以太而已矣。”[④]谭嗣同认为“以太”是构成事物的最终的或最小的微粒，这种假说也与近代物理学的内容是相通的。“以太”是谭嗣同的宇宙论的最基本范畴，他是从近代物理学的角度来解释“以太”的，因而他的宇宙论就具有了科学的内容。同康有为的宇宙论一样，谭嗣同的宇宙论也具有传统本体论色彩。谭嗣同说：“‘以太’，其显于用也，孔谓之‘仁’，谓之‘元’，谓之‘性’；墨谓之‘兼爱’；佛谓之‘性海’，谓之‘慈悲’；耶谓之‘灵魂’，谓之‘爱人如己’‘视敌如友’；格致家谓之‘爱力’‘吸力’；咸是物也。法界由是生，虚空由是立，众生由是出。”[⑤]在谭

---

① 这里的短时间指宇宙的时间。

② 康有为：《孟子微》，《康南海先生遗著汇刊》，台北，台北宏业书局有限公司，1987，第108页。

③ 谭嗣同：《仁学》，蔡尚思、方行编：《谭嗣同全集》(增订本)，北京，中华书局，1981，第294页。

④ 谭嗣同：《仁学》，蔡尚思、方行编：《谭嗣同全集》(增订本)，北京，中华书局，1981，第306页。

⑤ 谭嗣同：《仁学》，蔡尚思、方行编：《谭嗣同全集》(增订本)，北京，中华书局，1981，第293～294页。

嗣同看来，从本质上说，“仁”“元”“性”等本体的范畴和物理学的吸引力是一样的，它们都是“以太”的“用”。这样，谭嗣同所说的“以太”既是物理学的概念，也是本体的范畴，并且他更为强调“以太”的本体论意义。因此，谭嗣同的宇宙论也没有从本体论中独立出来。

李维武明确指出了康有为、谭嗣同的本体论的基本特征：“鸦片战争后，随着西方文化、特别是科学知识的大量涌入，向西方寻求救国救民真理的先进思想家们在阐发哲学理论时更少不了吸取西方科学知识，使哲学与科学、本体与事理相互杂糅的现象更趋严重。在康有为、谭嗣同的哲学本体论中，这种状况可以说达到了登峰造极的地步。”①也就是说，康有为、谭嗣同虽然吸取了西方的近代自然科学知识，却没有用它来彻底否定传统哲学体系，而是用传统哲学的框架来诠释西方近现代科学，“使哲学与科学、本体与事理相互杂糅的现象更趋严重”。因而，从哲学的理论形态来看，他们的本体论仍然没有突破传统哲学的思维框架。李维武又指出：“在哲学上，严复与同时代的康有为、谭嗣同不同，不是把‘西学’与‘中学’、科学内容与哲学思辨结合在一起，而是吸取西方近代的经验主义传统和现代的实证主义原则作基础，以牛顿力学和达尔文进化论为框架，建构起中国哲学史上第一个完全近代意义的哲学体系。”②这就是说，严复讨论宇宙论的思路与康有为、谭嗣同完全不同，他以“西方近代的经验主义传统和现代的实证主义原则作基础”，否认人有能力获得关于本体的知识，把本体范畴彻底地从宇宙论中排除出去，使宇宙论从本体论中独立出来。并且，严复的宇宙论“以牛顿力学和达尔文进化论为框架”，是一种完全科学意义上的宇宙论。这样，严复就把“科学内容与哲学思辨”区分开来。正是在这一意义上，我们认为严复完全突破了中国人探讨宇宙论问题的基本思维框架。

宇宙论的建构最直接地体现出了严复的本体论思想和康有为、谭嗣同的本体论之间的理论形态差异。康有为、谭嗣同的宇宙论中有相当多的科学内容，与传统宇宙论有性质上的差异，但又没有完全突破传统宇宙论的思维框架。因此，这种宇宙论是从传统宇宙论向现代宇宙论的过渡。而严复的宇宙论则突破了传统宇宙论的思维框架，本身又是科学的，这就是一种现代形态的宇宙论。严复的本体论思想对后来的中国哲学产生了深远的影响，正如李维武指出的：“在严复的启迪和影响下，科学主

① 李维武：《20世纪中国哲学本体论问题》，长沙，湖南教育出版社，1991，第98～99页。

② 李维武：《新编中国哲学史》第五编，冯达文、郭齐勇主编：《新编中国哲学史》下册，北京，人民出版社，2004，第291～292页。

义思潮在 20 世纪初的中国迅速发展起来。"①科学主义思潮是中国现代哲学最主要的本体论、认识论思潮之一。严复开启了中国科学主义哲学思潮，并"启迪和影响"了后来的中国科学主义哲学思潮。因此，不管人们怎样评价严复的本体论思想，都必须承认严复对中国现代哲学发展的开创性贡献。

综上所述，笔者认为本章所探讨的严格说来并不是严复的系统的本体论思想，而是严复对中国传统本体论的批判使其产生分化：他将传统本体论科学化，否定了形而上学存在的可能性，这可以算作一种本体论观；他将传统宇宙论科学化，其实意味着宇宙论将不再作为哲学，而是科学的研究对象；他将传统的"天人之辩"科学化，实际上将它排除出了本体论领域，转化为认识问题和道德哲学的问题；他将传统宗教科学化，其中的一部分内容归属于道德哲学而留在哲学领域，另一部分内容归属于宗教而不再留在哲学领域。这实际上就是中国传统哲学的大分化和纯化，意味着中国哲学将发展到现代形态的阶段。

① 李维武：《20 世纪中国哲学本体论问题》，长沙，湖南教育出版社，1991，第 110 页。

第四章　自由主义的政治哲学

中国近现代哲学是在一个非常特殊的社会环境中发展起来的，正如冯契先生所指出的："社会阶级斗争、生产斗争和科学实验是哲学思想产生和发展的源泉。社会斗争制约着哲学的发展，通常是通过政治思想斗争这一环节来实现的，而生产斗争、科学实验制约着哲学的发展，通常是通过自然科学这一环节来实现的……一般的情况是这样：在革命的时代，政治思想斗争对哲学的影响更显著一些；而在社会稳定发展的时代，科学的进步与哲学的关系就显得更重要一些。中国近代是一个革命的时代。"[①]这就使得政治哲学在中国近现代哲学发展中有着举足轻重的地位。因而，严复哲学思想中的现代特征不仅存在于其本体论、认识论之中，也明显地通过其政治哲学体现出来。但是，中国近现代政治哲学并不像本体论、认识论那样讨论非常思辨、抽象的纯理论问题，而是要解答中国现代政治变革中的实际问题。在严复的时代，中国最重要的现实政治问题就是如何建立西方式的民主制度。与此相对应，中国近现代政治思想斗争所讨论的焦点问题主要是：西方现代民主制度的本质是什么？这种制度是如何产生的呢？它与中国传统政治制度之间的关系是什么？或者说，这种政治制度具有普遍性吗？中国能否实现这种政治制度呢？这种政治制度是否仅仅是一种富强的手段？它与理想政治有什么样的关系呢？这些也正是严复的政治哲学所要讨论的问题。可以说，严复的政治思想之所以是现代的，就是因为他在 19 世纪、20 世纪之交彻底抛弃了中国传统政治哲学的理论框架及其内容，将西方近现代资本主义政治制度的理论基础——自由主义引入中国，并且试图运用它来解决现实的政治问题。因此，本书也将以这些问题为线索来探讨严复的政治哲学的现代特征。

第一节　对西方现代民主制度的理解

真正而又全面地理解西方现代民主制度，是甲午战争之后中国政治

① 冯契：《中国近代哲学的革命进程》，上海，上海人民出版社，1989，第 3 页。

运动急迫的现实要求。虽然正如王栻先生所说："严复虽然是一个非常重要的维新派思想家，但他并没有直接参加当日维新派的政治活动。"①但是，这绝不意味着严复是这一政治活动的旁观者，恰恰相反，在一定意义上，他可以说是其中的中坚力量，因为他完成了当时只有他能完成别人无法完成的政治理论构建任务。严复对自己的能力的优劣是相当清醒的："人各致力于己之所长，言论思理，仆之所长，奔走会计，仆之所短。"②因而他将自己的精力主要用于介绍维新运动所需要的西方民主制度及其相关理论，并且成绩斐然，成为与康梁所领导的政治活动同样耀眼的中国近现代政治文化建设的标志性成就。因此，对于严复在戊戌维新运动中的表现，与其说他不是康梁的同路人，不如说这是他们之间的一种自然分工。当然，这种自然分工是由于他们各自的理论出发点不同而形成的。当时，康有为等人大体上还是从君主立宪制来理解西方现代民主制度，而忽视了这种制度的生存所依赖的思想基础；与此相反，严复认为如果不解决这一问题，"西洋至美之制，以富以强之机，而迁地弗良，若亡若存，辄有淮橘为枳之叹。"③沿着这一思路，严复将西方现代民主制度理解为"以自由为体，以民主为用"④，即自由的观念才是西方近现代政治文化的核心，只有以此为基础，作为一种统治形式的民主制度才能发挥其功能。因而严复既从制度层面出发，又从思想层面(即自由观念)出发来理解西方现代民主制度，强调二者的内在统一性。这可以说是严复对西方19世纪古典自由主义的一种发挥，充分体现了他的政治思想的现代性特征，比同时代的康有为等人对西方现代民主制度的理解深刻多了。因此，笔者将从"以自由为体"和"以民主为用"两个方面来探讨严复对西方现代民主制度的理解。

一、"以自由为体"

"以自由为体"的自由是具有特定意义的，不是指本体论意义上和道德哲学中的意志自由，而是属于政治哲学的范畴。在现代政治哲学中，自由既是最核心的范畴之一，又是一个具有多种含义的哲学范畴，即使在今天的西方政治哲学中，其意义也是不确定的。因而严复要从自由观念出发理解西方现代政治制度，就必须首先明确解释自由范畴的意义。

---

① 王栻：《严复传》，上海，上海人民出版社，1976，第46页。

② 严复：《与张元济书》，王栻主编：《严复集》第三册，北京，中华书局，1986，第542页。

③ 严复：《原强》，王栻主编：《严复集》第一册，北京，中华书局，1986，第15页。

④ 严复：《原强》，王栻主编：《严复集》第一册，北京，中华书局，1986，第11页。

他说："西人自由，则于及物之中，而实寓所以存我者也。自由既异，于是群异丛然以生。粗举一二言之：则如中国最重三纲，而西人首明平等；中国亲亲，而西人尚贤；中国以孝治天下，而西人以公治天下；中国尊主，而西人隆民。"①这种自由就是造成中西方政治制度根本差异或者说近现代政治制度与传统政治制度根本差异的观念，其最根本的内容就是"所以存我者"，即西方自由主义政治哲学中的最基本主张——个人主义原则。严复非常清楚，政府的权力是政治哲学所要讨论的核心问题，因而他依据西方自由主义的原理，从个人主义原则出发，探讨了自由与政府权力的功能、自由与政府的"责任"、自由与政府权力的界限三种关系，充分展现了自由的原则在西方近现代政治文化中的核心地位。

(一)自由与政府权力的功能

政府权力的功能指政府应该拥有什么权力，这些权力的目的是什么，即这些权力是用来干什么的。也就是说，如果政府没有完成这些任务，它就会失去其存在的合法性。对于戊戌时期的中国政治运动来说，这是一个特别重要的理论问题。它实际上就是要重新确立起政府存在的合法性标准，以此来论证中国传统政治制度将被西方现代民主制度所代替的合理性。严复是从西方的自由观念出发来回答这一问题的，他将这种自由解释为："唯天生民，各具赋畀，得自由者乃为全受。故人人各得自由，国国各得自由，第务令毋相侵损而已。侵人自由者，斯为逆天理，贼人道。其杀人伤人及盗蚀人财物，皆侵人自由之极致也。故侵人自由，虽国君不能。"②"人人"的"人"就是指具体的个人。个人的财产和生命的神圣不可侵犯性，就是这种以个人主义原则为基础的自由观念的最核心内容。同时，这种自由是天赋的，具有最高的权威性，"侵人自由，虽国君不能"，因而它可以规定政府的功能。

根据这种自由的天赋特征，严复首先运用社会分工理论和社会契约论来讨论政府的基本功能。他说："有其相欺，有其相夺，有其强梗，有其患害，而民既为是粟米麻丝、作器皿、通货财与凡相生相养之事矣，今又使之操其刑焉以锄，主其斗斛、权衡焉以信，造为城郭、甲兵焉以守，则其势不能。于是通功易事，择其公且贤者，立而为之君。其意固曰，吾耕矣织矣，工矣贾矣，又使吾自卫其性命财产焉，则废吾事。何若使子专力于所以为卫者，而吾分其所得于耕织工贾者，以食子给子之

① 严复：《论世变之亟》，王栻主编：《严复集》第一册，北京，中华书局，1986，第3页。

② 严复：《论世变之亟》，王栻主编：《严复集》第一册，北京，中华书局，1986，第3页。

为利广而事治乎？此天下立君之本旨也。是故君也臣也，刑也兵也，皆缘卫民之事而后有也；而民之所以有待于卫者，以其有强梗欺夺患害也。”[①]政府的任务就是“卫民之事”，即“卫其性命财产”，保障民众个体的自由。在严复看来，政府的产生具有必然性：社会上存在着“强梗欺夺患害”，侵犯了民众的自由，民众就要想办法消除“强梗欺夺患害”来维护自己的自由。消除“强梗欺夺患害”有两种方法：第一种方法是民众个人来完成这个任务，第二种方法是民众推举某些人来专门从事这项工作。根据社会分工理论或最大效益的原则，民众选择了第二种方法。这些专门消除“强梗欺夺患害”的人就是“君也臣也”，为了让他们能够完成“卫民”的任务，民众让他们组建了政府，并赋予了他们“兵刑”的功能。“兵”用来保障群体的安全，即人们现在所说的国家的对外功能；“刑”用来治理国家，即人们现在所说的国家的对内功能。因此，政府的功能是由民众的个体自由决定的，民众的个体自由将政府的功能规定为“兵刑”，并且这种功能只能用来保障民众的个体自由。

不仅如此，在严复等自由主义者看来，民众固然需要政府，没有政府就没有用来保障民众的个体自由的力量；但是，侵犯民众的个体自由的并不仅仅是“强梗欺夺患害”，没有受到限制的政府权力同样会反过来侵犯民众的个体自由。因此，民众的个体自由不仅赋予了政府拥有“兵刑”的权力，还要求限制政府的权力，即“有君有政府，而其势不得以国民为鱼肉耳”[②]。这不是说要缩小政府的权力，也不是要否定政府拥有“兵刑”的权力，而是要规定“兵刑”的用途，使政府成为民众天赋自由的保护者而不是掠夺者。在这种政治制度中，“侵人自由，虽国君不能。而其刑禁章条，要皆为此设耳”[③]，民众的个体自由将得到切实的保障。作为近现代民主政治制度的根本特征，这正是传统的君主专制所缺乏的。因此，严复特别强调，天赋的个体自由实际又成为现代民主制度代替封建君主专制的根本依据。因为根据天赋自由的观念和社会契约论，君主权力的合法性来源于保障民众的个体自由，所以民众的个体自由实际上高于君主权力。如果君主权力侵犯了民众的个体自由，民众有权使君主“义应告休，否则逐之可也”[④]，即政府是否保护民众天赋自由应成为评判政府是否应该继续存在的依据。而在封建君主专制下，“政府之于民

---

① 严复：《辟韩》，王栻主编：《严复集》第一册，北京，中华书局，1986，第34页。
② 严复：《政治讲义》，王栻主编：《严复集》第五册，北京，中华书局，1986，第1290页。
③ 严复：《论世变之亟》，王栻主编：《严复集》第一册，北京，中华书局，1986，第3页。
④ 严复：《政治讲义》，王栻主编：《严复集》第五册，北京，中华书局，1986，第1306页。

也，惟所欲为，凡百姓之日时，百姓之筋力，乃至百姓之财产妻孥，皆惟上之所命”[①]。这种政府通常成为君主和贵族掠夺民众的财产和生命的工具，侵犯了民众的自由。根据天赋自由的观念，这种制度就失去了合法性。

因此，严复高度评价西方人对自由观念的追求：“西士计其民幸福，莫不以自由为惟一无二之宗旨。试读欧洲历史，观数百年百余年暴君之压制，贵族之侵陵，诚非力争自由不可。”[②]天赋自由的观念就是民众保护自身利益、反抗君主和贵族敲诈剥削的理论武器。也就是说，近现代民主制度的政府与传统君主专制的政府之间的根本区别不在于形式，而在于基本功能：前者能够使民众摆脱“暴君之压制，贵族之侵陵”，切实保障民众的财产和生命，而这正是以天赋自由的观念为根基的。

(二)自由与政府的“责任”

政府的“责任”是严复的用语：“政府行事，必对于此而有责任……有权以易置之。”[③]这就是说，政府的“责任”指政府为谁服务、向谁负责，谁有权力变换政府。在近现代政治理论中，政府的权力就是指行政权，它不仅不是国家的最高权力(这种权力严复称之为主权[④])，而且受制于国家的最高权力，即国家的主权决定了政府的“责任”。因而，严复所说的政府的“责任”实际上讨论的是谁是国家的最高权力的拥有者。严复非常清楚这一问题的重要性，因为天赋的个体自由仅仅抽象地规定了政府的权力，要真正落实这一规定，民众还必须要拥有一种高于并决定政府权力的权力，即国家的主权，否则自由主义者要求政府的权力维护天赋自由的神圣不可侵犯性的主张必然要落空。同时，这又是一个具有现实性的理论问题：中国要真正构建西方式的现代民主制度，首先就要分清谁是国家主权的拥有者，即国家的主人是谁？是民众及其代表，还是传统意义上的君主？新型政治制度下的中国政府是向君主负责，还是向民众负责？

在这一问题上，严复非常欣赏卢梭所提出的“国民自治”观念：“卢谓治国务明主权之谁属，而政府者，主权用事之机关也。主权所以出治，而通国之民，自其全体欣合而言之，为主权之真主；自其个人一一而言

① 严复：《政治讲义》，王栻主编：《严复集》第五册，北京，中华书局，1986，第1284页。
② 严复：《〈法意〉按语》，王栻主编：《严复集》第四册，北京，中华书局，1986，第981页。
③ 严复：《政治讲义》，王栻主编：《严复集》第五册，北京，中华书局，1986，第1285页。
④ 这里的主权不是从国家的角度讨论国家对其所属领土或利益的所有权，而是从权力的角度讨论主权——国家的最高权力。

之，则处受治之地位。同是民也，合则为君，分则为臣，此政家所以有国民自治之名词也。政府者，立于二者之中，而为承宣之枢纽，主权立法，而政府奉而行之。”[①]这里的“君”不是指传统意义上的皇帝，而是指国家主权的拥有者，即国家的主人；“臣”也不是指传统的为皇帝管理天下的统治者，而是指服从政府管理的平民。根据“国民自治”观念，民众不再是皇帝的奴仆，也不再是“载舟”“覆舟”的水，而是主权的直接拥有者、国家的主人。在全体国民的意志面前，没有任何最高的权威。法律和政府也不再是君主私天下的工具，法律是全体国民意愿的表达，政府是这种法律的执行者。政府的主人不再是皇帝，而是全体国民。全体国民接受政府的管理，实际是服从自己的意愿，而不是服从自己的对立面或某一最高权威的统治。可以说，严复所引入的“国民自治”观念彻底颠覆了中国传统的君臣、君民观念。

实际上，严复只是借用卢梭的“国民自治”从理论上来探讨国家主权的归属问题，并不认为当时的中国真正能够实现“国民自治”。他当时所向往的其实是英国式的君主立宪制，因而他又特别探讨了君主立宪制中的君民关系。严复认为，在君主立宪制中，“彼人君之有权，不过为国权之所托付者耳。元后者，一国之公仆也。国有兆民，举其分子虽甚贱，而其全体则至尊”[②]。这虽然实际上承认了君主与平民之间的差异，也承认了君权存在的合理性，但基本上还是坚持了民众是国家的主人观点，否定了君权的至高无上性。也就是说，君主立宪制与传统的封建君主专制存在着本质上的不同。严复进一步指出，造成这两种制度不同的原因不在于君主及其权力，而在于民权，“在我者，自由之民也；在彼者，所胜之民也。必在我，无在彼，此之谓民权”[③]。“我”指民众，“彼”指君主；“在我者”“在彼者”指的是国家主权归属于民众或是君主；“所胜之民”就是奴隶，或者说封建君主专制下的民众；“我”就是因为拥有主权才成为“自由之民”的。简言之，民权就是自由的个体在国家中所拥有的权力。严复赞同甄克思对此所作的解释：“夫民于国，必有治权之可分，而后可称为其国之分子。假于出治之时，有奉令而无可否，虽至宰辅，仍为奴隶。”[④]也就是说，民权就是自由的个体拥有否定政府行为的权力，它可以否定君主或政府对民众个体的财产和生命的侵害（即天赋人权）。

---

① 严复：《宪法大义》，王栻主编：《严复集》第二册，北京，中华书局，1986，第241页。
② 严复：《政治讲义》，王栻主编：《严复集》第五册，北京，中华书局，1986，第1306页。
③ 严复：《〈法意〉按语》，王栻主编：《严复集》第四册，北京，中华书局，1986，第972页。
④ 〔英〕甄克思：《社会通诠》，严复译，北京，商务印书馆，1981，第133页。

显然，民权与上面所说的天赋自由是有区别的：天赋自由其实是一种权利、一种要求，而民权是一种实实在在的权力。但是，两者之间的联系也是非常明显的：民权是自由的人才拥有的，也可以说是一种自由，它虽然不是天赋的，但却来源于天赋自由，是天赋自由的最直接的体现。因此，严复才说："有民权之用，故法之既立，虽天子不可以不循也。"①

毕竟，民权是个人的权力，而国家的主权是集体的权力。那么，民权如何转化为国家的主权呢？自由主义者认为，这必须通过议院来实现。议员是通过民众定期选举产生的，民众可以通过选举更换自己不满意的议员，因而议院的权力就是民权的集中，也就是国家的主权。由此，自由与政府的"责任"的关系就转化为议院与政府的关系。严复说："政府行事，必对于此而有责任，凡其所为，必受察于议院，设行事为民心所不附，议院有权以易置之。"②在现代民主制度中，政府既不是向君主负责，也不是向政府自身负责，而是向议院负责。由于议院是行使民权的机构，这实际上就是政府向民众负责，是民众作为国家的主人的直接体现。

正因为认识到民权在国家中的特殊作用，严复深有感触地说："故一民之政权，虽极微而不可弃，几于失之则死，得之乃生。"③正是这种"极微"的"一民之政权"，使民众从传统封建君主专制下的奴隶转变为现代民主制度下的主人，这就是封建君主专制的政府与近现代民主制度的政府之间的根本差异。

(三)自由与政府权力的界限

政府权力的界限是指：在社会生活的哪些领域，政府干涉个人的行为，个人的行为是不自由的；在社会生活的哪些领域，政府不干涉个人的行为，个人的行为是自由的。严复把这种自由定义为："以政令简省，为政界自由。"④"自由者，不受管束之谓也；或受管束矣，而不至烦苛之谓也。"⑤简单地说，自由就是个人的行为不受政府的干涉或者受到较少的干涉。从表现上看，前面讨论的两种自由都直接体现了传统政府与现代政府之间的差异，而这种自由却没有这种特征。但是严复指出："盖西国之王者，其事专于作君而已；而中国帝王，作君而外，兼以作师……夫彼专为君，故所重在兵刑。而礼乐、宗教、营造、树畜、工商，乃至

① 严复：《〈法意〉按语》，王栻主编：《严复集》第四册，北京，中华书局，1986，第940页。
② 严复：《政治讲义》，王栻主编：《严复集》第五册，北京，中华书局，1986，第1285页。
③ 严复：《政治讲义》，王栻主编：《严复集》第五册，北京，中华书局，1986，第1303页。
④ 严复：《政治讲义》，王栻主编：《严复集》第五册，北京，中华书局，1986，第1290页。
⑤ 严复：《政治讲义》，王栻主编：《严复集》第五册，北京，中华书局，1986，第1285页。

教育文字之事，皆可放任其民，使自为之。中国帝王，下至守宰，皆以其身兼天地君亲师之众责。兵刑二者，不足以尽之也。于是乎有教民之政，而司徒之五品设矣；有鬼神郊禘之事，而秩宗之五祀修矣；有司空之营作，则道理梁杠，皆其事也。有虞衡之掌山泽，则草木禽兽，皆所咸若者也。卒之君上之责任无穷，而民之能事，无由以发达。使后而仁，其视民也犹儿子耳；使后而暴，其过民也犹奴虏矣。为儿子奴虏异，而其于国也，无尺寸之治柄，无丝毫应有必不可夺之权利，则同。”①也就是说，民众的某些行为有不受君主、政府干涉的自由，这正是天赋自由和民权的必然要求。这种自由在传统君主专制下是不可能有的，因而它实际上也是现代政府权力的基本特征之一。同时，这种自由的观念也是自由主义的基本主张之一：要求政府尽可能少地干涉个体的非社会性事务，尽可能多地给予个体自由行动的领域。所以，严复对此问题也作了非常深入的探讨。

严复首先承认政府存在的必要性，他说：“观诸传记之中，人类美大事业，皆有道政府所建成者，是政府不可无也。”②在这里，严复论证政府存在的必要性主要不是从维护天赋自由的角度，而是从力量的角度。自霍布斯之后，自由主义者基本都把国家看作“利维坦”——众多的自由个体通过社会契约而组建的一个力大无比的有机体。因而与个体的力量相比，国家的力量可以说是无限的，能解决个体所不能解决的问题，如抵御外来侵略、惩治罪犯等人类社会存在和发展过程中所必须面对的问题。因此，不仅国家的产生是必要的，民众赋予国家以“兵刑”的力量也是必要的。离开了政府的力量，人类所有的美好构想都会落空。

但是，严复否定了全能政府的观念，他把这一观念概括为：“或曰所以达一切众祈之目的者也。或曰所以扶植民德期于刑措郅治者也。或曰为最多数之人，求最大幸福者也。”③简单地说，全能政府的意思是国家能够实现“一切众祈之目的”，即国家有能力解决人类社会的所有问题。斯宾塞评价全能政府说：“凡人有崇拜鬼神之意者，其于国家政府也，亦以崇拜鬼神之意行之……吾人亦出通国之赋税征繇，建一国家，信其有无穷之能力……今之责望国家者，皆欲造不息机者也。”④这就是说，人

---

① 严复：《〈社会通诠〉按语》，王栻主编：《严复集》第四册，北京，中华书局，1986，第928～929页。

② 严复：《政治讲义》，王栻主编：《严复集》第五册，北京，中华书局，1986，第1290页。

③ 严复：《政治讲义》，王栻主编：《严复集》第五册，北京，中华书局，1986，第1253页。

④ 〔英〕斯宾塞：《群学肄言》，严复译，北京，商务印书馆，1981，第3～4页。

们构建全能政府的思维方式和崇拜鬼神的思维方式实质上是一样的，因而就像人们妄图制造永动机一样，全能政府是根本不可能实现的。受斯宾塞的影响，严复也认为全能政府“徒存虚愿”①。

在否定了全能政府的观念之后，严复认为人类的发展要依赖于个体的自由。他说：“故今日之治，莫贵乎崇尚自由。自由，则物各得其所自致，而天择之用存其最宜，太平之盛可不期而自至。”②在严复看来，“太平之盛”只有通过天演的过程才能实现，因为“太平之盛”只能由“最宜”的人来创造，而“最宜”的人只有通过天演才能得到。个体只有具有自由才能充分发挥自身的潜能，“天择”才能“存其最宜”。因此，只有“崇尚自由”，“太平之盛”才能实现。

这样，就像其他自由主义者一样，严复也面临着增加个体行动自由和加强政府管理之间的困境：“管理与自由，义本反对。自由者，惟个人之所欲为。管理者，个人必屈其所欲为，以为社会之公益……纯乎治理而无自由，其社会无从发达；即纯自由而无治理，其社会且不得安居。而斟酌二者之间，使相剂而不相妨者，此政治家之事业。”③即人们必须承认个体的自由与政府的管理之间是有矛盾的：个体的自由意味着反对政府的管理，政府的管理意味着减少个体的自由或个体没有自由。自由主义者既主张个体自由，又承认政府管理存在的必要性，他们怎样处理自由和管理之间的矛盾呢？实际上，自由主义者并不追求绝对的自由，他们希望在政府管理下最大限度地获得自由。因此，他们既肯定政府的权力，又主张政府要尽可能缩小其干涉的领域，使个体获得最大可能的行动自由。也就是说，自由主义者必须确定政府的权力界限：哪些领域是个体可以自由行动的？哪些领域是政府要干涉的？

哪些领域个体是可以自由行动的呢？严复说：“凡事之不逾于小己者，可以自由，非他人所可过问。而一涉社会，则人人皆得而问之。”④也就是说，是否涉及他人就是个体自由的界限。个体自由并不是说某个人可以随心所欲地做任何事情，如果这样，这个人就否定了他人的自由，这种自由就变成一种特权，这实际上是封建专制君主才具有的权力。个体自由指个人可以自由地做他自己要承担后果或主要后果的事，如果某件事的结果只与他本人有关，他在这件事上就是自由的；否则他就是不

---

① 严复：《政治讲义》，王栻主编：《严复集》第五册，北京，中华书局，1986，第1253页。

② 严复：《〈老子〉评语》，王栻主编：《严复集》第四册，北京，中华书局，1986，第1082页。

③ 严复：《政治讲义》，王栻主编：《严复集》第五册，北京，中华书局，1986，第1279页。

④ 严复：《〈法意〉按语》，王栻主编：《严复集》第四册，北京，中华书局，1986，第994页。

自由的。因此，这种自由是每一个人都具有的权利，以不干涉他人的自由为界限。

哪些领域是政府要干涉的呢？在严复看来，这个问题就要复杂得多。与政府基本功能相关的领域是政府必须干涉的领域，严复称其为“政府之天职”：“所谓政府之天职是已，粗而举之，则海陆之兵也。兵者何？以法部勒国民，使之共守国也，静则为守，动则为攻。故定和战者，其权必属于政府。其次莫如刑……所以锄强梗、诘奸欺，以保民之身家者。”[①]“政府之天职”就是人们现在所说的国家的对外职能和对内职能，在这个领域，个体没有任何自由。

因此，自由主义者所说的自由属于除“政府之天职”之外的领域。在这些领域，政府既可能干涉，也可能不干涉。政府干涉，个体就没有行动的自由；政府不干涉，个体就有行动的自由。严复说：“使其事宜任小己之自繇，则无间君上贵族社会，皆不得干涉者也。”[②]“宜任小己之自繇”就是严复对“是扩大政府管理的领域还是扩大个体行动自由的领域”这一问题的回答，即国家应该尽可能扩大个体行动自由的领域。

但严复又认为，人们不能明确规定政府管理的界限和个体行动自由的领域。他说：“以政府权界广狭为天演自然之事，视其国所处天时地势民质何如。当其应广，使为之狭，其国不安；当其应狭，而为之广，其民将怨。必待政权广狭，与其时世相得，而后不倾。此皆势所必至，理有固然。”[③]在严复看来，政府的管理和个体的自由都是为了促进社会的发展，都与国家“所处天时地势民质”相关，而“天时地势民质”是变化的，所以政府管理的界限和个体行动自由的领域也是变化的。同时，不同的国家或者同一国家发展的不同时期“所处天时地势民质”是不一样的，所以政府管理的界限和个体行动自由的领域也是具体的、变化的，不存在一个普遍适用于各国的规定。

综上所述，严复通过中西方政治制度的对比，从自由主义的观念出发，以自由、民权、国家主权等现代政治哲学范畴为工具，以一种完全不同于中国传统政治哲学的思维方式详细地讨论了政府权力的来源和合法性问题、民众与政府权力之间的关系问题、君主权力与民众权利之间

---

① 严复：《政治讲义》，王栻主编：《严复集》第五册，北京，中华书局，1986，第1294页。

② 严复：《〈群己权界论〉译凡例》，王栻主编：《严复集》第一册，北京，中华书局，1986，第134页。

③ 严复：《政治讲义》，王栻主编：《严复集》第五册，北京，中华书局，1986，第1290～1291页。

的关系问题。这不仅回答了当时中国政治变革所面临的理论问题，而且带来了中国政治哲学发展中的两大根本性变革：第一，伴随着西方现代政治哲学理论及其思维方式的传入，中国政治哲学家开始抛弃传统的政治哲学思维方式及其问题，转而关注现代政治哲学的问题；第二，来自西方的自由主义开始成为中国政治哲学的组成部分。这意味着中国传统政治哲学已经到了山穷水尽的地步，中国政治哲学理论开始具有了现代性的内容。

二、"以民主为用"

严复所说的"以自由为体"，实际上是西方自由主义者为现代政治制度所构建的理论基石，只是一种政治原则、政治理念。它要真正地实现，还必须有一套相应的可操作的政治运作机制和机构，这就是严复所说的"以民主为用"。他所说的民主有两层意思。第一，民主是与君主制度相对立的政治制度。他说："五洲治制，不出二端：君主、民主是已。君主之国权，由一而散于万；民主之国权，由万而汇于一。"①这种观点来自孟德斯鸠。这里的民主相当于人们现在所说的共和制，它与一切君主制度相对立，排斥君主立宪制。第二，民主是西方现代政治制度的"用"。这里的民主即"以自由为体，以民主为用"中所讲的"民主"，是一种以实现自由为目的的政治制度，与封建君主制度相对立，其中包括了君主立宪制。这就是人们通常所说的资本主义的民主制度，也是本节所要讨论的内容。通过中西方政治制度的对比以及对西方近现代民主制度的长期研究，严复实际上认为，与封建君主制度相比，民主制度的根本特征主要体现为：一是有宪法，二是服从三权分立的原则，三是有议院。

（一）立宪法以约束君主

本来，严复所说的君主实际上指实行民主制度的资本主义国家的元首，包括了共和制中的总统和君主立宪制中的君主。但严复极为推崇英国的君主立宪制，他一直认为当时的中国不能实行共和制，因而他所说的君主主要还是指君主立宪制中的君主。根据严复的"以自由为体"的理念，约束君主的权力和规定政府的权力以保护个体民众的自由，是近现代西方政治文化的最基本主张。那么，在现实的政治活动中，民众依靠什么来实现这一主张呢？严复指出："立宪者，立法也，非立所以治民之刑法也。何者？如是之法，即未立宪，固已有之。立宪者，即立此吾侪

① 严复：《〈法意〉按语》，王栻主编：《严复集》第四册，北京，中华书局，1986，第937页。

小人所一日可据以与君上为争之法典耳。其无此者，皆无所谓立宪。”①也就是说，宪法的功能与刑法不同：刑法是君主和政府用来管理民众的工具，而宪法则是民众保护自身的手段。即在西方近现代国家中，民众是通过宪法来约束君主和政府的。

当然，宪法并不会直接规定君主的行为。严复认为，宪法是通过分割国家权力并确定各部分权力归属的形式来约束君主的行为。他赞同甄克思的观点：“分执主权之数家，对待之义，猬毛而起，非至纤至悉之宪法，不能定也。”②在封建专制国家，君主之所以有无上的权力，就是因为他统一了所有的“主权”。“分执主权”就是把国家的权力分割成几个不相统属的部分，即使是君主也只享有其中的一部分，并且不能够干涉其他的部分。这样，宪法就通过规定政府、君主所拥有的部分“主权”来限制政府、君主的权力。只有宪法才有这种功能，才能使政府、君主必须以法律的形式治理国家。严复指出，在这种情况下，治理国家的根本手段已经不再是传统的君主和政府官员的意志或权力，而是“夫法律者，治群之具”③。即在现代民主制度下，法律成为“治群之具”，而不是封建君主专制下统治民众的手段，不仅民众的行为要受到法律的约束，政府、君主的行为也要受到法律的规定和约束。严复特别赞赏这一制度，并认为英国在这方面堪称典范，“英之民非能使其君之皆仁，其吏之皆廉洁也。能为之制，使虽有暴君，无所奋其暴；虽有贪吏，无由行其贪”④。“制”就是建立在法律基础上的规章制度。应该说，严复对当时的英国的这种赞美确有夸张、美化的成分。但是，严复突出了这一点：在现代社会，对君主和政府权力的约束不能建立在道德自觉的原则之上，而必须依赖于现代政治制度的建立。而这一制度之所以能够建立和运行，就是因为相关国家有可以约束君主和政府的宪法。

严复进一步指出，英国式的宪法之所以有效，最根本的原因是其全新的政治基础：“今世欧洲之立宪，宪非其君之所立也，其民既立之，或君与民共立之，而君与民共守之者也。夫以民而与于宪，则宪之未立，其权必先立也。”⑤又说：“有民权之用，故法之既立，虽天子不可以不循

① 严复：《政治讲义》，王栻主编：《严复集》第五册，北京，中华书局，1986，第1284页。

② 〔英〕甄克思：《社会通诠》，严复译，北京，商务印书馆，1981，第145页。

③ 严复：《“民可使由之不可使知之”讲义》，王栻主编：《严复集》第二册，北京，中华书局，1986，第328页。

④ 严复：《〈原富〉按语》，王栻主编：《严复集》第四册，北京，中华书局，1986，第893页。

⑤ 严复：《〈法意〉按语》，王栻主编：《严复集》第四册，北京，中华书局，1986，第950页。

也。使法立矣，而其循在或然或不然之数，是则专制之尤者耳。”①也就是说，立宪并不仅仅意味着构建法律条文，而是指国家主权的变更。从无宪法到有宪法标志着民权对君权的胜利，其实质就是政治制度的革命。

因此，严复将有宪法看作西方现代政治制度的根本特征之一：“民主、独治二制，虽执政人数多少不同，而皆有上下同守共由之法，如此者谓之立宪政府。其所守所由，荦荦大经，必不可畔者，斯为宪法，惟专制无之。”②“民主”指共和制，“独治”指君主立宪制，“专制”指封建君主专制。在严复看来，实行民主制度的国家不论是共和制国家还是君主立宪制国家，都有宪法，即使是君主也不能随心所欲地使用权力，其行动必须遵循法律的规定，这就是人们现在所说的宪政；而封建君主专制国家没有宪法，君主的行为不受任何约束。因此，宪法就是那种要求君主或政府首脑必须服从法律的法。正是因为有了这种法，现代政治制度才从根本上与封建君主专制区别开来。

(二)三权分立的原则

严复认识到，立宪并不仅仅是一个法律问题或权力问题，它的实现还必须依赖三权分立的原则。他说：“三权者，前已及之，立法权、行法权(即现在所说的行政权——引者注)、司法权也。中国自古至今，与欧洲二百年以往之治，此三者，大抵不分而合为一。至孟德斯鸠《法意》书出，始有分立之谈，为各国所谨守。”③原来，专制政府和民主政府不仅仅表现为形式上的差别，其所实施的原则也是不一样的：专制政府同时拥有立法权、行政权和司法权，君主就是这三种权力的最高拥有者；民主政府按照三权分立的原则管理国家，政府只拥有行政权，君主只是理论上的最高行政权的拥有者。因此，专制政府拥有全部国家权力，民主政府只拥有部分国家权力。

严复以英国为例解释三权分立的内涵：每一种权力由不同的机关执行，每一种权力又由两种可能对立的团体来执行，任何一方都没有绝对的权力。立法权由议院和君主来执行。议院分为上院和下院，只有下院、上院和君主一致赞同，才能产生法律。下院提出立法议案，只有获得上院的同意，法律草案才能通过；并且只有获得君主的同意，法律才能正式生效。君主可以否决法律草案，上院也可以反驳立法议案；但君主不能产生法律草案，上院也不能提出立法议案。虽然在资本主义的成熟阶

---

① 严复：《〈法意〉按语》，王栻主编：《严复集》第四册，北京，中华书局，1986，第940页。
② 严复：《宪法大义》，王栻主编：《严复集》第二册，北京，中华书局，1986，第240页。
③ 严复：《宪法大义》，王栻主编：《严复集》第二册，北京，中华书局，1986，第242页。

段，君主和上院基本上都没有行使其否决权，但从三权分立的原则来说，君主和上院拥有这种权力。行政权由政府来执行。政府最高执行者通过选举产生。议院可以否决政府最高执行者的政策，但没有行政权；政府最高执行者也可以要求国家元首或君主解散议院，但必须重新选举议院，政府不能干涉选举过程。司法权由法院来执行。法官是裁判者，其他机构包括议院和君主都不能更改法官的判决，但判决必须获得助理陪审团的同意才能生效。虽然助理陪审团可以否定法官的判决，但判决只能由法官来进行。因此，分权不仅是三权分立，而且是使每种权力必须有制衡的力量，防止任何一方独断专行。

严复进一步指出，要真正实现三权分立，还必须有“代表、从众、分党”三种形式，“以上所言(即三权分立的原则——引者注)，犹是立宪之体式。至于其用，则以代表、从众、分党三物，经纬其间，其制乃行。夫此三者之利弊短长，政家论之审矣。顾法穷于此，舍之则宪法不行”①。所谓“代表”就是选举制，特别是议员的选举。现代国家地广人多，不可能人人都参与立法，只能采用代议制，议员就是民众的代表，他们的观点代表大部分或部分民众的意愿。所谓“从众”就是少数服从多数的原则。在选举或表决中会出现不同的结论，“从众”就是用来解决这类争议的。所谓“分党”就是现代政党制度，严复认为：“政党者，民人自为无期限之会合，而于国家一切之问题，有主张之宗旨与求达之目的者也。”②政党有三个特征：民众自发组成、具有一定的代表性、有一定的政治主张。政党要参与政治活动，特别是要参与议院选举和政府最高执行者选举。通过选举，政党可以轮流执政，防止某些人或集团的权力失控。根据上面对三权分立的分析，如果没有“代表、从众、分党”，三权分立是不可能真正实现的。因此，严复特别强调“顾法穷于此，舍之则宪法不行”，“之”就是指三权分立的原则以及“代表、从众、分党”三种形式，宪法必须依赖于它们才能得到实现。

(三)设立议院“为众治之机关”

是否设立议院，可以说是传统政治制度与现代民主制度之间或者说中西方政治制度之间最显著的一个差异，因而中国学者最先察觉到的就是这一差异。严复之前的郭嵩焘、马建忠以及与严复同时代的康有为等人都非常关注议院在现代政治中的作用问题。但他们主要是从行政权(准

---

① 严复：《宪法大义》，王栻主编：《严复集》第二册，北京，中华书局，1986，第244页。

② 严复：《说党》，王栻主编：《严复集》第二册，北京，中华书局，1986，第300页。

确地说是议事权)的角度来探讨这一问题的，而严复却是从自由主义的角度来讨论这一问题的。根据自由主义的理念，民众有两种身份：一方面，他们是国家的主人，他们的自由不容许政府侵犯，并且他们有权规定政府的权力；另一方面，他们又是被管理者，他们必须接受政府的管理，而政府有可能侵犯他们的自由。因而民众不相信政府有自我约束的能力，他们需要建立一个新的机构来代表他们管理、监督政府，从而保护他们的自由不被政府侵犯。这个机构就是议院。但民众也不能绝对地相信议院，为了使议院真正代表民众的意愿，他们规定议员由民众定期选举产生，这样，民众就可以撤换他们不满意的议员。如此一来，民众作为国家的主人的权力就转化成了议院的权力，或者说议院就体现了实实在在的民权，自由主义的主张和民主的原则才能够变成现实。因此，严复说："议院为众治之机关。"[①]"众治"就是民主。也就是说，议院是代表民众治理国家的机构。

在严复看来，议院作为民权的实际拥有者或"众治之机关"最主要地体现在其独立地拥有全部的立法权，"立法者，议院之天职也"[②]，即立法只能由议院来进行[③]。他说："立宪之与专制异者，在立法与行法，权界分明之要点。议院主于立法者也，国君宰相，下至百执事，行法者也。"[④]这实际就是说议院的权力高于君主和政府的权力，或者说议院通过立法来约束君主和政府。因为根据三权分立的原则，治理国家的权力分为立法权、行政权和司法权，非常明显，立法权先于并高于行政权。这样，严复就抓住了立宪国家与专制国家的又一根本差异：在立宪国家中，立法由议院单独进行；而在专制国家中，立法最终决定于君主。因而，立宪国家的法和专制国家的法是不同的。立宪国家的法代表了民众的意愿，政府奉行这样的法，就不能侵犯民众的自由；并且议院拥有的民权是国家的最高权力，因而议院能够使"国君宰相"都必须服从宪法；议院的权力是一种集体的权力，议员又是民众定期选举的，因此没有一个人拥有超越法律的权力。而专制国家的法代表的是君主的意志，政府

① 严复：《论英国宪政两权未尝分立》，王栻主编：《严复集》第一册，北京，中华书局，1986，第219页。

② 严复：《论英国宪政两权未尝分立》，王栻主编：《严复集》第一册，北京，中华书局，1986，第220页。

③ 严复的观点是有矛盾之处的。根据三权分立的原则，议院不具有完全的立法权，但严复在许多地方又把立法权完全归属于议院，这可能是因为他认为君主在现代国家的实际立法中并没有实际发挥过作用。

④ 严复：《政治讲义》，王栻主编：《严复集》第五册，北京，中华书局，1986，第1312页。

奉行这样的法，其行为就与民众的意愿无关，于是政府就变成了君主统治国家的工具；并且君主是最高权力的拥有者，因而君主就具有了超越法律的特权。正是从法的性质及法与政府之间的关系出发，严复才说："常语之称自由，则与有议院等。故言其民自由，无异指其国之立宪。"① 也就是说，民众的自由正是依靠议院立法才能得到切实的保护。

严复进一步指出，议院对政府的约束不仅仅通过立法与行政体现出来，由于议院就是国家主权的实际拥有者，它拥有更置政府的权力："一有议院，则议院之权，得以更置政府。"②实际上，议院更置政府的权力不直接来自立法权，而来自产生政府首脑的法律，即政府首脑是由议员选举产生的③。严复以英国为例说明了这一过程："国民举议员，而议员举宰相，由宰相而用内外百执事，是为政府。"④"宰相"就是政府首脑，"内外百执事"就是各级政府官员。严复把"宰相"的变换理解为政府的更置，既然"宰相"是由议员"举"的，那么议员自然就拥有了变换"宰相"的权力，同时也就拥有了"更置政府"的权力。

那么，议院依据什么来"更置政府"呢？严复说："立宪政府，国民不附，即可更易，而立民情之所附者。"⑤即政府能否得到民众的支持是议院是否"更置政府"的根本依据。那又如何判断一个政府是否为"民情之所附"呢？严复认为这就要依靠舆论自由，"立宪国民，于政府所为，皆可论议，著之报章，以为国论"⑥。舆论固然可以反映出民众对政府的态度，但是不可能准确地反映出大多数民众是支持这个政府还是反对这个政府。因为任何一个政府不可能没有支持者，也不可能没有反对者，为"民情之所附"的政府实际上指被大多数民众所支持的政府。如何解决这一问题呢？在严复看来，议员是民众定期选举出来的，民众对政府的态度可以转换成议员对政府的态度，而议员的投票表决可以准确地反映出他们对政府的态度，因此，"其向背与多寡，皆于议员之出占投票而得之"⑦。为"民情之所附"的政府能够得到多数议员的赞成票，反之，所得到的赞成票数就少。

---

① 严复：《政治讲义》，王栻主编：《严复集》第五册，北京，中华书局，1986，第1289页。

② 严复：《政治讲义》，王栻主编：《严复集》第五册，北京，中华书局，1986，第1287页。

③ 议员选举政府首脑的法律当然是议院所立的，但议员选举政府首脑和议院立法是两种不同性质的政治活动。

④ 严复：《宪法大义》，王栻主编：《严复集》第二册，北京，中华书局，1986，第243页。

⑤ 严复：《政治讲义》，王栻主编：《严复集》第五册，北京，中华书局，1986，第1289页。

⑥ 严复：《政治讲义》，王栻主编：《严复集》第五册，北京，中华书局，1986，第1289页。

⑦ 严复：《政治讲义》，王栻主编：《严复集》第五册，北京，中华书局，1986，第1313页。

严复进一步指出，议员的投票不仅表现了民众对政府的态度，而且本身就是议院“更置政府”的方式：“首辅之事权，实议院之所予，假其中过半之众，与之背驰，则其罢废。”①“首辅”也就是政府首脑。如果“首辅”不能获得一半以上议员的支持，就要被更换。这就意味着“首辅”所主持的政府被“罢废”了。这一制度在英国表现得最为明显，因而严复相当欣赏英国的议会制度，“英民革命，轻而易举，不过在议院占数之从违”②。在现代民主制度下，民众只需要通过选举议员和议员投票，就能够撤换他们所不支持的政府；而在宗法社会中，民众无法切实地影响政府，这个过程只能以流血革命的形式进行。正是因为认识到议院和政府更替之间的关系，严复说：“是故有无议院国会为建立破坏政府之机关，专制立宪二政府不同在此。”③即议院因为拥有“更置政府”的权力而成为“专制立宪二政府”的根本差异：立宪政府有议院，而专制政府无议院。

通过以上分析可以看出，严复以中国哲学传统中的“体用”范畴来理解自由与民主的关系，基本上将西方现代民主制度及其理论基础系统、真实地展现给了国人。这不仅大大增进了国人对西方现代政治文化的理解，而且为中国政治文化的发展开辟了一条全新的思路。严复特别突出了西方现代民主制度与中国传统政治制度在性质上的根本差异：“中西政教之各立，盖自炎黄尧舜以来，其为道莫有同者。”④他又说：“夫自由一言，真中国历古圣贤之所深畏，而从未尝立以为教者也。”⑤“故中国之弱，非弱于财匮兵窳也，而弱于政教之不中，而政教之所以不中，坐不知平等自由之公理。”⑥即中国传统政治文化因缺少西方现代政治文化中的自由观念，而与现代政治文化格格不入。因此，中国人要构建西方式的现代民主制度，就意味着与传统政治文化彻底决裂，接受来自西方政治哲学的自由、民主等观念，重构中国现代政治哲学。严复的这一主张得到后来的中国政治哲学家的认同，可以说它有力地推动了中国政治哲学开始进入现代发展阶段。

---

① 严复：《论英国宪政两权未尝分立》，王栻主编：《严复集》第一册，北京，中华书局，1986，第219页。

② 严复：《政治讲义》，王栻主编：《严复集》第五册，北京，中华书局，1986，第1314页。

③ 严复：《政治讲义》，王栻主编：《严复集》第五册，北京，中华书局，1986，第1314页。

④ 严复：《〈社会通诠〉按语》，王栻主编：《严复集》第四册，北京，中华书局，1986，第929页。

⑤ 严复：《论世变之亟》，王栻主编：《严复集》第一册，北京，中华书局，1986，第2页。

⑥ 严复：《主客平议》，王栻主编：《严复集》第一册，北京，中华书局，1986，第116页。

第二节　现代民主制度的产生

严复非常清楚，“中国居今见其制之利，欲仿而行之，则此中缘起发达，直至成于今式，皆不可不略考者也”[①]，“其制”“今式”就是西方现代民主制度。这就是说，对于中国现实的政治变革来说，仅仅指出西方现代民主制度的基本特征及其与中国传统政治制度之间的差异是不够的，还需要揭示出二者之间的内在联系：从传统政治制度向现代民主制度的过渡有没有某种必然性？或者说，现代民主制度是如何从传统政治制度之中自然地发展出来的？受达尔文、斯宾塞和甄克思等人的影响，严复运用天演论和社会有机体说来讨论这一问题。但他并没有直接讨论现代民主制度是如何产生的，因为他认为政治制度不是有机体，而是“以国家为有机体”[②]，并且“凡是国家，必有治权。而治权以政府为之器，故天下无无政府之国家”[③]。“治权”的形式就是政治制度，现代民主制度就是现代国家的“治权”形式。因此，严复就从现代国家的产生来探讨现代民主制度的产生。

一、用“天演之涂术”探讨现代国家的产生

严复认为，要探讨现代国家的产生，必须首先要解决研究方法的问题，“诸公知学问之事，往往因所由涂术不同，其得果因而大异”[④]。从西方近现代政治学发展历程来看，人们主要从两个角度来研究现代国家的起源。第一个角度是17、18世纪洛克、卢梭等人所使用的契约论。这种观点认为国家是人们通过契约而构建的，因而它往往从抽象的人性论和民众的意愿出发来探讨现代国家的产生。受达尔文、斯宾塞和甄克思等人的影响，严复明确反对这种观点：“此其说自今之学者而观之，常以为陋浅不足道。”[⑤]因为它明显具有先验论的特征，其论点得不到历史事实的确证。第二个角度就是严复所说的“天演之涂术”，即将自然科学特别是达尔文生物学的研究方法运用于政治问题。它发端于19世纪孔德等人所倡导的实证哲学，要求政治学走科学化的道路，从历史现实而不是

① 严复：《政治讲义》，王栻主编：《严复集》第五册，北京，中华书局，1986，第1270页。
② 严复：《政治讲义》，王栻主编：《严复集》第五册，北京，中华书局，1986，第1266页。
③ 严复：《政治讲义》，王栻主编：《严复集》第五册，北京，中华书局，1986，第1247页。
④ 严复：《政治讲义》，王栻主编：《严复集》第五册，北京，中华书局，1986，第1247页。
⑤ 严复：《〈民约〉平议》，王栻主编：《严复集》第二册，北京，中华书局，1986，第335页。

人们的主观意志出发来讨论国家的产生和演化历程，并探寻出其中的规律。严复接受了这种观点，“国家是天演之物，程度高低，皆有自然原理；三是国家既为天演之物，则讲求政治，其术可与动植诸学，所用者同”①。也就是说，现代国家是从原始国家、传统国家自然地演化发展而来的，这一过程中存在着某种必然性(即“自然原理”)。相应地，人们要把其中的“自然原理”揭示出来，就必须要采用“天演之涂术”。

严复进一步将政治研究中的“天演之涂术”概括为：“吾将取古今历史所有之邦国，为之类别而区分；吾将察其政府之机关，而各著其功用；吾将观其演进之阶级，而考其治乱盛衰之所由；最后，吾乃观其会通，而籀为政治之公例。”②既然古代国家和现代国家之间存在着一种天演的关系，那么对人类历史上出现过的所有国家进行分类，发现它们的“演进之阶级”及其“治乱盛衰之所由”，实际上就找到了人类政治现象中的规律，也就回答了“现代国家和现代民主制度是如何产生的”的问题。在19世纪下半叶，政治科学方兴未艾，而严复又对科学方法推崇备至，因此他说：“故吾党之治此学，乃用西学最新最善之涂术。何则？其涂术乃天演之涂术也。”③

二、国家的分类

从“天演之涂术”出发，严复指出：“类别而公例自见，此治有机品诸学之秘诀也。”④“类别”就是指生物学研究中的分类。在严复看来，既然国家实际上也是一种有机体，生物学研究的方法同样可以用在政治问题的研究中，只要人们对国家进行了正确的分类，就能比较容易地把握政治现象的规律。因而，严复从国家的分类入手考察“现代国家是如何产生的”的问题。

严复非常清楚，在历史上有许多学者都详细地讨论过国家分类的问题，因而他必须首先对这些分类进行评价。其中，亚里士多德的国家分类是对后人影响最大的理论之一。亚里士多德根据掌握国家最高权力的人数，把国家分为三种类型：个人统治的国家、少数人统治的国家和多数人统治的国家，并且每一种国家类型都可以分为好的和坏的两种类型。一个国家属于好的国家类型还是坏的国家类型，取决于统治者的道德。

---

① 严复：《政治讲义》，王栻主编：《严复集》第五册，北京，中华书局，1986，第1250页。
② 严复：《政治讲义》，王栻主编：《严复集》第五册，北京，中华书局，1986，第1248页。
③ 严复：《政治讲义》，王栻主编：《严复集》第五册，北京，中华书局，1986，第1248页。
④ 严复：《政治讲义》，王栻主编：《严复集》第五册，北京，中华书局，1986，第1254页。

好的国家类型被称为君主制的国家、贵族制的国家和立宪制的国家；相应地，坏的国家类型被称为暴君制的国家、寡头制的国家和民主制的国家。

但严复不赞成这种国家的分类，“雅里氏旧有分法，实为无当”①。为什么呢？严复指出：“俗人不知当雅里氏时代，希腊但有市府国家 City state，壤地极小……若今世国家，则可谓邦域国家 Country state，壤地广远，人民众多，不可同日而论也。”②在严复看来，古希腊是市府国家，而现代国家是邦域国家；市府国家领土小，人口也少，而邦域国家却地广人多。正是由于这种差异，市府国家的治理形式必然不能运用于邦域国家。相应地，对市府国家的分类也就不能适用于对邦域国家的分类。应该说，严复对亚里士多德的国家分类的这种批评是相当有见识的。罗素后来也说：“亚里士多德对于非希腊化国家里的政府方法是不大留心的……全部讨论都谈的是城邦，他完全没有预见到城邦就要成为陈迹了。”③这和严复的观点几乎是一致的。严复还认为亚里士多德的国家分类不全面，他说：“故其所取，往往在文明之国，而弃草昧之群。”④又说：“尚有国家形式，非雅里氏三科所得赅者，则如神权国家，治柄出自教皇。”⑤在严复看来，亚里士多德的国家分类忽略了原始国家和神权国家，而这两种国家是相当重要的：所有的近现代国家都是从原始国家发展而来的，神权国家是普遍存在的。亚里士多德的国家分类无法包容这两种国家，因而不能满足“天演之涂术”“取古今历史所有之邦国”的要求。严复进一步指出，人们不再赞同亚里士多德对各种政治制度的评价。他说：“循而用之，人意之中，同名异实而美恶乃异位矣。”⑥对于同一种制度，亚里士多德和现代人的评价是不同的。如亚里士多德认为贵族制是最好的制度，而现代人则普遍反对它；亚里士多德认为民主制是相当糟糕的制度，而现代人则相当推崇它。因此，今天的人们对亚里士多德的国家分类不能“循而用之”。严复又指出，亚里士多德的国家分类之所以不能“循而用之”的根本原因在于其分类依据：“盖国之相异不一端，非政

---

① 严复：《政治讲义》，王栻主编：《严复集》第五册，北京，中华书局，1986，第1257页。

② 严复：《政治讲义》，王栻主编：《严复集》第五册，北京，中华书局，1986，第1257页。

③ 〔英〕罗素：《西方哲学史》上卷，何兆武、李约瑟译，北京，商务印书馆，1963，第239页。

④ 严复：《政治讲义》，王栻主编：《严复集》第五册，北京，中华书局，1986，第1253页。

⑤ 严复：《政治讲义》，王栻主编：《严复集》第五册，北京，中华书局，1986，第1259页。

⑥ 严复：《政治讲义》，王栻主编：《严复集》第五册，北京，中华书局，1986，第1257页。

权攸属人数少多所能尽其别也。”①在严复看来，国家之间的差异中最重要的是文明国家和非文明国家的差异②，文明国家之间的差异或非文明国家之间的差异则不太重要。因此，国家的分类要突出的是当时英国和中国的差异，因为英国是文明国家，而中国是非文明国家；而不是当时英国和法国的差异，因为英国和法国同属于文明国家。从这个角度来看，“政权攸属人数少多”确实不能成为划分国家类型的主要依据。

其实，严复不采用亚里士多德的国家分类，是因为他认为这种分类针对的是同一发展程度的国家，因而不能体现出国家发展程度的差异，即亚里士多德的国家分类不能反映出各种政治制度之间的天演关系。当然，严复也没有完全否定亚里士多德的国家分类，他说：“然则雅里氏之区分，以大意言之，犹可用也。”③但这种分类不适合他的研究目的，因此他必须要寻找一种新的国家分类。

在亚里士多德之后，影响最大的国家分类当属法国近代学者孟德斯鸠的国家分类。严复相当推崇孟德斯鸠的国家分类：“孟氏之分，不姱姱于人数，而兼察精神形制之殊，较雅里氏为得理。”④孟德斯鸠的国家分类是建立在自然法基础上的，把国家分为共和制、君主制和独裁专制，每一种政治制度都有其特别的精神：共和制的精神是公德，君主制的精神是荣誉，独裁专制的精神是恐惧。但是严复也没有采用孟德斯鸠的国家分类，可能是因为他不完全赞同孟德斯鸠的自然法理论，也不赞同孟德斯鸠用地理环境决定论来解释各种政治制度之间的差异。并且，孟德斯鸠的国家分类也不能满足严复“天演之涂术”的要求，反映不出各种类型国家之间的演化关系。

在对西方各种国家分类理论进行了一番评判之后，严复指出“合”为国家分类的依据：“吾人之分国家也，以其所由合者为起义。”⑤“合”就是指众多的个体组成国家并维持国家存在的最根本的凝聚力。在严复看来，既然国家实际上也是一种有机体，那么就像生物群体的形成一样，国家的形成也不取决于人们的意志或目的，它是由众多的个体为了生存而不得不组成的群体。也就是说，“合”对于国家来说是至关重要的。因而他指出：“治权操于多寡，其关系国家之理，自不及于所以为合者，是以吾

---

① 严复：《政治讲义》，王栻主编：《严复集》第五册，北京，中华书局，1986，第1259页。

② 严复把处于资本主义发展阶段的国家称为文明国家，而把处于前资本主义发展阶段的国家称为非文明国家。

③ 严复：《政治讲义》，王栻主编：《严复集》第五册，北京，中华书局，1986，第1258页。

④ 严复：《宪法大义》，王栻主编：《严复集》第二册，北京，中华书局，1986，第239页。

⑤ 严复：《政治讲义》，王栻主编：《严复集》第五册，北京，中华书局，1986，第1264页。

法胜也。"[1]在严复看来，"治权操于多寡"是政府的组织形式，必须以国家的存在为基础，不能决定国家的性质或政府的功能；而"所以为合者"却关涉国家的存在，决定国家的性质，并进而决定政府的功能。因此，对于国家来说，"合"是比"治权操于多寡"更根本的因素，更能揭示出国家性质的根本差异。相应地，人们就应该根据"合"的差异来划分国家的类型。

其实，严复的"合"是他改造甄克思的"系"范畴所得到的[2]。甄克思说："古今社会，莫不有所以系属其民者。今社会所以系属其民者，曰军政。……惟古之社会则不然，其所以系民，非军政，乃宗法也。"[3]"系"就是管理。在甄克思看来，"宗法"和"军政"表达了国家和个体之间的不同关系，而且这种关系可以体现出现代国家(即军国的国家)和传统国家(即宗法的国家)的根本性差异，因此，他以此来区分现代国家和传统国家。甄克思又认为，军国的国家和宗法的国家之间是一种进化关系，也就是说个人和国家的关系可以从"宗法"过渡到"军政"。严复相当欣赏甄克思对国家的这种分类及其对不同类型国家之间关系的理解，但是从社会有机体理论出发，他认为国家和个人之间最根本的关系是"合"，而不是"社会所以系属其民"。也就是说，"宗法"和"军政"表达的都是一种"合"的关系。因此，严复就用"合"代替"系"作为国家分类的依据。

根据"合"的差异，严复首先把国家分为"自然发达之国家"和"非自然发达之国家"，他说："国家又有一种分法，一为自然发达之国家，一为非自然发达之国家。"[4]"非自然发达之国家"指通过武力吞并而形成的国家，被吞并国家的民众对这种国家并不真心认同。武力是维持这种国家存在的基本力量，也就是这种国家的"合"。从社会有机体理论的角度来看，这种国家并没有成为真正的社会有机体。"自然发达之国家"指人类为了生存而自然地形成的国家，"一合之后，其为合皆至坚。假使所身属之团体有所急难危险，人人自揣，其为救必惟力是视，乃至毁家亡躯，在己既所心甘，在人亦以为荣誉。其胶结之固，必有如此而后可称国家"[5]。"自然发达之国家"就是一种社会有机体，其内部有着极强的凝聚力。民众的认同就是这种国家的"合"，民众愿意为了这种国家的生存牺

① 严复：《政治讲义》，王栻主编：《严复集》第五册，北京，中华书局，1986，第1264页。

② 甄克思的"系"指国家确证个体成为其国民的原则，而严复的"合"指民众组成国家所依据的原则，或者说民众认同国家所依据的原则。

③ 〔英〕甄克思：《社会通诠》，严复译，北京，商务印书馆，1981，第2页。

④ 严复：《政治讲义》，王栻主编：《严复集》第五册，北京，中华书局，1986，第1268页。

⑤ 严复：《政治讲义》，王栻主编：《严复集》第五册，北京，中华书局，1986，第1264页。

牲自己的生命和财产。在严复看来，“自然发达之国家”要优于“非自然发达之国家”，因为前者得到其所有成员的拥护。他所要讨论的就是“自然发达之国家”之间的关系。

严复进一步把“自然发达之国家”分为“宗法”“宗教”和“军国”三种类型，军国的国家又称为“真正国家”。他说：“曰宗法，曰宗教，曰国家，以斯三者所以为合之不同，其立国之形制亦异。是三者皆本诸天演之自然者也。”[①]又说：“宗法之国家，其合也以同种族故，同祖宗故。神权之国家，其合也以同信奉故，同宗教故。至于真正国家，其合也以同利益故，同保护故。”[②]这样一来，严复根据“同种族”“同宗教”和“同利益”把国家分为“宗法之国家”“神权之国家”和“真正国家”。“同种族”就是“宗法之国家”的“合”，“同宗教”就是“神权之国家”的“合”，“同利益”就是“真正国家”的“合”。严复所说的“宗法之国家”就是人们现在所说的封建国家，“神权之国家”就是宗教国家，“真正国家”就是资本主义国家。但他也承认没有纯粹的“宗法”“宗教”或“军国”的国家，军国的国家(如英国)也有“同种族”和“同宗教”的成分，宗法的国家或宗教的国家也有“同利益”的成分。因此，判别一个国家的类型的依据就是其主要的“合”的力量。实际上，严复更为强调的是“三者皆本诸天演之自然者也”，也就是说这三种国家之间有一种天演的关系，“宗法之国家”“神权之国家”都可以过渡到“真正国家”。

其实，严复是运用“合”的范畴来讨论君权或政府权力的正当性[③]来源，并进一步讨论各种国家政治制度之间的差异。他认为，政府不能使自身的权力具有正当性，政府权力的正当性就来源于“合”。夏曾佑明确指出《社会通诠》表达了这样的观点：“孔子之术，其的在于君权，而径则由于宗法。盖借宗法以定君权，而非借君权以维宗法。”[④]“借宗法以定君权”，就是说“宗法之国家”的君权的正当性来源于“宗法”，人民因为认同“宗法”关系而承认君权的正当性。同理，“神权之国家”的君权或政府权力的正当性来源于“同宗教”，“真正国家”的君权或政府权力的正当性来源于“同利益”。相应地，君权或政府权力必然反过来维护其基础，“合”

① 严复：《政治讲义》，王栻主编：《严复集》第五册，北京，中华书局，1986，第1265页。

② 严复：《政治讲义》，王栻主编：《严复集》第五册，北京，中华书局，1986，第1263～1264页。

③ 这里的正当性指国民根据某个理由认同政府权力，符合他们的理由的政府权力就是正当的。这种正当性是一个历史的范畴，不同时代的人们认同政府权力的理由不一样。

④ 夏曾佑：《〈社会通诠〉序》，王栻主编：《严复集》第五册，北京，中华书局，1986，第1556页。

实际上就决定了君权或政府权力的指向或性质："宗法之国家"的政府权力就要维护宗法制度，其政治制度就具有宗法的性质；"神权之国家"的政府权力就要维护宗教制度，其政治制度就具有宗教的性质；而"真正国家"的政府权力必须维护全体成员的利益(即"同利益")，其政治制度就是自由主义的民主制度。正是在这一意义上，严复认为"以斯三者所以为合之不同，其立国之形制亦异"①。也就是说，政治制度之间的根本差异不在于政府的组织形式，而在于政府权力的基石。虽然古希腊雅典的政府组织形式与今天西方国家的政府组织形式很相似，但两者的政府权力指向不一样——西方的现代民主制度以"同利益"为基础，而古希腊雅典的政治制度却是以"同种族"为基础的。所以，古希腊雅典的政治制度和西方的现代民主制度具有根本的差异。因而严复说："取西人之古制，以与其今制相较，则吾党见二大异焉。"②实际上，严复以一种非常复杂的方式表达了一个简单的结论："真正国家"的政府维护民众的利益(即"同利益")。这就是现代民主制度与以往政治制度之间的根本差异。

今天看来，严复的国家分类显然不具有普遍性，现在的学者几乎不采用这种分类。相反，人们更多地使用亚里士多德或孟德斯鸠的国家分类。因为严复的国家分类为了满足其政治理论的要求，要使各种国家类型之间有一种天演的关系，实际上是从社会发展的角度来理解国家的本质，但这却不是现代政治学者所关注的问题。当然，严复的国家分类也具有一定意义，他对亚里士多德的国家分类的批判也有合理之处。通过这种国家分类，他否定了中国的政治制度是唯一文明的传统政治观念，这有利于中国人学习西方的现代政治制度。并且，这是中国哲学家第一次把"国家"和"政府"作为基本范畴纳入政治哲学研究的领域，第一次抛弃了道、天等本体范畴，而从国家与民众之间的关系出发探讨政治问题，本身就意味着一种现代政治哲学思维的产生。

三、各种类型国家之间的天演关系

在完成了对国家分类的讨论之后，严复就开始探讨各种类型国家之间的关系。在他看来，当人们用"天演之涂术"考察各种类型国家之间的关系时，西方现代民主制度产生和发展的过程就清晰地显现出来了。

严复认为，现代民主制度实际上是西方近代社会发展的产物："是故

---

① 严复：《政治讲义》，王栻主编：《严复集》第五册，北京，中华书局，1986，第1265页。
② 严复：《政治讲义》，王栻主编：《严复集》第五册，北京，中华书局，1986，第1302页。

自由立宪，限制君权，议立大典，定国民应享权利等语，皆五百年来产物，非西国当日所旧有者。”①既然民主制度在西方也只有约五百年的历史，古代的西方也没有民主制度，包括中国在内的亚洲国家当然从未有过民主制度。那么，这种民主制度是怎样建立起来的呢？民主制度是不是建立在洛克、卢梭等提倡的社会契约论的基础之上呢？根据社会契约论，民主制度只与人们的目的或共同的愿望有关。即从理论上说，在人类社会发展的任何一个阶段，人们都可以构建民主制度。但这显然无法解释，为什么西方的民主制度在西方进入近代社会之后才产生。因而，严复用天演论来解释现代民主制度的产生。他说：“由草昧以至文明，其中阶级，皆国家所必经之程……凡浅演社会之所有者，皆深演社会所旧经者也。”②这里的“文明”“国家”和“深演”都是指资本主义社会的国家，而“草昧”和“浅演”主要是指原始社会和封建社会的国家。在严复看来，国家是一种有机体，也要服从天演的规律，也有一个从低级到高级、从简单到复杂的自然演化历程。军国的国家就是国家演化的高级阶段，即“深演社会”；草昧的国家就是国家演化的低级阶段，即“浅演社会”。根据天演的规律，“深演社会”只能从“浅演社会”中发展出来，即现代民主制度只能从传统的宗法政治制度或宗教政治制度中发展出来。

严复又用天演论来解释国家演化的动力：“其始本于家族神权之相合，逼之以天灾人祸，相救以图自存，于是其形式渐立，其机关渐出，而成此最后之法制。凡此皆演于自然者也。”③即生存竞争是促使传统的宗法政治制度或宗教政治制度转化成现代民主制度的根本力量：初级阶段的国家只能依靠宗法或宗教的力量建立起来，但随着生存竞争的加剧，“欲为存国，必期富强，而徒以宗法、宗教系民者，其为政，轻重之间，往往为富强之大梗。于是不得不尽去拘虚，沛然变为军国之制，而文明国家以兴。证以东西历史，此说殆不可易也”④。因此，现代民主制度的出现具有必然性，这一制度只能出现在“深演社会”中。

接着，严复试图运用生存竞争程度的差异来解释中国与西方社会演化进程的差异。他说：“若夫宗法国家，欲进而为军国国家，固有经千载而未能，亦有历百年而即至者，但看事势所遭如何。”⑤“事势所遭”就是

---

① 严复：《政治讲义》，王栻主编：《严复集》第五册，北京，中华书局，1986，第1269页。
② 严复：《政治讲义》，王栻主编：《严复集》第五册，北京，中华书局，1986，第1265页。
③ 严复：《政治讲义》，王栻主编：《严复集》第五册，北京，中华书局，1986，第1266页。
④ 严复：《政治讲义》，王栻主编：《严复集》第五册，北京，中华书局，1986，第1265页。
⑤ 严复：《政治讲义》，王栻主编：《严复集》第五册，北京，中华书局，1986，第1264页。

生存竞争的环境。在秦汉之际，中国就已经形成了大一统的国家，这使得中国国内竞争的程度处于一个很低的水平；再加上中国所处地理环境的特殊性，使中国无法与西方国家之间发生一种竞争关系。同时中国的文明程度又远远超过亚洲其他国家，这使得中国国际竞争的程度同样处于一个很低的水平。在严复看来，这种低程度的生存竞争反过来又增强了中国宗法制度的稳固性。因此，中国虽然在先秦就已经是宗法国家，并有向军国国家发展的趋势，但由于缺乏必要的生存竞争来突破宗法制度，经过几千年后，中国仍然没有发展成军国国家。反观欧洲，它分裂成许多小国，其生存竞争远比中国激烈得多。这些小国虽然很迟才进入宗法社会，但只经过几百年就发展成军国国家。因此可以说，中国没有民主制度不是因为中国人本质上不适合民主制度，而是因为中国不具备发展出民主制度的"事势"。

但是，根据天演论，严复只承认现代民主制度是发展程度最高的政治制度，而否认它是普遍的绝对好的政治制度。他说："制无美恶，期于适时。"①也就是说，政治制度本身并没有美或恶的属性，每种政治制度的出现都是自然的，都有适合它的环境。人们根据每种政治制度产生的效果赋予它们美或恶的评价，而每种政治制度带来的效果是由国家所处的社会发展阶段和环境所决定的。根据历史事实，严复指出："若此书（指《法意》——引者注）所言之专制，可谓治之至为狭隘酷烈者矣！顾使民风甚敝之时，而得亶聪明首出庶物者为之主，将见大为斯人之幸福，而为民主所必不可及者可也。"②在人类社会发展的初级阶段，君主专制"大为斯人之幸福"，而民主制度却无法产生这种效果。出于同样的道理，当人类进入近代社会之后，君主专制"至为狭隘酷烈"，而民主制度却可以给人们带来幸福。因此，严复认为人们应该追求"适时"的政治制度，而不是绝对"美"的政治制度。

严复主张，中国人应该用一种渐进改良的方式建设现代民主制度。中国是应该从传统政治制度向现代民主制度逐渐过渡，还是应该直接引进现代民主制度代替传统政治制度？严复认为中国人应该选择第一种方式，他赞同甄克思的观点："盖治制本无优劣，视与其民程度相得何如。民如躯干，制如衣服，以童子而披贲育之衣，决其不行而蹶耳，何可用乎？故不察国民优劣，而徒于治制争之，只成戏论，此治历史学者所共

① 严复：《宪法大义》，王栻主编：《严复集》第二册，北京，中华书局，1986，第240页。
② 严复：《〈法意〉按语》，王栻主编：《严复集》第四册，北京，中华书局，1986，第942页。

明也。”[①]在严复看来，中国人学习西方政治制度的目的是使中国富强，而政治制度又确实是西方富强的根本原因。但是，政治制度本身并不能带来富强，它必须与“国民程度相得”才能产生这种效果。在西方，现代民主制度经过一段很长的时间才从西方传统政治制度中发展出来，因而现代民主制度与“国民程度相得”的问题不太突出。而在中国，由于历史的原因，“国民程度”和传统政治制度是“相得”的，如果中国要迅速建立西方式的民主制度，民主制度和“国民程度”之间的矛盾将会非常突出，就会出现“以童子而披贲育之衣”的情况。这种改革中国政治制度的方式不仅不会使中国富强，而且将使中国社会更加混乱。因此，严复主张中国走渐进改良的道路。但是，严复的渐进改良并不特指君主立宪制的建立，更主要的是“国民程度”的提高。他并不反对中国引进西方民主制度，而是强调只有“国民程度”提高了，中国引进的西方民主制度才能发挥作用。

综上所述，严复基本上从天演的角度论证了现代国家或现代政治制度是如何从传统国家或传统政治制度中发展出来的。其中存在着一些错误和不足，比如严复把国家理解为一种社会有机体，夸大了生存竞争在人类社会发展中的作用，而忽视了更为重要的因素——生产劳动和阶级斗争在人类社会发展中的作用；他也没有详细考察人类社会从原始部落或氏族向原始国家的过渡，而这个过程充分展现了国家起源的真正原因和国家的本质。因而，严复的观点并没有获得现代学者的认同。但是，严复的论证是中国学者第一次以现代科学的思维方式来探讨现代政治哲学的问题，标志着中国政治哲学真正超越了传统政治哲学的思维框架，进入了一个全新的发展阶段。

第三节　对理想政治制度的探讨

在严复的时代，对于中国现代政治制度的建构来说，仅仅从理论上说明西方现代民主制度的优越性和中国构建西方现代民主制度的可能性还远远不够。严复非常清楚这一点，他指出，相当多的守旧派认为：“夫纲常名教，凡中国所恃以立国明民者，亘万古而不变者也。属者之不振，正纲常名教之不张。张则格苗贡雉之盛，可复见于今日。是故谋国之要，在于反经，经正而庶民兴，无余事矣。且吾不解夫世之所谓洋务与西学

---

① 〔英〕甄克思：《社会通诠》，严复译，北京，商务印书馆，1981，第144页。

者，果何物也？……就令有之，无亦杂霸功利之末流，可以幸一时之富强，而不可以致太平之盛轨。”①因此，严复要论证中国构建西方现代民主制度的合理性，就必须要反驳这些论调，探讨理想政治制度与西方现代民主制度之间的关系，说明中国传统政治制度不是理想政治制度或者最文明的政治制度。相反，西方现代民主制度不仅是富强的手段，更是“致太平之盛轨”②，即中国学习西方现代民主制度不仅是天演规律的要求，本身也是对善的追求。

严复明确指出：“政界之境诣，至于自治而极。利民安上，和众阜财，乃至俗成刑措，比户可封。”③“政界之境诣，至于自治而极”就是理想政治制度。从中西方政治思想来看，“利民安上，和众阜财，乃至俗成刑措，比户可封”都是理想政治的基本特征，都是人们所要追求的理想状态。但是，与其他中西方学者对理想政治制度的设想不同④，严复认为理想政治制度并不是一种无政府状态，而是一种“自治”，它本质上是一种民主制度：“民主者，治制之极盛也。使五洲而有郅治之一日，其民主乎。”⑤“郅治”也就是理想社会，“治制之极盛”就是理想政治制度。严复进一步指出这种作为“治制之极盛”的“民主”的基本特征和属性：“夫民主之所以为民主者，以平等。故班丹(亦译边沁——严复原注)之言曰，人人得一，亦不过一。此平等之的义也。顾平等必有所以为平者，非可强而平之也。必其力平，必其智平，必其德平。使是三者平，则郅治之民主至矣。不然，使未至而强平之，是不肖者不服乎贤，愚者不令于智，而弱者不役于强也。夫有道之君主，其富者非徒富也，以勤业而富，以知趋时而富，以节欲而富；其贵者，亦非徒贵也，以有德而贵，以有功劳而贵，以多才能而贵。乃强为平者曰，是皆不道，吾必划之以与吾平。夫如是，则无富贵矣，而并亡其所以为富贵者矣。夫国无富贵者可也，无所以为富贵者不可也。”⑥在这里，严复所说的“民主”不再意味着多数人的统治或一套政治统治的制度，而是“平等”的实现。“平等”也不是自

---

① 严复：《主客平议》，王栻主编：《严复集》第一册，北京，中华书局，1986，第 115 页。

② 史华兹也认为严复将西方自由主义的民主制度仅仅作为富强的手段，而没有认识到其文明的含义。笔者不赞同这一观点。因为严复虽然强调自由主义具有富强的功能，但并未忽视或否认它是文明的本质，只不过对它的论述不如前者充分而已。

③ 严复：《政治讲义》，王栻主编：《严复集》第五册，北京，中华书局，1986，第 1300 页。

④ 西方自由主义者并不认为自由主义是一种绝对理想的政治制度，而认为自由主义是一种可以不断自我完善的政治制度。

⑤ 严复：《〈法意〉按语》，王栻主编：《严复集》第四册，北京，中华书局，1986，第 957 页。

⑥ 严复：《〈法意〉按语》，王栻主编：《严复集》第四册，北京，中华书局，1986，第 957 页。

由主义者所说的个人在法律上的平等、机会方面的平等，而是“得”方面的平等。严复将边沁所说的“得”理解为富贵贫贱，并且认为“得”是个人的力、智、德综合能力发展的结果，“得”方面的平等是个人之间“力平”“智平”和“德平”的结果，因而严复所说的“平等”实际上是指社会的所有个体之间没有富贵贫贱的差异，由于力、智、德高度发展而都成为“贵者”和“富者”。这确实是一种理想的状态。

但是，作为一个实证主义哲学家，严复并没有像其他理想主义者一样，从某一抽象的原理、道德要求等出发来悬想出一个理想的社会及其政治制度，而是站在自由主义的立场，从现实出发来探讨这一问题。他指出：“五洲治制，不出二端：君主、民主是已……民主有二别：用其平等，则为庶建，真民主也；用其贵贵贤贤，则曰贤政。”[①]这里的“民主”就是现实中的资产阶级民主共和制，它排斥一切君主制(包括君主立宪制)。这就是说，作为理想政治制度的“民主”实际上就是一种“真民主”，是“真民主”的最高发展阶段。因而民主共和制才是人类政治制度的发展方向，人们在政治生活中的问题也只能在民主制度的发展中解决。自从人类进入文明社会以来，如何解决平等的问题(或者说消除个体之间的富贵贫贱的差异)就一直是政治思想家所思考的最核心内容之一。西方现代民主制度也未能真正地解决这一问题。而严复所设想的理想政治制度正是针对这一问题的，所以他才将“平等”作为理想政治制度的最本质的属性。本来，在西方近现代政治思想中，平等原则和自由原则、平等原则和民主原则、自由主义和民主主义之间存在着重大的差异，在某种程度上甚至是相互冲突的。但是，严复将理想政治制度理解为高度“自治”，将平等作为“真民主”的最本质特征，又以边沁对平等的理解为基础来界定平等。因而这实际上是一种自由主义的平等，是一种自由主义的民主，是一种实现了自由、民主和平等观念相融合的政治制度，其本质上是一种自由主义的政治理想。因此，虽然严复所说的理想政治制度也有理想的成分，但他所要讨论的实际上是现实政治生活中的问题。

从现实出发，严复认为，西方国家虽然在某种程度上实现了共和制，但它还不是“真民主”，因为它也没有“用其平等”：“西洋诚为强且富，顾谓其至治极盛，则又大谬不然之说也……垄断既兴，则民贫富贵贱之相悬滋益远矣……夫贫富不均如此，是以国财虽雄而民风不竞，作奸犯科、流离颠沛之民，乃与贫国相若，而于是均贫富之党兴，毁君臣之议起矣。

① 严复：《〈法意〉按语》，王栻主编：《严复集》第四册，北京，中华书局，1986，第937页。

且也奢侈过深，人心有发狂之患；孳乳甚速，户口有过庶之忧。故深识之士，谓西洋教化不异唐花，语虽微偏，不为无见。”①“西洋教化”就是马克思主义者所说的帝国主义制度及其相关的价值原则，对于政治制度来说，它就是建立在垄断基础上的资产阶级民主制度。在严复看来，垄断是“西洋教化”的根本特征。而垄断不仅造成了“民贫富贵贱之相悬滋益远”及与其相关的社会问题，更重要的是造成了“民风不竞”，这将妨碍民力、民智和民德的提高②，而民力、民智和民德的提高才是彻底解决平等问题的根本途径。因此，以垄断为根本特征的“西洋教化”无法解决平等的问题。

但严复又否认共产主义运动能够解决这个问题：“虽今日取一国之财产而悉均之，而明日之不齐又见矣。何则？乐于惰者不能使之为勤，乐于奢者不能使之为俭也。”③严复对贫民有偏见，他认为资本家是“勤”者和“俭”者，而把贫民归入“惰”者和“奢”者④。因此，他无法理解当时的共产主义运动，而把共产主义运动简化成“取一国之财产而悉均之”，这种运动当然不能解决平等的问题。

那么，理想政治制度如何才能变成现实呢？或者说，从现实的资产阶级民主制度出发，人们能否并且怎样才能向理想政治制度发展呢？严复将政治制度理解为“自治而极”，因而他从自治出发来讨论这些问题，“民之能自治而自由者，皆其力、其智、其德诚优者也”⑤。在严复看来，自治不仅是民众的力、智、德高度发展的结果，也是提高“其力、其智、其德”的手段。而只有民众的力、智、德得到了普遍的提高，平等的问题才有可能被真正解决。因此，人们解决平等的问题的过程（即向理想政治制度过渡）实际上就是人们实现自治并向“自治而极”发展的过程。

受卢梭的影响，严复对自治作了一个界定：“自治云者，吾所遵守之律令章程，乃吾所发心自定，而不由他人所压制强逼之谓也。”⑥在严复看来，“自治”实际上表达了管理民众的“律令章程”和被管理者个人的“心”之间的一种关系。“律令章程”是被管理者个人“所发心自定”，这是最高阶段的自治，是一种理想的境界，确实不容易做到。但是，“律令章

① 严复：《原强修订稿》，王栻主编：《严复集》第一册，北京，中华书局，1986，第24～25页。

② 根据天演论，严复认为民力、民智和民德只有在竞争中才能提高。

③ 严复：《原强修订稿》，王栻主编：《严复集》第一册，北京，中华书局，1986，第25页。

④ 这是当时的一种普遍看法，马克斯·韦伯就是这种观点的提倡者。

⑤ 严复：《原强修订稿》，王栻主编：《严复集》第一册，北京，中华书局，1986，第27页。

⑥ 严复：《政治讲义》，王栻主编：《严复集》第五册，北京，中华书局，1986，第1303页。

程”为被管理者个人所赞同或者说被管理者个人的意愿能够影响到“律令章程”时，可以看成是一种初级阶段的自治。根据天演论，最高阶段的自治是由初级阶段的自治发展而来的。因此，如果西方现代民主政治中产生了初级阶段的自治的因素的话，就意味着理想政治制度是有可能实现的。正是在这一意义上，严复说：“此不但可以实施，实则各国政界，已有实施之者。”①当然，严复所说的“实施”不是最高阶段的自治，而是初级阶段的自治。他说：“如观西国舆论报章，每云某事国民意见如何，而此意见，乃政府所不可不从诸语。”②西方国家保证个人有言论的自由，这使得个人的见解可能转化成“国民意见”。当政府“不可不从”“国民意见”时，初级阶段的自治可以说在一定程度上得到了实现。同时，随着西方国家选举权的逐渐扩大和选举制度的完善，议会或议员的代表性越来越强。当议会的决定可以看成是平民意见的表达时，初级阶段的自治也可以说在一定程度上得到了实现。

但是，严复更强调西方现代政治制度的实质是“国民以众治寡之制”③，与真正的自治有本质的差异：真正的自治要求“律令章程”和每一个被管理者个人的意愿相一致，而“以众治寡”则要求“律令章程”与大多数被管理者个人的意愿相一致。那么，如何解决这二者之间的矛盾？这二者之间应该怎样过渡？严复说：“吾辈以天演言治，深知政界中事，往往成于自然，而非由人力。”④他虽然没有深入讨论这一问题，但相信天演能使人类社会最终发展到完全自治，实现理想政治制度。

总之，严复准确地指出平等的问题是现代政治制度所要解决的根本问题之一，也是西方资本主义社会所无法解决的问题。但由于各种原因，严复没有对共产主义运动作深入研究。因此，严复实际上并没有找到实现完全自治的切实途径，其理想政治制度具有空想的成分。他自己就承认真正的自治“其制有至难用者”⑤。

在今天看来，严复关于理想政治制度的观点有些简略，并具有这样或那样的错误。但严复是以一种全新的方式来探讨理想政治制度问题的：根据天演论，他否认存在着绝对理想的政治制度；他所说的理想政治制度其实是发展程度最高的民主政治制度；他还认为只有从现代民主制度

① 严复：《政治讲义》，王栻主编：《严复集》第五册，北京，中华书局，1986，第1300页。
② 严复：《政治讲义》，王栻主编：《严复集》第五册，北京，中华书局，1986，第1300页。
③ 严复：《政治讲义》，王栻主编：《严复集》第五册，北京，中华书局，1986，第1305页。
④ 严复：《政治讲义》，王栻主编：《严复集》第五册，北京，中华书局，1986，第1301页。
⑤ 严复：《〈法意〉按语》，王栻主编：《严复集》第四册，北京，中华书局，1986，第957页。

出发，理想政治制度才能实现。这些见解是合理的，而且显现了严复政治哲学的科学化特征。通过对理想政治制度的探讨，严复赋予了现代民主制度以终极的价值，并强调了平等范畴的意义，基本上从现代社会的角度解释了自由、民主、平等这三个基本的政治哲学范畴的意义。这些都意味着中国政治哲学开始突破传统政治哲学框架，而向现代形态的政治哲学转化。

第四节　严复的政治哲学与中西方哲学

从上面的论述来看，严复讨论政治哲学问题的理论框架和思维方式完全不同于中国传统政治哲学，可以说是对西方18、19世纪政治哲学理论的一种综合和运用，这使得严复的政治哲学显现出十分明显的现代特征。但是，在西方，这些政治哲学理论彼此之间有着这样或那样的矛盾，严复为什么能将它们综合成一个统一体？并且，严复的政治哲学中的某些内容与相应的西方哲学理论之间也存在着某些差异，这又是如何产生的呢？这些显然都要归因于中国传统哲学对他的影响。因此，人们要真正理解严复的政治哲学的现代的特征，就必须要探寻出中西方哲学理论是怎样影响严复的。

一、西方哲学对严复政治哲学的影响

从理论形态的角度来看，西方哲学特别是西方近现代政治哲学对严复政治哲学的影响主要体现在以下两个方面。

第一，西方哲学使严复明确认识到现代政治哲学的发展要走科学化、实证化的道路："盖政治一宗，在西国已成科学。"[①]严复的这一主张充分体现在《政治讲义》和《天演进化论》等著作之中，特别是《政治讲义》。长期以来，人们都认为《政治讲义》是严复的个人专著，是一部在西方思想影响下产生的具有相当原创性的中国人自己的政治哲学著作。但戚学民博士在其论文中认为："《政治讲义》具有独立的来源，是英国思想家西莱著作《政治科学导论》的一个节译本。"[②]笔者认为，戚学民博士的观点虽然目前只有翻译文献方面的依据，而缺少相关历史事实的考察，但基本上还是可以成立的。那么，严复通过《政治讲义》表达的是西方人的观点，

---

① 严复：《政治讲义》，王栻主编：《严复集》第五册，北京，中华书局，1986，第1243页。

② 戚学民：《严复〈政治讲义〉研究：文本渊源、言说对象和理论意义》，北京，清华大学博士学位论文，2002，第11页。

还是他本人的政治思想呢？对此，人们基本上认为是后者。戚学民博士也认为："《政治讲义》通篇讲述的是政治学的基础观念和基本问题，比较集中地表达和体现了严复的政治思想和主张。"①实际上，从所要讨论的问题来看，严复的《政治讲义》和西莱的《政治科学导论》之间还是有很大差异的，西莱关注的是政治学的科学化，这是一个较为纯粹的理论问题；而严复强调的是中国传统政治制度与西方现代制度之间的内在联系只有通过现代的科学方法才能揭示出来，这是一个与当时中国政治制度变革紧密相关的现实问题。严复是从斯宾塞主义的角度出发来理解现代科学方法的，他认为进化不是仅仅发生在生物界，而是宇宙间的普遍现象，包括政治制度在内的人类社会的发展都要服从进化论的规律，因而达尔文研究生物学的方法可以用来研究政治问题，或者说科学的进化论就应该成为研究政治问题的基本理论框架。正是由于《政治科学导论》非常彻底地体现了这一思路，严复才选择西莱这本在西方并没有多大影响的本身并不属于自由主义阵营却具有进化论色彩的理论著作，来阐发他本人带有科学性质的自由主义的政治思想。

第二，西方的自由主义思想成为严复最基本的政治立场。自由主义是西方现代最主要的政治哲学思潮，虽然它的某些要素可以追溯到古希腊、古罗马的哲学思想，但严格说来，它开始于近代英国的霍布斯的政治哲学理论，在18、19世纪的英法两个国家获得了很大的发展，这些理论都深深地影响了严复。早在留学英国时，严复就由于探索英国富强的秘密而接受了自由主义的基本观点。在英国哲学家中，斯宾塞和穆勒对严复自由主义思想的形成有着特殊的作用。严复同意斯宾塞对自由的推崇："斯宾塞《伦理学说公》(*Justice in Principle of Ethics*)一篇，言人道所以必得自繇者，盖不自繇则善恶功罪，皆非己出，而仅有幸不幸可言，而民德亦无由演进。故惟与以自繇，而天择为用，斯郅治有必成之一日。"②当自由与"郅治"相联系起来时，自由就不仅仅是一种富强的工具，还具有终极价值的意义，因而严复将自由作为西方近现代政治哲学乃至西方近现代文化的最基本原则。严复又认为穆勒的《群己权界论》揭示了自由主义的基本主张："人得自繇，而必以他人之自繇为界。"③严复的这

① 戚学民：《严复〈政治讲义〉研究：文本渊源、言说对象和理论意义》，北京，清华大学博士学位论文，2002，第15页。

② 严复：《〈群己权界论〉译凡例》，王栻主编：《严复集》第一册，北京，中华书局，1986，第133页。

③ 严复：《〈群己权界论〉译凡例》，王栻主编：《严复集》第一册，北京，中华书局，1986，第132页。

一观点得到后来的中国自由主义者的认同，以至于胡伟希认为：“事实上，自‘五四’过后几十年，中国许多知识分子对西方自由主义的理解还是以严复翻译穆勒的《群己权界论》为依据的；或者说，仍停留在当年严复对西学了解的水平上。”①

相比较而言，法国哲学家对严复自由主义思想的影响要小些，但也是相当明显的。严复对孟德斯鸠的观点就相当推崇，在翻译《法意》时留下了不少赞扬的按语：“吾译是编至此，不觉废书而叹也！何孟氏之先获我心耶！”②“吾译此节之文，不觉首俯至地，而叹孟德斯鸠之精识为不可及也。”③“吾译此章，不觉低首下心，而服孟德斯鸠之伟识也。”④孟德斯鸠的《法意》其实就是立宪制度对君主专制的批判，它指出：民众的利益要依赖于制度，而不是君主的仁慈；君主专制的法和立宪政府的法不是条文的差异，而是内在精神的差异。该书揭示出，有无宪法并不是法律问题，而是政治制度问题。由于接受了这些观点，严复认为：“故今日立宪云者，无异云以英、法、德、意之政体，变中国之政体。”⑤即立宪的实质就是变更政体，而不是普通意义上的立法。另外，严复虽然对卢梭有很多批判⑥，但相当欣赏他对民权和君权关系的论述：“卢梭之为民约也，其主张公益，可谓至矣。”⑦“此等义法，卢梭《民约》推勘最详……此所谓国民无上之义是已。”⑧卢梭认为，每个人都是国家的主人，个人权力的集合体就是国家权力的最高拥有者，拥有决定政府权力的权力；每个人又都是被管理者，必须服从政府的管理；“公益”就是所有具体的个人的利益的集合体，君主不能以“公益”的名义来损害个体的利益。这些观点都被严复所接受。总的来看，严复主要运用英国自由主义思想来讨论政府权力的性质、合法性、限制范围等问题，为国人系统地介绍了西方的现代政治哲学理论；而在批判中国传统政治文化方面，严复则更多地受到法国自由主义思想的影响，这可能是因为英国自由主义者没有充分地研究这个问题，而法国自由主义者对此讨论比较多。实际上，这两

① 胡伟希：《观念的选择——20世纪中国哲学与思想透析》，昆明，云南人民出版社，2002，第292页。

② 严复：《〈法意〉按语》，王栻主编：《严复集》第四册，北京，中华书局，1986，第948页。

③ 严复：《〈法意〉按语》，王栻主编：《严复集》第四册，北京，中华书局，1986，第971页。

④ 严复：《〈法意〉按语》，王栻主编：《严复集》第四册，北京，中华书局，1986，第991页。

⑤ 严复：《宪法大义》，王栻主编：《严复集》第二册，北京，中华书局，1986，第240页。

⑥ 笔者认为，严复批判卢梭的社会契约论，并不意味着严复没有受到卢梭政治思想的影响。

⑦ 严复：《〈法意〉按语》，王栻主编：《严复集》第四册，北京，中华书局，1986，第1022页。

⑧ 严复：《政治讲义》，王栻主编：《严复集》第五册，北京，中华书局，1986，第1306页。

方面的内容都是中国构建现代政治文化所不可或缺的：没有对传统政治制度的彻底批判，中国的现代政治变革是难以进行的；没有对现代政治制度的认识，中国的现代政治制度是无法构建出来的。其实，英法两国的自由主义思想虽然有很大的差异，却不是对立的，正如殷海光指出的："如海耶克所说，我们平常所称'法国传统'的自由主义，主要系从解释英国自由制度发生的。别的国邦照英国的自由制度而形成的概念，主要系以法国作家的叙述为根据。结果到了十九世纪的自由运动兴起，英法这两个传统已经混起来了；甚至居于领导地位的英国自由主义者同等地从法国传统和英国传统得到思想。"[①]可以说，严复对自由主义的理解正好反映了自由主义中的英国传统和法国传统相互补充、内在统一的关系。

综上所述，正如严复本人在《政治讲义》中所承认的："将平日所闻于师者，略为诸公演说。非敢谓能，但此所言，语语必皆有本，经西国名家所讨论，不敢逞臆为词，偏于一人政见。"[②]由此可见，西方哲学对严复政治哲学思想的影响达到了何等程度。人们对此不应该感到惊奇，因为正是这种影响使严复政治哲学思想显现出明显的现代特征，推动了中国政治哲学从传统形态向现代形态的转化。

二、中国传统哲学对严复政治哲学的影响

同西方近现代政治哲学相比，中国传统哲学特别是传统政治哲学对严复政治哲学的影响要小得多。在本书所讨论的自由主义理论中，几乎找不出中国传统政治哲学的影子。虽然严复多次提到道家思想与自由主义理论有相通之处，孟子的"民贵君轻"也具有民权的意义，但是人们无法确切地找出道家思想、"民贵君轻"与严复自由主义思想中的哪一点相对应。因此，与其说中国传统政治哲学影响了严复自由主义思想，还不如说严复发现了中国传统政治哲学中的自由主义因素。事实上，严复对道家思想、"民贵君轻"等的肯定是一种抽象的肯定，也就是说，虽然道家思想、"民贵君轻"等具有现代的价值，但它们从来没有在中国实现过。这种肯定在严复的文化观中有相当的意义，但在政治哲学中却是无足轻重的。因为对于严复政治哲学而言，中国传统政治哲学提供的是一种价值观，这将影响到严复的政治态度和他对西方政治哲学理论的评价。当严复思考纯粹的理论问题时，这种态度的作用并不明显，而当严复评判

---

① 殷海光：《自由的伦理基础》，张斌峰、何卓恩编：《殷海光文集》第一卷，武汉，湖北人民出版社，2001，第322页。

② 严复：《政治讲义》，王栻主编：《严复集》第五册，北京，中华书局，1986，第1242页。

西方政治现象以及提出政治改革的主张时，这种态度的作用就比较明显了，正如杨国荣指出的："在告别古典哲学的同时，严复又始终没有摆脱传统哲学的深层浸染。"[①]因此，中国传统政治哲学对严复政治哲学的影响也是不可忽视的，这主要表现在以下几个方面。

首先，严复承认儒家的道德原则在现代国际政治中是有价值的。他说："夫所谓开化之民，开化之国，必其有权而不以侮人，有力而不以夺人。一事之至，准乎人情，揆乎天理，审量而后出。凡横逆之事，不欲人之加诸我也，吾亦毋以施于人。此道也，何道也？人与人以此相待，谓之公理；国与国以此相交，谓之公法；其议论人国之事，持此以判曲直、别是非，谓之公论。凡地球进化之国之民，其自待待人，大率由此道也。"[②]"公理"就是儒家的道德原则，而"公法""公论"就是国际法。这种将个人道德原则推广为国家之间行为准则和文明标准的思维方式，就是一种传统的儒家思维方式。

严复还从道德的角度出发，探讨西方国家特别是英国之所以富强的原因。他说："往者湘阴郭先生(即郭嵩焘——引者注)尝言之矣，曰：吾观英吉利之除黑奴，知其国享强之未艾也。"[③]"除黑奴"是从道义出发的事件，"国享强"是一种政治现象。郭嵩焘、严复却认为二者之间有一种因果关系，这不是西方人的思维方式。从西方政治哲学理论的角度来看，把道德和富强联系在一起是没有道理的，正如史华兹指出的，"英国所以富强，显然是因为她培育了解放个人的能力并使之与国家的利益结合起来的观念和制度；英国所以能在世界列强竞争中保持霸主地位，显然是因为她正处于'工业阶段'"[④]。也就是说，英国富强的原因在于它实行自由主义的主张并且处于"工业阶段"，而与"除黑奴"没有什么关系。换言之，英国的强大在于其力量，而不是在于其道德水平。这才是西方人普遍认同的观点。重视道德是中国传统政治哲学的特点，因此严复的上述观点应该是来自中国传统政治哲学，而不是来自西方政治哲学。但严复是把道德原则转化为一种评价标准，而不是用它来建构政治制度，这是他和中国传统哲学家之间的根本差异。

其次，严复根本不相信民众具有解放自身的能力。他说："士大夫

① 杨国荣：《从严复到金岳霖：实证论与中国哲学》，北京，高等教育出版社，1996，第9页。

② 严复：《驳英〈太晤士报〉论德据胶澳事》，王栻主编：《严复集》第一册，北京，中华书局，1986，第55页。

③ 严复：《〈法意〉按语》，王栻主编：《严复集》第四册，北京，中华书局，1986，第962页。

④ 〔美〕本杰明·史华兹：《寻求富强：严复与西方》，叶凤美译，南京，江苏人民出版社，1996，第67页。

者，固中国之秀民也，斯民之坊表也。”①这是一种相当传统的观点：士大夫是先知先觉的，民众是士大夫的跟随者，任何有价值的东西，民众只能通过模仿士大夫而获得。或者说，任何有价值的东西，只有士大夫先获得，民众才能获得。因此，虽然严复根据自由主义的理论赋予了民众以国家主人的地位，但是即使在他最具有启蒙意义的《辟韩》一文中，也认为民众获得国家主人的地位只能依靠圣人的施舍。出于同样的道理，虽然严复承认民智是国家富强的根本原因，但他开的是士大夫的“智”而不是平民的“智”。他明确地说：“吾译正以待多读中国古书之人。”②在当时的中国，能够“多读中国古书”的只能是士大夫，因为绝大多数平民是不识字的。正是由于受这种传统政治思想的影响，严复所提出的政治变革主张才变得相当温和，甚至与自由主义的原则不完全一致。

最后，严复对孟子的某些思想进行了肯定。他说：“欧逻巴之战，仅三年矣，种民肝脑涂地、身葬海鱼以亿兆计，而犹未已。横暴残酷，于古无闻。兹非孟子所谓率土地以食人肉者欤!”③“率土地以食人肉”是孟子的观点，严复用它来评判第一次世界大战，这种思维方式显然是来自中国传统政治哲学的。

总之，如果仅仅从西方政治哲学理论出发，人们是很难理解严复的这些观点的。可见，虽然中国传统政治哲学对严复政治哲学的影响很小，但其意义却非常重大：严复在思考政治哲学问题时并没有忽视中国传统哲学资源，因而在某种条件下，某些中国传统哲学思想能够显现出其现代价值。

三、严复政治哲学与同时代其他先进中国哲学家政治哲学的对比

正是由于严复从西方近现代哲学理论出发，并选择相应的中国传统哲学理论资源来讨论政治哲学问题，他的政治哲学思想才与康有为、谭嗣同的政治哲学思想之间存在着理论形态上的差异：严复的政治哲学思想属于现代形态的哲学理论，康有为、谭嗣同的政治哲学思想属于从传统形态向现代形态过渡的哲学理论。这种差异体现了严复的政治哲学思想的现代特征。笔者不准备在严复的政治哲学思想与康有为、谭嗣同的

---

① 严复：《原强》，王栻主编：《严复集》第一册，北京，中华书局，1986，第14页。

② 严复：《与梁启超书》，王栻主编：《严复集》第三册，北京，中华书局，1986，第517页。

③ 严复：《太保陈公七十寿序》，王栻主编：《严复集》第二册，北京，中华书局，1986，第350～351页。

政治哲学思想之间进行一种详细而全面的对比，而只讨论能够体现出他们的理论形态差异的内容。

那么，现代政治哲学与传统政治哲学的根本差异主要体现在哪些方面呢？严复从思维方式转化的角度对此有一个论述："十八世纪以前，已有言治不由历史者，希腊时如柏拉图，最后如卢梭。此二人皆诸公所习知，其言治皆本心学，或由自然公理，推引而成。是故本历史言治，乃十九世纪反正之术，始于孟德斯鸠，至于今几无人不如此矣。"①应该说，严复的这段话基本上揭示出了西方政治哲学发展的脉络与走向：同其他自然科学与社会科学的近现代的发展一样，西方政治哲学在近现代的发展也经历了从政治哲学向政治科学转化的过程。18世纪以前，人们运用形而上学的思维方式思考政治问题，当时的政治学可以说都是传统形态的政治哲学②；从孟德斯鸠开始，人们从人类社会发展的历史出发讨论政治哲学问题，政治哲学开始科学化，但传统政治哲学在当时还具有相当大的影响力；到了19世纪，科学化的政治哲学(或者说政治科学)逐渐成熟，传统政治哲学几乎被人们抛弃；但到了20世纪中后期，罗尔斯等人认为政治科学无法解决政治学中的平等、正义等价值方面的问题，人们必须运用现代哲学的思维方式来讨论现代政治学的某些基本问题。因而，从今天来看，将政治科学等同于现代哲学、将政治哲学等同于传统政治哲学的观点无疑是不正确的。但是，现代政治哲学是在政治科学充分发展的基础上通过对政治科学的批判而建构起来的。因此，对于严复、康有为的时代来说，中国政治哲学的科学化就意味着中国现代政治哲学的产生、发展。

根据我们前面的论述，严复不仅准确地指出了传统政治哲学和西方19世纪现代政治哲学之间的区别，而且自觉地根据科学主义的基本立场，认为政治哲学也应该走科学化、实证化的道路。因而，他坚持从历史事实出发，运用科学的进化论来讨论现代政治制度及现代国家的来源、产生和发展的动力。从严复思考政治哲学问题的思维方式来看，他的政治哲学应该属于现代理论形态的政治哲学。

与此相反，康有为、谭嗣同仍然以中国传统政治哲学的框架来讨论政治哲学的问题。作为近代今文经学的大师，康有为打着孔子的旗号来学习西方现代民主制度：西方现代民主制度的本质早就被几千年前中国

---

① 严复：《政治讲义》，王栻主编：《严复集》第五册，北京，中华书局，1986，第1243页。

② 本书讨论政治哲学的理论形态是从哲学的思维方式的角度，而不是从政治理论的内容的角度。即从内容来说，卢梭等人的政治哲学也是具有现代意义的。

的孔子所揭示出来了，中国学习西方现代民主制度实际上就是回归孔子的政治主张。康有为将孔子的政治学说概括为："孔子所以为圣人，以其改制，而曲成万物、范围万世也。其心为不忍人之仁，其制为不忍人之政。仁道本于孝弟，则定为人伦；仁术始于井田，则推为王政。"①也就是说，西方现代民主制度的本质仍然是"王政"，"不忍人之政"是它的现代表现(即"升平世")，而其基础就是圣人的"心"和"不忍人之仁"。因而，康有为在其政治哲学代表作《大同书》的绪言中指出他提出大同世界的原因：面对这个世界的种种苦难，"康子凄楚伤怀，日月噫欷，不绝于心"②，即《大同书》的出发点就是他本人的"不忍人之心"。受到康有为等人的影响，谭嗣同明确地以"仁"为基础来讨论政治问题，甚至将其代表作命名为《仁学》。梁启超认为，《仁学》的目的是"会通世界圣哲之心法，以救全世界之众生也"③。"救全世界之众生"，也就是"不忍人之心"的最大推扩。总之，康有为、谭嗣同从传统儒家的"仁"或"不忍人之心"出发讨论政治问题，其思维方式仍然是传统的，因而他们的政治哲学不属于现代形态的政治哲学。但他们的政治哲学又包容了西方现代政治制度的某些内容，这就使他们的政治哲学在一定程度上又具有现代的特征。因此，从中国政治哲学发展的逻辑来看，康有为、谭嗣同政治哲学属于从传统形态向现代形态过渡的政治哲学。

具体说来，思维方式的不同还造成了严复政治哲学和康有为、谭嗣同政治哲学在如下几个方面的差异。

首先，他们对社会发展各阶段的重视程度不同。严复说："吾党以历史天演涂术，讲求政治，故其取社会也，须由其最初，不得以其未进文明而弃之也。"④根据天演论，严复认为现代社会都是从初级社会发展而来的，人们只有充分地研究了处于初级社会发展阶段的国家的政治制度，才能揭示出现代政治制度产生的原理。因而，他特别重视对初级社会的研究。同时，根据天演论，严复认为人类社会的发展是一个自然的过程，人的目的在这个过程中并不具有决定性作用。因此，他没有从理想政治社会入手讨论政治问题。虽然严复关于平等的思想也涉及理想社会，但

---

① 康有为：《桂学答问》，汤志钧编：《康有为政论集》上册，北京，中华书局，1981，第101页。

② 康有为：《大同书·绪言》，《康有为大同论二种》，北京，生活·读书·新知三联书店，1998，第48页。

③ 梁启超：《仁学序》，蔡尚思、方行编：《谭嗣同全集》(增订本)，北京，中华书局，1981，第373页。

④ 严复：《政治讲义》，王栻主编：《严复集》第五册，北京，中华书局，1986，第1260页。

他只是指出理想社会的某一或少数特征，而没有构想出一个完整的理想社会。应该说，严复重视初级社会而不强调理想社会的做法是符合政治科学的要求的：科学只注重事实和自然规律，反对根据人的目的来解释现象世界的运动变化。

而康有为、谭嗣同从“仁”或“不忍人之心”出发，特别重视人心、人的目的在人类政治活动中的重要性。康有为说：“吾既生乱世，目击苦道，而思有以救之，昧昧我思，其惟行大同太平之道哉！遍观世法，舍大同之道，而欲救生人之苦，求其大乐，殆无由也。大同之道，至平也，至公也，至仁也，治之至也。”[①]在康有为看来，包括西方现代国家的人在内，所有的人都生活在种种“苦道”之中，西方现代文明和中国传统文明都不能解决这个问题，只有大同社会才能解决这个问题。康有为又认为“仁”是大同社会的根本特征，而“仁”就是“不忍人之心”，因而“不忍人之心”就成为大同社会的理论基础。依照目的论或心性理论，人们构想出一个理想社会，就意味着这个理想社会是可能的。因此，康有为根据他自己的“不忍人之心”精心构想出一个理想的大同社会，来把人类从“苦道”中拯救出来。谭嗣同的《仁学》也是这一思路的产物，梁启超这样评价《仁学》：“南海之教学者曰：‘以求仁为宗旨，以大同为条理，以救中国为下手，以杀身破家为究竟。’《仁学》者，即发挥此语之书也。”[②]谭嗣同把大同社会又称为无网罗社会，他的《仁学》就是要为人类指出一条通向无网罗社会的道路。因而康有为、谭嗣同政治哲学都体现了人类的某种政治理想，都具有一种超越现实的特征。显然，康有为、谭嗣同具有这种理论倾向，是因为他们缺少严复那样的科学态度、科学立场。

其次，他们批判封建君主专制的角度不同。严复偏重从天演的角度批判封建君主专制。他说：“其始由蛮夷社会，而入宗法。宗法既立，欲有以自存于物竞之中，于是变化分合，往往成有机之大团体。”[③]“欲为存国，必期富强，而徒以宗法、宗教系民者，其为政，轻重之间，往往为富强之大梗。于是不得不尽去拘虚，沛然变为军国之制，而文明国家以兴。”[④]从天演论出发，严复认为，在人类社会发展的不同阶段，生存竞争的程度不同，生存竞争所要求的国家政治制度也不同。在人类社会发

① 康有为：《大同书·绪言》，《康有为大同论二种》，北京，生活·读书·新知三联书店，1998，第54页。

② 梁启超：《仁学序》，蔡尚思、方行编：《谭嗣同全集》(增订本)，北京，中华书局，1981，第373页。

③ 严复：《政治讲义》，王栻主编：《严复集》第五册，北京，中华书局，1986，第1267页。

④ 严复：《政治讲义》，王栻主编：《严复集》第五册，北京，中华书局，1986，第1265页。

展的初级阶段，为了“自存于物竞之中”，人们必须依赖于“宗法”关系组成国家，或者说，宗法的国家最能使人们“自存于物竞之中”。封建君主专制就是宗法的国家的政治制度，此时它是合理的。但是随着人类社会的发展，生存竞争逐渐加剧，只有富强的国家才能生存下去，而宗法的国家却“为富强之大梗”。因此，“欲为存国”，人们必须变“宗法之制”为“军国之制”。显然，严复认为“自存于物竞之中”是中国人抛弃封建君主专制的根本原因，因为它造成了中国的贫弱，使中国无法在与西方国家的竞争中生存下去。

与严复不同，除了生存竞争的原因即中国在中西方冲突中的彻底失败之外，康有为、谭嗣同还主要从仁政的角度批判封建君主专制。康有为说：“君之专制其国，鱼肉其臣民，视若虫沙，恣其残暴。”①他认为“鱼肉其臣民”是封建君主专制的特征，这同“仁”或“不忍人之心”的原则相违背，给臣民带来了无穷的痛苦，因此封建君主专制必须被废除。同样，谭嗣同说：“故常以为二千年来之政，秦政也，皆大盗也；二千年来之学，荀学也，皆乡愿也。惟大盗利用乡愿，惟乡愿工媚大盗。二者交相资。”②他认为传统的封建君主专制就是“大盗”和“乡愿”的“交相资”，违背了仁政的原则，应该被废除。因此，康有为、谭嗣同对封建君主专制的这种批判都具有道德方面的意义，是相当传统的观念。

最后，他们对待中国传统政治文化的态度不同。严复从历史的角度出发，几乎全盘否定了中国传统的政治哲学。他说：“夫自由、平等、民主、人权、立宪、革命诸义，为吾国六经历史之不言固也，然即以其不言，见古人论治之所短。”③在他看来，“自由、平等、民主、人权、立宪、革命诸义”就是现代民主制度所赖以建立的基本范畴，都是西方近现代社会的产物，根据天演论，它们根本不可能出现在儒家经典和传统社会中。因而，他认为古代中国人根本没有产生过民主制度，没有讨论过这些现代政治哲学的基本范畴，也根本不可能讨论这些范畴，因为这超越了历史的可能性。虽然他也肯定了孔孟思想中的某些内容，如孟子的民本思想，但他否认这种思想使中国构建出了具有现代性意义的政治制度和政治学说。因而严复实际上认为，正是因为这些范畴“为吾国六经历

---

① 康有为：《大同书·甲部》，《康有为大同论二种》，北京，生活·读书·新知三联书店，1998，第92页。

② 谭嗣同：《仁学》，蔡尚思、方行编：《谭嗣同全集》(增订本)，北京，中华书局，1981，第337页。

③ 严复：《主客平议》，王栻主编：《严复集》第一册，北京，中华书局，1986，第118页。

史之不言固也”，所以对于中国建立现代政治制度来说，中国传统的政治哲学理论及政治制度几乎没有多大的、独立的积极作用。

而康有为、谭嗣同却对中国传统的政治哲学理论及政治制度有所肯定，把古代政治制度的某些内容解释为现代民主制度。康有为说：“是故黄帝清问下民，则有合宫；尧、舜询于刍荛，则有总章；盘庚命众至庭，《周礼》询国危疑，《洪范》称谋及卿士，谋及庶人；孟子称大夫皆曰，国人皆曰，盖皆为国会之前型，而分上下议院之意焉。”①谭嗣同也说：“观西人之体国经野、法度政事无不与‘周礼’合。”②根据今文经学，在康有为、谭嗣同看来，古代中国人已经拥有了现代政治制度的萌芽，但这些东西却被中国人所忽略了。中国人通过学习西方建立现代政治制度的过程，实际上也是向传统政治制度中的某些优良传统复归的过程。可以说，正是因为康有为、谭嗣同没有从历史的角度考察西方现代政治制度和中国传统政治制度之间的关系，所以他们有用中国传统政治制度附会西方现代政治制度的倾向。这与他们的今文经学思维方式是一致的。

通过以上分析可以看出，严复的政治哲学思想与康有为、谭嗣同的政治哲学思想之间确实存在着理论形态上的差异：严复的政治哲学思想是现代形态的，而康有为、谭嗣同的政治哲学思想是从传统形态向现代形态的过渡。因而，严复的政治哲学思想对后来的中国政治哲学产生了深远的影响。正如胡伟希指出的：“二十世纪中国的自由主义思想家们尽管仍会从西方近现代引进各种自由主义的思想理论，但无一能绕过严复的思想。在这种意义上说，严复堪称为中国自由主义之父。”③因此，不管人们怎样评价严复政治哲学，都要承认严复对中国现代政治哲学发展的贡献。

总之，严复政治哲学基本上揭示出了西方现代政治制度的基本内容及其产生、发展的过程，可以说代表了当时中国政治哲学的最高理论水平，在中国政治哲学发展史上具有特殊的地位。严复把西方的古典自由主义理论系统地介绍到中国，大大开阔了中国现代政治哲学家的理论视野，改变了中国现代政治哲学的理论来源。从此以后，先进的中国人更主要地从西方近现代政治哲学而不是中国传统政治哲学出发讨论中国的

---

① 康有为：《请定立宪开国会折》，汤志钧编：《康有为政论集》上册，北京，中华书局，1981，第338页。

② 谭嗣同：《上欧阳中鹄书》，蔡尚思、方行编：《谭嗣同全集》(增订本)，北京，中华书局，1981，第161页。

③ 胡伟希：《中国的自由主义之父》，福建省严复研究会编：《93年严复国际学术研讨会论文集》，福州，海峡文艺出版社，1995，第227页。

政治问题。严复宣传自由主义思想，意味着中国出现了现代意义上的政治哲学思潮；严复运用现代科学的天演论讨论自由主义的问题，标志着中国人不再用传统的思维方式研究政治问题，转而采用西方现代自然科学的方法思考政治问题，中国政治哲学开始科学化。因此可以说，严复政治哲学标志着中国政治哲学开始进入现代形态的发展阶段。

第五章　天演的历史观、文化观

与西方哲学传统不同，绝大多数的中国哲学家都相当重视对历史观、文化观问题的研究。特别是近代以来，由于中西文化的大碰撞所带来的中国社会的剧变，使它们的地位显得尤为突出。李维武指出："鸦片战争后一个半世纪的中国历史，是中国被卷入以西方近现代文化为标本的全球性现代化进程而发生巨大变迁的历史，是中西古今文化大碰撞、大交流、大融会的历史，是中国由封建社会经过半殖民地半封建社会向社会主义社会急剧转变的历史。如何看待这种翻天覆地的文化历史的大变化？如何看待中国传统文化在全球性现代化运动中的价值和作用？如何面对西方文化的强烈影响来选择中国文化发展的道路？这些问题，是时代向20世纪中国哲学家们提出的重大哲学问题，也是20世纪中国哲学家们必须首先思考的重大哲学问题。这就使得历史观与文化观问题在20世纪中国哲学发展中占有了十分显著、十分重要的位置，引起了20世纪中国哲学家们的普遍关注和反复探讨。"①作为当时新思想代表的严复也不例外，他不仅以科学的天演论为框架来讨论中国哲学中的宇宙论和政治哲学的问题，还运用它来讨论近现代中国哲学中的历史观、文化观问题。实际上，严复在中国思想界、中国哲学史上的地位主要归功于他所译著《天演论》，而这部书在中国思想界之所以有那么大的影响，主要就在于它从根本上改变了中国人的历史观、文化观。因而要探讨严复哲学思想的现代性特征，其历史观、文化观是绝对不能忽略的。

那么，严复运用天演论来讨论中国历史观、文化观中的什么问题呢？上面已经指出，中国近现代哲学所要回答的不是纯粹的哲学问题，而是时代所提出的问题，具体地说，就是"中国向何处去"的问题。而在这一问题中，历史观与文化观是不能分离的，或者说，只有将历史观与文化观统合起来，近现代中国哲学家才能真正回答这一问题。实际上，"中国向何处去"的问题就是中国文化的发展方向和发展道路的问题，即在中西文化大碰撞、相互交流的背景下如何实现中国的现代化的问题。因此，

① 李维武：《形态、问题与思潮：20世纪中国哲学研究的方法论思考》，《学术月刊》2004年第9期。

中国现代历史观、文化观主要讨论的就是西方文化与中国的现代化、中国传统文化与中国的现代化之间的关系，严复的历史观、文化观也是围绕着这两个方面的内容来展开的。

第一节　西方文化与中国的现代化

由于全球性现代化是以西方近现代文化为标本的，中国的现代化必须以学习西方文化的形式展开。因而，严复最先关注的就是西方文化与中国的现代化之间的关系。严复是如何来讨论这一问题的呢？史华兹指出："他(即严复——引者注)是认真地、紧密地、持久地把自己与西方思想关联在一起的第一个中国学者。"①在当时的西方思想界中，严复最为推崇的是斯宾塞进化论："斯宾塞尔者，亦英产也，与达氏同时。其书于达氏之《物种探原》为早出，则宗天演之术，以大阐人伦治化之事。"②严复所说的"治化之事"不仅是指政治哲学的问题，更是指中国社会发展的问题，即"中国向何处去"的问题。因此，严复以"天演之术"为理论框架，详细地探讨了中国学习西方文化中的理论问题。

一、"非西洋莫与师"

严复非常清楚，中国社会要进步，必须首先要摆正中西文化之间的关系："是以今日之政，非西洋莫与师。"③"今日之政"不是特指政治制度，而是泛指社会的发展，实际上就是中国的现代化运动。从现代化的角度来看，西方文化不仅是强者的文化，更是先进的文化，是现代文化的标本，是中国新文化的发展方向。因此，中国必须向西方学习。围绕着这一主题，严复讨论了三个方面的基本问题。

第一，中国为什么要学习西方文化？中国能不能学成西方文化？或者说，中国能不能发展出像西方文化一样的新型文化？这些是中国人学习西方文化首先要回答的理论问题。虽然严复并没有明确地提出这些问题，但他的天演论实际上已经对此进行了回答。一方面，严复指出中国学习西方有被迫的性质。他说："夫士生今日，不睹西洋富强之效者，无目者也。谓不讲富强，而中国自可以安；谓不用西洋之术，而富强自可

---

① 〔美〕本杰明·史华兹：《寻求富强：严复与西方》，叶凤美译，南京，江苏人民出版社，1996，第3页。

② 严复：《原强修订稿》，王栻主编：《严复集》第一册，北京，中华书局，1986，第16页。

③ 严复：《原强修订稿》，王栻主编：《严复集》第一册，北京，中华书局，1986，第26页。

致……皆非狂易失心之人不为此。”[①]根据天演论，强者生存而弱者灭亡，当中国和西方列强进行生存竞争时，西方是强者，中国是弱者，中国有灭亡的危险。为了生存，中国必须从弱者转变为强者，而“西洋之术”是唯一能使中国改变弱者地位的方法。因此，中国必须学习西方。另一方面，严复实际上也承认中国学习西方中有自愿的成分。他认为人类社会遵循着从低级向高级发展的规律：“夫天下之群众矣，夷考进化之阶级，莫不始于图腾，继以宗法，而成于国家。”[②]中国传统文化主体上是“宗法”的，而西方文化是“国家”的，因此西方文化比中国传统文化先进。中国学习西方就意味着中国从低等级的文明向高等级的文明发展，这本身也是中国文化发展的正当要求。因此，严复实际上把中国学习西方的必要性归结为两点：生存竞争的需要和中国文化自身发展的需要。

同时，当严复把甄克思进化论介绍给中国人时，他实际上就论证了中国学习西方文化的可能性。根据甄克思进化论，任何一个国家的发展都要经历图腾社会、宗法社会和军国社会的过程，从宗法社会向军国社会的发展就是人们现在所说的现代化。这就是说，现代化是一场具有普遍意义的社会运动，任何能够在生存竞争中生存下来的国家最终都要发展到军国社会。因此，军国社会不是西方国家所特有的，只不过西方国家最先进入军国社会而已。换言之，西方文化既标示出现代文化的内容，也说明任何国家都有可能发展出这种文化。严复鼓励国人：“是故考西洋各国，当知富强之甚难也，我何可以苟安？考西洋各国，又当知富强之易易也，我不可以自馁。”[③]“富强之甚难”，指对宗法社会的批判和超越需要经过艰苦的努力；“富强之易易”，指西方发展出军国社会的文化只用了二三百年的时间。因此，西方现代化的成功既迫使中国人改变传统文化，又成为中国现代化的榜样。

第二，中国要学习西方文化中的什么东西？这是主张学习西方的中国人所特别关心的问题。严复主张，中国必须突破洋务运动的模式，全面学习西方文化。准确地说就是，除了纯粹的价值范畴之外，中国在器物、制度和观念层面都应该用西方现代文化来代替中国传统文化。但是，他否认机械地从西方引入这些东西就能够使中国实现现代化：“自海禁既开以还，中国之仿行西法也，亦不少矣……西洋至美之制，以富以强之

---

① 严复：《论世变之亟》，王栻主编：《严复集》第一册，北京，中华书局，1986，第 4 页。
② 严复：《译〈社会通诠〉自序》，王栻主编：《严复集》第一册，北京，中华书局，1986，第 135 页。
③ 严复：《辟韩》，王栻主编：《严复集》第一册，北京，中华书局，1986，第 35 页。

机，而迁地弗良，若亡若存，辄有淮橘为枳之叹。”[①]也就是说，“西洋至美之制，以富以强之机”要发挥作用，必须有一定的环境条件。这实际上就是西方文化之所以发展“西洋至美之制，以富以强之机”的原因，也就是西方现代文化创造力的根源，因而是中国真正要从西方学习到的东西。严复主要从两个方面来考察这一问题。一方面是对西方文化命脉的探索。笔者在本书第一章中就指出，严复认为科学的原则、民主的原则和自由的观念就是西方现代文明的“命脉”，西方的现代文化就是以这三个观念为基础展开的，或者说就是实现这三个观念的结果。因此，中国学习西方，最重要的就是要在中国人当中培植出科学的原则、民主的原则和自由的观念。另一方面是探讨评判各种政治、经济行为的标准。严复认为，对于中国学习西方或中国社会的改造来说，这一问题是至关重要的："故今者审势相时，而思有所改革，则一行变甲，当先变乙；及思变乙，又宜变丙。由是以往，胶葛纷纶，设但支节为之，则不特徒劳无功，且所变不能久立。”[②]在严复看来，由于文化是一个体系，它的各项要素之间“胶葛纷纶”，每一要素的改变必然引发其他要素的改变。人们要改变某一文化体系中的一个要素，实际上就意味着要改变整个文化体系。如果没有正确的评价标准，只在“支节”的范围内思考“改革”，即为了“支节”的“改革”而“改革”，那么，任何一项“改革”实际上都是无法进行的[③]。因此，中国现代化的成效取决于中国人能否找到正确的评价标准。严复认为，中国可以借鉴西方是如何来解决这个问题的。他说："至于发政施令之间，要其所归，皆以其民之力、智、德三者为准的。凡可以进是三者，皆所力行；凡可以退是三者，皆所宜废；而又盈虚酌剂，使三者毋或致偏焉。西洋政教，若自其大者观之，不过如是而已。”[④]在严复看来，民力、民智、民德就是评价标准，每一项改革措施都要以提高民力、民智、民德为目的。或者说，能否提高民力、民智、民德决定着每一项政令的兴废。这样，人们就可以解决中国文化变革中的“胶葛纷纶”问题。实际上，严复强调的是中国人要通过学习西方文化培植出属于中国自身的现代文化的创造力。这样一来，他就把学习西方作为解决中国现代化问题的一种方式，从而使学习西方转变成了理解并借鉴西方文化，而不

① 严复：《原强》，王栻主编：《严复集》第一册，北京，中华书局，1986，第15页。
② 严复：《拟上皇帝书》，王栻主编：《严复集》第一册，北京，中华书局，1986，第68页。
③ 这就是人们现在所说的“严复悖论”。
④ 严复：《原强修订稿》，王栻主编：《严复集》第一册，北京，中华书局，1986，第18～19页。

是机械地照搬西方文化。

第三，中国怎样才能真正学习到西方的先进文化？这是中国现代化过程中最为关键的问题之一。严复明确指出，如果这个问题不解决，学习西方实际上就成为“盗西法之虚声，而沿中土之实弊”①。这实际上是严复对洋务运动失败的反省，他认为中国引进西方文化中的具体东西并不难，但让这些东西在中国发生效力却是相当困难的，其中一个主要的原因就是“今日中国言变法者，徒见其能而不知其所由能”②，即当时倡言变法的洋务派并没有真正地理解西方文化。因此，怎样理解西方文化就成为决定中国学习西方文化成败的关键环节。

严复认为，中西文化比较是理解西方文化的重要方法：“或谓吾人向称唯一无二之法制，每为西人所不由，而其众亦未尝去治而就乱，是其所以然之故，必有可言。故欲知西国见行政法的实如何，以与旧闻者比较，使论议有所折中。”③“西国见行政法的实如何，以与旧闻者比较”就是中西文化比较，严复本人对这一方法体会颇深。在留学英国期间，严复就已经运用这一方法来理解西方文化。甲午战争之后，在他的论文、讲演和译著中更是充满了中西文化比较，其中绝大部分是用来理解西方文化的。正是通过中西文化比较，严复才认识到自由、民主和科学是西方文化的“命脉”，西学的体和用是不能分开的，西方人在道德方面并不比中国人落后，进而使他承认中国传统文化全面落后于西方文化。这些都是当时中国人对西方文化的各种理解中最为深刻的观点与主张。可以说，正是因为严复熟练地运用了中西文化比较的方法，他才由于对西方文化的深刻理解而被康有为称为“中国西学第一”④。

严复进一步指出，中国人只有从科学入手才能真正理解西方现代文化：“盖欲救中国之亡，则虽尧、舜、周、孔生今，舍班孟坚所谓通知外国事者，其道莫由。而欲通知外国事，则舍西学洋文不可，舍格致亦不可……舍格致之事，将仅得其皮毛，眢井瞽人，其无救于亡也审矣。”⑤“格致”就是科学。在严复看来，科学是西方文化的“命脉”之一，西方的政治和经济活动都是以科学的原理为依据的，西方现代文化可以说就是

① 严复：《救亡决论》，王栻主编：《严复集》第一册，北京，中华书局，1986，第48页。

② 严复：《〈原富〉按语》，王栻主编：《严复集》第四册，北京，中华书局，1986，第884页。

③ 严复：《政治讲义》，王栻主编：《严复集》第五册，北京，中华书局，1986，第1242～1243页。

④ 康有为：《与张之洞书》，汤志钧编：《康有为政论集》上册，北京，中华书局，1981，第436页。

⑤ 严复：《救亡决论》，王栻主编：《严复集》第一册，北京，中华书局，1986，第46页。

一种科学的文化。因此，中国人只能从科学的角度来“通知外国事”，只有这样才能理解西方文化的本质。在这方面，洋务派就是一个反面的例子，他们把科学只看成“器”，因而他们无法理解西方文化，“仅得其皮毛”。这实际上成为洋务运动学习西方没有成功的重要原因之一。

同时，严复特别强调外语是理解西方文化的桥梁。他说：“而欲通知外国事，则舍西学洋文不可，舍格致亦不可。盖非西学洋文，则无以为耳目。”①这实际上指出了戊戌维新前大多数中国西化论者的致命缺陷：他们由于不懂外语而无法真正地理解西方文化。康有为、梁启超和谭嗣同等都是通过少量的翻译来理解西方文化的，因此他们对西方文化的理解是肤浅的，还存在不少附会和想象的成分。后来，梁启超对此也非常遗憾：“晚清西洋思想之运动，最大不幸者一事焉，盖西洋留学生殆全体未尝参加于此运动。运动之原动力及其中坚，乃在不通西洋语言文字之人。坐此为能力所限，而稗贩、破碎、笼统、肤浅、错误诸弊，皆不能免。故运动垂二十年，卒不能得一健实之基础，旋起旋落，为社会所轻。”②梁启超的这番反省正好是严复观点的佐证：如果不以外语“为耳目”，中国人是不能真正理解西方文化的。

与强调外语相联系，严复认为中国人仅仅靠翻译是不能真正理解西方学术的。他说：“吾闻学术之事，必求之初地而后得其真，自奋耳目心思之力，以得之于两间之见象者，上之上者也。其次则乞灵于简策之所流传，师友之所授业。然是二者，必资之其本用之文字无疑也。最下乃求之翻译，其隔尘弥多，其去真滋远……况彼中凭藉先业，岁有异而月更新。学者蕲免瞠后之忧，必倾耳张目，旷览博闻，以与时偕极，今既不为其言语文字矣，则废耳目之用，所知者至于所译而止，吾未见民智之能大开也。”③作为翻译家的严复没有夸大翻译的功能，他认为通过译文理解西方学术是“最下”的手段。他指出了译文的两大不足：其一，译文具有某种变异性。语言是思维的工具，民族语言是民族思想的最好表达方式，译文并不能真正表达来源于其他文化的思想。因此，严复反对转译。他通过英文译著接触到欧洲大陆哲学，但除了《孟德斯鸠法意》之外，他并没转译过其他欧洲大陆学者的著作。他也非常反对从日本大量转译西方理论，因为“其隔尘弥多，其去真滋远”。其二，译文不能“与时

① 严复：《救亡决论》，王栻主编：《严复集》第一册，北京，中华书局，1986，第46页。
② 梁启超：《清代学术概论》，北京，东方出版社，1996，第89页。
③ 严复：《与〈外交报〉主人书》，王栻主编：《严复集》第三册，北京，中华书局，1986，第561～562页。

偕极”。学术本身是发展的，“岁有异而月更新”，依赖译文的学者不能把握西方学术的最新动态，也不能自由地挑选自己所需要的理论，因而这种学者对西方文化的理解仍然是片面的。因此，当部分中国学者在1902年前后提出“以汉语课西学”的教育主张时，严复就著文反驳这种观点，这就是著名的《与〈外交报〉主人书》。

从上面的分析来看，严复基本上回答了中国学习西方所需要解决的关键性的理论问题。他正确地指出了当时中国现代化运动中存在的问题，并试图通过学习西方的方式来解决这些问题。虽然严复的回答在今天看来存在着一些缺陷，但在当时却引导了人们深入思考中国现代化和西方文化之间的关系，这就很大地丰富了中国哲学的历史观。文化观的内容。更为重要的是，严复是从科学的天演论的角度来思考这些问题的，是以一种科学的思维方式和态度来探讨这些问题的。因而，他的思想不仅在内容上，更是在思维方式上呈现出与中国传统哲学完全不同的特征，这意味着中国哲学的历史观、文化观开始发生理论形态的现代转变。

二、建立“相得”的中西方竞争关系

严复非常清楚，中西方之间的师生关系是抽象的，或者说是中国单方面的要求，中国与西方列强之间实际上处于生存竞争之中。根据天演论，中国与西方列强之间的生存竞争可能给中国带来两种似乎相互矛盾的效果。一方面，中西方之间的竞争使中国产生了生存危机。严复指出：“今日乃有西国者，天假以舟车之利，闯然而破中国数千年一统之局。且挟其千有余岁所争竞磨砻而得之智勇富强，以与吾相角，于是乎吾所谓长治久安者，有俯然不终日之势矣。”①在他看来，西方列强是竞争中的强者，中国是竞争中的弱者。因此，如果中国不能通过现代化运动而成为强者，就必然会被西方列强所征服，这就是所谓的“亡国灭种”。另一方面，中西方之间的竞争又给予了中国发展的机遇。严复指出：“顾富强之盛，必待民之智勇而后可几；而民之智勇，又必待有所争竞磨砻而后日进，此又不易之理也。”②在他看来，国家间的竞争是推动社会进步的力量。为了能在竞争中生存下来，各国不得不运用各种手段提高民力、民智、民德来使自身变得富强，从而使得这些国家的文明向前发展。他

① 严复：《拟上皇帝书》，王栻主编：《严复集》第一册，北京，中华书局，1986，第67页。
② 严复：《拟上皇帝书》，王栻主编：《严复集》第一册，北京，中华书局，1986，第65页。

又以此来解释产生中西方现状的原因："呜呼！知欧洲分治之所以兴，则知中国一统之所以弱矣。"①也就是说，西方国家之所以强大，就是因为西方没有出现大一统的局面，各个国家之间存在着激烈的生存竞争；而中国的贫弱恰恰就是因为中国缺少强有力的竞争对手，缺乏一种竞争的环境。因而严复认为，近代中国和西方列强之间的冲突正好给中国提供了历史上所没有的竞争环境，"今者外力逼迫，为我权借，变率至疾，方在此时"②。也就是说，从某种角度来看，中西方之间的竞争可以对中国现代化产生积极的作用。

根据竞争可能带来的两种结果，严复把国家间的竞争关系分为"相得"和"不相得"两种类型。他说："二团体相遇，其对待相加之形势，不相得而为战，为克灭；相得为联合，为交通。"③"不相得"的竞争是一种敌我关系，将造成弱者的"克灭"；"相得"的竞争是一种互利关系，竞争双方既有冲突，又有"联合"，可以使弱者变成强者，并使竞争双方都获得发展。"不相得"的竞争将阻碍中国现代化运动，而"相得"的竞争却是中国现代化必不可少的条件。据此，严复倡导中国要与西方国家建立起"相得"的竞争关系。

严复认为，要建立起"相得"的新型中西方竞争关系，中国必须做好两方面的工作。第一，中国必须自强。他特地翻译了《伊索寓言》中的《鸦乘羊者》，在译文中，鸦说："所遇者雄，则吾为雌；所遇者雌，则吾为雄。雌雄何常，视所与接者而已矣。"④严复感叹："不自强者无朋，以所遭皆仇雠也。"⑤西方列强就是"鸦"，中国和西方列强的关系取决于中国人是否自强：如果中国强大了，中国和西方列强就是朋友，中国和西方列强之间的竞争就是一种"相得"的竞争；否则，中国和西方列强就是"仇雠"，中国和西方列强之间的竞争就是一种"不相得"的竞争。第二，中国必须坚决反对任何形式的排外行为。他说："期于文明可，期于排外不可。期于文明，则不排外而自排；期于排外，将外不可排，而反自塞文明之路。"⑥"文明"指社会的进步，对当时的中国而言，就是指现代化；"排外"指人为地使中西方在某些方面处于一种非竞争状态的行为；"不排

① 严复：《〈法意〉按语》，王栻主编：《严复集》第四册，北京，中华书局，1986，第965页。
② 严复：《原强修订稿》，王栻主编：《严复集》第一册，北京，中华书局，1986，第27页。
③ 严复：《政治讲义》，王栻主编：《严复集》第五册，北京，中华书局，1986，第1247页。
④ 严复：《鸦乘羊者》，王栻主编：《严复集》第一册，北京，中华书局，1986，第78页。
⑤ 严复：《鸦乘羊者》，王栻主编：《严复集》第一册，北京，中华书局，1986，第78页。
⑥ 严复：《与〈外交报〉主人书》，王栻主编：《严复集》第三册，北京，中华书局，1986，第561页。

外而自排”就是说，中国完成了现代化之后，就能够在与西方列强的竞争中生存下来。在严复看来，“文明”是解除中国生存危机的唯一方式。因为根据天演论，国家之间的生存竞争是不可避免的，只有强者才能生存下来；而弱者无法抗拒来自强者的威胁，是无法“排外”的。而且，近代西方对中国的侵略和中国对西方的反抗，证明“排外”只能导致中国的衰弱，中国通过“排外”来抵御西方的侵略是行不通的。这样，中国只能选择“文明”的道路，当中国变成强者时，西方国家就不能威胁中国了。根据天演论，人类社会只有在竞争中才能发展起来，“文明”和“排外”是不能相容的。因此，严复反对任何形式的排外行为。他既反对粗暴的排外行为，如义和团运动；也反对理智的爱国的排外行为，如抵制某些外国产品或阻止外国资本控制中国的工矿业和交通的行为。

从以上的分析来看，严复对自由竞争有一种迷信的倾向，不了解西方资本主义国家的国内竞争与帝国主义时代的国际竞争的区别，也不了解帝国主义时代的国际竞争中的巨大不公正性，因而对西方帝国主义抱有不切实际的幻想。毛泽东指出：“帝国主义列强侵入中国的目的，决不是要把封建的中国变成资本主义的中国。帝国主义列强的目的和这相反，它们是要把中国变成它们的半殖民地和殖民地。”[①]西方帝国主义决不允许中国“变成资本主义的中国”，半殖民地半封建社会的中国和西方列强之间本身是不平等的，西方帝国主义不仅造成了这种不平等，而且力图保住这种不平等，决不会容许中国改变这种不平等。在这种不平等的基础之上，中国和西方列强之间根本不可能有真正的自由竞争。因此，严复的通过完全的自由竞争来发展中国文明的希望必然要落空。但是，严复强调，中国的现代化只有在与西方国家的竞争中才能实现，中国必须以一种开放的态度对待西方国家和西方文化，中国的现代化需要一种新型的中西方竞争关系。即使在今天看来，这也是非常有见识的。

综上所述，可以看出，严复对中国现代化和西方文化之间的关系作了全面而深入的思考。虽然其中有些内容在今天看来具有空想的成分甚至是错误的，但严复肯定了中西方关系在中国现代化过程中的重要意义，指出了其中存在的问题，并从促进中国现代化运动发展的角度回答了这些问题。这大大促进了中国哲学的历史观、文化观的现代转型。

---

① 毛泽东：《中国革命和中国共产党》，《毛泽东选集》第二卷，北京，人民出版社，1991，第628页。

第二节　历史观的重建：批判与创新

严复非常清楚，要使中国人自觉地学习西方的先进文化，走现代化的道路，就必须首先改变中国人的历史观："尝谓中西事理，其最不同而断乎不可合者，莫大于中之人好古而忽今，西之人力今以胜古；中之人以一治一乱、一盛一衰为天行人事之自然，西之人以日进无疆，既盛不可复衰，既治不可复乱，为学术政化之极则。"[①]"好古而忽今"是倒退史观的主要表现，"一治一乱、一盛一衰"是循环史观的基本观点，"力今以胜古"和"日进无疆"是进化史观的基本内容。在他看来，以西方文化为标本的现代文化是建立在科学的进化史观的基础之上的，而中国传统历史观是倒退史观或循环史观，不能满足中国现代化的需要。因此，严复深入地探讨了重建中国历史观的问题。

一、传统历史观的批判

中国传统历史观主要指变易史观、倒退史观、循环史观和圣人史观。严复要重建与中国现代化相适应的历史观，就必须要彻底地批判这些中国传统历史观。

变易史观是一种可以用来支持中国社会近代变革的传统历史观。在中国现代化的初级阶段有相当大的影响，从龚自珍、魏源、早期改良派、洋务派到康有为、谭嗣同、早期梁启超等都持这种历史观。变易史观的"变易"观念来自《易》，"穷则变，变则通"是《易》的核心原则，人们把它贯通到历史观的领域，就形成了变易史观。变易史观认为，"变易"是人类社会发展所要遵循的普遍规则，传统文化中的所有东西都要变，不仅"器"要变，"道"也要变[②]，因而中国学习西方文化就是可行的。在变易史观中，"公羊三世"说在中国近代的影响最大。19世纪是今文经学复兴的时代，从龚自珍、魏源到康有为都赞同"公羊三世"说，这种历史观对中国早期现代化起过相当积极的作用。今文经学家认为孔子通过《春秋》来"托古改制"，《春秋公羊传》通过微言大义的方式把孔子"托古改制"的意义揭示出来，认为"所见世""所闻世"和"所传闻世"就是孔子"托古改制"的基本框架。后来，何休把"三世"解释为"据乱世""升平世"和"太平

① 严复：《论世变之亟》，王栻主编：《严复集》第一册，北京，中华书局，1986，第1页。
② "道"变的观念主要指康有为、梁启超等维新派的变易史观。

世”。这样，“三世”就成为人类社会发展的三个阶段，“公羊三世”说也就成为一种历史观。虽然传统的“公羊三世”说不是进化论，但它承认“改制”的合理性。根据“公羊三世”说，中国学习西方文化就是一种“改制”，因而是合理的。梁启超说，康有为“喜言‘张三世’，‘三世’者，谓据乱世、升平世、太平世，愈改而愈进也。有为政治上‘变法维新’之主张，实本于此”①。也就是说，康有为把“公羊三世”说解释成为一种进化历史观，把它作为维新运动的理论基础。康有为实际上论证了中国向西方学习就是一种进步，基本上从历史观的角度揭示出了中国现代化的实质：中国的传统文化已经过时了，中国人必须通过学习西方现代文化来创建与西方现代文化具有相同性质的新文化，中国必须从“据乱世”进入“升平世”。但是，康有为的进化论具有强烈的宗教色彩：他的“据乱世”“升平世”和“太平世”表达的是一种“应该”的关系，而不是一种“必然”的关系；从“据乱世”向“升平世”转变的依据是圣人的“不忍人之心”，而不是社会自身的发展。因而，康有为的进化论可以论证中国学习西方是一种进步，但不能揭示出中国传统文化和西方现代文化之间的内在联系，无法成为中国现代化的历史观基础。

总的来看，严复是从达尔文、斯宾塞的科学进化论的角度来看待历史观问题的，他是不会赞同中国传统的变易史观的。严复虽然意识到变易史观和康有为等人的“公羊三世”说都不能满足中国现代化的理论需求，但由于变易史观和“公羊三世”说有利于当时的中国人学习西方文化，所以他没有明确地批判它们，而是用置之不理的方式对待它们。

而对于传统的倒退史观和循环史观，严复则是坚决反对的。因为当权的顽固派基本上持这两种历史观，而这些人坚决反对中国学习西方文化。严复把这些人的主张概括为：“夫纲常名教，凡中国所恃以立国明民者，亘万古而不变者也。属者之不振，正纲常名教之不张。张则格苗贡雉之盛，可复见于今日。是故谋国之要，在于反经，经正而庶民兴，无余事矣。”②根据倒退史观，中国人就没有必要通过学习西方来改变自身的文化，因为中国的“纲常名教”是“亘万古而不变者”，这种改变意味着中国文化的退化。因而，顽固派认为坚持传统文化即所谓“反经”，是中国应对近代西方威胁的唯一有效方式。也就是说，中国人应该选择“复古”而不是“变古”的道路，中国不存在现代化的问题。顽固派又用循环史

① 梁启超：《清代学术概论》，北京，东方出版社，1996，第71页。

② 严复：《主客平议》，王栻主编：《严复集》第一册，北京，中华书局，1986，第115页。

观解释中国近代社会现象和反对达尔文进化论，严复自述顽固派批判他："甚矣先生之言，无异杞人之忧天坠也！今夫异族之为中国患，不自今日始也……其间递嬗，要不过一姓之废兴，而人民则犹此人民，声教则犹古声教，然则即今无讳，损益可知。林林之众，讵无噍类！而吾子耸于达尔文氏之邪说，一将谓其无以自存，再则忧其无以遗种，此何异众人熙熙，方登春台，而吾子被发狂叫，白昼见魅也哉?"①根据这种循环史观，西方人最终也要接受中国文化，因而传统文化的改变是没有根据的，中国没有现代化的必要，严复的言论也就成了"无异杞人之忧天坠也"。根据天演论，严复批判倒退史观论者是"举划木以傲龙骧，指椎轮以訾大辂"②。在严复看来，中国文化是低级的文明，是"划木"或"椎轮"，而西方文化是高级的文明，是"龙骧"或"大辂"。倒退史观论者既没有把握人类社会发展的规律，也没有认清中西方社会之间的差异，他们盲目排外的主张"徒塞一己之聪明以自欺，而常受他族之侵侮，而莫与谁何"③。因此，从救亡图存出发，倒退史观必须被彻底根除。严复又批判循环史观论者是"明于古而暗于今，得其一而失其二者也"④。在他看来，古代中国人的文明程度远远高于周边的少数民族，所以有些少数民族虽然统治了中国，可他们最终被中国文化所同化，因而中国文化不会发生改变；但现在中国人的文明程度远远落后于西方人，所以中国文化必须被改变。如果今天的中国人用历史上对付少数民族的方法来应对现实的西方侵略，则中国人将"无以自存，无以遗种"⑤。因此，循环史观是站不住脚的，也必须要被彻底根除。

由于传统的倒退史观和循环史观都是以圣人为依据的，本质上都是一种圣人史观。圣人史观论者认为，圣人的意志是人类社会进步的根本动力，人类文明是由圣人所创造的；圣人所创造或发现的东西是人类文明的唯一内容，没有这些东西，人类将是野蛮的，因而它们是不能被变更的。在近代中国，传统的圣人史观往往被顽固派用来反对中国学习西方文化。严复就指出，这些顽固派"曰是莘莘者皆先圣之所留贻也，宜死守而勿去"⑥。既然顽固派把封建的政治制度以及相应的道德规范等说成是"先圣之所留贻"，那么根据圣人史观，它们就是不能改变的。这实际

① 严复：《原强》，王栻主编：《严复集》第一册，北京，中华书局，1986，第9页。
② 严复：《救亡决论》，王栻主编：《严复集》第一册，北京，中华书局，1986，第52页。
③ 严复：《论世变之亟》，王栻主编：《严复集》第一册，北京，中华书局，1986，第2页。
④ 严复：《原强》，王栻主编：《严复集》第一册，北京，中华书局，1986，第10页。
⑤ 严复：《原强修订稿》，王栻主编：《严复集》第一册，北京，中华书局，1986，第23页。
⑥ 严复：《主客平议》，王栻主编：《严复集》第一册，北京，中华书局，1986，第116页。

上就意味着，中国学习西方文化是不必要的，至少中国不需要全面学习西方文化。因此，中国要真正地全面学习西方文化，就必须彻底批判圣人史观。严复主要是通过否认圣人创造文化来批判圣人史观的，他说："使民与禽兽杂居，寒至而不知衣，饥至而不知食，凡所谓宫室、器用、医药、葬埋之事，举皆待教而后知为之，则人之类其灭久矣，彼圣人者，又乌得此民者出令而君之。"①这就是说，人类的存在必须依赖于文化，而圣人本身是人类社会中的一员，他的出现必须依赖于社会的存在，他根本不可能成为社会或文化存在的依据。因此，圣人史观在逻辑上站不住脚。

当然，严复也承认圣人在人类社会发展中的重要作用："运会既成，虽圣人无所为力，盖圣人亦运会中之一物。既为其中之一物，谓能取运会而转移之，无是理也。彼圣人者，特知运会之所由趋，而逆睹其流极。唯知其所由趋，故后天而奉天时；唯逆睹其流极，故先天而天不违。于是裁成辅相，而置天下于至安。后之人从而观其成功，遂若圣人真能转移运会也者，而不知圣人之初无有事也。"②"运会"就是人们通常所说的时势，即不以人的意志为转移的客观历史运动。在严复看来，"运会"是由自然演化形成的，圣人不仅不能"转移"它，而且"亦运会中之一物"。圣人的功能在于根据他所在时代的实际情况预见"运会之所由趋"，制订出制度或规则"而置天下于至安"。所以圣人所创造的东西不具有绝对性或永恒性，只不过是人们适应"运会"的一种手段。随着人类社会的发展变化，古代的圣人创造的东西必然不适应现在的"运会"，也就必然要被现在的人们所抛弃。因此，圣人不能成为中国人固守传统文化和排斥西方文化的借口。

总的来看，严复以是否有利于中国学习西方文化为标准来评判中国传统历史观。虽然从科学论证和系统性的方面来看，严复这种从天演论出发的批判是不能令人满意的，但它表明中国传统历史观已经完全没落，不能满足中国现实发展的社会需要。也就是说，近现代中国呼唤一种全新的、现代的历史观来代替它们。

二、天演历史观的提出

在批判传统历史观的基础上，严复运用西方的进化论来讨论人类社

---

① 严复：《辟韩》，王栻主编：《严复集》第一册，北京，中华书局，1986，第33页。

② 严复：《论世变之亟》，王栻主编：《严复集》第一册，北京，中华书局，1986，第1页。

会历史发展中的问题，提出了与中国传统历史观迥异的天演历史观①。与中国传统历史观相比，科学是严复的天演历史观的根本特征。陈卫平指出："严复的进化史观是凭借科学而具有信服力的。"②"凭借科学"有两层意思。其一，严复所说的天演论是现代的进化论，是科学或者以科学为基础的。严复认为，达尔文的生物进化论是现代进化论的基础，这是现代进化论与传统进化论的根本差异，也是现代人奉行进化论的根本原因。其二，人类社会历史发展的规律只能用科学的方法揭示出来。严复说："夫进化之事众矣，广而言之，则一切众生皆有进化之事。顾吾今日所欲诸君讨论者，乃人群社会之进化。"③他又说："民生有群，群必有治，是书（即《社会通诠》——引者注）所言，著治理之天演，自其粗简，以至精繁，使因果相生，厘然可指。"④"因果相生"，指经验主义者所说的因果关系，即人类社会发展的规律；"厘然可指"，指甄克思的结论可以被历史事实所证实。在严复看来，进化是宇宙间最为普遍的一种现象，人类社会发展也是进化的；使人类社会发展进化的，不是神的意志，不是人的目的，也不是道德原则，而是"因果相生"的规律；只有运用科学的方法，人们才能探寻出人类社会发展的"因果相生"的规律。正是因为《社会通诠》具有科学的性质，它才引起了严复的共鸣："此不佞移译是编，所为数番掷管太息，绕室疾走者也。"⑤严复认识到传统历史观本质上是非科学的，因而对改造传统历史观没有兴趣，而是直接从西方引入了科学的天演历史观。

严复的历史观完全不同于中国传统的倒退史观和循环史观，是进化论的。他说："世道必进，后胜于今。"⑥也就是说，人类社会是发展的，不仅现代社会比古代社会更为文明、更为进步，而且现代社会也要被未来的社会所超越，人类社会的理想状态在未来而不在古代。严复认为，

---

① 天演历史观可以看成天演论在历史观中的运用。历史观讨论人类文化发展中的问题，政治制度的发展又是其中的重要内容。因而在本书前面关于中西文化之间的关系、现代政治制度产生的论述中，已经涉及了天演历史观的许多内容。

② 陈卫平：《中国近代的进化论与政治思潮》，《华东师范大学学报（哲学社会科学版）》1995年第6期。

③ 严复：《天演进化论》，王栻主编：《严复集》第二册，北京，中华书局，1986，第310页。

④ 严复：《读新译甄克思〈社会通诠〉》，王栻主编：《严复集》第一册，北京，中华书局，1986，第146页。

⑤ 严复：《译〈社会通诠〉自序》，王栻主编：《严复集》第一册，北京，中华书局，1986，第136页。

⑥ 严复：《〈天演论〉复案》，王栻主编：《严复集》第五册，北京，中华书局，1986，第1360页。

到目前为止，人类经历了甄克思所说的图腾社会、宗法社会和军国社会三个阶段，图腾社会是最原始的、文明程度最低的社会，而军国社会是最近的、文明程度最高的社会。值得一提的是，严复对人类社会进步的理解比康有为丰富。他说："方其为图腾也，其民渔猎，至于宗法，其民耕稼，而二者之间，其相嬗而转变者以游牧……至国家，而后兵、农、工、商四者之民备具，而其群相生相养之事乃极盛而大和。"①在这里，严复强调人类社会的进步不仅体现在政治制度方面，也体现在经济活动方面，而不像康有为那样仅仅将政治制度的差异作为人类社会发展阶段的区别。

根据天演论，严复不仅认为人类社会发展本质上是一个进化的过程，而且探讨了人类社会发展的动力问题。他赞同赫胥黎的观点："欧墨物竞炎炎，天演为炉，天择为冶，所骎骎日进者，乃在政治、学术、工商、兵战之间。"②这就是说，欧洲国家的"政治、学术、工商、兵战"之所以"骎骎日进"，就是因为这里的生存竞争特别激烈。在本书第四章中，笔者指出，严复认为生存竞争的加剧是宗法国家或宗教国家向军国国家过渡的根本原因；在上节中，笔者指出，严复认为"知欧洲分治之所以兴，则知中国一统之所以弱矣"。激烈的生存竞争使欧洲国家富强，缺乏真正的竞争造成了中国的衰弱。因此，"物竞天择"就是人类社会发展的根本动力。

但是，严复否认了人类社会的进化是突变的，"宇宙有至大公例，曰：'万化皆渐而无顿'"③，"万化"指宇宙间的一切进化过程，"渐"指一切进化都是从前一个环节向后一个环节逐一过渡；"顿"指越过进化过程中的某一个环节或某几个环节的飞跃。根据"皆渐而无顿"的观点，严复否定了人类社会飞跃发展的可能性，因而中国文化的现代化只能走渐进性改良的道路。但是，严复又承认事物进化的过程是可以加速的。他说："变之疾徐，常视逼拶者之缓急。不可谓古之变率极渐，后之变率遂常如此而不能速也。"④这就是说，虽然每个国家的发展都要经历所有的进化环节，但由于生存竞争的程度不一样，其变化的程度也是有差异的。根

① 严复：《译〈社会通诠〉自序》，王栻主编：《严复集》第一册，北京，中华书局，1986，第135页。

② 〔英〕赫胥黎：《天演论》，王栻主编：《严复集》第五册，北京，中华书局，1986，第1354页。

③ 严复：《政治讲义》，王栻主编：《严复集》第五册，北京，中华书局，1986，第1245页。

④ 严复：《〈天演论〉复案》，王栻主编：《严复集》第五册，北京，中华书局，1986，第1355页。

据这种观点，缺乏真正的竞争使中国迟迟不能从宗法社会进入军国社会，而近代中国与西方列强之间的竞争可以大大加速中国的现代化过程，并使中国超越西方成为可能。

综上所述，可以看出，严复认识到传统历史观是非科学的，不足以支撑中国的现代化运动，因而他从西方引入科学性质的天演历史观，试图为中国的现代化运动提供坚实的历史观基础，并基本上完成了对传统历史观的批判。应该说，严复的天演历史观存在着这样或那样的错误，如他机械地用生物界的“物竞天择”原理解释人类社会发展，并且强调人类社会发展阶段的不可跨越性。虽然今天的人们已经不再信奉这种历史观，但这种历史观具有现代科学的性质，在严复的时代是一种现代性的历史观。因而，严复批判传统历史观和提出天演历史观就意味着中国传统历史哲学开始向现代形态的历史哲学转化。

第三节　传统文化的定位：批判与认可

在批判传统历史观并确立起科学的天演历史观之后，严复开始以天演论为框架讨论中国近现代哲学历史观、文化观问题中的另一个重要内容——中国的传统文化与现代化之间的关系。严复说：“通此二家之说，而后进化天演可得而言。”①“此二家之说”指达尔文进化论和斯宾塞进化论，严复认为二者还是有区别的：达尔文的《物种起源》中，“其书之二篇为尤著……其一篇曰物竞，又其一曰天择”②，而斯宾塞则“宗其理而大阐人伦之事，帜其学曰‘群学’”③。也就是说，斯宾塞进化论更为强调“群”的概念，具体表现为社会有机体理论，而达尔文进化论则更为强调“物竞天择”的原则。根据“物竞天择”的原则，传统文化在19世纪末的中国已经失去了存在的可能性，必须被否定；而根据社会有机体理论，中国的现代化要从传统文化中发展而来，传统文化中的某些内容具有现代意义，因而在某种程度上必须被肯定。这两个方面的内容就是严复对传统文化的态度。

一、对传统文化的批判

严复对传统文化进行批判，目的是为中国全面学习西方、走西方式

---

① 严复：《天演进化论》，王栻主编：《严复集》第二册，北京，中华书局，1986，第310页。
② 严复：《原强修订稿》，王栻主编：《严复集》第一册，北京，中华书局，1986，第16页。
③ 严复：《原强》，王栻主编：《严复集》第一册，北京，中华书局，1986，第6页。

的现代化道路排除理论上、观念上的障碍。因而，他不是批判中国传统文化的细枝末节，而是从整体上批判中国传统文化；不是要求中国传统文化容纳西方自由、民主、科学的文化，而是以之来彻底取代中国传统文化。而在19世纪末20世纪初，有两个观念深深地影响了中国人全面学习西方文化——"夷夏大防"观念和否认中国传统文化已全面没落。前者否认中国应该学习西方，而后者否认中国应该全面学习西方。因此，我们将考察严复是如何来批判这两个观念的。

(一)对传统的"夷夏大防"观念的批判

对于"夷夏大防"观念在中国近代社会变革中所起的阻碍作用，严复是有切身体会的，他说："林文忠公督两广，独具先见之明，奏请自行鼓铸银元，以便民用。惜其时朝论排外之意方深，答云：'此系夷制，禁之不暇，奈何效之?'议乃报罢。"[①]在严复看来，这是不可思议的。因为西方的现代经济制度或现代科学技术是中国社会发展所需要的，并且引进这些东西的主张是由林则徐这样的重臣提出来的，但仍然没有被朝廷所采纳。究其原因，不是因为这些东西是错误的或者说它们可能会带来不好的效果，而是因为这些东西来自西方，不是中国传统文化的内容。这就是传统的"夷夏大防"观念，其中，"夏"指中国文化，"夷"指中国文化之外的文化。根据这种观念，中国文化是全世界最高级的文明，世界上其他地方的人要成为文明人或要提高他们的文明程度，就必须效法中国文化。但中国人却不能学习其他地方的文化，因为这意味着文明的倒退。在近代中国，这一观念使中国人盲目排外，以一种非理性的态度对待西方先进文化，极大地影响了中国社会的发展。因此，严复首先将批判的矛头对准了"夷夏大防"的中国文化中心论。

在中国，"夷夏大防"是一个根深蒂固的观念，孟子就说："吾闻用夏变夷者，未闻变于夷者也。"[②]"夏"和"夷"之间的关系是单向的：只能"用夏变夷"。后来，这种观念逐渐成为中国传统知识分子的基本立场，明末清初的王夫之等人就特别强调"夷夏之辨"。第一次鸦片战争之前的中国传统知识分子、甲午战争之前的顽固派，都基本用"夷夏大防"来看待中国文化与西方文化之间的关系。

在"夷夏大防"观念中，"礼"有着特殊的作用。孟子说："杨氏为我，是无君也。墨氏兼爱，是无父也。无父无君，是禽兽也……杨墨之道不

---

① 严复：《论铜元充斥病国病民不可不急筹挽救之术》，王栻主编：《严复集》第一册，北京，中华书局，1986，第179页。

② 《孟子·滕文公上》。

息，孔子之道不著。”[①]孟子所说的“禽兽”虽然包括了动物，但也指处于野蛮状态的人。在孟子看来，人不同于“禽兽”的根本之处就在于人有父子君臣的观念，这也是“孔子之道”与“杨墨之道”的根本区别。“礼”是用来确定父子君臣关系的，实际上就是文明和野蛮的界限。荀子说：“故人之所以为人者，非特以其二足而无毛也，以其有辨也。夫禽兽有父子而无父子之亲，有牝牡而无男女之别，故人道莫不有辨。辨莫大于分，分莫大于礼。”[②]荀子讲的“禽兽”指动物。在荀子看来，人与动物的最根本差异就是：人有“父子之亲”和“男女之别”，即“人道莫不有辨”，“辨”就是文明的本质特征；而“礼”是最高等级的“辨”，这就是说，服从“礼”的人是最文明的人，或者说“礼”就是最高文明的本质内容。因此，不管先秦儒家内部的理论差异有多大，他们都承认“礼”是人的本质特征，正是“礼”使中国人成为最文明的人。后来，韩愈在《原道》中明确地说：“孔子之作《春秋》也，诸侯用夷礼则夷之，进于中国则中国之。”这就是说，儒家的“礼”是夏和夷的区别：服从“礼”，就是夏；违背“礼”，就是夷。可以说，“礼”是判别文明和野蛮的标准，这就是“夷夏大防”的理论基础。

根据天演论，严复彻底动摇了“夷夏大防”的理论基础。他说：“善夫苏子瞻之言曰：‘中国以法胜，而匈奴以无法胜’。然其无法也，始以自治则有余，追既入中国而为之君矣，必不能弃中国之法，而以无法之治治之也，遂亦入于法……物固有无形之相胜，而亲为所胜者每身历其境而未之或知也。是故取客之言而详审之，则谓异族常受制于中国也可，不可谓异族制中国也。”[③]“无法”就是武力，“法”就是文化。在严复看来，在国家之间的竞争中，有武力的胜利者(如匈奴)，有文化的胜利者(如传统中国)，但是真正的胜利者是文化的胜利者。因此，文化本质上是国家的一种竞争能力，文明程度的高低决定了国家之间的竞争的结果。他又说：“胜者非他，智德力三者皆大是耳。”[④]也就是说，一个国家的民力、民智、民德程度高，其文明程度必然高，这个国家就是生存竞争的胜利者。这样，严复实际上把民力、民智、民德当作判别各国文明程度高低的标准。“礼”在文化中就没有什么特别的意义了，它只不过是提高民力、民智、民德的一种方式。也就是说，“礼”是否有存在的必要取决于它能

① 《孟子·滕文公下》。

② 《荀子·非相》。

③ 严复：《原强》，王栻主编：《严复集》第一册，北京，中华书局，1986，第11页。

④ 严复：《〈天演论〉复案》，王栻主编：《严复集》第五册，北京，中华书局，1986，第1352页。

否提高民力、民智、民德。因此，“礼”是手段。而不是目的，不能成为判别文明和野蛮的标准。这就否定了传统上中国人对文明的理解，相应地，“夷夏大防”观念的根基也就被否定了。

严复把民力、民智、民德作为判别各国文明程度高低的标准，这样一来，文明和野蛮之间的区别就成为相对的了。因为民力、民智、民德是表示程度的范畴，野蛮人不可能没有民力、民智、民德，而文明人也没有绝对的民力、民智、民德。因而，人们不可能找出一个绝对的标准来区分文明人(“夏”)和野蛮人(“夷”)。同时，根据这一标准，人们的任务就是发展文化，而不是固守文化。对于人来说，生存是最重要的事，只有民力、民智、民德都发达的国家才能生存下来。因此，任何一个国家都不得不竭力发展其民力、民智、民德。否则，当一个国家的民力、民智、民德低于其他国家时，它的国民就从文明人转变成野蛮人，它也就会被其他国家所征服。因此，严复说：“徒高睨大谈于夷夏轩轾之间者，为深无益于事实也。”①从天演论的角度看，提高民力、民智、民德才是中国人所要关注的事，强调“夷”与“夏”的区别是没有意义的。根据天演论，中国文化比历史上的周边少数民族文化高级，因而中国是生存竞争中的真正胜利者，“夷夏大防”是可以成立的；但现在的西方文化比中国文化高级，西方人将给中国人带来生存危机。因此，严复说：“今之夷狄，非犹古之夷狄也。”②这就要求中国人不能用对待历史上的少数民族的方式应付现实的来自西方的威胁，不能固守传统文化，否则中国在这种竞争中将无法继续生存。在此基础上，严复明确提出了一个对待中西文化的标准：“有一道于此，致吾于愚矣，且由愚而得贫弱，虽出于父祖之亲，君师之严，犹将弃之，等而下焉者无论已。有一道于此，足以愈愚矣，且由是而疗贫起弱焉，虽出于夷狄禽兽，犹将师之，等而上焉者无论已。”③这实际上就宣布“夷夏大防”观念已经失去了继续存在的理由。

根据以上分析，正如陈卫平所指出的：“近代民族主义推倒夷夏之辨壁垒的重要思想武器，正是进化论。”④严复正是首先宣传进化论并运用

---

① 严复：《〈天演论〉复案》，王栻主编：《严复集》第五册，北京，中华书局，1986，第1331页。

② 严复：《论世变之亟》，王栻主编：《严复集》第一册，北京，中华书局，1986，第2页。

③ 严复：《与〈外交报〉主人书》，王栻主编：《严复集》第三册，北京，中华书局，1986，第560页。

④ 陈卫平：《中国近代的进化论与政治思潮》，《华东师范大学学报(哲学社会科学版)》1995年第6期。

进化论批判“夷夏大防”观念的学者。确实，自从进化论传入中国并逐渐成为中国的主流思想之后，“夷夏大防”观念的影响迅速降低，并最终退出了中国近现代的思想舞台。应该说，严复基本上完成了批判“夷夏大防”观念的任务，大大有利于中国学习西方文化。虽然严复从天演论的角度来理解文化具有相当大的历史局限性，他的这种文化观已经不再被今天的人们所信奉，但严复的文化观以科学的进化论和实证主义哲学为依托，在严复的时代是一种现代性的文化观。因而，严复运用天演论对“夷夏大防”观念的批判意味着中国传统的文化哲学开始向现代形态的文化哲学转化。

(二)对传统文化没落的正视

在运用天演论否定了中国文化中心论之后，严复进一步指出：“天下之势，犹水之趋下，夫已浩浩然成江河矣，乃障而反之使之在山，此人力之所不胜也。”①“天下之势”指伴随着西方资本主义兴起和全球性扩张而来的现代化浪潮，在这一过程中，任何一个古老的文明都无法独善其身。当然，严复是通过天演论来认识到这一点的。他认为，面对西方先进文化的竞争，传统文化已没有了继续存在的可能性，固守传统文化是不必要的，也是不可能的。

根据天演论的“争存”原则，严复从“保种”的角度论证了中国人抛弃传统文化的必要性。他说：“四千年文物，九万里中原，所以至于斯极者，其教化学术非也。不徒嬴政、李斯千秋祸首，若充类至义言之，则六经五子亦皆责有难辞。”②“教化学术”就是人们所说的传统文化，“六经五子”就是所谓的圣人之道。当严复将“教化学术”和“六经五子”作为造成中国近代社会危机的重要原因时，实际上就意味着中国文化危机不再是我们有没有正确理解传统文化的问题，而是传统文化的根源出了问题。也就是说，只要传统文化不被彻底改变，中国近代社会危机就不会消失。因此，他说：“天下理之最明而势所必至者，如今日中国不变法则必亡是已。”③“不变法”就是保持传统文化，即所谓“保教”；“必亡”指近代中国面临着被列强瓜分灭亡的危机。在这里，严复突出了“不变法”与“必亡”的联系以及“保教”与“保种”的矛盾。根据天演论，严复认为“保种”优于“保教”，“争自存而欲遗种者，固民所受于天”④。由于“争自存”是“固民

---

① 严复：《原强》，王栻主编：《严复集》第一册，北京，中华书局，1986，第13页。

② 严复：《救亡决论》，王栻主编：《严复集》第一册，北京，中华书局，1986，第53～54页。

③ 严复：《救亡决论》，王栻主编：《严复集》第一册，北京，中华书局，1986，第40页。

④ 严复：《原强》，王栻主编：《严复集》第一册，北京，中华书局，1986，第14页。

所受于天”即人类的本能，所以在“保教”和“保种”发生冲突时，“保种”是人们的唯一选择。梁启超在信中指出了严复对“保教”的态度：“来书又谓教不可保，而亦不必保。”[①]显然，严复对“保教”并不热心，甚至可以说他期待“教不可保”，因为“保教”会导致中国人不能“保种”。实际上，严复认为，如果中国人不能“保种”的话，“保教”也是不可能的，“政教立，所以为民，非民生所以为政教也……如曰是莘莘者皆先圣之所留贻也，宜死守而勿去，是则以国与民殉乎政教。顾国亡民散之后，政教亦无所托以为存，智者所图，固若是乎”[②]。也就是说，“政教”必须以“民”为依托，没有“民”的存在，“教”最终也是要消亡的。如果中国人坚持“保教”优于“保种”，即使“以国与民殉乎政教”，“政教亦无所托以为存”。可以说，中国人实际上只有一种选择——为了“保种”而完全放弃传统文化。因此，传统文化之所以失去了继续存在的可能性，最根本的原因就是它不能使中国在与西方国家的竞争中生存下来。

严复又认为，根据天演论的“天择”原理，中国人也要抛弃低级的传统文化而选择高级的西方文化。因为天演论是一种普遍的规则，不仅国家与国家之间是相互竞争的，政治制度之间也是相互竞争的。他说：“达尔文曰：‘物各竞存，最宜者立。’动植如是，政教亦如是也。”[③]这里的“政教”可以理解为文化。物与物之间的竞争由天来选择，而“政教”与“政教”之间的竞争则由国民来选择，天和国民都是选择优者而淘汰劣者[④]，即“最宜者立”。因此，他说：“法犹器也，犹道涂也，经时久而无修治精进之功，则格扞芜梗者势也。以格扞芜梗而与修治精进者并行，则民固将弃此而取彼者亦势也。”[⑤]“法”也就是“政教”。在严复看来，西方的“法”是“修治精进”，中国的“法”则是“格扞芜梗”，西方的“法”优于中国的“法”。因此，当两种“法”相互竞争时，中国人将“弃此而取彼”，即传统文化要被中国人抛弃。在这里，严复是从发展的角度讨论中国文化的未来发展的，即使没有生存危机，传统文化最终也要被“弃”，因为这是“势”。

严复进一步指出，根据天演论的普遍性和世界发展的一体化趋势，

---

① 梁启超：《梁启超致严复书》，王栻主编：《严复集》第五册，北京，中华书局，1986，第1569页。

② 严复：《主客平议》，王栻主编：《严复集》第一册，北京，中华书局，1986，第116页。

③ 严复：《原强修订稿》，王栻主编：《严复集》第一册，北京，中华书局，1986，第26～27页。

④ 在严复看来，国民的选择实际上也是“天择”的一种表现形式。

⑤ 严复：《原强修订稿》，王栻主编：《严复集》第一册，北京，中华书局，1986，第23页。

传统文化已经失去了生存的环境，“物不足则必争，而争者人道之大患也。故宁以止足为教，使各安于朴鄙颛蒙，耕凿焉以事其长上，是故春秋大一统。一统者，平争之大局也”①。既然传统文化的核心原则是“春秋大一统”，其实质是“止足以为教”。传统文化的出发点就是否定竞争，因而只能在“平争”的环境中生存。而从人类社会发展过程来看，“平争”的环境大体上有两种：第一，世界各主要文明国家相互隔绝，中国处于一种封闭的环境中，中国文明和其他平等或高级的文明之间没有处于竞争状态；第二，中国面对的都是较低级的文明，它们无法对中国传统文化形成有效的冲击。古代中国就处于这样的环境之中，所以中国传统文化可以一直延续下来。但到了近代，西方资本主义的发展要求建立全球性的统一市场，传统文化所赖以生存的“平争”的环境遭到破坏：和中国传统文化竞争的已不是野蛮落后的夷狄文化，而是西方先进的资本主义文化。正是因为认识到这一时代差异，严复一针见血地指出：“二百年来之天运人事皆为其通而不为其塞。汽机电气既用，地球固弹丸耳……谓五洲上腴如中国者，可深闭固拒以守其四千年之旧俗，虽至愚者，知其不然矣。”②在他看来，唯有“深闭固拒”才能“守其四千年之旧俗”，但世界的发展趋势是“为其通而不为其塞”，中国再也无法处于那种传统的封闭状态了。因此，中西方的近代冲突标志着新时代的来临：传统文化已经无法维持下去，中国需要一种全新的文化。

总之，从天演论出发，严复准确地抓住了中国传统文化的致命弱点：面对西方现代文化的挑战，它根本没有应对的能力。因而中国人无法依靠传统文化解决近代的生存危机，不得不抛弃它。这就意味着中国必须走现代化的道路。虽然严复对传统文化的批判有武断和错误的地方，天演论也不是文化发展的规律，但从效果来说，严复对传统文化的批判是彻底的和有力的。丁伟志、陈崧指出：“正是由于具有了进化的历史观，严复在戊戌前对中国固有文化所作的反省，才成为不同凡响的呐喊，一扫弥漫论坛的泥古的陈词滥调。”③确实，严复之前的以及与他同时代的许多中国学者，都对传统文化进行了猛烈的批判，而凭借着来自西方的科学的进化论，严复的批判可以说是最有成效的。自从严复把天演论介绍到中国之后，极端的保守主义迅速消失，开明的保守主义也逐渐退出

① 严复：《论世变之亟》，王栻主编：《严复集》第一册，北京，中华书局，1986，第1页。
② 严复：《〈如后患何〉按语》，王栻主编：《严复集》第一册，北京，中华书局，1986，第79页。
③ 丁伟志、陈崧：《中西体用之间》，北京，中国社会科学出版社，1995，第266页。

了历史舞台。从此之后，彻底地学习西方就成为中国绝大多数知识分子的主张。对于本书来说，更为重要的是，严复以科学性质的天演论为武器批判传统文化，不仅使他的文化观成为一种现代形态的哲学理论，还促进了中国哲学现代文化观的产生。

二、对传统文化的认可

根据天演论，严复并没有完全否定传统文化在中国现代化过程中的价值，他赞同甄克思的观点。“盖宗法者，社会所必历之阶级也。”①也就是说，任何国家都可以到达军国社会，但是只有经过宗法社会的发展，才能进入军国社会。因此，现代化一方面否定了传统文化，另一方面又发展了传统文化，即传统文化中的相当部分内容要被现代文化所保留。同时，严复的天演论又与社会有机体理论结合在一起。从生物学理论的角度来看，任何一个成熟的生物体都是从一个最早的出发点逐渐发展而来的。因此，中国现代文化只能从自身的传统文化中发展出来，传统文化中蕴含着发展出现代文化的能力。这样一来，西方文化就只是中国实现现代化的必要条件；传统文化才是中国现代文化的母体，二者之间存在着必然的内在关系。因此，在运用天演论对传统文化进行了彻底的批判之后，严复又开始关注传统文化在中国现代化过程中的积极作用。

(一)传统文化提供了中国现代文化的道德范畴

将道德范畴与知识范畴相分离是实证主义的基本观点，严复就是从其出发考察西方现代化过程的特征的，“故西国今日，凡所以为器者，其进于古昔，几于绝景而驰，虽古之圣人，殆未梦见。独至于道，至于德育，凡所以为教化风俗者，其进于古者几何，虽彼中夸诞之夫，不敢以是自许也”②。“器”是一个文化中的知识内容；“道”“德育”和“教化风俗”等是一个文化中的价值内容，主要指纯粹的道德原则和狭义的价值范畴等。在严复看来，在西方现代化过程中，文化的各部分不是同步发展的。虽然其知识内容发生了根本性的变化，但是其价值内容却没有发生根本性的变化，现代化主要体现在知识内容的变化。同样，在中国现代化过程中，传统文化中的知识内容要发生彻底的变化，在这方面，中国必须全面学习西方；而传统文化中的价值内容本身就是具有现代意义的，所以中国没有必要引进西方的道德原则和价值范畴。

---

① 〔英〕甄克思：《社会通诠》，严复译，北京，商务印书馆，1981，第15页。

② 严复：《论教育与国家之关系》，王栻主编：《严复集》第一册，北京，中华书局，1986，第167页。

不仅如此，根据天演论，严复还认为传统的道德范畴能满足中国与现代西方国家之间竞争的要求，“今夫社会之所以为社会者，正恃有天理耳！正恃有人伦耳！天理亡，人伦堕，则社会将散，散则他族得以压力御之……故世界天演，虽极离奇，而不孝、不慈、负君、卖友一切无义男子之所为，终为复载所不容，神人所共疾，此则百世不惑者也”①。这里的“天理”和“人伦”，都指与政治制度无关的纯粹的传统道德范畴。在严复看来，国家是人类生存竞争的基本单位，如果一个国家或社会失去了凝聚力，它就非常容易被凝聚力强的其他国家或社会所战胜，而“天理”和“人伦”就是使国家团结的根本力量。相反，“不孝、不慈、负君、卖友”则是“社会将散”的因素。根据生存竞争的原则，每一个国家都应该尊重“天理”和“人伦”，并且反对“不孝、不慈、负君、卖友一切无义男子之所为”，这正是中国传统道德的基本内容。因此，天演论并没有促使传统道德范畴消亡，反而突出了传统道德范畴的重要性。

严复进一步指出，中国的传统道德范畴和西方人所奉行的道德范畴是相通的，“彼西人之成俗为国，固不必则吾之古，称吾之先，然其意事必与吾之经法暗合，而后可以利行，可以久大”②。“吾之经法”，指体现在“经法”中的价值范畴。在严复看来，道德原则虽然没有真假对错之分，但是一个民族的人们所遵循的道德原则是该民族在长期生活过程中选择的结果。既然经过几千年的发展，中国人和西方人都选择并遵循着某些共同的道德原则（即“暗合”），那么这些原则和现代文化就是相适合的。因此，中国传统文化与西方现代文化虽然在知识的层面上基本是相对立的，没有现实的价值，但在纯粹价值的层面上却是相通的，有着现实的意义。

特别是在第一次世界大战爆发后，严复甚至认为中国传统道德的基本原则比西方近现代道德原则更为可取，“不佞垂老，亲见脂那七年之民国与欧罗巴四年亘古未有之血战，觉彼族三百年之进化，只做到‘利己杀人，寡廉鲜耻’八个字。回观孔孟之道，真量同天地，泽被寰区。此不独吾言为然，即泰西有思想人亦渐觉其为如此矣”③。在严复看来，第一次世界大战是人类的一场大灾难，它的爆发与近现代西方人奉行利己主义

---

① 严复：《论教育与国家之关系》，王栻主编：《严复集》第一册，北京，中华书局，1986，第168～169页。

② 严复：《读经当积极提倡》，王栻主编：《严复集》第二册，北京，中华书局，1986，第331页。

③ 严复：《与熊纯如书》，王栻主编：《严复集》第三册，北京，中华书局，1986，第692页。

的价值原则有关。因此，第一次世界大战的爆发表明西方近现代道德原则是有局限的，西方近现代文明存在着重大缺陷，人们应该积极探索一种以新的价值原则为基础的现代文明。中国传统的孔孟之道明确反对利己主义的价值原则，因而严复认为孔孟之道应该成为现代文明的价值基础。[①]

但是，即使在第一次世界大战之后，严复仍然承认西方文化是比中国传统文化更为高级的文明。这是因为严复虽不承认道德原则服从进化论的规律，但也不认为道德原则是决定文化体系性质的因素，所以他并不是认为中国传统文化比西方文化优越或高级，而是认为中国传统文化中的某些因素应该被肯定。严复所讲的孔孟之道主要指忠恕原则，用以反对“利己杀人，寡廉鲜耻”。因而严复对孔孟之道的颂扬也是具体的，不能理解为对整个传统文化的肯定，甚至不能理解为对传统的儒家道德体系的肯定，更不能理解为对西方近现代文明的排斥。实际上，严复并不是认为西方人没有认识到忠恕原则，而是认为功利主义是近代西方人的基本价值原则；中国人也不是没有功利主义倾向，而是孔孟之道是中国人传统的基本价值原则。正是在这个意义上，严复认为孔孟之道应该成为中国现代文化的道德基础。因此，严复并不是认为中国现代文化应该回归传统文化，而是认为中国现代文化的价值基础应该来自传统文化。

当然，严复认为传统的道德规范必须被改造，虽然道德原则是传统的，但道德原则所蕴含的具体内容应该是现代的。他特别强调两个因素在改造传统道德规范中的作用。

第一个因素是科学。严复说：“使中国民智民德而有进今之一时，则必自宝爱真理始。仁勇智术，忠孝节廉，亦皆根此而生，然后为有物也。”[②]“宝爱真理”指的是科学。严复认为中国的现代道德规范“必自宝爱真理始”，这主要有两层意思。其一，厘清科学和道德的关系，特别是要把政治原理和道德范畴分离，把属于知识的内容划归科学。只有这样，传统文化中的价值内容才能真正显现出来，“仁勇智术，忠孝节廉”才能成为真正的价值范畴。其二，只有以现代科学为基础，人们才能真正遵循传统道德原则。严复说：“是故斯民之好善固同。而不学未化之好善，

① 严复认为把孔孟之道作为现代文明的价值基础是一个选择的问题，它只是应该的，而不是必然的；梁漱溟则认为西方国家“走孔子的路”具有某种必然性。

② 严复：《〈群己权界论〉译凡例》，王栻主编：《严复集》第一册，北京，中华书局，1986，第134页。

与学问开化者大有异。”①“学问开化者”的“好善”是建立在现代科学基础上的，完全不同于传统意义上的“好善”。比如在传统道德中，私与善是绝对对立的，古人强调私是一种罪恶，只有坚决排斥私，人们才能获得善。而根据亚当·斯密等人的理论，私与善却具有统一性，只有从私出发，人们才能获得善。严复认为，中国人应该采纳亚当·斯密等人的观点。因此，虽然严复承认中国现代文化的价值原则与传统文化的价值原则是一致的，但他所说的现代价值的内容完全不同于传统价值观。学习西方的科学和利用科学改造中国传统道德范畴具有不同的意义：学习西方的科学，是说中国人接受西方的科学知识，这些知识在中西方是一样的；利用科学改造中国传统道德范畴，则是说道德的内容必须和现代科学理论相适应，但科学不能决定道德原则。因此，在现代文化中，中西方的道德原则及其内容可以是不一样的。

第二个因素是现代生活。严复说：“以为行己与人之大法，五伦之中，孔孟所言，无一可背。固不必言食毛践土，天地生成，而策名委贽之后，事君必不可以不忠。固不必言天下无不是的父母，割股庐墓，而为人子者，必不可以不孝。未及念一岁以前，子女之于父母，凡《曲礼》、《少仪》、《内则》、《弟子职》之所载者，皆所宜率循者也。不必言男女授受不亲，叔嫂不通问，而男女匹合之别，必不可以不严。不必以九世同居为高义，而同气连枝之兄弟，其用爱固必先于众人。若夫信之一言，则真交友接物之通例。”②在这里，严复突出了“伦”和“礼”的差异：“伦”是基本的道德原则，“礼”则是具体的道德规范；“礼”是“伦”的表现形式。他虽然承认“五伦之中，孔孟所言，无一可背”，却否定了传统的礼制，“礼”所规定的内容都是可以改变的。因而“五伦”必须以一种新的形式展现出来，这就赋予了“五伦”以现代的内容。实际上，严复对传统道德范畴的肯定也可以看作对传统文化的否定，因为他是为中国现代文化寻求一套合适的道德范畴，而不是为回归传统社会寻求依据；他不是寻找传统文化中不变的东西，而是强调传统文化中可以被继承的东西。

通过以上分析可以看出，虽然严复对传统道德范畴的现代意义有一定的夸大(正是这种倾向加重了他的文化观的保守主义色彩)，但他准确地指出了文化体系中的价值转换和知识进化是不同的。这不仅肯定了传统文化在中国现代价值重建中的重要意义，加深了人们对中国现代化运

---

① 严复：《〈法意〉按语》，王栻主编：《严复集》第四册，北京，中华书局，1986，第1019页。

② 严复：《论教育与国家之关系》，王栻主编：《严复集》第一册，北京，中华书局，1986，第168页。

动特殊性的认识，而且丰富了中国哲学现代文化观的内容。严复以科学主义关于知识和道德关系的理论为框架来思考这些问题，因而他的观点属于现代形态的哲学理论，意味着中国哲学的文化观开始发生理论形态的现代转变。

(二)传统文化提供了中国现代化的源头

严复不仅肯定了传统文化中的价值内容的现代意义，而且对传统文化中的知识内容也作了某种意义上的肯定，认为传统文化提供了中国现代化的源头。所谓现代化的源头，是指传统文化中那些能够突破宗法文化并且导向军国文化的要素。这些要素与西方文化是相通的，而不是相对立的，中国的现代化可以看成是这些要素发展的结果。因而在中国的现代化运动中，这些要素不能被排斥，只能被继承和发扬。

严复相当重视中西文化的相通，除了散见于论文、按语和《政治讲义》中的内容外，他还特地对《老子》《庄子》作了现代诠释，并从现代性的角度评论王安石等人的著作。严复认为，在许多知识领域中，中西文化都有相通之处。如《大学》中就有社会学的内容，《易》中就有自然科学的成分，《老子》《庄子》中就有进化论的观点，《周官》《管子》已经涉及某些经济学的原理，老庄的"道法自然"、孟子的民本思想、墨家的尚贤主张和法家的法治思想都与西方现代政治制度中的某些内容有内在的一致性。今天看来，严复的这些观点具有相当程度的牵强附会的成分，但正如史华兹指出的："从我们所能得知的一切资料来看，严复确实由衷地相信中国古代的某些思想是与近代西方思想一致的。"①笔者相信严复本人是认真的，因为根据他所理解的天演论，中国传统文化能够发展出现代文明，那么其中确实应该有可以与西方近现代文化相通的东西。

严复为什么如此重视中西文化的相通？这并不是为民族虚荣心寻求根据。第一，严复否认"西学中源"说："是故不传于兹，或见于彼，事不相谋而各有合……必谓彼之所明，皆吾中土所前有，甚者或谓其学皆得于东来，则又不关事实适用自蔽之说也。"②"彼"指西方社会，"兹"指中国传统社会。在严复看来，中学和西学之间存在着"不相谋而各有合"的现象，这就是中西文化中可以相通的那些内容。但是，中西文化的相通只是一种自然的现象，中学和西学是各自独立地发展起来的，因而"西学

① 〔美〕本杰明·史华兹：《寻求富强：严复与西方》，叶凤美译，南京，江苏人民出版社，1996，第90页。

② 严复：《译〈天演论〉自序》，王栻主编：《严复集》第五册，北京，中华书局，1986，第1319～1320页。

中源”说是“不关事实适用自蔽之说”。第二，严复承认西学远比中学高明：“吾所有者，以彼法观之，特阅历知解积而存焉，如散钱，如委积。”[①]在严复看来，中学和西学仅仅具有相通的关系，即从中学出发可以接受西学。中学是理论的初级形态，而西学是理论的高级形态。中国需要的是高级形态的西学，而不是低级形态的中学。因此，中学和西学的相通并不表示中学有任何优越性，而是意味着中国必须向西方学习。第三，严复认为夸大古人的成就无助于中国的救亡运动：“夫古人发其端，而后人莫能竟其绪；古人拟其大，而后人未能议其精，则犹之不学无术未化之民而已。祖父虽圣，何救子孙之童婚也哉。”[②]他严格区分了“古人”和“后人”：“古人”的工作是“发其端”，“后人”的工作是“竟其绪”。即使古代中国人比古代西方人文明，也不表示今天的中国人比今天的西方人文明。严复的中西相通指的是“古人”而不是“后人”，强调的是“发其端”而不是“竟其绪”。他只承认传统文化中有这种东西，而不认为这种东西已经相当发达。因此，严复重视中西文化的相通并不是为了掩饰中国文化落后于西方文化的事实，而恰恰是要强调这一事实。当然，这也不是为西学的合理性辩护。因为在严复看来，西学是西方富强的根本原因，西方富强就是西学的合理性的最好依据。也就是说，西学的合理性与中西文化的相通无关。同样，这也不是为中国学习西方寻找依据。因为天演论的原理就是中国学习西方的依据，中国是为了自身的生存和发展学习西方，而不是因为中学和西学的相通学习西方。

笔者认为，严复强调中学和西学的相通是要为中国现代化寻求内在的源头。根据斯宾塞、严复的社会有机体理论，虽然每个文化体系都可能发展出现代文化，但每个文化体系的现代文化只能是自身发展出来的。也就是说，只有当一个文化体系中产生了能够导向现代文化的因素即现代化的源头时，它的现代化运动才能展开。并且根据天演论，文化的发展是内力和外力共同作用的结果，如果一种文化没有现代化的内力，它就失去了现代化的可能性，只能被淘汰。一种文化是否具有发展出现代文化所需要的内力，就要看它本身有没有产生现代化的源头。从这个意义上可以说，传统文化是否产生了现代化的源头决定了中国现代化运动的可能性。严复还认为：“夫支那固宗法之社会，而渐入于军国者。综而

① 严复：《救亡决论》，王栻主编：《严复集》第一册，北京，中华书局，1986，第52页。

② 严复：《译〈天演论〉自序》，王栻主编：《严复集》第五册，北京，中华书局，1986，第1320页。

核之，宗法居其七，而军国居其三。”[①]在他看来，中国传统文化虽然整体上属于宗法文化，但其中已经具有相当部分军国文化的成分。也就是说，中国传统文化已经产生了突破宗法文化的要素，其军国文化的成分有了一定的发展，本身就处于从宗法文化向军国文化的过渡中。因而严复实际上承认，即使没有西方的帮助，中国也能发展出现代文化，只不过这将是一个十分漫长的过程。从这个角度来看，西方文化的传入只是加快了中国现代化过程、只是中国现代化的外力，而中国现代化的内力则是由中国传统文化产生的。因此，中国传统文化产生了现代化的源头，提供了中国现代化运动所需要的内在依据，证明了中国传统文化是有活力的，能够发展出现代文化。换言之，中国现代化的源头并不是可有可无的，而是中国现代化运动中必不可少的东西。

实际上，严复讨论中国现代化的源头的目的是要从理论上证明中国人具有创造新文化的能力。也就是说，创造现代文化的能力并不只有西方人才具有，中国人和西方人拥有相同的文化创造能力。正是凭借这种文化创造能力，中国人才有可能创造出比西方文化更高级的文化。实际上，通过学习西方文化而超越西方文化是从魏源以来中国西化论者的一个目的，严复也有这种观念：“嗟呼！大地既通，物竞弥烈，不幸主动之力，属之欧人。欧之厚，亚之薄也。虽然，天演之事，其因果非旦夕可尽，安知从此无所谓反动力者乎？”[②]“主动之力”就是指竞争中的强者，或者说更高等级的文明；“反动力”就是“主动之力”的变换，即从弱者转化为强者，或者说从较低等级的文明转化为较高等级的文明。在严复看来，西方最初落后于中国，现在却领先于中国，这是符合天演规律的；出于同样的道理，“反动力”也是可能的，即中国现在落后于西方，未来却有可能领先于西方。而这种可能性只能建立在文化创造能力之上，中国现代化的源头正体现了这种能力。因此，探求中国现代化的源头有助于中国人建立起自信心，是中国现代化成功的一个重要条件，而这正体现了传统文化中的价值内容的现代意义。

根据以上分析可以看出，虽然严复对中西文化的相通的理解明显具有牵强附会的成分，夸大了中国传统文化中的现代性要素的意义，使得这些观点没有得到后人的普遍认同，但他明确指出了现代化的源头是中国现代化运动中不可忽视的问题，并以此肯定了中国现代化离不开传统

① 严复：《〈社会通诠〉按语》，王栻主编：《严复集》第四册，北京，中华书局，1986，第923页。

② 严复：《〈法意〉按语》，王栻主编：《严复集》第四册，北京，中华书局，1986，第1004页。

文化中的某些因素的支持，这还是十分有见地的。需要强调的是，严复对传统文化所作的任何肯定和其主张中国学习西方的观念都不矛盾。史华兹指出："严复坚定不移地把西方作为中国将来的模式，并且全面否定了任何种类的排外主义。"[①]根据天演论，严复始终坚持现代化的道路是中国人的唯一选择，他对传统文化的任何肯定或批判都是为这一目的服务的。严复对传统文化的肯定，其实是对传统文化的改造。可以说，严复对传统文化所作的任何肯定，都不意味着他主张中国回归传统社会或者说排斥西方文化。总之，严复对中国现代化的源头问题的探索促使人们深入地思考传统文化和中国现代化之间的关系，成为中国哲学现代文化观的重要内容。

第四节　严复的历史观、文化观与中西方哲学

从上面的分析中可以看出，严复的历史观、文化观实际上是中西方哲学理论相互交汇的产物：受到西方进化论思想的影响，严复的历史观、文化观具有现代哲学的特征；同时，严复又明显地赞同某些中国传统哲学的观念，这就使他的历史观、文化观具有明显的民族性特征。也就是说，在严复的历史观、文化观中，哲学理论的现代性和民族性是有机地统一起来的。因此，只有探寻出中西方哲学是怎样影响严复的，才能完整地理解严复的历史观、文化观的现代性特征。

一、西方理论对严复的历史观、文化观的影响

严复的历史观、文化观之所以在中国近现代哲学发展史上有着十分特殊的地位，就是因为他将理论的眼光投向了当时西方的先进思想。在19世纪下半叶到20世纪初，建立在达尔文进化论基础之上的进化论思潮在英国大行其道。这期间留学英国、被西方近现代先进文明所深深吸引并积极探求其学术基础的严复，对进化论推崇备至。他说："今之扼腕奋舌，而讲西学，谈洋务者，亦知五十年以来，西人所孜孜勤求，近之可以保身治生，远之可以利民经国之一大事乎？达尔文者，英国讲动植之学者也。承其家学，少之时，周历寰瀛。凡殊品诡质之草木禽鱼，裒集甚富。穷精眇虑，垂数十年而著一书，名曰《物类宗衍》。自其书出，

① 〔美〕本杰明·史华兹：《寻求富强：严复与西方》，叶凤美译，南京，江苏人民出版社，1996，第134页。

欧美二洲几于无人不读，而泰西之学术政教，为之一裴变焉。论者谓达氏之学，其彰人耳目，改易思理，甚于奈端氏之天算格致，殆非溢美之言也。”①因而，严复以天演论为理论框架来讨论近现代中国哲学历史观、文化观问题。相应地，西方理论对严复的历史观、文化观的影响就主要体现在严复对西方进化论的选择、吸取和运用方面。就历史观、文化观而言，严复的天演论主要来源于达尔文、斯宾塞和甄克思的进化论。下面，我们就讨论它们是如何影响严复的历史观、文化观的。

达尔文进化论赋予了严复的历史观、文化观以生存竞争的内容。严复说：“物竞、天择二义，发于英人达尔文。”②本来，达尔文仅仅运用“物竞天择”原理来解释生物界的现象，说明生物界的进化的原因。但后来的西方社会达尔文主义者将这一原理推扩至人类社会，特别是用其来论证西方列强在文化和种族方面的优越性，以及他们的殖民行为的合理性。严复接受了西方社会达尔文主义者的基本观点，因而他认为人类社会也服从天演的规律，中国和西方国家之间也是一种“物竞天择”关系。根据“物竞天择”的原理，严复认识到：“今日吾国之富强与民之智勇，无一事及外洋者。”③因而“我四千年文物声明，已涣然有不终日之虑”④。也就是说，面对西方先进文明的竞争，传统文化将无立足之处。并且，本书前面已经指出，根据“物竞天择”原理，严复认为，为了能在与西方国家的竞争中生存下来，中国人不得不抛弃传统文化而全面学习西方文化。同时，与西方社会达尔文主义者不同，严复认为中国与西方列强之间的强弱差异不是天生的：“顾富强之盛，必待民之智勇而后可几；而民之智勇，又必待有所争竞磨砻而后日进，此又不易之理也。”⑤因此，竞争不仅带来了中国传统文化的消亡，也将成为中国新文化发展的根本动力。如此一来，严复就回答了近现代中国哲学历史观、文化观中的两个问题：第一，中国人为什么必须抛弃中国传统文化，学习西方文化？第二，中国文化从传统文化向现代文化发展的根本动力是什么？本书前面已经详细讨论了这两个方面的内容，这里笔者只强调：严复对这两个问题的回答之所以在中国人中引起强烈的反响，其根本原因就在于他始终警告国人，如果固守传统文化而不全面学习西方的先进文化，中国就有亡国灭

① 严复：《原强》，王栻主编：《严复集》第一册，北京，中华书局，1986，第5页。
② 严复：《〈天演论〉复案》，王栻主编：《严复集》第五册，北京，中华书局，1986，第1325页。
③ 严复：《拟上皇帝书》，王栻主编：《严复集》第一册，北京，中华书局，1986，第65页。
④ 严复：《论世变之亟》，王栻主编：《严复集》第一册，北京，中华书局，1986，第2页。
⑤ 严复：《拟上皇帝书》，王栻主编：《严复集》第一册，北京，中华书局，1986，第65页。

种的危险，其根据就是达尔文进化论中的“物竞天择”原理。

斯宾塞进化论对严复的历史观、文化观的影响，主要表现在以下三个方面。第一，斯宾塞使严复把进化论作为一种普遍的思维方式。虽然在达尔文出版其《物种起源》之前，斯宾塞就已经开始宣讲其进化论的“综合哲学”，但斯宾塞认为《物种起源》为其进化论奠定了科学的基础，因而他又成为一个极为热心的达尔文主义者。实际上，严复也将斯宾塞进化论看作达尔文进化论的扩广和应用，“有斯宾塞尔者，以天演自然言化，著书造论，贯天地人而一理之，此亦晚近之绝作也”①。受到斯宾塞的启发，严复也将达尔文进化论运用于人类社会，进化论就成为严复思考历史观、文化观问题的基本框架。第二，斯宾塞的教育学②给严复提供了民力、民智、民德的概念。根据我们前面的讨论，严复将民力、民智、民德作为判断文明程度高低的标准、评价中国改革措施成效的标准和决定生存竞争结果的最终因素，因而它们就成为严复的历史观、文化观的核心内容之一。严复明确承认：“斯宾塞尔全书而外，杂著无虑数十篇，而《明民论》、《劝学篇》二者为最著……《劝学篇》者，勉人治群学之书也。其教人也，以浚智慧、练体力、厉德行三者为之纲。”③“浚智慧、练体力、厉德行”就是人们通常所说的智育、体育、德育。显然，严复所说的民力、民智、民德三个范畴与斯宾塞所说的“智慧”“体力”“德行”三个范畴并不是相同的，而是对它们的一种改造，但二者毕竟存在着一种源与流的关系：斯宾塞所说的“智慧”“体力”“德行”是源，严复所说的民力、民智、民德是流。第三，严复接受了斯宾塞的社会有机体说。其实，社会有机体说不仅仅体现在严复的历史观、文化观中。在讨论严复的政治哲学思想时，笔者就指出，正是由于严复将国家作为有机体，强调国家的出现和发展要服从客观的规律(即天演的规律)，他才运用“天演之涂术”来探讨现代民主制度产生的问题。而在历史观、文化观中，严复认为文化是有机体，高级阶段的文化来自低级阶段的文化，文化发展具有统一性，因此他才对传统文化中的知识内容有所肯定，并积极在传统文化中探寻中国现代化的源头。同时，也正是由于严复将社会看作有机体，他才将民力、民智、民德范畴引入其历史观、文化观之中。因此，社会有机体说也是严复的历史观、文化观的重要内容。严复坦然承认其社会

① 严复：《译〈天演论〉自序》，王栻主编：《严复集》第五册，北京，中华书局，1986，第1320页。

② 斯宾塞的教育学属于其进化论的“综合哲学”的一部分。

③ 严复：《原强修订稿》，王栻主编：《严复集》第一册，北京，中华书局，1986，第17页。

有机体理论来源于斯宾塞，“论社会为有机体，此说发于斯宾塞尔”①。总之，从历史观、文化观来看，斯宾塞进化论对严复的影响是如此之深、之全面，严复确实可以被称为斯宾塞主义者。

甄克思进化论对严复的历史观、文化观的影响也是不容忽视的，这主要表现在以下两个方面。第一，严复关于社会发展的三阶段的理论就来自甄克思。虽然根据达尔文、斯宾塞的进化论，严复论证了中国传统文化必须要被抛弃，解除中国生存危机的唯一途径是发展出一种像西方文化一样的新文化，却无法揭示这种新文化与传统文化之间的根本差异。而根据甄克思进化论，严复指出，中国是宗法社会，西方是军国社会，中西文化是根本性质不同的两种文化，中国的变革就是要发展出一种脱离宗法而具有军国性质的新文化，这实际上就是人们现在所说的现代化。同时，达尔文、斯宾塞的进化论也无法回答中国为什么能够从传统文化中发展出现代的新文化的问题。而根据甄克思进化论，社会发展的三阶段是一种客观规律，西方社会的发展要遵循它，中国社会的发展也要遵循它，因此中国传统文化向现代文化转化是可能的。第二，甄克思给了严复一把解析中国传统文化的钥匙。在《社会通诠》中，甄克思强调宗法社会存在的合理性，认为宗法社会和军国社会之间存在着内在的联系。严复接受了这一观点，强调中国文化的宗法性质，并根据这一性质分析中国社会现象。严复的这一做法受到夏曾佑等人的赞赏，但他把孙中山的三民主义中的民族主义误解为具有宗法社会的特征，把革命误解为一种宗法性质的行为，因而又受到了章太炎等人的猛烈批判。笔者不讨论章太炎与严复的观点之间的是非得失，只强调严复对传统文化性质和现代文化性质的认识是近现代中国哲学历史观、文化观的重要内容。严复是从宗法和军国之间的差异来思考这一内容的，而这一视角来自甄克思的《社会通诠》。

总之，中国近现代哲学中的历史观、文化观所讨论的问题并不是一个具有普遍性的纯粹的哲学理论问题，从未被西方哲学家关注过，所以严复的历史观、文化观与影响它的西方理论并不存在一一对应的关系。但就思维方式和理论依据来看，其仍然属于西方现代哲学，与中国传统哲学迥异。因而，西方理论对严复的历史观、文化观的影响仍然是决定性的。

① 严复：《天演进化论》，王栻主编：《严复集》第二册，北京，中华书局，1986，第314页。

二、中国传统哲学对严复的历史观、文化观的影响

中国传统哲学对严复的历史观、文化观的影响是相当明显的，王鉴平、胡伟希指出："严复的进化论思想就不是西方进化论思想的简单翻版，而是一种创造。"[①]天演论是严复讨论历史观、文化观问题的基本框架，因而中国传统哲学对严复的历史观、文化观的影响主要表现为他对天演论进行了道德性的改造。从中西方哲学传统来看，强调道德是中国传统哲学的根本特征，西方的进化论基本上不考虑道德因素[②]。因而严复的天演论的道德色彩应该是来自中国传统哲学，这主要表现在以下三个方面。

第一，严复用善来诠释"天择"。他说："真宰神功，曰惟天演，物竞天择，所存者善。"[③]严复把"善"看成决定生存竞争结果的因素，在这一点上，他不同于斯宾塞。斯宾塞认为"存者"是"最宜者"，"最宜者"主要指力量的强者；而严复的"存者"是指有道德的强者。因此，严复明确反对弱肉强食的观点，他把达尔文的生物进化论概括为："弱者当为强肉，愚者当为智役焉。"[④]而他自己的主张是："不开化之国，则欺凌弱者；而开化之国，则保护弱者也。"[⑤]也就是说，人类发展到一定阶段，弱肉强食的现象将被改变，"物竞天择"也要维护弱者的利益。显然，严复的进化论具有明显的道德色彩。

第二，严复认为人类社会的竞争的最主要形式不应该是战争，而应该是一种文明的竞争。他说："盖其所争，不仅军旅疆埸之间而止，自农工商贾至于文词学问一名一艺之微，莫不如此。"[⑥]即国家之间的竞争是一种全面的竞争，军事只是重要的一种竞争方式而已，并不具有决定性的意义。严复甚至强调，竞争中的胜利者不是军事上的胜利者，而是处于更高级文明的国家。他认为，与其说历史上少数民族用武力征服了汉民族，不如说历史上汉民族用文明征服了少数民族，并且在近现代社会

① 王鉴平、胡伟希：《传播与超越——中国近现代实证主义进程研究》，上海，学林出版社，1989，第33页。

② 赫胥黎用进化论来讨论道德的问题，而严复用道德来讨论进化论的问题。

③ 严复：《〈群学肄言〉自序》，王栻主编：《严复集》第一册，北京，中华书局，1986，第124页。

④ 严复：《原强》，王栻主编：《严复集》第一册，北京，中华书局，1986，第5页。

⑤ 严复：《论沪上创兴女学堂事》，王栻主编：《严复集》第二册，北京，中华书局，1986，第471页。

⑥ 严复：《拟上皇帝书》，王栻主编：《严复集》第一册，北京，中华书局，1986，第66页。

中，历史上野蛮民族征服文明民族的现象不可能再现："国非富不强，兵非巧不利，欲率游牧之民，以席卷工商之国，如青吉斯、帖木斯之所为者，断断乎无此事矣！"①这是由于"国"的"强"和"兵"的"利"来自"富"和"巧"，而"富"和"巧"都必须依赖于科学的发展，这不是野蛮民族所能做到的。因此，随着近现代科学的发展和民主制度的建立，野蛮民族不可能再取得军事上的优势。另外，严复反对把战争和进化论联系在一起："西方一德，东方一倭……借天演之言，谓'战为人类进化不可少之作用'……故使果有真宰上帝，则如是国种，必所不福，又使人性果善，则如是学说，必不久行，可断言也。"②在严复看来，德国人和日本人对天演论的理解是错误的，进化论不能赋予战争以正当性。并且这段话中的人性和上帝都是与道德相关的。严复以此为依据反对德国人和日本人所理解的天演论，因此他的天演论具有很浓厚的道德色彩。其实，西方的社会达尔文主义理论并不反对战争，在殖民运动中，西方列强就经常使用武力。陈独秀就指出："西洋诸民族，好战健斗，根诸天性，成为风俗，自古宗教之战，政治之战，商业之战，欧罗巴之全部文明史无一字非鲜血所书。英吉利人以鲜血取得世界之霸权，德意志人以鲜血造成今日之荣誉。"③应该说，陈独秀的观点更符合历史事实。严复的观点与其说是为进化论辩护，不如说是从道德的角度对西方进化论进行修正。因此，严复提出文明竞争的主张："与其言排外，诚莫若相勖于文明。果文明乎，虽不言排外，必有以自全于物竞之际。"④"相勖于文明"就是以文明的形式竞争。中国的文明程度增高，就成了强者，也就解决了生存的危机，因而战争是可以避免的。

第三，严复认为竞争的结果是共同发展。他说："一洲之民，散为七八，争雄并长，以相磨淬，始于相忌，终于相成，各殚智虑，此日异而彼月新，故能以法胜矣，而不至受法之敝。"⑤在严复看来，在西方各国的竞争中，弱者并未灭亡，而是发展成强者。不仅强者的文明在发展，各个国家的文明都在发展。这是一种理想的竞争模式。但根据达尔文进化论，自然界或人类社会的进步是以弱者的灭亡为代价的。共同发展必

---

① 严复：《〈法意〉按语》，王栻主编：《严复集》第四册，北京，中华书局，1986，第982页。

② 严复：《与熊纯如书》，王栻主编：《严复集》第三册，北京，中华书局，1986，第622页。

③ 陈独秀：《东西民族根本思想之差异》，陈崧编：《五四前后东西文化问题论战文选》，北京，中国社会科学出版社，1985，第12～13页。

④ 严复：《与〈外交报〉主人书》，王栻主编：《严复集》第三册，北京，中华书局，1986，第558页。

⑤ 严复：《原强》，王栻主编：《严复集》第一册，北京，中华书局，1986，第11～12页。

须要以某种道德原则为指导才能实现，即人类社会的天演能导致善的实现，而不仅仅是力量的增强。因此，严复所理解的竞争是有道德原则参与的竞争。

根据上面的分析可以看出，严复的天演论和达尔文、斯宾塞的进化论确实有很大差异，具有相当部分的道德成分和理想色彩。严复把天演论道德化，导致他不能认清西方列强的侵略者的本质，却幻想通过自由竞争使中国实现现代化，这就使得他对中国现代化的设想具有空想的成分。当然，同西方理论相比，中国传统文化对严复的历史观、文化观的影响是相当小的，但中国传统哲学对严复的天演论有影响这一事实却具有重大意义：从现代哲学思维出发，某些中国传统哲学观念能够显现出其现代价值。因而在中国哲学的现代化过程中，中国传统哲学的理论资源不应该被忽视。

三、严复的历史观、文化观与同时代其他先进中国哲学家的历史观、文化观的对比

正是由于严复从西方近现代哲学理论和科学的进化论出发，并选择相应的中国传统哲学理论资源来讨论近现代中国哲学的历史观、文化观问题，他的历史观、文化观才与康有为、谭嗣同的历史观、文化观之间存在着理论形态上的差异：严复的历史观、文化观属于现代形态的哲学理论，康有为、谭嗣同的历史观、文化观属于从传统形态向现代形态过渡的哲学理论。这种差异体现了严复的历史观、文化观的现代特征。笔者不准备在严复的历史观、文化观与康有为、谭嗣同的历史观、文化观之间进行一种详细而全面的对比，而只讨论能够体现出他们的理论形态差异的内容。

那么，现代哲学的历史观、文化观与传统哲学的历史观、文化观的根本差异主要体现在哪些方面呢？在近现代中国哲学发展中，历史观与文化观讨论的是同一个问题，即“中国向何处去”的问题，并且在回答中很难将二者区分开来，因而这一问题又可以转化为：现代历史观与传统历史观的根本差异是什么？从中西方哲学的历史观发展来看，传统历史观的主流是倒退史观或循环史观，而现代历史观的主流是进化史观；并且，现代历史观一般都强调从历史事实出发，以科学的思维方式来讨论历史观问题，而传统历史观一般从神、天、圣人、英雄的意志等出发来讨论历史观问题。因此，科学性和进化论可以看作现代历史观的根本特征，是否具有这两个特征可以作为判别中国哲学的历史观、文化观的理

论形态的标准。

严复的历史观可以称为天演历史观，其理论基础是现代科学，因为它来自达尔文、斯宾塞、甄克思和赫胥黎等科学家或者科学主义哲学家，严复也把这些学者的进化论看成一种科学。根据以上的分析，严复认为中国现代化与西方文化、中国现代化与中国传统文化之间的关系问题实际就是人类社会现代发展中的问题，这些问题只能用科学的方法来解决，并且西方学者已用科学的进化论对它们作出了合理的回答。因此，严复不用传统的“圣人”“心”“道”等范畴来讨论中国近现代哲学的历史观、文化观问题，而用来自西方自然科学的“物竞”“天择”“内因”“外缘”“质”“力”等范畴来讨论这些问题。也就是说，不论从思维方式、范畴还是理论来源来看，严复的历史观既是一种进化论的历史观，也是一种具有现代科学性质的理论。因此，严复的历史观属于现代形态的理论。相应地，他的历史观、文化观也是现代形态的哲学理论。

而康有为、谭嗣同的历史观虽然也可以说是一种进化史观，但他们以今文经学为基础来讲解进化史观。康有为说：“盖自据乱进为升平，升平进为太平，进化有渐，因革有由，验之万国，莫不同风。”①在康有为看来，人类社会的发展是有一定顺序的，即从“据乱世”到“升平世”再到“太平世”。人类社会从低级阶段向高级阶段发展，人类的理想社会在未来而不在过去。这就是康有为的“三世进化”论，它来自《春秋公羊传》，是今文经学思维方式的产物。它虽然代表了中国近代今文经学发展的最高水平，但与现代科学还存在着根本差异，基本上还是属于传统的学术。谭嗣同基本上接受了康有为的“三世进化”论，他说：“孔虽当据乱之世，而黜古学，改今制，托词寄义于升平、太平。”②又说：“方孔之初立教也，黜古学，改今制，废君统，倡民主，变不平等为平等，亦汲汲然动矣。”③在谭嗣同看来，“升平”“太平”是平等的社会，其政治制度是民主制度，是人类社会发展的高级阶段；“据乱之世”是不平等的社会，其政治制度是“君统”，是人类社会发展的低级阶段；孔子指出了人类社会要按“据乱”“升平”“太平”的顺序依次过渡，这就是说人类社会是从低级阶段向高级阶级发展的。从内容上说，谭嗣同的“三世”说确实是一种进化

① 康有为：《论语注》，北京，中华书局，1984，第28页。

② 谭嗣同：《仁学》，蔡尚思、方行编：《谭嗣同全集》（增订本），北京，中华书局，1981，第335页。

③ 谭嗣同：《仁学》，蔡尚思、方行编：《谭嗣同全集》（增订本），北京，中华书局，1981，第337页。

史观。但谭嗣同把孔子作为其进化论的依据，又把孔子当作教主，其进化论实际上以宗教为依托，当然不是一种科学的思维方式。另外，谭嗣同的历史观还受王夫之的“道器”论的影响，他说：“窃疑今人所谓道，不依于器，特遁于空虚而已矣。故衡阳王子有‘道不离器’之说。”①谭嗣同将“道器”论与今文经学相结合，认为“道”必须依赖于“器”才能显现出来。虽然孔子已经为中国人指出了近现代社会所需要的“道”，但中国人却没有发展出相应的“器”。这种“器”在西方已经发展得相当成熟，因而中国必须向西方学习，从西方引进民主社会的“器”。“道器”论是王夫之采用中国传统哲学思维方式思考历史观问题的产物，不是一种科学。总之，康有为、谭嗣同的进化史观不是科学的，但也不是传统形态的理论。因为传统历史观的主流是倒退史观或循环史观，而康有为、谭嗣同的历史观是进化史观，其承认西方现代民主制度的合理性，并要求中国必须从传统社会向西方式的社会演化。这是康有为、谭嗣同的历史观与传统历史观具有根本差异的地方。因此，从思维方式、理论来源、表达形式和内容来看，康有为、谭嗣同的历史观属于从传统形态向现代形态过渡的理论。相应地，他们的历史观、文化观也是从传统形态向现代形态过渡的哲学理论。

具体说来，由于思维方式和进化论理论基础的差异，严复的历史观、文化观与康有为、谭嗣同的历史观、文化观还有以下几个方面的不同。

首先，康有为、谭嗣同没有明确地把传统文化和西方文化区分开来。康有为说：“若夫泰西立国之有本末，重学校，讲保民、养民、教民之道，议院以通下情，君不甚贵，民不甚贱，制器利用以前民，皆与吾经义相合，故其致强也有由。”②谭嗣同也说：“凡所谓西法，要皆我之固有，我不能有而西人有之，我是以弱焉。”③在康有为、谭嗣同看来，现代西方文化(即“西法”)其实就是古代中国文化(即“吾经义”)。显然，他们没有意识到现代西方文化和古代中国文化之间的根本差异。康有为、谭嗣同的观点符合今文经学的思维方式。今文经学讲究微言大义和托古改制，因而它必然承认现代西方文化的内容已经存在于古代中国文化之中。这虽然不是“西学中源”说，但从科学的观点来看，显然是一种附会。

---

① 谭嗣同：《上欧阳中鹄书》，蔡尚思、方行编：《谭嗣同全集》(增订本)，北京，中华书局，1981，第160页。

② 康有为：《京师保国会第一集演说》，汤志钧编：《康有为政论集》上册，北京，中华书局，1981，第238页。

③ 谭嗣同：《上欧阳中鹄书》，蔡尚思、方行编：《谭嗣同全集》(增订本)，北京，中华书局，1981，第157页。

严复坚决反对康有为、谭嗣同的这种观点，他说："吾近于街头，曾见《宪法古义》一书，意谓凡西人之宪法，皆吾古先所已有者。大抵吾人本其爱国之意，每见外人好处，总不肯说此为吾国所无，而十三经二十七史皆其傅会材料，名为尊我，实则大惑。"①严复严格地区分了中西古今的差异：中国文化就是"古"，西方文化就是"今"。根据天演论，"今"的文化不可能出现在"古"的文化中，因而他把所有认为现代西方文化已经包括在古代中国文化中的观点都称为"傅会"。他认为，如果人们不顾历史事实而附会中西文化，只会使中国人无法认清传统文化与现代文化之间的根本差异及人类文化发展的规律，这将无助于中国社会的发展。因此，从科学的思维方式出发，严复反对任何把现代西方文化和古代中国文化相附会的行为。

其次，康有为、谭嗣同以一种复古的形式进行变法。康有为说："故仆所欲复者，三代两汉之美政，以力追祖考之彝训，而邻人之有专门之学，高异之行，合乎吾祖考者，吾亦不能不折取之也。"②谭嗣同也说："故夫法之当变，非谓变古法，直变去今之以非乱是、以伪乱真之法，蕲渐复于古耳。"③在康有为、谭嗣同看来，中国的变法既是中国向西方学习的过程，也是逐渐复古而实现孔子理论的过程。这是符合今文经学思维方式的。根据今文经学，孔子虽然在几千年前就已经指出"升平世"和"太平世"的法制，但由于伪经的出现及其他各种历史原因，中国人并没有真正把握到孔子理论的精髓，因而中国没有能够进入近现代社会。直到康有为出现后，中国人才又认识到孔子理论的精髓及中国落后于西方的原因。因此，回归孔子理论才是中国的唯一出路，中国学习西方就是回归孔子理论的重要途径④。但是，根据甄克思进化论，严复不赞成康有为、谭嗣同的主张。甄克思说："昔者，吾英律学大家麦音显理游印度内地，所纪乡社闻见，有极可哂者云，其地以水泉之浊涩不甘，治其土者，有食水公司之设，具章程，谨开阖，而定其所纳之资。其为法本至平也，使有行之伦敦东城者，民见泉甘价贱如是，未有不凫藻欢欣，以其事为幸福者。而印之乡社不尔云也，且谓英官以一纸之文书，废数千

① 严复：《政治讲义》，王栻主编：《严复集》第五册，北京，中华书局，1986，第1312页。

② 康有为：《与洪给事右臣论中西异学书》，汤志钧编：《康有为政论集》上册，北京，中华书局，1981，第48页。

③ 谭嗣同：《报贝元征》，蔡尚思、方行编：《谭嗣同全集》（增订本），北京，中华书局，1981，第200页。

④ 康有为认为孔子的理论具有普遍性，西方的富强虽然没有受到孔子的理论的直接影响，但所依据的理论与孔子的理论是一致的。

年之旧俗，其事大怪。已而有黠者，告其长老曰，是所为者，非新法也，乃吾印之古制失传，考诸典籍，复而用之耳。其众乃相悦以解，且谓古人之制，果胜今人也……吾党尝称不变之泰东，顾宗法与不变为同物，无论泰东、泰西也。”①甄克思指出，“不变”是宗法社会的根本特征，在宗法社会中，任何新的东西要被人们所接受，就必须要在传统文化中寻找根据。因此，在宗法社会中，任何社会变革都要采取复古的形式，才能被人们所接受。严复赞同甄克思的观点。康有为、谭嗣同的复古论调与这些印度人对待“食水公司”的态度实际上是一致的。从现代社会的角度来看，这些行为是很难理解的，“有极可哂者”。根据天演论，严复指出：“故周孔者，宗法社会之圣人也。”②也就是说，周公和孔子的理论是与宗法社会相适应的，它们不能成为中国现代化或中国学习西方的依据。而康有为、谭嗣同却以孔子理论为变法的依据，显然，这种观点体现了宗法社会的基本特征。由于康有为、谭嗣同的观点有利于中国学习西方，严复没有明确地把这种观点作为批判的对象。但康有为、谭嗣同的主张实际上不仅不能削弱中国人的宗法观念，还会强化这种观念。从严复对传统文化的宗法特征的态度来看，他明显不赞同康有为、谭嗣同的复古论调。

最后，康有为、谭嗣同在一定程度上可以说是“中体西用”说的支持者。康有为说：“臣窃维中国人才衰弱之由，皆缘中西两学不能会通之故，故由科举出身者，于西学辄无所闻知，由学堂出身者，于中学亦茫然不解。夫中学体也，西学用也，无体不立，无用不行，二者相需，缺一不可。”③虽然康有为的“中体西用”说不同于张之洞等洋务派的“中体西用”说，比如他不同意封建君主专制是中学的体，但他确实具有“中体西用”的思维方式。谭嗣同也说：“无其器则无其道而已。于此不忍坐视而幡然改图，势不得不酌取西法，以补吾中国古法之亡。”④这里的“法”就是“器”。根据王夫之的“道器”论，“道”要以“器”为依托，否则“道”不会显现出来；根据康有为的“三世进化”论，孔子已经指出了现代社会所需要的“道”。把这两种观点结合起来，谭嗣同实际上认为，中国自秦以来

---

① 〔英〕甄克思：《社会通诠》，严复译，北京，商务印书馆，1981，第62～63页。

② 严复：《〈社会通诠〉按语》，王栻主编：《严复集》第四册，北京，中华书局，1986，第926页。

③ 康有为：《奏请经济岁举归并正科并各省岁科试迅即改试策论折》，汤志钧编：《康有为政论集》上册，北京，中华书局，1981，第294页。

④ 谭嗣同：《报贝元征》，蔡尚思、方行编：《谭嗣同全集》(增订本)，北京，中华书局，1981，第201页。

的“法”(即“器”)不是孔子的“道”所需要的“器”，中国没有“法”来实现孔子的“道”；而孔子的“道”在西方社会已经得到了实现，西方的“法”正是中国所需要的“器”。因此，中国学习西方就是“酌取西法，以补吾中国古法之亡”，这实际上也是一种“中体西用”的思维方式，只不过转换成“中道西器”而已。但严复坚决反对任何形式的“中体西用”。在本书第一章中，笔者指出，严复认为体和用是不能分离的，中学和西学是性质迥异的两种东西，中学没有西学的体也没有西学的用，中学和西学之间没有体和用的关系。因此，任何形式的“中体西用”说都是错误的。

通过以上分析可以看出，严复的历史观、文化观与康有为、谭嗣同的历史观、文化观之间确实存在着理论形态上的差异：严复的历史观、文化观是现代形态的，而康有为、谭嗣同的历史观、文化观是从传统形态向现代形态的过渡。严复的历史观、文化观对后来的中国哲学产生了深远的影响，正如冯契先生指出的：“西方哲学传到中国来，真正发生了重大影响的是两种哲学：旧民主主义革命阶段的进化论，它与当时资产阶级民主主义的文化相联系；新民主主义革命阶段的马克思主义哲学，它与科学社会主义的文化联系着。达尔文进化论的输入标志着中国近代哲学革命的开始。从戊戌变法时期到‘五四’前夕，整整一代的革命者，都信奉进化论。”[①]在这里，冯契先生所说的进化论和马克思主义哲学都主要指一种现代性的世界观、方法论、历史观与文化观，而达尔文进化论作为一种世界观、方法论、历史观与文化观传入中国正是从严复开始的。因此，冯契先生的这段话既高度评价了严复对现代形态中国哲学发展的贡献，即“中国近代哲学革命”(也就是本书中的现代哲学转型)是从严复开始的，又突出了严复的历史观、文化观在中国历史哲学、文化哲学发展过程中所起的转折性作用。

① 冯契：《中国近代哲学的革命进程》，上海，上海人民出版社，1989，第6页。

结　语　严复与中国哲学的近现代发展

正如李维武指出的："围绕 20 世纪中国哲学诸问题，中国哲学家们百年间反复思考，不断探讨，由此形成了各种哲学思潮。"[①]既然 20 世纪中国哲学家对中国哲学问题的回答形成了各种哲学思潮，那么从哲学问题及其相应的哲学思潮出发，就比较容易发现其中某一个哲学家的思想价值。因此，我们在从哲学问题出发分析了严复哲学思想现代性的基本内容之后，将从哲学思潮的角度简单探讨严复对中国哲学近现代发展的贡献。

就本体论、认识论问题及其相应的哲学思潮来说，严复哲学思想属于科学主义哲学思潮。根据我们前面的分析，严复是中国最早的科学主义哲学家，最先在中国提倡哲学要走科学化、实证化的道路，进而从实证主义的认识论出发，对中国传统的本体论、认识论进行了彻底的批判。从实证主义哲学出发，他认为本体是不可知的，而宇宙论却可以成为科学，进而构建了中国哲学史上第一个完全科学意义上的宇宙论，把本体论和宇宙论彻底分离，突破了中国传统的本体论思维框架。这些标志着中国哲学进入了现代形态的发展阶段，对后来的中国哲学本体论、认识论思潮影响很大。李维武就指出："在严复的启迪和影响下，科学主义思潮在 20 世纪初的中国迅速发展起来，形成了 20 年代的经验论科学主义。"[②]"20 年代的经验论科学主义"指参加"科玄论战"的科学主义哲学家，如丁文江、胡适、王星拱等人，他们都强调经验和逻辑是人们讨论本体问题、人生观问题的出发点。中国的科学主义思潮是"在严复的启迪和影响下""发展起来"的，这就是说严复对中国近现代哲学的本体论、认识论问题的回答在相当程度上得到了后来的中国哲学家的认同。另外，严复的本体论、认识论思想对中国其他哲学思潮也是有影响的。李维武把中国人文主义哲学家的本体论、认识论思想的基本特征概括为："他们的一个共同点，就是主张对科学与哲学的各自意义范围进行划界，认为只有哲学才能解决宇宙人生的根本问题，而本体论正是哲学的根基，是科学

---

① 李维武：《形态、问题和思潮：20 世纪中国哲学研究的方法论思考》，《学术月刊》2004 年第 9 期。

② 李维武：《20 世纪中国哲学本体论问题》，长沙，湖南教育出版社，1991，第 110 页。

所不可能涉及和代替的内容。”[①]中国人文主义哲学家所说的科学的“意义范围”相当于严复所说的可知领域，而他们所说的哲学的“意义范围”则属于严复所说的不可知领域的一部分。因而，严复对可知领域和不可知领域的划界可以说为后来的中国人文主义哲学“对科学与哲学的各自意义范围进行划界”开辟了道路。此外，中国马克思主义哲学的本体论、认识论也都有一种科学主义化的倾向，这在相当程度上是受到严复开启的中国科学主义哲学思潮影响的结果。因此，严复的本体论、认识论思想在现代中国哲学本体论、认识论思想发展中起过相当特殊的作用。

从政治哲学问题及其相应的哲学思潮来看，严复基本上把西方18、19世纪的古典自由主义成体系地译介到中国，是中国最早系统宣传自由主义理论的哲学家。殷海光对中国自由主义运动的反省，凸显了严复在中国自由主义思潮中的重要地位。他说：“中国底社会主义者，因曾有组织而且有计划，于是壮大起来，与自由主义平分秋色，分庭抗礼。”[②]但几十年后，社会主义成功了，而自由主义可以说是失败了，其原因何在？殷海光认为，中国自由主义运动“其所吸收的东西太少了，其所凭依的基础太薄弱了，所以，像一阵暴风一样，其兴也锐；但没有后劲，太不深厚了，所以露出无以为继的样子”[③]。他又说：“我们应该至少将自洛克以来盎格罗撒克逊系的民主思想，有系统地介绍给国人，有计划地将其中的代表作翻译注释出来，教育国人，使大家知道民主思想是这么个东西，如果这样做，对于中国之民主化，一定有着相当的帮助。然而，三十余年来，自命为自由主义者的新学者，有几个人这样做了？民主政治思想的大部头书有几本被翻译介绍出来了的？”[④]殷海光明确指出了中国自由主义运动的重大缺陷：理论基础确实太薄弱了。实际上，中国自由主义政治哲学思潮的理论基础是由严复奠定的，而在严复之后，这个理论基础几乎没有得到加强。胡伟希就指出：“事实上，自‘五四’过后几十年，中国许多知识分子对西方自由主义的理解还是以严复翻译穆勒的《群

① 李维武：《20世纪中国哲学本体论问题》，长沙，湖南教育出版社，1991，第48～49页。

② 殷海光：《中国现代政治思潮》，张斌峰、何卓恩编：《殷海光文集》第一卷，武汉，湖北人民出版社，2001，第8页。

③ 殷海光：《自由人底反省与再建》，张斌峰、何卓恩编：《殷海光文集》第一卷，武汉，湖北人民出版社，2001，第65页。

④ 殷海光：《自由人底反省与再建》，张斌峰、何卓恩编：《殷海光文集》第一卷，武汉，湖北人民出版社，2001，第64页。

己权界论》为依据的；或者说，仍停留在当年严复对西学了解的水平上。”[①]这样，严复对中国自由主义思潮的贡献就非常明显了。从理论上说，中国自由主义思潮对其他中国现代政治哲学思潮并没有太大的直接影响。从基本立场来看，三民主义政治哲学和中国马克思主义政治哲学都反对自由主义。但自由主义是中国最早出现的现代政治哲学思潮，中国的思想家们就是运用它来批判传统政治哲学和政治制度的，中国人正是通过它才接触到自由、民主、平等、人权、革命等现代政治哲学范畴的。从这个意义上说，严复开启的中国自由主义思潮为三民主义思潮的产生和马克思主义政治哲学在中国的传播提供了较为有利的环境。并且正如李维武指出的：“中国马克思主义确对中国自由主义的合理思想资源作了积极的吸取和转化，当然，在这种吸取和转化中，中国马克思主义没有放弃自己的原则立场。”[②]也就是说，中国马克思主义虽然不接受自由主义的基本立场、基本观点，但也承认自由主义中的某些具体理论的现代价值，并对这些理论作出了积极的回应。这是推动中国马克思主义政治哲学理论发展的一个非常重要的因素。因此，严复的政治哲学对后来的中国现代政治哲学的影响可以说是相当大的。

从历史观问题来看，严复的历史观属于进化史观思潮。总的来说，严复宣传的天演论对近代中国社会发展和近代中国思想发展的影响极大，但严复本人的进化史观对中国历史观思潮的影响则相对小得多。1905年，在《民报》的发刊词中，孙中山明确提出“民族主义”“民权主义”和“民生主义”，革命党人开始批判严复的进化史观，严复的进化史观在中国的影响开始减弱。严复的进化史观实际上是作为宇宙论和方法论的天演论在历史观领域内的运用，具有强烈的生物学属性，并强调生存竞争的正当性。它本质上是一种社会达尔文主义理论，而人们一般认为第一次世界大战的爆发与社会达尔文主义理论有关。因此，第一次世界大战爆发后，严复所倡导的这种历史观就很少被国人所信奉了。从中国现代历史观的发展来看，严复的进化史观的最大意义在于它是中国第一个科学意义上的历史观，完成了对中国传统的非进化、非科学历史观的批判。自从严复的进化史观产生以后，中国的历史观就只能是科学的和主张进化的，这就为民生史观的产生和唯物史观在中国的传播铺平了道路。

从文化观问题来看，严复的文化观属于西化思潮。同其他西化论者

---

① 胡伟希：《观念的选择——20世纪中国哲学与思想透析》，昆明，云南人民出版社，2002，第292页。

② 何萍、李维武：《马克思主义中国化探论》，北京，人民出版社，2002，第223页。

一样，严复认为中国只有全面学习西方文化并排斥传统文化才能实现现代化。从本书前面的论述来看，严复不是中国最早的西化论者，他对西化思潮的最大贡献是批判“中体西用”说。他认为“体”和“用”是不能分离的，中学的“体用”和西学的“体用”是截然不同的东西，西化就意味着引进西学的“体用”并排斥中学的“体用”。也就是说，中国的现代化只能以西化为形式展开。当然，严格说来，严复还不是真正的全盘西化论者，因为他认为中国在价值方面不需要学习西方。但他认为现代化主要体现在知识内容方面，在这方面中国应该全盘西化。并且从逻辑上看，严复对“中体西用”说的批判在理论上可以导致全盘西化的结论。胡适、陈序经把严复所说的“体”理解为精神文明，把严复所说的“用”理解为物质文明，中国要接受西方的物质文明，就必须接受西方的精神文明。因此，从思潮的发展来说，胡适、陈序经的“全盘西化论”在一定程度上可以看成是严复的西化论的扩充或发展。另外，严复的文化观对其他思潮也有相当大的影响。在本书第五章中，笔者指出，严复把文化分为价值内容和知识内容，并认为中国在知识内容方面(主要指科学和民主)必须全面、彻底地学习西方，但在价值内容方面(主要指纯粹道德范畴或价值原则)却不需要学习西方。当代新儒家基本上赞同严复的这些观点。但严复否认中国的现代化要走“返本开新”的道路，否认价值的范畴可以决定或主导知识的范畴。他认为现代化主要体现在知识内容方面，中国只能通过学习西方获得知识内容。因而对中国的现代化来说，只存在西化问题，不存在“返本”问题。并且，严复否认中国新文化所需要的价值范畴通过“返本”就能获得。他说：“窃尝究观哲理，以为耐久无弊，尚是孔子之书。四子五经，固是最富矿藏，惟须改用新式机器发掘淘炼而已。”①“新式机器发掘淘炼”不是“返本”，而是改造。因此，尽管严复的文化观与当代新儒家的文化观有不少相通之处，但他始终是西化论者，不是新儒家。此外，严复的文化观和中国马克思主义的文化观也有相通的地方。毛泽东把新民主主义的文化概括为“民族的科学的大众的文化”②，严复的文化观也基本上包容了这些内容。科学是严复的文化观的核心内容，他对科学价值的强调并不在中国马克思主义者之下；严复提出民力、民智、民德是文明的标准或决定国家强弱的根本因素，就含有“大众”的内容；严复认为中国发展新文化的目的是救亡和推进中国文明的发展，并且他

① 严复：《与熊纯如书》，王栻主编：《严复集》第三册，北京，中华书局，1986，第668页。
② 毛泽东：《新民主主义论》，《毛泽东选集》第二卷，北京，人民出版社，1991，第706页。

承认传统的价值范畴是有意义的，也就认可了“民族”的内容和形式。当然，严复的文化观和“民族的科学的大众的文化”有本质性的区别：中国马克思主义的文化观通向共产主义，严复的文化观则通向自由主义；中国马克思主义的新文化是劳动人民创造的，严复的新文化实际上是圣人和士大夫创造的，人民只能是被动的接受者。并且，严复的文化观缺乏明确的反对帝国主义压迫的内容。所以，严复的文化观属于资产阶级的文化观，而不属于无产阶级的文化观。无论如何，严复的文化观在中国哲学近现代发展史上也有着相当重要的地位。

综上所述，可以看出，严复在中国哲学发展史上起着“除旧迎新”的作用。严复哲学思想的出现意味着中国传统哲学退出了历史的舞台，中国哲学开始进入现代形态的发展阶段。

主要参考文献

一、严复的著作

1. 严复著，王栻主编：《严复集》第一至五册，北京，中华书局，1986。
2. 严复著，孙应祥、皮后锋编：《〈严复集〉补编》，福州，福建人民出版社，2004。
3. 〔英〕赫胥黎：《天演论》，严复译，北京，商务印书馆，1981。
4. 〔英〕亚当·斯密：《原富》，严复译，北京，商务印书馆，1981。
5. 〔英〕斯宾塞：《群学肄言》，严复译，北京，商务印书馆，1981。
6. 〔英〕穆勒：《群己权界论》，严复译，北京，商务印书馆，1981。
7. 〔英〕甄克思：《社会通诠》，严复译，北京，商务印书馆，1981。
8. 〔法〕孟德斯鸠：《孟德斯鸠法意》，严复译，北京，商务印书馆，1981。
9. 〔英〕穆勒：《穆勒名学》，严复译，北京，生活·读书·新知三联书店，1959。
10. 〔英〕耶方斯：《名学浅说》，严复译，北京，商务印书馆，1981。

二、部分中国学者研究严复的专著

1. 王蘧常：《严几道年谱》，上海，商务印书馆，1936。
2. 周振甫：《严复思想述评》，上海，中华书局，1940。
3. 王栻：《严复传》，上海，上海人民出版社，1976。
4. 商务印书馆编辑部编：《论严复与严译名著》，北京，商务印书馆，1982。
5. 陈越光、陈小雅编著：《摇篮与墓地——严复的思想和道路》，成都，四川人民出版社，1985。
6. 王中江：《严复与福泽谕吉——中日启蒙思想比较》，开封，河南大学出版社，1991。
7. 高惠群、乌传衮：《翻译家严复传论》，上海，上海外语教育出版社，1992。
8. 欧阳哲生：《严复评传》，南昌，百花洲文艺出版社，1994。
9. 张志建：《严复学术思想研究》，北京，商务印书馆国际有限公司，1995。
10. 福建省严复研究会编：《93年严复国际学术研讨会论文集》，福州，海峡文艺出版社，1995。
11. 王克非：《中日近代对西方政治哲学思想的摄取——严复与日本启蒙学者》，北京，中国社会科学出版社，1996。
12. 李承贵：《中西文化之会通——严复中西文化比较与结合思想研究》，南昌，江西人民出版社，1997。
13. 福建省严复学术研究会、福州市严复研究会编：《严复与中国近代化学术研讨会论文集》，福州，海峡文艺出版社，1998。
14. 刘桂生、林启彦、王宪明编：《严复思想新论》，北京，清华大学出版社，1999。
15. 黄克武：《自由的所以然：严复对约翰弥尔自由思想的认识与批判》，上海，上海书店出版社，2000。
16. 马勇：《严复学术思想评传》，北京，北京图书馆出版社，2001。
17. 习近平主编：《科学与爱国——严复思想新探》，北京，清华大学出版社，2001。
18. 俞政：《严复著译研究》，苏州，苏州大学出版社，2003。
19. 黄瑞霖主编：《中国近代启蒙思想家——严复诞辰150周年纪念论文集》，北京，方志出版社，2003。
20. 张广敏主编：《严复与中国近代文化》，福州，海风出版社，2003。
21. 孙应祥：《严复年谱》，福州，福建人民出版社，2003。
22. 皮后锋：《严复大传》，福州，福建人民出版社，2003。
23. 王宪明：《语言、翻译与政治：严复译〈社会通诠〉研究》，北京，北京大学出版社，2005。
24. 颜德如：《严复与西方近代思想——关于孟德斯鸠与〈法意〉的研究》，长春，吉林大学出版社，2005。
25. 董小燕：《严复思想研究》，杭州，浙江大学出版社，2006。
26. 韩江洪：《严复话语系统与近代中国文化转型》，上海，上海译文出版社，2006。
27. 冯英：《严复自由主义思想解读》，长春，吉林大学出版社，2007。
28. 王天根：《群学探索与严复对近代社会理念的建构》，合肥，黄山书社，2009。
29. 杨阳：《富强抑或自由——严复宪政思想研究》，北京，中国人民公安大学出版社，2009。
30. 郭卫东、牛大勇主编：《中西融通：严复论集》，北京，宗教文化出版社，2009。
31. 赖建诚：《亚当·斯密与严复：〈国富论〉与中国》，杭州，浙江大学出版社，2009。
32. 王建龙：《长治久安：理念制度及其推进——严复政治哲学研究》，上海，上海人民出版社，2010。
33. 李新宇：《带一门学问回中国·盗火者严复》，天津，天津人民出版社，2010。
34. 苏中立、涂光久主编：《百年严复——严复研究资料精选》，福州，福建人民出版社，2011。
35. 黄克武：《惟适之安：严复与近代中国的文化转型》，北京，社会科学文献出版社，2012。
36. 张华：《中朝日近代启蒙思想比较——以严复、俞吉浚、福泽谕吉的思想为中心》，北京，中央民族大学出版社，2012。
37. 北京大学哲学系主编：《“严复：中国与世界”国际学术会议论文集》，北京，2013。
38. 戚学民：《严复〈政治讲义〉研究》，北京，人民出版社，2014。

39. 黄瑞霖主编：《严复思想与中华民族伟大复兴》，厦门，鹭江出版社，2014。
40. 〔日〕永田圭介：《严复——中国近代探寻富国强兵的启蒙思想家》，王众一译，苏州，苏州大学出版社，2014。
41. 王岗峰编著：《严复——中国近代思想文化史上里程碑式的巨人》，福州，福建人民出版社，2016。
42. 黄忠廉：《严复变译思想考》，北京，商务印书馆，2016。
43. 宁莉娜：《严复译介穆勒逻辑思想研究》，上海，上海大学出版社，2016。
44. 朱华：《近代化视野中的科学家与科学救国思潮研究》，北京，人民出版社，2017。
45. 沈国威：《严复与科学》，南京，凤凰出版社，2017。
46. 王宪明：《严复群学及军事政治思想研究》，北京，清华大学出版社，2018。
47. 高力克：《启蒙先知：严复、梁启超的思想革命》，北京，东方出版社，2019。
48. 陈勇军：《严复"制度与国民性互动"思想研究》，北京，人民出版社，2020。
49. 贾新奇：《从秩序到富强：严复与中国社会哲学的转型》，北京，中国社会科学出版社，2020。
50. 刘瑾玉：《翻译、概念与经济：严复译〈国富论〉研究》，北京，社会科学文献出版社，2021。
51. 赵云波：《学于自然有道：严复科学思想研究》，北京，科学出版社，2021。

三、部分相关的中国学者的文集和资料选集

1. 毛泽东：《毛泽东选集》第一至四卷，北京，人民出版社，1991。
2. 上海市文物保管委员会编：《戊戌变法前后康有为遗稿》，上海，上海人民出版社，1986。
3. 姜义华、吴根樑编校：《康有为全集》第一集，上海，上海古籍出版社，1987。
4. 姜义华、吴根樑编校：《康有为全集》第二集，上海，上海古籍出版社，1990。
5. 姜义华、吴根樑编校：《康有为全集》第三集，上海，上海古籍出版社，1992。
6. 汤志钧编：《康有为政论集》上下册，北京，中华书局，1981。
7. 康有为著、楼宇烈整理：《康南海自编年谱》(外二种)，北京，中华书局，1992。
8. 康有为：《论语注》，北京，中华书局，1984。
9. 康有为：《孟子微》，台北，台北宏业书局有限公司，1987。
10. 康有为：《康子内外篇》(外六种)，北京，中华书局，1988。
11. 康有为：《诸天讲》，北京，中华书局，1990。
12. 康有为：《康有为大同论二种》，北京，生活·读书·新知三联书店，1998。
13. 蔡尚思、方行编：《谭嗣同全集》(增订本)，北京，中华书局，1981。
14. 李华兴、吴嘉勋编：《梁启超选集》，上海，上海人民出版社，1984。
15. 高叔平编：《蔡元培全集》第四卷，北京，中华书局，1984。
16. 章太炎：《章太炎全集》第四卷，上海，上海人民出版社，1985。

17. 陈独秀：《独秀文存》，合肥，安徽人民出版社，1987。
18. 欧阳哲生编：《胡适文集》第一册，北京，北京大学出版社，1998。
19. 冯契：《冯契文集》第一至七卷，上海，华东师范大学出版社，1996。
20. 张斌峰、何卓恩编：《殷海光文集》第一至四卷，武汉，湖北人民出版社，2001。
21. 李维武编：《徐复观文集》第一至五卷，武汉，湖北人民出版社，2002。
22. 中共中央党校文史教研室中国近代史组编：《中国近代政治思想论著选辑》上下，北京，中华书局，1986。
23. 张枬、王忍之编：《辛亥革命前十年间时论选集》第二卷，北京，生活·读书·新知三联书店，1963。
24. 陈崧编：《五四前后东西文化问题论战文选》，北京，中国社会科学出版社，1985。
25. 中国现代哲学史研究会编：《中国现代哲学与文化思潮》，北京，求实出版社，1989。

四、部分与论文相关的古典文献

1. 朱谦之：《老子校释》，北京，中华书局，1984。
2.(宋)朱熹：《四书集注》，长沙，岳麓书社，1987。
3.(唐)杨倞注，耿芸校标：《荀子》，上海，上海古籍出版社，1996。
4. 屈守元、常思春主编：《韩愈全集校注》第五册，成都，四川大学出版社，1996。
5.(宋)张载：《张载集》，北京，中华书局，1978。
6.(清)王夫之：《尚书引义》，北京，中华书局，1976。

五、部分中国哲学史类(包括思想史和思潮史)著作

1. 李泽厚：《中国近代思想史论》，北京，人民出版社，1979。
2. 张岱年：《中国哲学大纲》，北京，中国社会科学出版社，1982。
3. 冯契：《中国古代哲学的逻辑发展》上、中、下册，上海，上海人民出版社，1983。
4. 肖萐父、李锦全主编：《中国哲学史》下卷，北京，人民出版社，1983。
5. 冯友兰：《中国哲学简史》，北京，北京大学出版社，1985。
6. 任继愈主编：《中国哲学史》，北京，人民出版社，1964。
7. 李维武编著：《中国哲学史纲》，成都，巴蜀书社，1988。
8. 胡伟希：《金岳霖与中国实证主义认识论》，上海，上海人民出版社，1988。
9. 冯友兰：《中国哲学史新编》第六册，北京，人民出版社，1989。
10. 冯契：《中国近代哲学的革命进程》，上海，上海人民出版社，1989。
11. 王鉴平、胡伟希：《传播与超越——中国近现代实证主义进程研究》，上海，学林出版社，1989。
12. 邱觉心：《早期实证主义哲学概观——孔德、穆勒与斯宾塞》，成都，四川人民出版社，1990。

13. 李维武：《20 世纪中国哲学本体论问题》，长沙，湖南教育出版社，1991。
14. 曾乐山：《中西哲学的融合——中国近代进化论的传播》，合肥，安徽人民出版社，1991。
15. 胡伟希、高瑞泉、张利民：《十字街头与塔——中国近代自由主义思潮研究》，上海，上海人民出版社，1991。
16. 唐明邦主编：《中国近代哲学启蒙思潮》，南昌，江西人民出版社，1993。
17. 丁伟志、陈崧：《中西体用之间》，北京，中国社会科学出版社，1995。
18. 杨国荣：《从严复到金岳霖：实证论与中国哲学》，北京，高等教育出版社，1996。
19. 梁启超：《清代学术概论》，北京，东方出版社，1996。
20. 郭湛波：《近五十年中国思想史》，济南，山东人民出版社，1997。
21. 冯友兰：《中国哲学史》上下册，上海，华东师范大学出版社，2000。
22. 北京大学哲学系中国哲学教研室编：《中国哲学史》，北京，北京大学出版社，2001。
23. 贺麟：《五十年来的中国哲学》，北京，商务印书馆，2002。
24. 胡伟希：《观念的选择——20 世纪中国哲学与思想透析》，昆明，云南人民出版社，2002。
25. 宋志明、孙小金：《20 世纪中国实证哲学研究》，北京，中国人民大学出版社，2002。
26. 王中江：《进化主义在中国》，北京，首都师范大学出版社，2002。
27. 蒋国保、余秉颐、陶清等：《晚清哲学》，合肥，安徽人民出版社，2002。
28. 冯达文、郭齐勇主编：《新编中国哲学史》下册，北京，人民出版社，2004。
29. 邱若宏：《传播与启蒙——中国近代科学思潮研究》，长沙，湖南人民出版社，2004。
30. 张世保：《从西化到全球化——20 世纪前 50 年西化思潮研究》，北京，东方出版社，2004。
31. 张世保：《西化思潮的源流与评价》，上海，华东师范大学出版社，2005。
32. 李维武：《长江流域文化与近代中国哲学》，武汉，湖北教育出版社，2005。
33. 黄见德：《20 世纪西方哲学东渐史导论》，北京，首都师范大学出版社，2007。
34. 胡伟希：《中国本土文化视野下的西方哲学》，北京，首都师范大学出版社，2007。
35. 李维武：《中国哲学的现代转型》，北京，中华书局，2008。
36. 《中国哲学史》编写组：《中国哲学史》下册，北京，人民出版社，2012。
37. 胡军：《中国哲学的现代转型》，北京，北京大学出版社，2013。

六、其他相关中国学者的著作

1. 鲁迅：《朝花夕拾》，北京，人民文学出版社，1973。

2. 钱锺书：《谈艺录》，北京，中华书局，1984。
3. 李志林、陈卫平等：《中西哲学比较面面观》，上海，华东师范大学出版社，1988。
4. 苗力田主编：《古希腊哲学》，北京，中国人民大学出版社，1989。
5. 成中英：《论中西哲学的精神》，上海，东方出版社，1991。
6. 金盂祖：《中国古宇宙论》，上海，华东师范大学出版社，1991。
7. 冯契：《智慧的探索》，上海，华东师范大学出版社，1994。
8. 蒋梦麟：《西潮》，沈阳，辽宁教育出版社，1997。
9. 段德智编：《陈修斋先生纪念文集》，武汉，武汉大学出版社，1997。
10. 颜一：《流变、理念与实体——希腊本体论的三个方向》，北京，中国人民大学出版社，1997。
11. 余英时：《中国思想传统的现代诠释》，南京，江苏人民出版社，1998。
12. 李强：《自由主义》，北京，中国社会科学出版社，1998。
13. 罗志希：《科学与玄学》，北京，商务印书馆，1999。
14. 肖萐父：《吹沙二集》，成都，巴蜀书社，1999。
15. 石元康：《当代西方自由主义理论》，上海，上海三联书店，2000。
16. 赵敦华：《现代西方哲学新编》，北京，北京大学出版社，2000。
17. 赵敦华：《西方哲学简史》，北京，北京大学出版社，2000。
18. 郑家栋：《断裂中的传统》，北京，中国社会科学出版社，2001。
19. 何萍：《马克思主义哲学与文化哲学》，武汉，武汉大学出版社，2002。
20. 何萍、李维武：《马克思主义中国化探论》，北京，人民出版社，2002。
21. 金岳霖讲述，倪鼎夫整理：《金岳霖解读〈穆勒名学〉——纪念金岳霖先生诞辰一百一十周年》，北京，中国社会科学出版社，2005。
22. 余英时：《现代危机与思想人物》，北京，生活·读书·新知三联书店，2005。
23. 王中江：《近代中国思维方式演变的趋势》，成都，四川出版集团、四川人民出版社，2008。
24. 耿云志：《近代中国文化转型研究导论》，成都，四川出版集团、四川人民出版社，2008。
25. 邹小站：《西学东渐：迎拒与选择》，成都，四川出版集团、四川人民出版社，2008。
26. 陈壁生编：《国学与近代经学的解体》，桂林，广西师范大学出版社，2010。
27. 刘树伟：《本体论哲学的终结》，长春，吉林人民出版社，2013。

七、部分与研究有关的外国学者的论著

1. 〔古希腊〕亚里士多德：《形而上学》，吴彭寿译，北京，商务印书馆，1959。
2. 〔英〕A. N. 怀特海：《科学与近代世界》，何钦译，北京，商务印书馆，1959。
3. 〔英〕赫·斯宾塞：《教育论》，胡毅译，北京，人民教育出版社，1962。
4. 〔英〕罗素：《西方哲学史》上卷，何兆武、李约瑟译，北京，商务印书馆，1963。

5. 〔英〕罗素：《西方哲学史》下卷，马元德译，北京，商务印书馆，1976。
6. 洪谦主编：《西方现代资产阶级哲学论著选辑》，北京，商务印书馆，1964。
7. 〔德〕赖欣巴哈：《科学哲学的兴起》，伯尼译，北京，商务印书馆，1983。
8. 〔德〕托马斯·E. 希尔：《现代知识论》，刘大椿等译，北京，中国人民大学出版社，1989。
9. 〔美〕梯利著，〔美〕伍德增补：《西方哲学史》(增补修订版)，葛力译，北京，商务印书馆，1995。
10. 〔美〕郭颖颐：《中国现代思想中的唯科学主义》，雷颐译，南京，江苏人民出版社，1995。
11. 〔美〕本杰明·史华兹：《寻求富强：严复与西方》，叶凤美译，南京，江苏人民出版社，1996。
12. 〔美〕费正清、〔美〕赖肖尔：《中国：传统与变革》，陈仲丹等译，南京，江苏人民出版社，1996。
13. 〔法〕奥古斯特·孔德：《论实证精神》，黄建华译，北京，商务印书馆，1996。
14. 〔英〕赫伯特·斯宾塞：《社会静力学》，张雄武译，北京，商务印书馆，1996。
15. 〔英〕霍布豪斯：《自由主义》，朱曾汶译，北京，商务印书馆，1996。
16. 〔古希腊〕亚里士多德：《尼各马可伦理学》，廖申白译注，北京，商务印书馆，2003。
17. 〔美〕托马斯·库恩：《科学革命的结构》，金吾伦、胡新和译，北京，北京大学出版社，2003。
18. 〔英〕约翰·格雷：《自由主义》，曹海军、刘训练译，长春，吉林人民出版社，2005。
19. 〔英〕彼得·狄肯斯：《社会达尔文主义——将进化思想与社会理论联系起来》，涂骏译，长春，吉林人民出版社，2005。

八、与研究有关的部分单篇论文(文革结束后)

1. 陈元晖：《严复和近代实证主义哲学——严复是中国第一代实证主义者》，《哲学研究》1978 年第 4 期。
2. 陈卫平：《自然科学是推动哲学发展的革命力量——论严复的哲学思想与西方的自然科学》，《光明日报》1978 年 6 月 6 日。
3. 季甄馥：《论严复的哲学思想及其历史地位》，《南昌大学学报(人文社会科学版)》1980 年第 9 期。
4. 吴修秉：《资产阶级启蒙思想家严复》，《福建论坛》1981 年第 5 期。
5. 殷鼎：《论严复在中西方思想史比较研究上的首出地位》，《南开学报(哲学社会科学版)》1981 年第 6 期。
6. 张岂之：《试论中国近代哲学的主线、内容与特点》，《哲学研究》1982 年第 8 期。
7. 吕振羽：《邓桦〈严复的庸俗进化论和不可知论〉——载一九六四年三月十三日〈光

明日报〉》，《吉林大学社会科学学报》1983 年第 5 期。
8. 杨宪邦：《论严复的天演论哲学》，《社会科学辑刊》1984 年第 1 期。
9. 彭漪涟：《严复关于归纳与演绎的基本思想》，《江汉论坛》1985 年第 9 期。
10. 陈卫平：《确定近代科学的思维方式——论严复对于发展近代科学的哲学思考》，《华东师范大学学报(哲学社会科学版)》1985 年第 6 期。
11. 胡伟希：《中国近代实证主义思潮的产生与发展》，《学术月刊》1985 年第 10 期。
12. 邓中好：《严复认识论思想新探》，《福建论坛(文史哲版)》1985 年第 2 期。
13. 房德邻：《严复与西学》，《北京师范大学学报(社会科学版)》1985 年第 5 期。
14. 丁祯彦、陈卫平：《"中体西用"的破产与中国哲学的近代化》，《浙江学刊》1986 年第 5 期。
15. 陈卫平：《中国哲学近代化的一个侧面——析严复、胡适、金岳霖改造传统哲学概念的理论》，《哲学研究》1986 年第 9 期。
16. 易升运：《试论严复的自由观》，《福建论坛(文史哲版)》1986 年第 4 期。
17. 何晓明：《严复与近代思想启蒙》，《福建论坛(文史哲版)》1986 年第 2 期。
18. 李华兴：《近代中西文化冲突交融的历史考察》，《复旦学报(社会科学版)》1986 年第 1 期。
19. 郭国灿：《严复"三民"思想简论——"人的近代化"研究系列之一》，《福建论坛(文史哲版)》1986 年第 6 期。
20. 张瑛：《严译〈天演论〉与中国近代文化》，《福建论坛(文史哲版)》1986 年第 3 期。
21. 马勇：《严复的早年与晚年》，《文史知识》1987 年第 1 期。
22. 陈少明：《理性的唤醒——西方认识论冲击下的中国近代哲学》，《哲学研究》1987 年第 12 期。
23. 毛丹：《严复思想轨迹的再认识》，《学术月刊》1987 年第 11 期。
24. 杨国荣：《从中西古今之争看中国近代方法论思想的演变》，《福建论坛(文史哲版)》1988 年第 1 期。
25. 蔡乐苏：《严复启蒙思想与斯宾塞》，《清华大学学报(哲学社会科学版)》1989 年第 1 期。
26. 闫韬：《严复与中西文化》，《南京大学学报(哲学·人文·社会科学版)》1989 年第 2 期。
27. 李华兴：《西学东渐和近代中国自然观的演进》，《上海社会科学院学术季刊》1989 年第 1 期。
28. 陈遵沂：《严复对西方近代实证方法与逻辑方法的认识》，《理论学习月刊》1989 年第 10 期。
29. 杨达荣：《严复的天演哲学与老庄思想》，《江西社会科学》1989 年第 1 期。
30. 李双璧：《康有为、严复的变革思想比较》，《历史研究》1990 年第 3 期。
31. 何云坤、周济：《严复科学思想初探》，《厦门大学学报(哲学社会科学版)》1990 年第 2 期。

32. 段治文：《近代中国科学观发展三形态》，《历史研究》1990年第6期。
33. 王中江：《严复与中国传统》，《中州学刊》1990年第5期。
34. 乌传衮：《论严复译著的主要特点及其翻译思想的历史渊源》，《安徽大学学报(哲学社会科学版)》1990年第2期。
35. 杨国荣：《严复与西方实证主义》，《哲学研究》1991年第5期。
36. 胡伟希：《中国近代自由主义的基本悖论详述》，《南京社会科学》1991年第4期。
37. 胡伟希：《中国近代自由主义思潮的产生和发展》，《学术研究》1991年第1期。
38. 张铃枣：《试论严复的科学方法论思想》，《福建师范大学学报(哲学社会科学版)》1991年第3期。
39. 黄长义：《进化论与近代中国思想文化的变革》，《江汉论坛》1991年第9期。
40. 马勇：《严复晚年思想演变之重估》，《哲学研究》1992年第4期。
41. 李坚：《进化史观在近代中国的形成及特点述论》，《辽宁大学学报(哲学社会科学版)》1992年第6期。
42. 俞祖华：《论严复的激进与保守》，《中州学刊》1992年第5期。
43. 田文军：《"新民"与强国——严复、梁启超"新民"学说评析》，《武汉大学学报(人文科学版)》1992年第3期。
44. 陈国庆：《中国传统哲学思维方式在近代的嬗变》，《延安大学学报(社会科学版)》1992年第4期。
45. 李承贵：《严复中西文化比较与结合理论方法探索》，《福建论坛(文史哲版)》1993年第3期。
46. 陈庆坤：《中国近代中西哲学的融合》，《吉林大学社会科学学报》1993年第1期。
47. 苏中立：《论戊戌辛亥间严复的西学宣传及其启蒙意义》，《贵州大学学报(社会科学版)》1993年第2期。
48. 天祥：《"中体西用"与传统文化的近代转化》，《天津社会科学》1993年第3期。
49. 段治文：《试论严复的科学文化观》，《福建论坛(文史哲版)》1993年第4期。
50. 郑春奎：《严复对国民劣性的认识和改造》，《丽水师专学报》1993年第3期。
51. 张锡勤：《严复对近代哲学变革的复杂影响》，《孔子研究》1994年第1期。
52. 柯远杨、邓华祥：《试论严复传播维新思想的贡献》，《福建师范大学学报(哲学社会科学版)》1994年第3期。
53. 俞祖华：《启蒙的两种类型：严复梁启超比较论》，《烟台师范学院学报(哲学社会科学版)》1994年第1期。
54. 杨义银：《严复与中国近代国民性改造思潮》，《西南师范大学学报(哲学社会科学版)》1994年第3期。
55. 陈廷湘：《中国近代"人"的观念的演变》，《社会科学研究》1994年第6期。
56. 高清海：《哲学思维方式的历史性转变——论马克思哲学变革的实质》，《开放时代》1995年第6期。
57. 陈卫平：《中国近代的进化论与政治思潮》，《华东师范大学学报(哲学社会科学版)》1995 年第 6 期。

58. 马来平：《严复论传统认识方式与科学》，《自然辩证法通讯》1995 年第 2 期。

59. 潘荣新：《严复的自由思想》，《福建论坛(文史哲版)》1995 年第 3 期。

60. 李难：《关于我国科技近代化的哲学思考》，《上海大学学报(社会科学版)》1995 年第 1 期。

61. 魏义霞：《西方自然科学的引进与中国近代哲学的变革》，《学习与探索》1995 年第 1 期。

62. 欧阳哲生：《戊戌时期严复与康有为学术思想之歧异述评》，《中州学刊》1995 年第 4 期。

63. 陈卫平：《中国近代进化论思潮形成的内在逻辑》，《文史哲》1996 年第 3 期。

64. 蒋国保：《严复的"自由、民主"观》，《中国哲学史》1996 年第 3 期。

65. 吴乃华：《试析严复的近代化思想》，《福建论坛(文史哲版)》1996 年第 1 期。

66. 刘钢锁：《浅析中国近代哲学难产的原因》，《天中学刊》1996 年第 4 期。

67. 谢放：《中体西用：转型社会的文化模式》，《华中师范大学学报(哲学社会科学版)》1996 年第 3 期。

68. 郭灿：《严复与近代文化转型》，《深圳大学学报(人文社会科学版)》1996 年第 4 期。

69. 章扬定：《严复的中西文化比较研究》，《广东社会科学》1996 年第 4 期。

70. 李承贵：《严复进化思想探微》，《福建论坛(文史哲版)》1997 年第 3 期。

71. 蒋国保：《严复的政治哲学》，《学术界》1997 年第 1 期。

72. 陈敬木：《论严复对中国传统文化的态度》，《福建论坛(文史哲版)》1997 年第 6 期。

73. 陈惇：《进化论的引进及其功过》，《中国比较文学》1997 年第 2 期。

74. 刘敬东：《民主与科学：严复启蒙思想的主题与灵魂》，《天津社会科学》1997 年第 5 期。

75. 李承贵：《论严复对中国传统哲学的改铸》，《福建论坛(文史哲版)》1998 年第 1 期。

76. 陈卫平：《中国传统哲学的主要问题和哲学基本问题》，《教学与研究》1998 年第 2 期。

77. 杨国荣：《哲学的科学化——20 世纪初的科学主义追求》，《开放时代》1998 年第 5 期。

78. 李华兴：《论严复的国家学说》，《复旦学报(社会科学版)》1998 年第 1 期。

79. 林启彦：《严复论中西文化》，《福建学刊》1998 年第 2 期。

80. 张汝伦：《理解严复》，《读书》1998 年第 11 期。

81. 郭常英：《评严复对近代中西社会差异的对比》，《史学月刊》1998 年第 1 期。

82. 肖萐父：《中国传统哲学概观(一个论纲)》，《武汉大学学报(哲学社会科学版)》1999 年第 6 期。

83. 钟兴锦：《严复的中西文化观及其“天演哲学”》，《武汉水利电力大学学报(社会科学版)》1999 年第 4 期。
84. 李维武：《中国科学主义思潮的百年回顾》，《哲学动态》1999 年第 12 期。
85. 杨国荣：《科学与科学主义》，《上海社会科学院学术季刊》1999 年第 2 期。
86. 杨国荣：《近代中国的科学方法与科学思潮》，《教学与研究》1999 年第 6 期。
87. 魏义霞：《试论中国近代哲学的转型及其得失》，《学术交流》1999 年第 1 期。
88. 王德军：《从逻辑分析到直觉顿悟——中国传统思维方式的现代转换》，《河南社会科学》1999 年第 5 期。
89. 陆曼娜：《略论传统思维方式在近代的转换》，《哲学研究》1999 年第 8 期。
90. 王昆、邱勇强：《严复政治思想论析》，《福建论坛(文史哲版)》1999 年第 2 期。
91. 王玉华：《严复政治思想的两个世界》，《福建论坛(文史哲版)》1999 年第 2 期。
92. 关兴丽：《严复对西方逻辑的输入及其影响》，《福建论坛(文史哲版)》1999 年第 2 期。
93. 李承贵、易益典：《论严复对中西政治文化的整合》，《福建论坛(文史哲版)》1999 年第 2 期。
94. 王东：《21 世纪中国哲学新形态》，《中国社会科学》2000 年第 1 期。
95. 周桂钿：《政治哲学是中国传统哲学的中心》，《哲学研究》2000 年第 11 期。
96. 颜华东：《近代中西学之争与严复译介西方逻辑》，《兰州大学学报(社会科学版)》2000 年第 6 期。
97. 张锡勤：《严复历史观散论》，《求是学刊》2000 年第 1 期。
98. 魏义霞：《中国近代认识史上的困惑——谭嗣同、严复不可知论的比较研究》，《求是学刊》2000 年第 6 期。
99. 郑家建：《寂寞的先声：开端与回响——论严复与中国近代自由主义思想》，《福建论坛(人文社会科学版)》2001 年第 2 期。
100. 宋志明、孙小金：《严复与实证方法》，《中国矿业大学学报(社会科学版)》2001 年第 1 期。
101. 胡伟希：《“格义”与“会通”：论严复的诠释学》，《学术月刊》2002 年第 11 期。
102. 冯英：《析严复对自由概念的界定》，《北京科技大学学报(社会科学版)》2002 年第 4 期。
103. 孙守敏：《论严复的竞争观及其启蒙意义》，《上海交通大学学报(社会科学版)》2002 年第 1 期。
104. 陈来：《中国哲学的近代化与民族化——从冯友兰的哲学观念说起》，《学术月刊》2002 年第 1 期。
105. 李传良：《严复的方法论思想述评》，《江苏大学学报(社会科学版)》2002 年第 4 期。
106. 王晓明：《现代中国的民族主义》，《学术月刊》2002 年第 11 期。
107. 魏义霞：《从道德论到知识论：近代与古代认识哲学的比较研究》，《哈尔滨学院学报(社会科学)》2002 年第 1 期。

108. 傅小凡：《中国近代哲学历史观和认识论的成就与局限》，《厦门大学学报(哲学社会科学版)》2002 年第 3 期。

109. 李维武：《中国思想由“传统”向“现代”转换的新阐释——韦政通先生〈中国十九世纪思想史〉读后有感》，《湘潭大学学报(社会科学版)》2003 年第 4 期。

110. 李维武：《从 20 世纪中国哲学的视域看马克思主义哲学中国化》，《学术月刊》2003 年第 11 期。

111. 吴根友：《明清之际中国社会内部的现代性因素之分析》，《江汉论坛》2003 年第 3 期。

112. 冯天瑜：《明清之际西学与中国学术近代转型》，《江汉论坛》2003 年第 3 期。

113. 郭齐勇：《中国传统哲学的特质及其创造性转化的新契机》，《华中科技大学学报(社会科学版)》2003 年第 3 期。

114. 宋志明：《现代中国哲学的主要问题》，《教学与研究》2003 年第 3 期。

115. 李春勇：《论严复的归纳主义逻辑观》，《淮阴师范学院学报(哲学社会科学版)》2003 年第 6 期。

116. 胡建：《中国近代“自由”理念的奠基者——严复“自由”观之价值述评》，《中共杭州市委党校学报》2003 年第 6 期。

117. 陈国庆、刘惠娟：《严复对进化论的选择与创新》，《西北大学学报(哲学社会科学版)》2003 年第 1 期。

118. 邓文锋：《“熔中西为一冶”——严复的中西文化观》，《社会科学论坛》2003 年第 2 期。

119. 孟祥栋：《以西学光复中学——重评严复的文化观》，《上海大学学报(社会科学版)》2003 年第 4 期。

120. 黄玉军：《西学传入及对晚清历史观的影响——从天命、循环史观到进化史观的转变》，《济宁师范专科学校学报》2003 年第 2 期。

121. 薛其林：《西学东渐与传统思维方式的变革》，《湘潭师范学院学报(社会科学版)》2003 年第 1 期。

122. 隋淑芬：《严复的历史观与历史研究方法》，《史学史研究》2003 年第 4 期。

123. 俞政：《严复的正名论》，《常熟高专学报》2003 年第 3 期。

124. 陈卫平：《西方哲学的中国化与当代中国哲学的建构》，《学术月刊》2004 年第 7 期。

125. 李维武：《形态、问题与思潮：20 世纪中国哲学研究的方法论思考》，《学术月刊》2004 年第 9 期。

126. 王贻社：《中国近代进化论哲学的发展演化》，《山东大学学报(社会科学版)》2004 年第 3 期。

127. 宋志明：《中国哲学的本体论思路》，《船山学刊》2004 年第 1 期。

128. 宋志明：《论中国近代哲学的转向》，《中国人民大学学报》2004 年第 6 期。

129. 萧永宏：《严复对自由观念的介绍与创新》，《历史教学问题》2004年第3期。
130. 王民：《严复“天演”进化论对近代西学的选择与汇释》，《东南学术》2004年第3期。
131. 田小飞：《科学融入近代中国的历史进程》，《社会科学辑刊》2004年第5期。
132. 洪峻峰：《论严复对“五四”启蒙思想的影响》，《邯郸师专学报》2004年第1期。
133. 俞政：《严复译著的社会影响》，《东南学术》2004年第3期。
134. 王建龙：《试论严复宪政思想的终极目标》，《福建论坛(人文社会科学版)》2005年第4期。
135. 常国良、刘玉娟：《严复和实证主义——从严复看西方早期实证主义对中国近代维新思想家的影响》，《唐山师范学院学报》2005年第4期。
136. 史革新：《严复科学民主思想议略》，《北京师范大学学报》(社会科学版)2005年第2期。
137. 李钧：《严复与经验论科学主义及其历史命运》，《山东社会科学》2005年第1期。
138. 朱志敏：《严复与中国文化现代化》，《教学与研究》2005年第2期。
139. 田薇、胡伟希：《略论严复的天演论道德观及其对中国传统伦理思想的突破》，《教学与研究》2005年第7期。
140. 熊次江：《严复进化论思想述评》，《湘潭大学学报》(哲学社会科学版)2005年第5期。
141. 宁莉娜：《西方逻辑方法的借鉴与中国近现代哲学变革》，《北方论丛》2005年第6期。
142. 徐蓉蓉、郭小安：《论严复的中西文化观》，《湖北教育学院学报》2005年第4期。
143. 李维武：《论二十世纪中国哲学的转型》，《中华文史论丛》第六十二辑。
144. 李维武：《20世纪中国哲学传统与21世纪中国哲学发展》，《学术月刊》2006年第3期。
145. 陈于武：《重新认识严复的自由主义者的特质》，《北京科技大学学报(社会科学版)》2006年第4期。
146. 吴靖霞：《严复对西学的传播及其成就》，《贵州民族学院学报(哲学社会科学版)》2006年第4期。
147. 李承贵：《西学视域中的中国传统哲学——严复对中国传统哲学的认知及其检讨》，《福建论坛(人文社会科学版)》2006年第1期。
148. 王岗峰：《严复思想和现代性》，《福建论坛(人文社会科学版)》2006年第7期。
149. 陈友良：《进化与功利——严复对近代科学思想的诠释》，《北京科技大学学报(社会科学版)》2006年第1期。
150. 温娜：《康有为与严复进化思想之差异及成因初探》，《陕西师范大学学报(哲学社会科学版)》2006年第S1期。

151. 艾昆鹏：《试析严复政治哲学思想中的矛盾》，《河南师范大学学报(哲学社会科学版)》2006年第3期。
152. 欧阳哲生：《中国近代思想史上的〈天演论〉》，《广东社会科学》2006年第2期。
153. 牛田盛：《论严复现代化观念的原创意义及其局限性》，《求索》2007年第10期。
154. 刘慧娟：《论严复的自由民主观》，《理论导刊》2007年第10期。
155. 吴向红、杜力夫：《严复宪政法制思想初探》，《福建论坛(人文社会科学版)》2007年第8期。
156. 秦英君：《近代中国人对西方科学文化的几种解读》，《史学月刊》2007年第1期。
157. 林传坤：《严复法治思想初探》，《发展研究》2007年第5期。
158. 刘敬东：《启蒙与救亡：在自由与富强之间——马克思世界历史理论的严复个案》，《哲学研究》2007年第9期。
159. 王天根：《严复与近代学科》，《清史研究》2007年第1期。
160. 李合亮：《中国近现代哲学的历史观》，《聊城大学学报(社会科学版)》2007年第1期。
161. 朱兴和：《严复政治学思想的内在理路》，《船山学刊》2007年第3期。
162. 马云红：《严复自由主义思想解析》，《法制与社会》2008年第1期。
163. 史革新：《严复关于近代国家理念的阐释》，《福州大学学报(哲学社会科学版)》2008年第2期。
164. 苏中立：《民族主义与现代化——对严复〈社会通诠〉中关于民族主义论述的辨析》，《福建论坛(人文社会科学版)》2008年第4期。
165. 郭桥：《逻辑东渐与中国近代时期哲学的革新》，《河池学院学报》2008年第1期。
166. 董小燕：《试论严复政治观的经验主义特征》，《浙江大学学报(人文社会科学版)》2008年第5期。
167. 邵汉明：《论谭嗣同、严复的启蒙思想》，《社会科学战线》2009年第7期。
168. 冯国泉、张洪：《严复的自由观和法治观》，《理论与现代化》2009年第2期。
169. 熊乡江：《严复对中国传统义利观的重构》，《江西社会科学》2009年第1期。
170. 郝晏荣：《从启蒙到反启蒙——严复与“五四”新文化思想之异同》，《学术月刊》2009年第9期。
171. 庞虎：《中国自由主义的启蒙困境与现实启迪——以严复为例》，《江汉论坛》2009年第2期。
172. 魏义霞：《自由是权利还是道德——严复、梁启超自由思想比较》，《道德与文明》2010年第3期。
173. 辜庆志：《严复政治思想与中国政治的近代转型》，《河北学刊》2010第3期。
174. 冯建辉：《严复社会历史观新论》，《绥化学院学报》2010年第4期。
175. 王岗峰：《论严复在中国思想史上的定位》，《福建师范大学学报(哲学社会科学版)》2010 年第 3 期。
176. 李广荣:《严复译著:近代中国知识分子公共性之构建》,《山西师大学报(社会科学版)》2010 年第 1 期。
177. 黄克武:《严复与近代中国的文化转型》,《华东师范大学学报(哲学社会科学版)》2011 年第 1 期。
178. 欧阳哲生:《辛亥革命时期严复的思想演变及其抉择》,《北京大学学报(哲学社会科学版)》2011 年第 5 期。
179. 艾昆鹏:《严复晚年政治哲学思想中的反思倾向》,《河南大学学报(社会科学版)》2011 年第 4 期。
180. 高瑞泉:《早期自由主义视域中的平等——以梁启超、严复为中心的考察》,《上海师范大学学报(哲学社会科学版)》2011 年第 5 期。
181. 高策、赵云波:《严复自然观探析》,《山西大学学报(哲学社会科学版)》2011 年第 5 期。
182. 王中江:《严复的科学、进化视域与自然化的"天人观"》,《文史哲》2011 年第 1 期。
183. 都兰军:《革命与改良之间:严复对辛亥革命的态度》,《聊城大学学报(社会科学版)》2011 年第 6 期。
184. 黄克武、周质平、张弘:《启蒙—被启蒙—再启蒙——严复、胡适及其他》,《社会科学论坛》2012 年第 10 期。
185. 吴炫:《严复进化论的理论盲点》,《社会科学战线》2012 年第 2 期。
186. 魏义霞:《严复的宗教与孔教观》,《天津师范大学学报(社会科学版)》2012 年第 5 期。
187. 魏义霞:《康有为、严复宗教观比较》,《社会科学战线》2012 年第 1 期。
188. 高志文、魏义霞:《平等与自由——谭嗣同、严复民主启蒙思想比较》,《学术界》2012 年第 2 期。
189. 朱东华:《严复译介〈天演论〉的旨趣及其产生的影响与论争》,《重庆师范大学学报(哲学社会科学版)》2012 年第 5 期。
190. 张红军:《传统融合与自由批判——严复自由思想探讨》,《前沿》2012 年第 5 期。
191. 李承贵:《严复解释传统哲学的科学主义倾向》,《江南大学学报(人文社会科学版)》2013 年第 5 期。
192. 姚进生、段善君:《严复的国民道德主体性研究》,《中北大学学报(社会科学版)》2013 年第 1 期。
193. 高力克:《严复自由观之悖论》,《浙江大学学报(人文社会科学版)》2013 年第 2 期。
194. 都兰军:《试析严复对中国传统本体论的批判》,《北方论丛》2013 年第 3 期。
195. 李涛:《严复译著中的中西互释》,《江西社会科学》2013 年第 9 期。

196. 熊俊：《目的论视角下严复"信、达、雅"再解读》，《青海师范大学学报(哲学社会科学版)》2013 年第 2 期。
197. 彭牡：《浅析严复思想转变的原因》，《淮海工学院学报(人文社会科学版)》2013 年第 14 期。
198. 纪宁：《严复译作与其思想之关系》，《青海师范大学学报(哲学社会科学版)》2013 年第 5 期。
199. 郭道平：《19 世纪后期关于"富强"的本末观——以郭嵩焘和严复为中心》，《北京大学学报(哲学社会科学版)》2014 年第 2 期。
200. 颜德如、毕彩云：《严复对分权说的理解：以孟德斯鸠为中心》，《江苏社会科学》2014 年第 4 期。
201. 黄忠廉：《严复成功译入西方思想探因》，《哈尔滨工业大学学报(社会科学版)》2014 年第 1 期。
202. 高力克：《陶铸国民性：严复与中国启蒙运动——纪念严复诞辰 160 周年》，《学术月刊》2014 年第 12 期。
203. 张立文：《严复唯意非幻的思想》，《社会科学战线》2014 年第 9 期。
204. 吴淅南：《严复与中国实证主义哲学思潮》，《湖北社会科学》2014 年第 4 期。
205.〔日〕高柳信夫著，顾长江译：《西周与严复：以学问观、道德观为中心》，《南京大学学报(哲学·人文科学·社会科学)》2015 年第 6 期。
206. 卢兴：《自由·富强·国治主义——严复自由主义思想的三个主题》，《哲学动态》2015 年第 3 期。
207. 俞兆平：《严复对科学的引进与中国文化现代转型》，《福建论坛(人文社会科学版)》2015 年第 2 期。
208. 蒋林：《严复与梁启超关于译语之争的焦点透视》，《中国翻译》2015 年第 2 期。
209. 董根明：《多元价值取向：严复的中学与西学》，《安庆师范学院学报(社会科学版)》2015 年第 4 期。
210. 张德让：《清代学术与严复翻译会通》，《安徽师范大学学报(人文社会科学版)》2015 年第 2 期。
211. 李莉：《严复晚年文化观的转变及其当代启示》，《山东社会科学》2015 年第 10 期。
212. 周红兵：《严复与斯宾塞的"社会有机体论"》，《东南学术》2015 年第 2 期。
213. 周至杰：《严复宗教思想探析》，《福建师范大学学报(哲学社会科学版)》2016 年第 3 期。
214. 庞博：《严复的进化论思想与近代学科的建构》，《河北经贸大学学报(综合版)》2016 年第 1 期。
215. 景天魁、杨玲：《天演：论严复对现代性的解读》，《福建论坛(人文社会科学版)》2016 年第 5 期。
216. 孙宏云：《严复的政治学译著及其学术意义》，《中山大学学报(社会科学版)》

2016 年第 5 期。

217. 杨玲：《“治理”与“治道”：以严复“群治”思想为视角》，《哈尔滨工业大学学报(社会科学版)》2016 年第 3 期。

218. 成庆：《晚清的“进化”魔咒：严复历史意识的再考察》，《学术月刊》2016 年第 10 期。

219. 陈云鹏：《严复晚年政治思想再评价——以严复与袁世凯的关系为例》，《闽江学院学报》2017 年第 1 期。

220. 张师伟：《中国传统自由观与西方自由主义的相遇——严复自由话语建构的过渡性特征》，《探索与争鸣》2017 年第 6 期。

221. 林润华：《严复传统文化观探究》，《江苏理工学院学报》2017 第 3 期。

222. 高力克：《严复问题：在进化与伦理之间》，《浙江社会科学》2018 年第 12 期。

223. 高力克：《在文明与文化之间：严复的中西融合论》，《探索与争鸣》2018 年第 12 期。

224. 赵云波、范丽媛：《严复论格致与科学在方法上的差异》，《自然辩证法研究》2018 年第 5 期。

225. 杨玲：《严复“群”观念的中西融通》，《学习与探索》2018 年第 3 期。

226. 严书翰、陈端坤：《习近平与严复研究》，《毛泽东研究》2019 年第 5 期。

227. 万吉庆：《严复的“社会有机体论”及其政治内涵》，《哲学研究》2019 年第 9 期。

228. 朱新屋：《变道与变法：严复政治思想的变与不变》，《福建论坛(人文社会科学版)》2019 年第 7 期。

229. 陶磊：《严复的中西文化观及其翻译实践》，《复旦学报(社会科学版)》2020 年第 1 期。

230. 周至杰：《晚年严复思想复归传统伦理的原因再探——基于社会转型视域的分析》，《福州大学学报(哲学社会科学版)》2020 年第 6 期。

231. 程福根：《严复“会通中西”文化观及其价值意蕴》，《宜春学院学报》2020 年第 10 期。

232. 宋洪兵：《严复的法家观及其政治思想》，《管子学刊》2020 年第 1 期。

233. 吴攀：《“群”观念与严复的现代国家想象》，《天津社会科学》2021 年第 2 期。

234. 孙晓春、郭御龙：《从崇尚自由到回归传统——晚年严复的思想转向及其原因》，《南开学报(哲学社会科学版)》2021 年第 4 期。

235. 马学军：《民本、有机与演化：严复“群学”思想探究》，《社会学评论》2021 年第 2 期。

236. 赵云波、高逸宁：《天行与人治：严复天演哲学思想的对立统一关系》，《自然辩证法通讯》2021 年第 4 期。

237. 候玉婷：《文化启蒙：严复与清末民初中华民族共同体思想——以严复八大译著思想影响为例》，《甘肃广播电视大学学报》2021 年第 2 期。

238. 张亚月：《严复：不合时宜的启蒙者》，《群言》2021 年第 4 期。

九、部分未出版的研究严复的学位论文

1. 都兰军：《严复早期现代化思想研究》，上海，华东师范大学硕士学位论文，1999。
2. 蒋浩：《严复思想与近代中国哲学转型》，湘潭，湘潭大学硕士学位论文，2001。①
3. 陈友良：《理性化的思考与启蒙——严复思想体系初探》，福州，福建师范大学硕士学位论文，2002。
4. 夏忠龙：《严复的自由观及其理论意义探微》，哈尔滨，黑龙江大学硕士学位论文，2002。
5. 彭世文：《晚清士大夫觉醒与严复天演哲学》，长沙，湖南大学硕士学位论文，2002。
6. 张继军：《论严复的历史观与国民性改造》，哈尔滨，黑龙江大学硕士学位论文，2003。
7. 艾昆鹏：《从建构到反思的流变——严复政治哲学研究》，武汉，华中科技大学硕士学位论文，2003。
8. 王嘉：《求索进化之路——论严复的"天演"思想》，上海，华东师范大学硕士学位论文，2005。
9. 陆文军：《论严复的庄子学》，上海，华东师范大学硕士学位论文，2005。
10. 马小媛：《论严复的自由观》，上海，华东师范大学硕士学位论文，2005。
11. 朱兴和：《严复的经验理性及其政治思想研究》，上海，上海师范大学硕士学位论文，2005。
12. 王建龙：《严复政治哲学研究》，上海，华东师范大学博士学位论文，2005。
13. 何云岩：《严复的进化论与人学思想研究》，哈尔滨，黑龙江大学硕士学位论文，2006。
14. 任艳妮：《严复宪政思想研究》，西安，陕西师范大学硕士学位论文，2006。
15. 王罡：《论严复与中西文化价值观》，重庆，西南大学硕士学位论文，2006。
16. 刘巧蓉：《传统与现代的融合——从社会学的角度看严复晚年思想》，福州，福建师范大学硕士学位论文，2007。
17. 温志嵩：《现代性的探索——天津时期严复的社会思想》，福州，福建师范大学硕士学位论文，2007。
18. 黄英：《论严复的开民智思想》，北京，首都师范大学硕士学位论文，2007。
19. 付译文：《严复近代国民政治素质思想研究》，北京，首都师范大学硕士学位论文，2007。
20. 路保安：《论严复的天演哲学与中西文化比较会通》，北京，北京语言大学硕士学位论文，2008。
21. 李莉：《严复思想文化观研究》，石家庄，河北师范大学硕士学位论文，2008。

---

① 该硕士论文已出版，笔者参考的是电子版。

22. 连燕春：《价值的冲突与抉择：论严复与中国传统文化》，厦门，厦门大学硕士学位论文，2008。
23. 杨家慧：《严复国民素质思想研究》，湘潭，湘潭大学硕士学位论文，2009。
24. 郑宗伟：《严复政治思想研究》，福州，福建师范大学硕士学位论文，2009。
25. 封云霞：《严复近代国民道德人格思想研究》，北京，首都师范大学硕士学位论文，2009。
26. 王占东：《严复启蒙思想初探》，上海，复旦大学硕士学位论文，2010。
27. 王洋：《论严复的道德重构》，哈尔滨，黑龙江大学硕士学位论文，2010。
28. 肖斌：《严复国民政治价值观近代转型思想研究》，北京，首都师范大学硕士学位论文，2011。
29. 高航：《中西交融的严复逻辑思想探究》，哈尔滨，黑龙江大学硕士学位论文，2011。
30. 赵云波：《严复科学思想研究》，太原，山西大学博士学位论文，2012。
31. 王文宇：《由严复译词“自由”看中国近代思想转型》，中国海洋大学硕士学位论文，2012。
32. 汪志萍：《从生态翻译学看严复译著〈天演论〉》，长沙，长沙理工大学硕士学位论文，2012。
33. 陈富余：《严复中西文化比较方法研究——以〈穆勒名学〉为例》，苏州，苏州大学硕士学位论文，2012。
34. 张芳：《晚清译写策略的生态翻译学研究——以严复译作为例》，长沙，长沙理工大学硕士学位论文，2013。
35. 高燕妮：《从目的论角度看严复所译〈天演论〉的合理性》，成都，成都理工大学硕士学位论文，2013。
36. 沈款：《严复历史进化论研究》，湘潭，湘潭大学硕士学位论文，2013。
37. 孔聪：《严复“体合”思想研究》，沈阳，辽宁大学硕士学位论文，2013。
38. 杨彬：《严复人权法律思想研究》，合肥，安徽大学硕士学位论文，2013。
39. 杜少华：《生态翻译学视角下严复在译作〈天演论〉中的选择与适应研究》，西安，陕西师范大学硕士学位论文，2013。
40. 张儒威：《通向自由富强之路的探索——严复文化思想新探》，天津，南开大学博士学位论文，2013。
41. 吕洪：《严复的经济伦理思想及其当代价值》，乌鲁木齐，新疆师范大学硕士学位论文，2014。
42. 刘凯：《“善治”与“美俗”——严复思想初探》，上海，华东师范大学硕士学位论文，2014。
43. 胡腾：《“言异性”影响下的翻译策略研究——以严复〈天演论〉为例》，重庆，四川外国语大学硕士学位论文，2014。
44. 张志杭：《严复权利思想研究》，重庆，西南政法大学博士学位论文，2014。

45. 王程辉：《严复立宪观研究》，上海，上海师范大学硕士学位论文，2014。
46. 赵凯杰：《西学东渐、译书与政治思想——以严复〈法意〉为例》，上海，复旦大学硕士学位论文，2014。
47. 潘瑗：《中国哲学近代转型背景下严复人学思想研究》，大连，大连理工大学硕士学位论文，2014。
48. 王湘博：《译者行为批评视阈下的“深度翻译”译者身份和角色研究——以严复〈天演论〉为个案》，扬州，扬州大学硕士学位论文，2015。
49. 刘隆：《翻译规范视角下从关键词的翻译看严复对弥尔自由思想的接受与背离》，重庆，四川外国语大学硕士学位论文，2015。
50. 卢珊：《儒学与西学的交融互释：严复核心观念疏解》，昆明，云南师范大学硕士学位论文，2015。
51. 李洪雷：《严复教育思想主要内容及意义研究》，齐齐哈尔，齐齐哈尔大学硕士学位论文，2015。
52. 李晓凤：《严复、梁启超新民思想之比较》，长沙，湖南大学硕士学位论文，2015。
53. 欧梦越：《〈英文汉诂〉：严复的跨文化视野阐释》，福州，福建师范大学硕士学位论文，2015。
54. 周珈伊：《严复“物竞观”变译论析》，哈尔滨，哈尔滨师范大学硕士学位论文，2015。
55. 周至杰：《严复人学思想研究》，福州，福建师范大学博士学位论文，2015。
56. 潘明明：《阐释学关照下的翻译忠实观再认识——以严复译〈社会通诠〉为例》，重庆，四川外国语大学硕士学位论文，2015。
57. 熊辛格：《严复翻译会通思想的特征和局限性的研究——以〈社会通诠〉为例》，湘潭，湖南科技大学硕士学位论文，2015。
58. 张沁兰：《严复译作的刊行及其译名问题研究》，福州，福建师范大学硕士学位论文，2016。
59. 董姝懿：《严复与20世纪初中国新史学》，福州，福建师范大学硕士学位论文，2016。
60. 刘亚楠：《严复与孙中山民主思想比较研究》，洛阳，河南科技大学硕士学位论文，2016。
61. 周素娟：《译者中心：基于〈天演论〉研究严复的变译行为》，洛阳，河南科技大学硕士学位论文，2016。
62. 赛子豪：《范式转换视阈下的严复天演哲学研究》，开封，河南大学硕士学位论文，2016。
63. 许巧：《严复“执西用中”思想研究》，福州，福建师范大学硕士学位论文，2016。
64. 刘彬：《严复“三民思想”及其当代启示》，沈阳，沈阳工业大学硕士学位论文，2016。

65. 刘晓萍：《严复的自由思想及启蒙意义研究》，沈阳，沈阳师范大学硕士学位论文，2017。
66. 赵守晨：《严复进化政治观分析》，重庆，西南政法大学硕士学位论文，2017。
67. 陈云鹏：《严复晚年若干问题探析》，福州，福建师范大学硕士学位论文，2018。
68. 范丽媛：《以西释中：严复对“格致”的科学化释义》，太原，山西大学硕士学位论文，2018。
69. 董起帆：《论天演哲学及其天人关系——严复〈天演论〉再研究》，上海，上海社会科学院硕士学位论文，2018。
70. 陈路舟：《严复的科学观与宗教观研究》，福州，福州大学硕士学位论文，2018。
71. 李征：《论严复〈政治讲义〉中的“自由观”——以文本溯源为出发点》，北京，中国社会科学院大学硕士学位论文，2019。
72. 刘晓：《严复〈天演论〉的中西文化会通思想研究》，曲阜，曲阜师范大学硕士学位论文，2020。
73. 耿良风：《在中西的交汇点：严复翻译思想与实践再诠释》，福州，福建师范大学博士学位论文，2020。
74. 刘畅：《科学视阈中严复现代学术观研究》，太原，山西大学硕士学位论文，2020。
75. 徐古祥：《中国哲学的会通与创新：严复的教育哲学思想研究》，哈尔滨，黑龙江大学博士学位论文，2021。

附　录　严复哲学思想研究综述

一、关于严复哲学思想的研究文献

(一)严复思想的材料

严复最主要的著作都收入了王栻主编的《严复集》(五册)(中华书局，1986 年出版)和商务印书馆出版的“严译名著丛刊”(八部)(1981 年出版)。此外，还有两个文集非常重要：孙应祥、皮后锋主编的《〈严复集〉补编》(福建人民出版社，2004 年出版)和王庆成等人主编的《严复合集》(二十册)(台湾辜公亮文教基金会、联经出版公司，1998 年出版)。

总的来看，严复思想的材料包括严复的译著及其按语、在报刊上发表的文章和未发表的诗歌、书信等，严复的哲学思想就体现在这些著作中。

(二)关于严复思想研究的文献

总的来看，严复思想的研究成果是相当丰富的。从屠守仁 1897 年所撰写的《辨〈辟韩〉书》算起，人们研究严复的思想已有一百多年。特别是最近 30 多年来，几乎每年都有严复研究的专著问世。研究严复思想的资料大致可分为三类：

第一类，研究严复思想的专著。它们只涉及严复个人的思想或者以严复个人的思想为主要内容，包括各种专著、评传、博士硕士论文、会议论文集。据笔者不完全统计，中国大陆自王中江 1989 年撰写第一部有关严复思想研究的博士学位论文以来，到 2021 年 7 月，已完成的以“严复”为标题的博士学位论文有 29 篇。最引人注目的是，2002 年，清华大学戚学民博士的论文《严复〈政治讲义〉研究：文本渊源、言说对象和理论意义》被评为“全国百篇优秀博士学位论文”。到 2021 年 7 月，中国大陆已完成的以“严复”为标题的硕士学位论文有 293 篇。与严复相关的学位论文达到 1300 多篇。到 2021 年 7 月，中国大陆已出版的以“严复”为标题的书籍有 230 余部。以严复思想为主题的高水平学术研讨会也在全国展开，其中 1993 年的“93 年严复国际学术研讨会”、2004 年的“严复诞辰 150 周年纪念大会暨严复思想学术研讨会”、2013 年的“严复：中国与世界国际学术会议”、2021 年的“纪念严复逝世 100 周年学术报告会”影响特别大。相应地出版了一批高水平的会议论文集。可以说，严复思想已成为中国近现代学术思想研究的热点领域，严复思想的内容及其现代价值逐渐显现，闽学中“严潮”也隐隐有成形之势。

在已出版的专著中，就其对于严复哲学思想的研究来说，笔者认为最有价值的有：周振甫所著《严复思想述评》、王栻所著《严复传》、李泽厚所著《中国近代思想史论》中的《论严复》、史华兹所著《寻求富强——严复与西方》、黄克武所著《自由的所以然：严复对约翰弥尔自由思想的认识与批判》和《惟适之安：严复与近代中国的文化转型》、王中江所著《严复与福泽谕吉——中日启蒙思想比较》、欧阳哲生所著《严复评传》、马勇所著《严复学术思想评传》、俞政所著《严复著译研究》、孙应祥所著《严复年谱》、冯英所著《严复自由主义思想解读》、戚学民所著《严复〈政治讲义〉研究》、宁莉娜所著《严复译介穆勒逻辑思想研究》、陈勇军所著《严复“制度与国民性互动”思想研究》、赵云波所著《学于自然有道：严复科学思想研究》。最重要的论文集有：商务印书馆编辑部编的《论严复与严译名著》，刘桂生等编的《严复思想新论》，福建省严复研究会编的《93 年严复国际学术研讨会论文集》，福建省严复学术研究会、福州市严复研究会编的《严复思想与中国近代化学术研讨会论文集》，郭卫东、牛大勇主编的《中西融通：严复论集》，苏中立、涂光久主编的《百年严复——严复研究资料精选》，北京大学哲学系主编的《“严复：中国与世界”国际学术会议论文集》，黄瑞霖主编的《严复思想与中华民族伟大复兴》。

第二类，各种报刊上的专门研究严复的文章。每篇文章只研究严复思想的某一点，它们几乎涉及严复研究的所有领域。根据中国知网，到 2021 年 7 月，中国大陆已发表以严复为标题的期刊论文 3000 多篇、报纸论文 700 多篇。一般认为，陈元晖的《严复和近代实证主义哲学——严复是中国第一代实证主义者》标志着“文化大革命”结束以来，中国大陆研究严复思想进入新的阶段。

第三类，涉及严复思想的综合性著作。严复思想只是一部分，如哲学思潮研究、思想史研究和哲学史的著作。笔者认为，1970 年以来，以下这几部书有较高的学术价值：李泽厚所著《中国近代思想史论》，冯友兰所著《中国哲学史新编》第六册，肖萐父和李锦全主编的《中国哲学史》，冯契所著《中国近代哲学的革命进程》，李维武所著《20 世纪中国哲学本体论问题》，唐明邦主编的《中国近代哲学启蒙思潮》，曾乐山所著《中西哲学的融合——中国近代进化论的传播》，杨国荣所著《从严复到金岳霖：实证论与中国哲学》，胡伟希所著《金岳霖与中国实证主义认识论》，胡伟希和高瑞泉所著《十字街头与塔：中国近代自由主义思潮研究》，王中江所著《进化主义在中国》，宋志明、孙小金所著《20 世纪中国实证哲学研究》。

二、对作为西方先进思想译介者的严复的评价

人们普遍承认，无论是从对中国社会的现实影响还是从对中国学术的发展来说，严复最大的贡献是为中国学术界引入了先进的西方理论。学者们基本上都对严复的这一活动给予了极高的评价。

毛泽东说："洪秀全、康有为、严复和孙中山，代表了在中国共产党出世以前向西方寻找真理的一派人物。"①

习近平说："严复是清末中国维新运动最坚决、最权威的理论家。严复在传播维新思想、反对封建专制制度方面，做出了同时代人所望尘莫及的贡献。他以一种崭新的资产阶级世界观，从思想根基上冲决封建主义意识形态的桎梏，成为近代中国思想界占有支配地位的先进思想，对当代以及几代人的政治变革发生了广泛而深远的影响……严复是中国近代史上向西方寻找救国真理的第一代知识分子的代表。"②

梁启超评价严复："西洋留学生与本国思想界发生关系者，复其首也。"③胡适说："严复是介绍西洋近世思想的第一人。"④蔡元培评价严复："五十年来，介绍西洋哲学的，要推侯官严复为第一。"⑤郭湛波说："介绍西洋思想最早，影响最大，要算严几道氏，虽说介绍西洋学术思想不始于严氏。"⑥王汝丰说："严复对中西文化交流的功绩是巨大的。虽然他仅仅搭起了一座便桥，然而这座便桥却开辟了一条通向西方的崭新道路。"⑦西方汉学家对严复评价也很高，路易斯·哈茨称严复是"又一位西方总体思想的外国观察家"，他又说："严复的看法，在极大程度上，很

---

① 毛泽东：《论人民民主专政》，《毛泽东选集》第四卷，北京，人民出版社，1991，第 1469 页。

② 习近平：《序言》，福建省严复研究会编：《93 年严复国际学术研讨会论文集》，福州，海峡文艺出版社，1995，第 3～4 页。

③ 梁启超：《清代学术概论》，北京，东方出版社，1996，第 89 页。

④ 胡适：《五十年来中国之文学》，欧阳哲生编：《胡适文集》第三册，北京，北京大学出版社，1998，第 211 页。

⑤ 蔡元培：《五十年来中国之哲学》，高叔平编：《蔡元培全集》第四卷，北京，中华书局，1984，第 351 页。

⑥ 郭湛波：《近五十年中国思想史》，济南，山东人民出版社，1997，第 254 页。

⑦ 王汝丰：《严复思想试探》，商务印书馆编辑部编：《论严复与严译名著》，北京，商务印书馆，1982，第 84 页。

可能最终会成为我们的看法”。①

蔡乐苏说：“严复一直以翻译西洋社会科学名著而雄踞中国近代中西文化交流之首。”②高力克说：“严复译介的进化论，是清末影响最大的西方理论。”③王宪明说：“他是第一位尝试从学科全局来引进西学并在融合中西的基础上建设中国近代新学术的第一人，是集明末以来中西学术交流成果之大成并开创此后中西文化交流和中国文化发展方向的第一人……严复的贡献则在于他试图适应新时代的需要，集中西学术之大成……严复此种‘保持民族性、体现时代性’的努力，堪称中国思想文化发展史上继孔子、朱子之后的又一个里程碑，为中国文化在近代的复兴奠定了初步的基础。”④李华兴说：“就中国史而言，这样沟通古今中外的文化桥梁或媒介人物，前有唐代的玄奘，后有晚清的严复。他们的特殊贡献，在于使中国的思想文化超出了固有的传统的视野，并为它注入了新鲜血液——玄奘带来的是印度文化，严复带来的是西方资本主义文化。”⑤

三、关于严复翻译的研究

严复对当时中国社会发展的现实影响和对中国学术思想发展的意义都奠基于其译著，他在中国历史上和中国学术上的地位也主要是由这些译著决定的，甚至严复思想的现代价值也依赖于这些译著。相应地，严复的翻译就成为中国学者的主要研究对象。严复哲学思想的研究虽然不同于严复翻译思想的研究，但也是以其译著研究为基础的⑥。

从 20 世纪 90 年代以来，以严复译著为研究对象的专著主要有：高中理的博士学位论文《〈天演论〉与原著比较研究》、王宪明的博士学位论文《从甄克思的 *A Short History of Politics* 到严复译〈社会通诠〉——严复译著与清末民初政治文化思潮》、刘静的博士学位论文《操纵与反操纵：严复译著〈社会通诠〉研究》、戚学民所著《严复〈政治讲义〉研究》、颜德如所著《严复与西方近代思想——关于孟德斯鸠与〈法意〉的研究》、黄克武

① 〔美〕路易斯·哈茨：《〈寻求富强：严复与西方〉序》，〔美〕本杰明·史华兹：《寻求富强：严复与西方》，叶凤美译，南京，江苏人民出版社，1996。

② 蔡乐苏：《〈严复《政治讲义》研究〉序》，戚学民：《严复〈政治讲义〉研究》，北京，人民出版社，2014。

③ 高力克：《启蒙先知：严复、梁启超的思想革命》，北京，东方出版社，2019，第 36 页。

④ 王宪明：《严复群学及军事政治思想研究》，北京，清华大学出版社，2018，第 13～14 页。

⑤ 李华兴：《近代中西文化冲突交融的历史考察》，《复旦学报(社会科学版)》1986 年第 1 期。

⑥ 这一部分的内容与正文有重复。

所著《自由的所以然：严复对约翰弥尔自由思想的认识与批判》、赖建诚所著《亚当·斯密与严复：〈国富论〉与中国》、刘瑾玉所著《翻译、概念与经济：严复译〈国富论〉研究》、俞政所著《严复著译研究》。

（一）对严复翻译质量的评价及其译著的研究

与严复同时代及其稍后的学者，对严复译著的评价相当高。梁启超在给严复的信中说："南海先生读大著后，亦谓眼中未见此等人。"①康有为在给张之洞的信中说"《天演论》为中国西学第一者也"②。梁启超读了《原富》后，称严复"中学西学皆第一流人物"③。黄遵宪称："《天演论》供养案头，今三年矣……公于学界中，又为第一流人物，一言而为天下法则，实众人之所归望者也……然新字新理，日发我聋而振吾聩。"④吴汝纶评价《天演论》："吾国之所创闻也……自吾国之译西书，未有能及严之者也。"⑤他读了《天演论》后，"比经手录副本，秘之枕中。盖自中土翻译西书以来，无此宏制。匪直天演之学，在中国为初凿鸿蒙"⑥。蔡元培说："自此书出后，'物竞'、'争存'、'优胜劣败'等词，成为人人的口头禅。"⑦"此书"即指《天演论》。胡适说："《天演论》出版之后，不上几年，便风行全国，竟做了中学生的读物了。"⑧鲁迅说："看新书的风气便流行起来，我也知道了中国有一部书叫《天演论》。"⑨蒋梦麟说："自从强调物竞天择、适者生存的进化论以及其他科学观念输入中国以后，年轻一代的思想已经起了急剧的变化。"⑩

学者们对严复译著也有消极评价。梁启超说："吾辈所犹有憾者，其

① 梁启超：《与严又陵先生书》，李华兴、吴嘉勋编：《梁启超选集》，上海，上海人民出版社，1984，第42页。

② 转引自王栻：《严复传》，上海，上海人民出版社，1976，第43页。

③ 严复：《与梁启超书》，王栻主编：《严复集》第三册，北京，中华书局，1986，第516页。

④ 黄遵宪：《黄遵宪致严复书》，王栻主编：《严复集》第五册，北京，中华书局，1986，第1571～1573页。

⑤ 吴汝纶：《译〈天演论〉吴序》，王栻主编：《严复集》第五册，北京，中华书局，1986，第1317页。

⑥ 吴汝纶：《吴汝纶致严复书》，王栻主编：《严复集》第五册，北京，中华书局，1986，第1560页。

⑦ 蔡元培：《五十年来中国之哲学》，高叔平编：《蔡元培全集》第四卷，北京，中华书局，1984，第352页。

⑧ 胡适：《四十自述》，欧阳哲生编：《胡适文集》第一册，北京，北京大学出版社，1998，第70页。

⑨ 鲁迅：《琐记》，《朝花夕拾》，北京，人民文学出版社，1973，第58页。

⑩ 蒋梦麟：《西潮》，沈阳，辽宁教育出版社，1997，第42页。

文章太务渊雅，刻意摹仿先秦文体，非多读古书之人，一翻殆难索解。”[①]黄遵宪说：“《新民丛报》以为文笔太高，非多读古书之人，殆难索解……第二为变文体。”[②]张君劢评价严复译著：“以古今习用之说，译西方科学中之义理。故文学虽美，而义转歧。”“好以中国旧观念，译西洋新思想，故失科学家字义明确之精神。”[③]傅斯年对严复译著的评价最低：“假使赫胥黎和孟德斯鸠晚死几年，学会了中文，看看他原书的译文，定要到法庭起诉；不然，也要登报辩明。”“他只对于自己负责任，他只对于自己的声名地位负责任。”[④]瞿秋白说：“他是用一个‘雅’字打消了‘信’和‘达’……古文的文言怎么能够译得‘信’，对于现在的将来的大众读者，怎么能够‘达’。”[⑤]

胡先骕说：“吾尝取《群己权界论》《社会通诠》，与原文对观，见其义无不达，句无剩义……要为从事翻译者永久之模范也。”[⑥]柯劭忞说：“所译书瑰辞达奥旨。”[⑦]英文杂志编者认为：“严先生译著隽永渊雅，在知识界广为流传，影响深远，为国人接受西学导其先路。”[⑧]周越然说：“我们对于原作，越读越多恶感，我们对于译本，越读越多好感，我们逐字逐句地比较，觉得严氏实在是一位翻译高手。”[⑨]

刘瑾玉说：“严复融译、释、评、写于一体的译述策略不仅代表了严复努力使自己的翻译作品更容易为读者所接受、理解，也展现了他作为中、西文化中介者与协调者之角色。”[⑩]她还说：“严复利用自己的话语叙

---

① 转引自王栻：《严复与严译名著》，商务印书馆编辑部编：《论严复与严译名著》，北京，商务印书馆，1982，第18页。

② 黄遵宪：《黄遵宪致严复书》，王栻主编：《严复集》第五册，北京，中华书局，1986，第1571～1573页。

③ 转引自贺麟：《严复的翻译》，商务印书馆编辑部编：《论严复与严译名著》，北京，商务印书馆，1982，第33页。

④ 转引自高惠群、乌传衮：《翻译家严复传论》，上海，上海外语教育出版社，1992，第62页。

⑤ 瞿秋白：《论翻译(1931年)——给鲁迅的信》，苏中立、涂光久主编：《百年严复——严复研究资料精选》，福州，福建人民出版社，2011，第217页。

⑥ 转引自贺麟：《严复的翻译》，商务印书馆编辑部编：《论严复与严译名著》，北京，商务印书馆，1982，第33页

⑦ 柯劭忞：《严复传》，苏中立、涂光久主编：《百年严复——严复研究资料精选》，福州，福建人民出版社，2011，第41页。

⑧ 英文杂志编者：《严复为国人接受西学导其先路》，苏中立、涂光久主编：《百年严复——严复研究资料精选》，福州，福建人民出版社，2011，第97页。

⑨ 周越然：《追忆先师严几道》，苏中立、涂光久主编：《百年严复——严复研究资料精选》，福州，福建人民出版社，2011，第110页。

⑩ 刘瑾玉：《严复译〈原富〉之翻译特征探析》，黄瑞林主编：《严复思想与中华民族伟大复兴》，厦门，鹭江出版社，2014，第276页。

事，借助原著构建并共谋了译本的诞生，产生了新的学术话语叙事，这种对西方现代性追求的叙事方式表达了严复作为思想家和翻译家的心声。”[①]她又说：“翻译的过程也是严复对中、西方经济观念比较、分析和厘清的过程。严复的叙事不仅体现出他本人对西方经济学说的思考与认知，也体现出其个人在中国传统文化与西方文化对撞、转化中的立场与态度。”[②]

赖建诚说：“严复译案《原富》过程中的误解、扭曲、语言膨胀、借题发挥、托译言志，是两种迥异思考体系交会时，译者在无法超原著的文体与内容，而又急切地想以那套思想来激起国人的意识时，所产生的惊人结果。”[③]沈国威说：“严复意欲引介的是一个极为庞大的新的知识体系，其目的、方法、内容都与中国士子所熟知的学问大相径庭。但是严复找到了东西学问相通的终极目标：群学与大学不过是殊途同归……严复试图用旧有的文章和话语(形式)向中国的读者转述西方的学术体系(内容)。《天演论》的成功，源于形式的贡献或大于内容。”[④]黄忠廉说：“‘达旨术’是严译《天演论》成功的秘诀，严复‘天演论’与‘达旨术’共一‘达’字，达旨是严译思想的灵魂。”[⑤]李新宇说：“严复的翻译本来就不是纯粹的学术行为，而是寻找思想武器。”[⑥]张德让说：“严复西学译介不是狭义的语际翻译，而是会通中西的学术方式，贯穿着义理‘反证’、‘敦崇朴学’和‘文章正轨’等治学‘三面说’。”[⑦]黄克武说：“严复译词与日译新名词之竞争，显示清末翻译名词的混乱，以及译名统一之迫切，而严复在这方面所做的成绩也不尽理想，以至未能有效对抗东语。”[⑧]陈力卫指出：“其实说到底，严复译词不敌日语借词的根本原因就是时代要求新的

---

① 刘瑾玉：《翻译、概念与经济：严复译〈国富论〉研究》，北京，社会科学文献出版社，2021，第243页。

② 刘瑾玉：《翻译、概念与经济：严复译〈国富论〉研究》，北京，社会科学文献出版社，2021，第244页。

③ 赖建诚：《亚当·斯密与严复：〈国富论〉与中国》，杭州，浙江大学出版社，2009，第142页。

④ 沈国威：《严复与科学》，南京，凤凰出版社，2017，第80页。

⑤ 黄忠廉：《严复变译思想考》，北京，商务印书馆，2016，第223页。

⑥ 李新宇：《带一门学问回中国·盗火者严复》，天津，天津人民出版社，2010，第126页。

⑦ 张德让：《清代学术与严复翻译会通》，《安徽师范大学学报(人文社会科学版)》2015年第2期。

⑧ 黄克武：《惟适之安：严复与近代中国的文化转型》，北京，社会科学文献出版社，2012，第126页。

文体。”①

王天根说：“他将中国传统社会理念投影到西方社会学论著中，这使得他的解读及翻译不可避免带着一个中国文化精英对西方社会学的猜度和臆想。这种先入为主的思维定势，使得严复的社会解释理论面对救亡压力下的社会转型，表现得有些苍白无力。”②他又说：“严复是有思想的翻译家，严译、原著差距，正好体现译者本人话语叙述方式与独特的思想。”③

冯英说：“严复对西学不遗余力的译介，对自由、平等、民主、人权的倡导，是以文化批判为先导，以启发民众觉悟和改造国民性为己任，以最终达到社会改造、制度改造的目的。”④她还说：“所谓严氏话语即是指严复在译介西学和自己著述中所自成体系的一种表达形式。”⑤她又说：“他事实上是站在中国人的立场和文化背景上想像西方的自由主义思想。”⑥“严复式的中西文本转换，使之把对西学的理解有意无意地渗透在译介的作品之中，因而，在转换过程中，自觉或不自觉地对西方自由主义思想进行了改造、发挥、损益，从而使西学变得‘中国化’。”⑦

永田圭介说：“严复将发达国家英国走向富强的理论精粹译成中文，他坚信只要以这些理论为指南借石攻玉，则中国也一定会和西方一样实现富强。”⑧他又说：“由于严复借赫胥黎著作翻译之题，发挥的却是社会学家斯宾塞的观点，这就使得严复的按语和赫胥黎原著之间产生了明显的扭曲之处。”⑨他还说：“严复翻译的一个特点：他经常采用偏离原著本来的主题，将其修正到译者所关注的方向上来的策略。”⑩

赛子豪说：“严复有必要寻找一种全新的范式，以解决斯宾塞与赫胥黎之间的价值冲突……斯宾塞的社会历史观不能为中国之复兴提供理论

---

① 陈力卫：《“优胜劣败，适者生存”：推波助澜的日语新词》，北京大学哲学系编：《“严复：中国与世界”国际学术会议论文集》，北京，2013，第 36 页。

② 王天根：《群学探索与严复对近代社会理念的建构》，合肥，黄山书社，2009，第 1 页。

③ 王天根：《群学探索与严复对近代社会理念的建构》，合肥，黄山书社，2009，第 84 页。

④ 冯英：《严复自由主义思想解读》，长春，吉林大学出版社，2007，引言。

⑤ 冯英：《严复自由主义思想解读》，长春，吉林大学出版社，2007，第 1 页。

⑥ 冯英：《严复自由主义思想解读》，长春，吉林大学出版社，2007，第 13 页。

⑦ 冯英：《严复自由主义思想解读》，长春，吉林大学出版社，2007，第 18 页。

⑧ 〔日〕永田圭介：《严复——中国近代探寻富国强兵的启蒙思想家》，王众一译，苏州，苏州大学出版社，2014，自序。

⑨ 〔日〕永田圭介：《严复——中国近代探寻富国强兵的启蒙思想家》，王众一译，苏州，苏州大学出版社，2014，第 164 页。

⑩ 〔日〕永田圭介：《严复——中国近代探寻富国强兵的启蒙思想家》，王众一译，苏州，苏州大学出版社，2014，第 176 页。

支持。赫胥黎也没有为解决中国面对的民族危机提供理论可能。”①他又说：“严复的天演哲学以通变的范式对斯宾塞、赫胥黎哲学二元对立范式进行了取代，同时通变范式不仅仅是在‘天演’概念建构中的特定应用，它还在严复哲学的天人关系和群己关系中有着鲜明体现……通变范式为天演哲学的天人关系、群己关系提供了思维模式。”②

戚学民说：“《政治讲义》一书实为西莱《政治科学导论》的译本。”③他又说：“严复高度认同《政治科学导论》，以至于他宁愿不说明其原本，让公众相信这是他自己的著作。”④

刘晓说：“作为《天演论》的作者，严复无疑也因此成为中国近代思想启蒙的先驱者，但是这部书在当时却饱受争议。因为其宣讲的物竞天择理念与传统思想大相径庭……严复为了编撰《天演论》经历了种种困难。他认真研究了赫胥黎的《进化论与伦理学》，以及达尔文与斯宾塞之间不同的进化理论和观点，并采用特有的翻译技巧将其补充进自己书中。在此之上，他还将中华民族的传统思想，例如佛学思想、儒家思想、道家思想等，相互糅杂贯通，编进了《天演论》之中。”⑤她又说：“从历史线索来看，在结束了《马关条约》(该条约结束了第一次中日战争)的几年后，严复翻译了《天演论》，并向中国人民介绍了一种新的世界观。在《天演论》发表时，译者清楚地表明了他打算进行救亡图存的意图，这是英国赫黎胥提出的一种理论。”⑥

高柳信夫指出，严复“在中国斯宾塞‘过时’以后也一直信奉斯宾塞的社会学”，他是一个“孤高的‘斯宾塞主义者’”⑦。刘彬说：“严复最有影响力的著作就是《天演论》。《天演论》并不是机械地翻译达尔文的进化论，而主要来源于斯宾塞。”⑧蔡乐苏说：“严复不是为功利的寻求富强而扭曲

① 赛子豪：《范式转换视阈下的严复天演哲学研究》，开封，河南大学硕士学位论文，2016，第23页。

② 赛子豪：《范式转换视阈下的严复天演哲学研究》，开封，河南大学硕士学位论文，2016，中文摘要。

③ 戚学民：《严复〈政治讲义〉研究》，北京，人民出版社，2014，第36页。

④ 戚学民：《严复〈政治讲义〉研究》，北京，人民出版社，2014，第37页。

⑤ 刘晓：《严复〈天演论〉的中西文化会通思想研究》，曲阜，曲阜师范大学硕士学位论文，2020，中文摘要。

⑥ 刘晓：《严复〈天演论〉的中西文化会通思想研究》，曲阜，曲阜师范大学硕士学位论文，2020，第1页。

⑦ 〔日〕高柳信夫：《斯宾塞与严复——兼论斯宾塞思想在日本和中国的命运》，北京大学哲学系编：《“严复：中国与世界”国际学术会议论文集》，北京，2013，第47页。

⑧ 刘彬：《严复“三民思想”及其当代启示》，沈阳，沈阳工业大学硕士学位论文，2016，第11页。

西方的自由观念。严复对科学、自由和立宪有他自己历史的、现实的、理论的逻辑思考。他的立足点恰在学术经世，而非功利经世。”[①]候玉婷说：“严复译著对中华民族共同体思想的影响，体现在自由意志传达和‘民族国家’引进；体现在受严译影响的精英对‘中华民族’概念和现代‘民族主义’概念的推动。”[②]颜德如认为，“严复对孟德斯鸠思想的理解及其回应”体现在四个方面：政体观、分权说、自由观、中国观。[③] 陶磊说：“他甚至把中国古人的言论和典故‘植入’译文，为读者提供了一个带有传统痕迹的西学译本。更进一步看，严复的译介活动乃至全部的学术活动皆服务于一个终极目标，即打破‘中国’和‘西方’、‘传统’与‘现代’的隔阂，探寻人类文化发展的‘公例’。”[④]李征说：“严复在《政治讲义》中所表现出来的思想，虽然主要是脱胎于 Introduction to POLITICAL SCIENCE，但是，他仍然通过自己的思想，对翻译的著作进行改造，以期能够适应中国现实的状况，尽力宣传自己的思想观念，甚至将‘自由’的概念进行改造并植根于中国传统文化和思想之中……‘底线式的自由’、‘自由’与‘天演’理论的平衡、传统思想资源对‘自由观’的改造这三个层面表现出严复对于‘自由观’有着更加深刻的思考。”[⑤]耿良风说：“基于对严复八大译著案语和译文的文本对照研究发现，西方宗教思想对严复翻译实践的影响甚大……他在案语中融入儒家积极入世的思想，使基督教思想本土化，易于受众的接受；他在正文中对基督教相关内容加以增译、减译和改译，明晰原文的圣经元素，突出新教教派的变革观念，构建了一个理想的中国社会，强调基督教的教化功能，塑造传教士的正面形象。对严复八大译著基督教术语的文本对照研究和语料库分析表明，严复翻译实践扎根于中国文化，生成于中西会通思想……严复的翻译思想与实践均为中西合力下的产物，在晚清中西文化交汇之处生成。”[⑥]赖建诚说：“引入《国富论》来当作清末寻求富强的处方并不恰当，《原富》对当时的经

① 蔡乐苏：《〈严复《政治讲义》研究〉序》，戚学民：《严复〈政治讲义〉研究》，北京，人民出版社，2014。

② 候玉婷：《文化启蒙：严复与清末民初中华民族共同体思想——以严复八大译著思想影响为例》，《甘肃广播电视大学学报》2021 年第 2 期。

③ 颜德如：《严复与西方近代思想——关于孟德斯鸠与〈法意〉的研究》，长春，吉林大学出版社，2005，目录。

④ 陶磊：《严复的中西文化观及其翻译实践》，《复旦学报（社会科学版）》2020 年第 1 期。

⑤ 李征：《论严复〈政治讲义〉中的“自由观”——以文本溯源为出发点》，北京，中国社会科学院大学硕士学位论文，2019，第 40 页。

⑥ 耿良风：《在中西的交汇点：严复翻译思想与实践再诠释》，福州，福建师范大学博士学位论文，2020，中文摘要。

济决策并没有产生显著的影响力。从智识面来看，知识界并未因严复的译介而对西洋经济学说有更明确、更系统的理解。”①

（二）对严复自身思想的研究

严格说来，学者们对严复所译介的西方思想评价很高，但是对于严复本人的思想却有不同的观点。

部分学者区分了严复本人的思想与严复所译介的西方思想，认为二者之间有很大的差距。他们对严复本人的思想评价不高。钱锺书说：“几道本乏深湛之思，治理西学亦求卑之无甚高论者，如斯宾塞、穆勒、赫胥黎辈，所译之书，理不胜词，乃识趣所囿也。”②郭湛波说：“严氏译述虽为工业资本社会之思想，其本身则仍为中国农业宗法封建社会之思想；故对于其译述仍以中国思想、眼光来看，以至牵强附会。”他又说：“严氏在近五十年中国思想史的价值，在其西洋思想之介绍，而不在其本身之思想。本身思想仍是中国数千年传统的思想，来尊孔读经，拥护相传之伦理、礼教、风俗、习惯。”③贺麟认为，严复的哲学思想和他的译著是不一致的，“他所译述的学说，不是他服膺有心得的真理，而只是救时的药剂”④。因此，他在《五十年来的中国哲学》的第一章《中国哲学的调整与发扬》中介绍了康有为、梁启超、谭嗣同和章太炎，对严复却只字不提。李泽厚对严复本人的思想评价也不高，他说：“与其是严复本人的主观思想，不如说是受严复译作重要影响的后人的思想作为，使严复在中国近代史上取得如此光荣的一席。”⑤章太炎甚至认为：“严氏固略知小学，而于周、秦、两汉、唐、宋儒先之文史，能得其句读矣，然相其文质……犹未离于贴括申夭之态……盖俯仰于桐城之道左，而未趋其庭庑者也。至于旧邦历史，特为疏略。”⑥

尽管如此，还是有相当部分学者坚持认为严复本人的思想与严复所译介的西方思想之间存在着内在的关联，它本身也是有价值的。史华兹说：“他最感兴趣的是西方思想家在这些方面的观点。他是认真地、紧密

---

① 赖建诚：《亚当·斯密与严复：〈国富论〉与中国》，杭州，浙江大学出版社，2009，第141页。

② 钱锺书：《谈艺录》，北京，中华书局，1984，第24页。

③ 郭湛波：《近五十年中国思想史》，济南，山东人民出版社，1997，第51～52页。

④ 贺麟：《五十年来的中国哲学》，北京，商务印书馆，2002，第26页。

⑤ 李泽厚：《论严复》，《中国近代思想史论》，北京，人民出版社，1979，第260页。

⑥ 章太炎：《“社会通诠”商兑》，《章太炎全集》第四卷，上海，上海人民出版社，1985，第323页。

地、持久地把自己与西方思想关联在一起的第一个中国学者。"①周振甫充分肯定严复的学术地位，他说："至于讲到中国近百年来的思想，那末不但严先生是第一个动摇中国的旧思想，介绍西方的新思想的人，并且也是中西文化批判的前驱者……就近百年来中国的思想界来看，他不但是一位很重要的人物，并且也是一位划时代的人物。"②王栻说："他常借着西方著名资产阶级思想家的著作，来表达自己的思想。他在书中加上的许多按语，更发挥了自己的见解。"③王汝丰说："严复的翻译是完全服从于当时的政治斗争的，而严复也正是通过译作，表明自己的政治态度，提出自己的政治主张，来阐发自己的思想。因而可以这样说，严复的思想是紧紧地与他的译作连系着的。"④陈越光、陈小雅说："严复的译著，都是针对中国社会的需要，并在注释和序言中寄托了他改造社会的思想。从严复译著的范围看，博涉哲学、古典政治经济学、自然科学、教育学、社会学、法学等领域。他是完整地将西方的哲学和科学方法论介绍到中国来的第一人，开创了建立在自然科学基础上的中国近代思想革命的新纪元。"⑤俞政认为："他的思想的内涵及其特点，都是在阅读、引进、宣传西方著作的过程中，经过自己的独立思考，尤其是经过与中国传统思想比较之后，才逐步形成的。"⑥胡伟希则从认识论的角度出发，认为严复的思想是他融合中西方哲学理论的结果，他说："严复在对西方近代哲学尤其是经验论哲学的介绍过程中，对这些哲学思想观念作出了他自己的独特理解和解释。严复的经验论哲学思想具有某种原创性，他不仅仅作客观的介绍和解说，而且还试图以'案语'的形式直接提出自己的学术见解和观念。严复的哲学思想固然主要来源于西方经验论，但他本人的思想并不以西方经验论所范围，这是因为在很大程度上他先受到西方哲学观念的启发，然后又用这种西方哲学观念来反观中国传统哲学而造成的。"⑦

① 〔美〕本杰明·史华兹：《寻求富强：严复与西方》，叶凤美译，南京，江苏人民出版社，1996，第3页。

② 周振甫：《严复思想述评》，上海，中华书局，1940，序。

③ 王栻：《严复与严译名著》，商务印书馆编辑部编：《论严复与严译名著》，北京，商务印书馆，1982，第8页。

④ 王汝丰：《严复思想试探》，商务印书馆编辑部编：《论严复与严译名著》，北京，商务印书馆，1982，第69页。

⑤ 陈越光、陈小雅：《摇篮与墓地——严复的思想和道路》，成都，四川人民出版社，1985，第52页。

⑥ 俞政：《严复著译研究》，苏州，苏州大学出版社，2003，前言。

⑦ 胡伟希：《"格义"与"会通"：论严复的诠释学》，《学术月刊》2002年第11期。

张岂之说："事实上，《天演论》也并非《进化论与伦理学》的忠实译本。严复在几乎每一章之后都加了按语，对赫胥黎的观点加以评点，时而称之，时而否之，借此阐发自己的观点。可以说，严复是在介绍达尔文进化论的基础上，创造了自己哲学思想中独特的进化观。"①皮后锋认为："作为一位有着强烈现实关怀的学者，严复在借鉴斯宾塞理论的同时，根据学理判断以及近代中国救亡运动的需要，对斯宾塞的相关理论作了创造性的改造，并最终超越了后者。"②黄克武说："严复不但是一位介绍西方现代文明的翻译家，更是一位批判西方自由主义、建立中国自由主义体系的思想家。"③赵云波说："严复在引介实证主义的过程中有意加入了自己的理解，加入了中国传统文化，将西方言说形式转化成中国人可以理解的话语体系，实际上也就形成了他自己的实证主义思想……可以归结为'学于自然有道'。"④贾新奇说："甲午战争及其宣告的洋务运动的破产，只是为严复提供了阐发自己理论的契机和社会环境，而无关乎这套理论的形成。"⑤

汪荣祖说："作为翻译者，他只是转述弥尔的自由思想，不一定是他自己的思想。"⑥刘瑾玉说："对严复而言，翻译工作是他仕途之路失意后的不得已之选择。"⑦李新宇说："他的思想源头在西方……无论他对中国传统政教所进行的批判，还是他的主张及其承载的价值理念，大多不是他的原创，而是来自西方的思想武库。"⑧孙晓春、郭御龙说："在1906年以前，严复不过是自由的欣赏者。尽管严复曾经翻译了约翰·密尔的《论自由》，使中国思想界对近代的自由、平等观念有了更多的了解，但严复本人并没有接受近代的自由观念。"⑨

---

① 张岂之：《试论中国近代哲学的主线、内容与特点》，《哲学研究》1982年第8期。

② 皮后锋：《严复对斯宾塞理论的借鉴与超越》，北京大学哲学系编：《"严复：中国与世界"国际学术会议论文集》，北京，2013，第57页。

③ 黄克武：《惟适之安：严复与近代中国的文化转型》，北京，社会科学文献出版社，2012，自序。

④ 赵云波：《学于自然有道：严复科学思想研究》，北京，科学出版社，2021，前言。

⑤ 贾新奇：《从秩序到富强：严复与中国社会哲学的转型》，北京，中国社会科学出版社，2020，第42页。

⑥ 汪荣祖：《论严复的自由主义》，北京大学哲学系编：《"严复：中国与世界"国际学术会议论文集》，北京，2013，第3页。

⑦ 刘瑾玉：《翻译、概念与经济：严复译〈国富论〉研究》，北京，社会科学文献出版社，2021，第106页。

⑧ 李新宇：《带一门学问回中国·盗火者严复》，天津，天津人民出版社，2010，第85页。

⑨ 孙晓春、郭御龙：《从崇尚自由到回归传统——晚年严复的思想转向及其原因》，《南开学报(哲学社会科学版)》2021年第4期。

四、对严复思想启蒙意义的研究

在中国近代思想史上，简单地说，“启蒙”的意思就是反封建。这是严复的译著及思想最重要的功能。因而，严复思想启蒙意义一直是中国学者研究严复思想时重点关注的领域，对严复思想的研究必然要涉及这方面的内容。这方面的研究成果最为丰富，但又不能完全归结到较为纯粹的哲学思想中的某一方面，因而笔者将其单独列出来。

在中国哲学史和中国思想史的发展中，严复所引入的各种西方近现代理论都曾经产生了极为重要的启蒙作用。在这方面，学者们基本上都给予了严复思想极高的评价。

习近平说：“他不是为翻译而翻译，而是借重译著，并通过序言和大量按语，表达自己的爱国思想和爱国主张，从而希望达到救国图存的目的。”①

王栻说：“严复正是中国思想史上第一个系统介绍西方学术、提倡资产阶级思想与文化挽救中国的资产阶级启蒙思想家。”②李泽厚说：“严复于是成了近代中国学习和传播西方资本主义新文化的总代表，成了中国资产阶级最主要的启蒙思想家。”③肖萐父、李锦全等说：“严复是著名的资产阶级启蒙思想家，他介绍和传播西方资产阶级的自然科学和哲学，对那个时代哲学的变革起了重大作用。”④张岱年说：“严复的思想表现了时代的局限性，但是他作为一个启蒙思想家，努力介绍西方的先进思想的功绩还是应当首先肯定的。”⑤北京大学的学者们说：“严复于中国近代哲学思想发展之启蒙意义，还在于他提出‘中西文明的比较观’。严复从学术教育、政治法律、社会制度等方面衡论中西之差异及优劣，将国人对西方文明的认识，由器物、制度层次又引向了文化、心理的层次，开启了后来中西文化比较研究中有关价值观念、思维方式、审美趣味、道德伦理、民族心理和宗教感情的讨论。”⑥高惠群、乌传衮等说：“他的翻

---

① 习近平：《序言》，福建省严复研究会编：《93年严复国际学术研讨会论文集》，福州，海峡文艺出版社，1995，第2页。

② 王栻：《严复与严译名著》，商务印书馆编辑部编：《论严复与严译名著》，北京，商务印书馆，1982，第1页。

③ 李泽厚：《论严复》，《中国近代思想史论》，北京，人民出版社，1979，第260页。

④ 肖萐父、李锦全主编：《中国哲学史》下卷，北京，人民出版社，1983，第350页。

⑤ 张岱年：《〈严复思想新论〉序》，刘桂生、林启彦、王宪明编：《严复思想新论》，北京，清华大学出版社，1999。

⑥ 北京大学哲学系中国哲学教研室编：《中国哲学史》，北京，北京大学出版社，2001，第510页。

译著作成为中国资产阶级启蒙运动的重要代表作品，是救亡图存的号召书。他的译书组成他参加思想启蒙活动的一部分。”①龚书铎说“严复的突出贡献和闻名于世……在于大量翻译介绍西方资产阶级学术著作，宣传民主和科学的思想，鼓吹变法维新，批判封建思想”。② 董小燕说：“在近代中国思想启蒙中，具有思想观念开创意义的非严复莫属……严复传播达尔文的进化论所引申的‘竞争’与‘进步’观念，引介密尔《自由论》所带来的个人自由和精神解放的价值观，开民智新民德的‘国民性改造’方案，都使严复成了中国近代启蒙思想的‘思想先驱者’。”③陈越光、陈小雅认为：“如果说，严复一生活动最有价值的地方是为中国的思想解放运动——通过系统地介绍西学——找到了一个支点的话，那么，严复一生思想最有价值的地方就在于他找到了东西方文明的症结。在这种冲突中，他看到了它们结合的必然性，在其结合中又看到了消化的艰巨性，并最终立足在中华民族精神的土地上。”④蔡乐苏强调严复启蒙思想的中西文化源流，他说：“严复的启蒙思想与中国传统文化中儒、道两家虽有本质联系，但主要是吸收了欧洲19世纪思潮中与科学运动紧密相关的理性主义、自由主义一派的思想要素。”⑤罗耀九说：“他在中国近代救亡运动中发挥了警世骇俗、振聋发聩的启蒙作用，是近代救亡运动的一盏明灯。”⑥

高力克说：“严复为中国启蒙运动之父，被康有为尊为‘西学圣人’，其《原强》等雄文开晚清启蒙运动之先河，其揭示现代文明核心价值的‘自由为体、民主为用’论，其译作《天演论》激起的进化论思潮对儒家古典世界观的冲击，其输入亚当·斯密《国富论》而揭明中国经济转型之方向，石破天惊，严复堪称向西方借取现代文明之火种的盗火者。”⑦他又说：“严复与梁启超，两位‘转型时代’的启蒙先知，犹双峰并峙，引领晚清启

① 高惠群、乌传衮：《翻译家严复传论》，上海，上海外语教育出版社，1992，第68页。
② 龚书铎：《〈严复学术思想研究〉序》，《严复学术思想研究》，北京，商务印书馆国际有限公司，1995。
③ 董小燕：《严复思想研究》，杭州，浙江大学出版社，2006，第230页。
④ 陈越光、陈小雅：《摇篮与墓地——严复的思想和道路》，成都，四川人民出版社，1985，第148页。
⑤ 蔡乐苏：《严复启蒙思想与斯宾塞》，刘桂生、林启彦、王宪明编：《严复思想新论》，北京，清华大学出版社，1999，第312页。
⑥ 罗耀九：《〈严复年谱新编〉序言(2003年)》，苏中立、涂光久主编：《百年严复——严复研究资料精选》，福州，福建人民出版社，2011，第63页。
⑦ 高力克：《启蒙先知：严复、梁启超的思想革命》，北京，东方出版社，2019，第3页。

蒙思想之风骚，并成为五四启蒙诸贤的精神导师。”①“中国启蒙思想则可谓‘富强的哲学’……严复1895年春发表的《论世变之亟》《原强》《救亡决论》，揭示了其启蒙主义之由救亡驱策的富强主义主题”。② 他还说：“由严复移译的斯密的经济学巨著《国富论》，成为穿越时空而连接苏格兰启蒙运动和中国启蒙运动的思想纽带。”③“严复在译介《原富》时结合中国语境而大力倡言斯密的经济自由主义理论，并借以反思和批判中国农业宗法社会的旧经济伦理之弊……使其启蒙思想具有鲜明的苏格兰启蒙色彩。”④“启蒙者严复的崛起，突破了晚清洋务派主流的‘中体西用’模式。严复启蒙精神之精髓，在自由之思想，开放之心灵。”⑤高力克将严复“救亡型启蒙运动”的内容概括为：富强的哲学、工具性自由主义、“开民智”的启蒙主义、中西古今问题、文明与富强。⑥ 他说：“严复之‘陶铸国民’的思想，揭橥国民素质和人的现代化问题，开中国近代启蒙运动之先河。”⑦

黄克武说：“他的思想中自由、民主、法治、科学等‘启蒙’面向，很吊诡地掺杂了许多‘反启蒙’的因子。”⑧他还说：“严复身上的‘现代性’与‘传统性’或说‘启蒙’与‘反启蒙’交织并陈，表现出‘转型时代’的特征。”⑨“严复一生最重要的一个挑战无疑是沟通中西文化而为中国寻找一个合理的出路。”⑩

贾新奇说：“严复力图激发的，不是一般的生存危机意识，而是指向民族(国家)的危机意识。”⑪他还说：“严复强调国家层面上的生存斗争，

① 高力克：《启蒙先知：严复、梁启超的思想革命》，北京，东方出版社，2019，第7页。
② 高力克：《启蒙先知：严复、梁启超的思想革命》，北京，东方出版社，2019，第5页。
③ 高力克：《启蒙先知：严复、梁启超的思想革命》，北京，东方出版社，2019，第12页。
④ 高力克：《启蒙先知：严复、梁启超的思想革命》，北京，东方出版社，2019，第20～21页。
⑤ 高力克：《启蒙先知：严复、梁启超的思想革命》，北京，东方出版社，2019，第35页。
⑥ 高力克：《启蒙先知：严复、梁启超的思想革命》，北京，东方出版社，2019，第40～49页。
⑦ 高力克：《启蒙先知：严复、梁启超的思想革命》，北京，东方出版社，2019，第68页。
⑧ 黄克武：《惟适之安：严复与近代中国的文化转型》，北京，社会科学文献出版社，2012，自序。
⑨ 黄克武：《惟适之安：严复与近代中国的文化转型》，北京，社会科学文献出版社，2012，第2页。
⑩ 黄克武：《惟适之安：严复与近代中国的文化转型》，北京，社会科学文献出版社，2012，第52页。
⑪ 贾新奇：《从秩序到富强：严复与中国社会哲学的转型》，北京，中国社会科学出版社，2020，第121页。

以及他对实力主义的信奉。”[①]他又说：“严复认为，国家之间的交往领域，并不是单纯的实力主义法则的领域，规则、道德在其间也拥有一席之地。”[②]他又说：“严复在社会哲学的层面上为晚清中国明确了应该追求的目标，论证了实力取向社会哲学的必然性与合理性。这是一个了不起的理论成就。不过，更具挑战性的任务还在后面，那就是探寻出中国实现富强的道路。”[③]

李新宇说：“关于维新变法的主张，也只有严复能够真正将其建立在西学基础上。”[④]他又说：“他更注重东西政教的比较，致力于中国传统政教的批判和西方现代文明理念的引进……是思想启蒙的工作。”[⑤]他还说：“作为一个盗火者，他试图有选择地向国人系统介绍西方现代思想和学说，给国人带来新的知识、新的思想和新的价值观念。”[⑥]

梁柱说：“他以炽热的爱国激情，把救亡与启蒙、爱国主义与民主主义思想紧密地结合起来。他作为民主启蒙的最初倡导者，把近代中国的爱国主义推进到一个新的发展阶段。”[⑦]他又说：“严复的天演一说惊醒了国人，这种启蒙意义是不可低估的，可以说，如果没有严复的启蒙，就没有后来更加大规模的政治革命。”[⑧]

刘瑾玉说：“《原富》的出现对正处在近代思想启蒙与转型重要阶段的晚清社会来说，传播了西方学说，发蒙了思想，体现出对社会经济发展状况的高度关注和对富国裕民思想的执着追求，对中国近代思想史、学术史产生重大影响。”[⑨]她又说：“严译在翻译中传递西方学理并构建中西

---

① 贾新奇：《从秩序到富强：严复与中国社会哲学的转型》，北京，中国社会科学出版社，2020，第123页。

② 贾新奇：《从秩序到富强：严复与中国社会哲学的转型》，北京，中国社会科学出版社，2020，第131页。

③ 贾新奇：《从秩序到富强：严复与中国社会哲学的转型》，北京，中国社会科学出版社，2020，第148页。

④ 李新宇：《带一门学问回中国·盗火者严复》，天津，天津人民出版社，2010，第92页。

⑤ 李新宇：《带一门学问回中国·盗火者严复》，天津，天津人民出版社，2010，第94～95页。

⑥ 李新宇：《带一门学问回中国·盗火者严复》，天津，天津人民出版社，2010，第118页。

⑦ 梁柱：《先驱者思想启蒙的历史启示》，黄瑞林主编：《严复思想与中华民族伟大复兴》，厦门，鹭江出版社，2014，第2页。

⑧ 梁柱：《严复思想研究的意义》，郭卫东、牛大勇主编：《中西融通：严复论集》，北京，宗教文化出版社，2009，第4～5页。

⑨ 刘瑾玉：《翻译、概念与经济：严复译〈国富论〉研究》，北京，社会科学文献出版社，2021，第4页。

批评作为新学说基础，在清末发挥了思想启蒙的重要作用。”[①]

杨华基说：“从这个意义上可以说，没有严复的思想启蒙，就没有孙中山领导的资产阶级革命，也不会有共产党领导的新民主主义革命的胜利。在中国现代化的漫漫路程中，严复思想是一座醒目的里程碑。”[②]冯夏根说：“严复思想在多个层面掀起了近代中国变革的风云，成为中国近代新思想新文化形成与发展的重要奠基人。”[③]宁莉娜说：“大力宣扬近代科学的价值，倡导实证的方法，采纳自然与社会联为一体的思维方式，这是严复有别于同时期启蒙思想家的特殊之处，是我们分析他启蒙思想的文化价值所不应忽略的。”[④]赵凯杰说：“他的诸多译著和得理于西学译著的报刊政论给身处百业凋敝的近代中国人带来了直接的思想启蒙，中国人第一次可以不通过近邻日本而比较全面地直接触碰西方社会政治观念……被迫卷入现代化进程的中国人，其现代意识和思想文化的启蒙也被迫接受西方的启迪，而严复则勇立当时历史的潮头，将西方的社会进化论学说、科学观念、自由民主思想等通过中国化的叙事语言译介到中国，给希图国强民富的有志之士带来了思想启蒙。”[⑤]潘瑗说：“他有意识地将西方的优秀文明介绍到中国，翻译了诸多在西方具有影响力的著作，引进了进化论、自由、人权等全新理念，全面引介西学，并结合中国当时特殊的国情，加入自己的见解，高度关注国民性的改造，提出其‘三民’思想，形成其独有的人学体系，既引领了中国近代人学的发展，又对中国近代思想的启蒙具有开创性的意义。”[⑥]刘彬说：“严复很小就出国留学，阅读并翻译了大量启蒙思想的著作，将西方所倡导的平等、自由、民主和博爱传入了中国，要求中国建立新道德，摒弃旧道德。”[⑦]何晓明说：“严复在广阔的领域里进行资产阶级思想启蒙，大致归纳，有政治

---

① 刘瑾玉：《翻译、概念与经济：严复译〈国富论〉研究》，北京，社会科学文献出版社，2021，第265页。

② 杨华基：《严复思想中变革精髓》，郭卫东、牛大勇主编：《中西融通：严复论集》，北京，宗教文化出版社，2009，第8页。

③ 冯夏根：《严复与近代中国的思想转型》，郭卫东、牛大勇主编：《中西融通：严复论集》，北京，宗教文化出版社，2009，第60页。

④ 宁莉娜：《严复译介穆勒逻辑思想研究》，上海，上海大学出版社，2016，导言。

⑤ 赵凯杰：《西学东渐、译书与政治思想——以严复〈法意〉为例》，上海，复旦大学硕士学位论文，2014，第4页。

⑥ 潘瑗：《中国哲学近代转型背景下严复人学思想研究》，大连，大连理工大学硕士学位论文，2014，第16页。

⑦ 刘彬：《严复“三民思想”及其当代启示》，沈阳，沈阳工业大学硕士学位论文，2016，中文摘要。

观、哲学观和科学方法论三个方面。"[①]蔡乐苏说："严复的知识结构是以自然科学为主体的。这种结构有利于他接受19世纪理性主义思潮的影响，这种影响又促使他更加自觉地用自然科学的眼光去观察社会，从而形成一副建立于自然科学基础之上的认识构架。这是严复启蒙思想的灵魂所在，也是区别于其他启蒙思想家的特殊之处。"[②]苏中立说："他大力宣传西方的进化主义、自由主义、民主主义、功利主义、实证主义等社会思想，并以此为参照系，批判封建专制主义和蒙昧主义，使人们更加强烈地燃烧起救国、立宪乃至革命的热情，具有巨大的思想启蒙意义，功不可没。他的西学宣传，在当时无疑具有一定的进步性。"[③]刘敬东说："如果说严复主张启蒙国民之进化过程的观念有其巨大而长久的历史合理性，那么在争得启蒙中国民众的条件上他却留给了我们一个历史性的遗憾。严复在直接现实历史性上失败了，但这并没有淹没他的启蒙理想的光辉。"[④]王民说："严复选择达尔文的生物进化论是为了建立'天演'进化论的科学基础，选择斯宾塞、赫胥黎社会学说的重要目的就是认同生物进化论在人类社会的意义，为'天演'进化论的核心观点提供基本内容，以迎合当时救亡图存和启蒙社会的需要。"[⑤]郝晏荣说："综观严复一生的思想追求，尽管他晚年有不少指责批评'五四'新文化的言论，但就其所承担的思想启蒙的责任与使命来讲，他仍然是'五四'新文化的前驱和同志。"[⑥]高志文、魏义霞说："谭嗣同与严复对平等、自由的不同侧重和割裂并不限于两人之间，而是作为一种'特色'带有普遍性……谭嗣同、严复的误区是近代思想家的共同特征，是近代思想家面对救亡与启蒙时的共同困惑。与其说这一误区的根源是中国近代救亡与启蒙的历史背景和双重使命，不如说是出于对自由与平等的各自偏袒所导致的救亡与启蒙的掣肘。"[⑦]高力克说："严复的天演论既不同于达尔文的生物进化论，又异于赫胥黎、斯宾塞之人道超越天行、文明战胜野蛮的人文主义进化学说，而是一种通过改译赫胥黎著作而重构的旨在'自强保种'的中国版进

---

①　何晓明：《严复与近代思想启蒙》，《福建论坛(文史哲版)》1986年第5期。

②　蔡乐苏：《严复启蒙思想与斯宾塞》，《清华大学学报(哲学社会科学版)》1989年第1期。

③　苏中立：《论戊戌辛亥间严复的西学宣传及其启蒙意义》，《贵州大学学报》1993年第2期。

④　刘敬东：《民主与科学：严复启蒙思想的主题与灵魂》，《天津社会科学》1997年第5期。

⑤　王民：《严复"天演"进化论对近代西学的选择与汇释》，《东南学术》2004年第3期。

⑥　郝晏荣：《从启蒙到反启蒙——严复与"五四"新文化思想之异同》，《学术月刊》2009年第9期。

⑦　高志文、魏义霞：《平等与自由——谭嗣同、严复民主启蒙思想比较》，《学术界》2012年第2期。

化论，它在危机四伏的清末成为一种强有力的启蒙理论……天演论犹如一柄双刃剑，蕴含着进化与伦理之间的深刻张力。竞争与德性，这一二律背反的悖论，成为困扰启蒙者严复终生的思想难题，它今天仍困扰着21世纪转型社会的中国人。”①马学军说：“严复的‘群学’思想，在学科知识、自然秩序和社会生活之间建立了一套总体性的解释思路，对近代中国的思想启蒙产生重要推动作用。”②

五、对严复哲学思想的宏观研究

（一）严复哲学思想的体系

严复哲学思想是十分庞杂的，它包括哪些内容呢？王栻说：“严复正是中国近代史上第一个系统地介绍资产阶级庸俗进化论和机械唯物论，并且积极宣传这两个学说的人。他的思想体系，一个是庸俗进化论，一个是机械唯物论。”③陈元晖则认为严复不是机械唯物论者，他说：“我们通过上述所列举的他的译著，就可以明显地看出严复是一个实证主义者。实证主义是唯心主义经验论的一个分支，所以严复不是唯物主义经验论者，而是唯心主义经验论者。实证主义是唯心主义的一个流派，所以也不能把严复看作是机械唯物论者。”④冯友兰说：“严复的哲学思想是以英国的经验主义为基础的。从这个基础出发，他得出了三个方面的理论。第一个方面是快乐主义的伦理学，第二个方面是感觉主义的认识论，第三个方面是不可知主义的本体论。”⑤冯契称严复哲学是“建立在近代科学基础上的‘天演哲学’”⑥，他把严复哲学分为五个部分：“抓住西学命脉来比较中学和西学”“建立在近代科学基础上的‘天演哲学’”“经验论的认识论”“重视归纳法的逻辑思想”“关于人的自由和伦理学上的功利主义”。⑦ 肖萐父、李锦全等把严复哲学概括为“‘质力相推’的机械唯物论和‘物竞天择’的进化论思想”⑧，他们把严复哲学具体分为三个部分：“具有机械唯物论特征的自然观”“具有唯物主义经验特征的认识论”“具有

---

① 高力克：《严复问题：在进化与伦理之间》，《浙江社会科学》2018年第12期。

② 马学军：《民本、有机与演化：严复“群学”思想探究》，《社会学评论》2021年第2期。

③ 王栻：《严复传》，上海，上海人民出版社，1976，第63页。

④ 陈元晖：《严复和近代实证主义哲学——严复是中国第一代实证主义者》，《哲学研究》1978年第4期。

⑤ 冯友兰：《中国哲学史新编》第六册，北京，人民出版社，1989，第173页。

⑥ 冯契：《中国近代哲学的革命进程》，上海，上海人民出版社，1989，第129页。

⑦ 冯契：《中国近代哲学的革命进程》，上海，上海人民出版社，1989，目录。

⑧ 肖萐父、李锦全主编：《中国哲学史》下卷，北京，人民出版社，1983，第350页。

进化论特征的历史观"。[①] 李维武把严复哲学思想分为三个部分："'质力相推'的机械自然观""'心体为白甘'的经验认识论"和"'物竞天择'的历史进化论"。[②] 李承贵认为严复哲学可以称为启蒙哲学，他说："其哲学的唯物唯心性质不突出，而哲学功用性质特别明显，就其对近代中国思想的作用看，可称为启蒙哲学。"[③]蒋国保等把严复哲学分为五个部分："'改铸国民性'重在'开民智'""'开民智'须树立西方近代意识""'自由为体、民主为用'""研究政治的三种方法""哲学思辨的三大倾向"。[④] 马工程教材《中国哲学史》将严复哲学分为三个部分："基于近代科学的天演哲学""'实测内籀'的认识论"和"'自由为体''开明自营'的新民德"。[⑤]

黄克武说："严复基于救亡意识所翻译的西书，并非乱无章法或单纯因应市场需求，它们包括当时最为人瞩目的四个领域：逻辑推理的科学观念、自由民主的政治思想、资本主义的经济思想以及以进化理论为中心的社会学说，而四者紧密相关，构成一个严密的思想体系。"[⑥]杨宪邦说："严复的哲学虽有实证论、机械论的因素，但基本上不是实证论，也不是机械论，而是天演论……进化论是严复全部政治理论和哲学思想的基础和核心。"[⑦]董起帆说："'天演哲学'才是严复思想的总摄。在严复那里，不管是对自然界演进的认识还是对人类历史进步发展的认识，都建立在天演哲学的基础之上……而天演哲学的基础(天道变化)的核心在于对其天人关系(融摄自然与人文的关系)的重新厘定……严复天演哲学如何融摄中西方思想资源，并解决近代西方以来自然与人文相隔离的思想困境……天演哲学对传统中天人关系有所批判，但严复所建立的新的天人关系可以归纳为一种'人文理性化的天人关系'。"[⑧]

(二)严复哲学思想与中国哲学的发展

在大多数学者看来，不论从整体上还是具体的内容上来说，严复从西方所引入的近现代理论对中国哲学的发展都起到了至关重要的作用。

---

① 肖萐父、李锦全主编：《中国哲学史》下卷，北京，人民出版社，1983，目录。

② 李维武编著：《中国哲学史纲》，成都，巴蜀书社，1988，目录。

③ 李承贵：《中西文化之会通——严复中西文化比较与结合思想研究》，南昌，江西人民出版社，1997，第248页。

④ 蒋国保、余秉颐、陶清：《晚清哲学》，合肥，安徽人民出版社，2002，目录。

⑤ 《中国哲学史》编写组：《中国哲学史》下册，北京，人民出版社，2012，目录。

⑥ 黄克武：《惟适之安：严复与近代中国的文化转型》，北京，社会科学文献出版社，2012，第4页。

⑦ 杨宪邦：《论严复的天演论哲学》，《社会科学辑刊》1984年第1期。

⑧ 董起帆：《论天演哲学及其天人关系——严复〈天演论〉再研究》，上海，上海社会科学院硕士学位论文，2018，第8页。

王栻说："进化论之输入中国，是从严复开始的。"[1]李泽厚认为："严复是将西方资产阶级古典政治经济学说和自然科学、哲学的理论知识介绍过来的第一人。"[2]郭湛波肯定了严复在中国形式逻辑发展中的重大贡献，他说："形式论理学，以严复、屠孝实、陈大齐影响最大。"他接着说："严几道先生译《穆勒名学》《名学浅说》，形式论理学始盛行于中国。"[3]冯友兰说严复是"中国第一个真正了解西方文化的思想家"[4]。李泽厚说："严复在中国近代思想史上开创了一个新纪元，使广大的中国知识分子第一次真正打开了眼界，看到了知识的广阔图景：除了中国的封建经典的道理以外，世界上还有着多么丰富深刻新颖可喜的思想宝藏。"[5]冯契称"严复在中国近代思想史上，首先对中学和西学作了认真的比较"，他"抓住西学命脉来比较中学和西学"[6]。汤一介说："把西方哲学最早传入中国的、最有影响的应该说是严复，他翻译的《天演论》等，其进化论思想影响了中国几代人的哲学观念，可以说他是介绍西方哲学到中国来的第一功臣。"[7]何萍、李维武说："自由主义是由严复在 19 世纪与 20 世纪之交率先引入到中国来的。在中国思想史上，严复是提出自由理念并强调其价值与意义的第一人。"[8]黄克武认为："清末民初中国知识界的一位较早期，可能也是最重要的西方政治思想的译介者是严复。"[9]杨国荣认为："中国哲学步入近代后，第一个比较系统地引入实证主义的人物是严复。"[10]

多数中国大陆学者认为，严复哲学是中国传统哲学发展到马克思主义哲学的中介。李泽厚说："《天演论》和进化论在马克思主义广泛传播后，其社会影响也就消失。马克思主义在中国取代和远远超过了《天演

① 王栻：《严复与严译名著》，商务印书馆编辑部编：《论严复与严译名著》，北京，商务印书馆，1982，第 5 页。
② 李泽厚：《论严复》，《中国近代思想史论》，北京，人民出版社，1979，第 128 页。
③ 郭湛波：《近五十年中国思想史》，济南，山东人民出版社，1997，第 181、183 页。
④ 冯友兰：《中国哲学史新编》第六册，北京，人民出版社，1989，第 151 页。
⑤ 李泽厚：《论严复》，《中国近代思想史论》，北京，人民出版社，1979，第 259 页。
⑥ 冯契：《中国近代哲学的革命进程》，上海，上海人民出版社，1989，第 124 页。
⑦ 汤一介：《〈20 世纪西方哲学东渐史〉总序》，黄见德：《20 世纪西方哲学东渐史导论》，北京，首都师范大学出版社，2007，第 13 页。
⑧ 何萍、李维武：《马克思主义中国化探论》，北京，人民出版社，2002，第 193 页。
⑨ 黄克武：《自由的所以然：严复对约翰弥尔自由思想的认识与批判》，上海，上海书店出版社，2000，第 1 页。
⑩ 杨国荣：《从严复到金岳霖：实证论与中国哲学》，北京，高等教育出版社，1996，第 9 页。

论》的影响、作用和地位。”①肖萐父、李锦全等强调严复是现代哲学学风的开创者，他们说：“严复的哲学，可以说是近代资产阶级哲学的奠基者，标志着从朴素唯物主义向近代唯物主义的发展，其独创性的功绩是应该肯定的。”②他们又说：“他把西方进化论，同我国朴素的辩证法——‘变’的思想结合，提出了‘力今胜古’的思想；把西方物理学的‘以太’说，同我国的朴素唯物主义‘元气’论结合，形成‘以太’——‘一清之气’的唯物主义宇宙观；把西方唯物主义经验论和科学方法，同传统认识论结合，提高了批判唯心主义先验论的水平。这就给当时的思想界传进了一种新的资产阶级世界观，触动了根深蒂固的封建意识形态。”③李维武认为严复哲学在中国哲学发展史上具有转折点意义，他说：“严复所建立的中国哲学史上第一个完全近代意义的哲学体系，以及他对近代经验论和逻辑学的译介、重视，有力地促进了中国传统哲学的改造和近代哲学的发展，对融会中西哲学有筚路蓝缕之功。”④他又说：“在这些译著中，严复结合中国的实际写下了许多按语、评注，比较中西文化与思想特点，开启了一代哲学新风。”⑤冯契说：“严复译述《天演论》等著作，则标志着中国人对西学的认识已由‘器’而进于‘道’，达到了一个新的阶段。”⑥北京大学哲学系的学者们说：“严复着重介绍西方经验主义哲学和科学方法论，丰富了中国近代哲学的内容，也为中国传统哲学的创新、转化、重建提供了思想资源。”⑦林启彦认为严复与当代新儒学发展有密切的关系，他说：“严复一生在中西文化的问题上的思索与体察，是要对此二者提出一个全面的、理性的和平衡的观点。他这番在思想与认知上的努力，既为二三十年代的中西文化论争播下了种子，也对日后新儒学思潮的兴起有启导之功。”⑧马工程教材《中国哲学史》认为：“严复第一次明确地把西方的进化论思想引入中国，使之成为在中国马克思主义传入前居于支配地位的思潮。”⑨

---

① 李泽厚：《论严复》，《中国近代思想史论》，北京，人民出版社，1979，第269页。
② 肖萐父、李锦全主编：《中国哲学史》下卷，北京，人民出版社，1983，第354页。
③ 肖萐父、李锦全主编：《中国哲学史》下卷，北京，人民出版社，1983，第351页。
④ 李维武编著：《中国哲学史纲》，成都，巴蜀书社，1988，第468页。
⑤ 李维武编著：《中国哲学史纲》，成都，巴蜀书社，1988，第460页。
⑥ 冯契：《中国近代哲学的革命进程》，上海，上海人民出版社，1989，第83页。
⑦ 北京大学哲学系中国哲学教研室编：《中国哲学史》，北京，北京大学出版社，2001，第510页。
⑧ 林启彦：《严复论中西文化》，刘桂生、林启彦、王宪明编：《严复思想新论》，北京，清华大学出版社，1999，第44～45页。
⑨ 《中国哲学史》编写组：《中国哲学史》下册，北京，人民出版社，2012，第259页。

对本书来说，更为重要的是，众多学者肯定了严复哲学思想在中国近现代哲学转型中的地位。张锡勤指出：“中国近代哲学变革的成就和不足、优点与缺点，都同严复有一定关系。他对中国近代哲学变革的影响是巨大而复杂的。”[①]李承贵从方法论的角度充分肯定了严复在中国近代哲学转型中的意义，他说：“严复以近代西方哲学理论为参照，对中国传统哲学理论资源进行了中国哲学史上第一次开掘与反省。”“经过对中西宇宙论、矛盾运动观、天人关系论、社会历史观的比较分析、改造融合，严复大体上构造了一种初具近代色彩的哲学理论。”“严复的中西知识方法的比较与结合，基本上确立了一种类似近代西方经验论哲学的知识方法体系，对中国古代哲学方法的近代转换产生了积极作用。”“严复中西哲学比较与结合在中国哲学与西方哲学之间，在中国古代哲学与中国现代哲学之间起到了‘承接性’作用。”[②]蒋浩则从另外一个角度来讨论这一问题，她说：“严复在对中国传统三大权威——天命权威、君主权威、封建伦理纲常权威批判的基础上，吸纳西方自由主义思想，促进了中国哲学在思维模式价值观上的近代转型。而通过对西方功利主义的引入，严复用利益原则代替传统的道德原则，改造了传统哲学的人性观和义利观，形成了人生观等方面的转型；同时，严复也十分重视科学理性主义，通过翻译进化论和西方逻辑学著作，促进了中国哲学在本体论和认识论方法论上的转型。”[③]钟兴锦认为严复“天演哲学”体系的形成是中国哲学近现代转型的一个标志性成就，他说：“严复系统地对西方学术思想作了介绍，对中西文化作了认真的比较研究，创立了崭新的‘天演哲学’体系，在推动中国传统哲学向现代化转型中起了开启的作用。”[④]

贾新奇说：“在中国近代史上第一个提出一套完整的现代社会哲学理论的思想家非严复莫属……单就中国社会哲学实现从传统到现代的转型而言，严复的理论贡献是同时代的其他翘楚(包括康有为和梁启超)所不能比拟的。”[⑤]“传统社会哲学向现代社会哲学的转变在中国近代是如何实现的，这一转变在政治、经济和伦理道德等领域又将产生怎样的结论，对此严复的理论作了最好的展示。显而易见，作为思想家，严复为中国

① 张锡勤：《严复对近代哲学变革的复杂影响》，《孔子研究》1994 年第 1 期。

② 李承贵：《论严复对中国传统哲学的改铸》，《福建论坛(文史哲版)》1998 年第 1 期。

③ 蒋浩：《严复思想与近代中国哲学转型》，湘潭，湘潭大学硕士学位论文，2001，中文摘要。

④ 钟兴锦：《严复的中西文化观及其“天演哲学”》，《武汉水利电力大学学报(社会科学版)》1999 年第 4 期。

⑤ 贾新奇：《从秩序到富强：严复与中国社会哲学的转型》，北京，中国社会科学出版社，2020，第 1 页。

社会贡献出来的最重要、最有价值的思想成果也就在于这些方面。”[①]

宁莉娜说：“正因穆勒将人的自由与幸福作为逻辑价值的终极目标，在近代中国自强保种、救亡图存的民族危亡时刻，严复将穆勒逻辑引进并传播，对近代中国文化革新及社会转型产生了重要影响。”[②]“严复的一个很重要的贡献就在于将西方逻辑方法引入文化革新之中，用以批判传统思维方式，寻求文化重建的突破口。”[③]

冯夏根说：“在19世纪末20世纪初的近代中国思想转型的历史时代，严复由于其自身的思想深度和身后的巨大影响，俨然成为近代中国思想启蒙转型的重要奠基者。”[④]郭卫东说：“恰恰在‘严译’迭出的时段，又正好是中国学术和教育体系从传统向近代转型的嬗递期，是中国近代学科构建的关键期。严复的学术活动与此转型构建有着重要关联……以西学为范式，完成中国学术由传统向近世的转变，便成为严复的志业追求。”[⑤]苏振芳说：“严复在宣传进化论时也传播机械力学、实证论、唯心主义和不可知论等哲学思维方式。这种用进化论的思维方式来观察思考自然尤其是观察人类社会的发展过程，是一种以近代科学为基础的全新的认识论……使得人们的世界观开始跳出古代朴素唯物主义哲学的思维方式，进入了近代哲学思维阶段。”[⑥]刘畅说：“被誉为‘现代学术第一人’的严复，站在古今中外的交汇之处，较早和较为系统地从知识体系、学术体制与学术方法和精神三个层面提出了引入实证科学实现中国学术由中古向现代转型的思想。”[⑦]潘瑗说：“严复人学思想的递进实际上也是中国近代人学思想的发展历程，严复人学思想的发展实际上也带动了中国哲学的近代转型，是中国哲学近代转型的重要因素。”[⑧]

季甄馥说：“严复哲学与中国古典唯物主义相比，其思想内容具有近

① 贾新奇：《从秩序到富强：严复与中国社会哲学的转型》，北京，中国社会科学出版社，2020，第299页。

② 宁莉娜：《严复译介穆勒逻辑思想研究》，上海，上海大学出版社，2016，导言。

③ 宁莉娜：《严复译介穆勒逻辑思想研究》，上海，上海大学出版社，2016，第187页。

④ 冯夏根：《严复与近代中国的思想转型》，郭卫东、牛大勇主编：《中西融通：严复论集》，北京，宗教文化出版社，2009，第87页。

⑤ 郭卫东：《融通古今中西：严复与中国近代学科构建》，郭卫东、牛大勇主编：《中西融通：严复论集》，北京，宗教文化出版社，2009，第89页。

⑥ 苏振芳：《严复社会变革思想与中国梦》，黄瑞林主编：《严复思想与中华民族伟大复兴》，厦门，鹭江出版社，2014，第39～40页。

⑦ 刘畅：《科学视阈中严复现代学术观研究》，太原，山西大学硕士学位论文，2020，第1页。

⑧ 潘瑗：《中国哲学近代转型背景下严复人学思想研究》，大连，大连理工大学硕士学位论文，2014，第33页。

代科学论据，显出了新的特色，它是中国唯物主义哲学的新的形态……在当时，严复提供的仍不失为一种新的进步的世界观，它给予中国先进的知识界以一种新的思想力量。同时，严复积极介绍和宣传西方近代科学思想和自然科学，不仅促进了中国近代哲学的发展，也为其后介绍西方进步思想和现代自然科学成就，进一步沟通东西方科学文化思想交流，作出了良好的开端。而这些又为其后马克思主义哲学输入中国提供了思想的和自然科学的前提条件。"①

丁祯彦、陈卫平说："他不像康、谭及早期改良派以中国古代的思想去附会西方的理论，而是真正注意把中国哲学中的优秀传统和进化论结合起来，建立了在近代科学基础上的以进化论为主干的哲学体系，因而满足了中国人自强保种的需要。从以上可以看到，严复在批判'中体西用'中，使中国哲学具有了完全不同的面貌……这也正表明了严复在中国近代哲学史上的地位：中国哲学近代化的代表。"②陈卫平说："严复在创造和引进新的哲学概念时，十分注意与中国传统哲学概念的衔接……这样做能使酣睡在传统哲学中的人们，也容易理解和接受西方近代哲学及其概念，推进中国哲学的近代化。"③

郭灿说："在中国文化从传统走向现代的转型过程中严复所作的重大贡献：一是独创严氏话语系统，推进文化载体转型；二是推进古典人文精神向近代人文精神的转型；三是推进中国国学向现代社会科学的转型。"④李承贵说："严复用西方近代哲学评判、裁剪中国传统哲学，在很大程度上破坏了中国传统哲学的价值体系。"⑤颜华东说："严复是把中国哲学建立在近代科学基础之上的划时代的人物，他的批判锋芒直指集传统文化之大成的'六经'以及儒家代表人物，从此，中国近代哲学才真正摆脱了古代经学的形式。严复批判旧学的目的是为传播西学扫清道路。"⑥王岗峰说："在中国思想史上，严复应是近代与现代的界碑，其表现是对近代社会文化观——中体西用的批判。"⑦刘敬东说："严复奋力在

---

① 季甄馥：《论严复的哲学思想及其历史地位》，《南昌大学学报（人文社会科学版）》1980年第9期。

② 丁祯彦、陈卫平：《"中体西用"的破产与中国哲学的近代化》，《浙江学刊》1986年第5期。

③ 陈卫平：《中国哲学近代化的一个侧面——析严复、胡适、金岳霖改造传统哲学概念的理论》，《哲学研究》1986年第9期。

④ 郭灿：《严复与近代文化转型》，《深圳大学学报（人文社会科学版）》1996年第4期。

⑤ 李承贵：《论严复对中国传统哲学的改铸》，《福建论坛（文史哲版）》1998年第1期。

⑥ 颜华东：《近代中西学之争与严复译介西方逻辑》，《兰州大学学报（社会科学版）》2000年第6期。

⑦ 王岗峰：《严复思想和现代性》，《福建论坛（人文社会科学版）》2006年第7期。

启蒙与救亡的悲剧性冲突的时代背景中穿行，创造性地移译和阐释西方思想的精华，反思和批判传统文化的弊端，保持和平衡自由与富强之间的巨大张力，为中国哲学走向近代构筑了一道思想桥梁，为中国近代哲学的深刻变革写下了不朽的光辉篇章。”①

六、对严复哲学思想中的本体论的研究

(一)宏观评述

对严复本体论的研究主要集中于他的自然观或宇宙论。

笔者认为，在这方面，李维武的见解是最深刻的，他说：“严复对20世纪中国哲学本体论问题的贡献，在于他认真吸取西方近代哲学与科学成果，建立了天演论哲学体系，实现了中国哲学由传统本体论向科学宇宙论的转变，从而开启了科学主义思潮对本体论的探讨，成为20世纪中国哲学本体论研究的先声。”②他又说：“严复哲学思想的意义与贡献在于：在中国哲学史上第一次运用现代哲学的眼光，对传统形而上学进行了冷静的审视和深刻的批判，真正击中了传统形而上学的要害——世界的二重化问题，从而真正超越了传统哲学本体论。通过这种批判和超越，中国哲学才走出了传统哲学本体论的困境。”③

肖萐父、李锦全等说：“严复根据其所能掌握的自然科学知识，如牛顿的力学理论、达尔文的进化论和无神论、康德的星云说，形成不同于我国古代朴素唯物主义而具有机械唯物主义思想特征的自然观。”④王栻说：“严复具有唯物论的观点，反对唯心论的观点。”⑤他又说：“严复的宇宙观，是根据十七、十八世纪以来科学研究的成果，才认为物质是第一性的，精神是第二性的。因此，他才成为中国历史上第一个相信机械唯物论的人物……当然，严复的唯物论还是机械唯物论的，而不是辩证唯物论的。”⑥

李维武指出“严复的影响包括二个方面：一个方面，是他从经验主义出发对传统哲学本体论的解构……另一个方面，则是由之而来的对建构新的中国哲学本体论的启示”，因此严复是“中国哲学本体论古今之变的

---

① 刘敬东：《启蒙与救亡：在自由与富强之间——马克思世界历史理论的严复个案》，《哲学研究》2007年第9期。

② 李维武：《20世纪中国哲学本体论问题》，长沙，湖南教育出版社，1991，第96页。

③ 李维武：《20世纪中国哲学本体论问题》，长沙，湖南教育出版社，1991，第103页。

④ 肖萐父、李锦全主编：《中国哲学史》下卷，北京，人民出版社，1983，第351页。

⑤ 王栻：《严复传》，上海，上海人民出版社，1976，第75页。

⑥ 王栻：《严复传》，上海，上海人民出版社，1976，第65页。

关节点"①。

张立文说："严复通过对笛卡尔的'我思故我在'的诠释，确立了其心意的形而上学本体论。"②

(二)微观研究

李维武说："严复的科学宇宙论，对于中国传统哲学具有双重的意义。一方面，这个崭新的宇宙论以其完整的系统的科学框架和科学内容，改变了宇宙论与本体论相结合的中国哲学传统，取代了传统的本体论，真正开启了中国哲学科学化、实证化的新方向。另一方面，这种科学宇宙论的确立，又带有中国哲学传统的巨大印痕。"③李维武强调严复的自然观中的"物自为变"观念，他说："严复进而认为，整个宇宙运动是一个统一的自然的进化过程……在严复看来，这一进化过程是自然界的自己运动，是宇宙中质与力相互作用的结果，而不存在什么非自然、超自然的造物主和推动者……严复又指出，生命世界的进化有其规律性，这就是由达尔文所揭示的'物竞天择'原理。"④他又说："整个宇宙就是运动着的物质和物质的运动，这种'物自为变'就是所谓的'天演'。"⑤

王栻强调严复进化论的普遍性，他说："他认为宇宙之中，无论自然现象、社会现象，都只是物质演变的自然结果。"⑥冯契强调严复进化论的世界观意义，他说："他主要不是从生物科学的角度，而是从世界观的高度，介绍和阐发了'天演之学'……严复着重指出，进化论带来了世界观的变化。"⑦北京大学哲学系的学者们也说："严复介绍进化论思想时，不仅认为这种思想是适用于生物界的科学理论，而且认为它可以作为一种世界观，概括一切客观事物的发展规律。"⑧

肖萐父、李锦全等强调了严复对中国传统本体范畴所作的现代改造，他们说："严复试图克服'气'范畴的直观性而赋予它以近代科学的解释，把传统唯物主义本体论所说的'元气'之类解释为就是'以太'，也就是充

① 李维武：《严复与中国本体论的古今之变》，北京大学哲学系编：《"严复：中国与世界"国际学术会议论文集》，北京，2013，第178页。

② 张立文：《严复唯意非幻的思想》，《社会科学战线》2014年第9期。

③ 李维武：《20世纪中国哲学本体论问题》，长沙，湖南教育出版社，1991，第107页。

④ 李维武：《20世纪中国哲学本体论问题》，长沙，湖南教育出版社，1991，第105～106页。

⑤ 李维武编著：《中国哲学史纲》，成都，巴蜀书社，1988，第461页。

⑥ 王栻：《严复传》，上海，上海人民出版社，1976，第64页。

⑦ 冯契：《中国近代哲学的革命进程》，上海，上海人民出版社，1989，第129页。

⑧ 北京大学哲学系中国哲学教研室编：《中国哲学史》，北京，北京大学出版社，2001，第569页。

满太空中旋转的‘星云’。”①而彭世文、章启辉则进一步指出：“具有近代物质观的‘气’范畴成为中国哲学与西方哲学之间、中国传统哲学与中国现代哲学之间承接的纽带之一……严复又在‘气’范畴的基础上，从近代西方哲学中引进了大量新的概念、范畴、名词术语，加速了中国传统哲学的近代化进程。因此，‘气’哲学范畴的改造不仅在于其本身，而且对于中国哲学的研究方法、理论以及如何整理传统哲学和吸收外来哲学等同样具有了发端性和启发性的意义。”②

马工程教材《中国哲学史》认为“严复介绍宣传进化论，是为了变革中国传统的世界观，将进化论作为观察宇宙和人类社会进化的新世界观”③。赵云波说：“严复的科学思想之所以不同于中国传统的科学思想，就在于他的自然观、科学观以及方法论等思想中注入了近代实验科学的新鲜血液，受到了西方科学文化的深层浸染。而之所以他的思想中能够有这样的基础与特征，得益于近代中国科学文化本土化的生动实践。”④他将“严复自然观”概括为“向物质求宇宙本体”“宇宙的起源与演化”“人与自然的关系”⑤。陈卫平说：“经严复的创造性阐释，进化论作为世界观之‘道’就此而确立于近代中国社会。”⑥宋志明说：“严复虽然深谙西学，但是着重介绍进化论及社会政治学说，在本体论方面没有展开论述。”⑦王中江说：“在很大程度上，严复过滤掉了古代中国‘天’观念的‘神性’，把其中的‘自然性’引向了一个新的高度，这不仅使中国的‘天’高度自然化了，而且也将与之相对的人和社会‘自然化’了。”⑧

七、对严复哲学思想中的认识论的研究

（一）宏观评述

周振甫认为，严复认识论的特征是“实证论”和“不可思议”⑨。王栻认为严复的认识论是唯物论的经验论，他说：“严复支持唯物论的经验论

① 肖萐父、李锦全主编：《中国哲学史》下卷，北京，人民出版社，1983，第283页。

② 彭世文、章启辉：《论严复“气”范畴及其近代意义》，《湖南大学学报（社会科学版）》2001年第4期。

③ 《中国哲学史》编写组：《中国哲学史》下册，北京，人民出版社，2012，第261页。

④ 赵云波：《学于自然有道：严复科学思想研究》，北京，科学出版社，2021，第21页。

⑤ 赵云波：《学于自然有道：严复科学思想研究》，北京，科学出版社，2021，第45～55页。

⑥ 陈卫平：《中国近代进化论思潮形成的内在逻辑》，《文史哲》1996年第3期。

⑦ 宋志明：《论中国近代哲学的转向》，《中国人民大学学报》2004年第6期。

⑧ 王中江：《严复的科学、进化视域与自然化的“天人观”》，《文史哲》2011年第1期。

⑨ 周振甫：《严复思想述评》，上海，中华书局，1940，目次。

的观点，而反对唯心论的先验论的观点。”[①]李泽厚说：“严复这样高度重视认识论和逻辑学，自觉介绍经验论和归纳法，就眼光和水平说，在七八十年前确是凤毛麟角，极为难得。这一点就使他超过了前前后后许多人。”[②]肖萐父、李锦全说：“严复明确接受了英国的唯物主义经验论，并运用西方的实验科学和逻辑归纳等方法，揭露封建独断哲学的先验论实质，开创了以近代科学方法批判宋明道学的先河。”[③]“严复认识论的特点是以当时西方的自然科学方法论研究人类认识的矛盾运动。他基本上是唯物主义经验论者，同时又导致了不可知论。”[④]李维武说：“严复所要引入的西方哲学的基本思想，主要是西方哲学的近代经验主义传统和现代实证主义原则。”[⑤]“严复首先介绍英国经验论，重视近代实验科学与归纳逻辑，具有唯物主义经验论倾向。”[⑥]北京大学哲学系的学者们认为：“严复着重介绍和宣传了经验主义的认识论和科学方法论。”[⑦]马工程教材《中国哲学史》认为，严复的认识论“体现了中国近代哲学在思维方法上以科学理性取代经学方法的变革”[⑧]。

杨国荣说：“以近代化的历史进程为背景，西方的实证论与中国传统哲学相拒而又相融，赋予严复的哲学以独特的形态。这一形态既构成了中国近代实证主义思潮的逻辑起点，又从一个侧面折射了近代中西哲学合流的历史走向。”[⑨]陈少明说：“工作做得最出色的是严复。他亲历西方，所学东西纯正，对中西文化差别体会深，而且具有一种传道式的热情……从对自然科学术语生吞活剥的运用，到对认识论、逻辑学的研究、介绍，从总体上看，这是一个了不起的进步。它意味着传统哲学的根基受到巨大的冲击，新观念传播开了。”[⑩]张铃枣说：“(严复)从哲学认识论、方法论高度阐述了只有建立近代科学、理性的认识方法，才是国家富强、学术昌盛的根本出路。所以，严复站在近代科学方法论的立场上

---

① 王栻：《严复传》，上海，上海人民出版社，1976，第 75 页。

② 李泽厚：《论严复》，《中国近代思想史论》，北京，人民出版社，1979，第 273 页。

③ 肖萐父、李锦全主编：《中国哲学史》下卷，北京，人民出版社，1983，第 284 页。

④ 肖萐父、李锦全主编：《中国哲学史》下卷，北京，人民出版社，1983，第 355 页。

⑤ 李维武：《20 世纪中国哲学本体论问题》，长沙，湖南教育出版社，1991，第 101 页。

⑥ 李维武编著：《中国哲学史纲》，成都，巴蜀书社，1988，第 423 页。

⑦ 北京大学哲学系中国哲学教研室编：《中国哲学史》，北京，北京大学出版社，2001，第 576 页。

⑧ 《中国哲学史》编写组：《中国哲学史》下册，北京，人民出版社，2012，第 269 页。

⑨ 杨国荣：《严复与西方实证主义》，《哲学研究》1991 年第 5 期。

⑩ 陈少明：《理性的唤醒——西方认识论冲击下的中国近代哲学》，《哲学研究》1987 年第 12 期。

对封建旧学进行了猛烈批判，并对近代科学方法予以创造性阐扬，从而在近代中国确立了以唯物主义经验论为认识结构的近代科学方法论。”①陈国庆说：“严复强调科学与哲学的相互联系，指出科学实验方法与哲学思维方法的同一性。这种试图把哲学完全实证化的倾向，不仅加速了中国传统的、无所不包的经学体系的瓦解，而且与中国古代哲学重视直觉体悟、内心修养的思维方式发生尖锐冲突。”②宋志明、孙小金说：“他把伴随着西方近代实证科学而来的实证方法归结为两条：一条是经验原则，另一条是逻辑原则。尽管严复受英国实证论者影响很大，但不能把他视为‘中国第一个实证论者’。”③黄克武说：“从严复知识观可见他不是一个极端的实证主义者，也不是科学主义者。”④

（二）微观研究

1. 关于严复的逻辑学

蔡元培强调逻辑学在严复哲学中的地位，他说：“严氏于《天演论》外，最注意的是名学。”⑤贺麟则突显了严复引入逻辑学所产生的效果，他说：“严复留学英国，他的思想也非常着重经验论和归纳法……严复翻译穆勒的《名学》，就是想把培根、洛克以来的英国经济科学方法论介绍到中国来。他说培根、穆勒‘皆不可轻非’，大力提倡培根的‘实测内籀之学’，来反对陆、王的先验论。可是他在介绍穆勒的名学时，同时引进了康德的不可知论。”⑥钱基博说：“中国言逻辑者，始于严复。”⑦王栻特别强调严复逻辑学的科学意义，他说：“严复认为，向西方寻找真理，最重要的就是要找到科学及科学赖以建立起来的科学方法，合两者而统称之曰西学，这是他持以与封建传统思想作斗争的武器。严复所说的科学方法，就是‘名学’，也就是我们现在说的‘形式逻辑’……这种科学方法，包括两大部分，一部分叫做归纳法，一部分叫做演绎法……严复特别重

---

① 张铃枣：《试论严复的科学方法论思想》，《福建师范大学学报（哲学社会科学版）》1991年第8期。

② 陈国庆：《中国传统哲学思维方式在近代的嬗变》，《延安大学学报（社会科学版）》1992年第4期。

③ 宋志明、孙小金：《严复与实证方法》，《中国矿业大学学报（社会科学版）》2001年第1期。

④ 黄克武：《惟适之安：严复与近代中国的文化转型》，北京，社会科学文献出版社，2012，第169页。

⑤ 蔡元培：《五十年来中国之哲学》，高叔平编：《蔡元培全集》第四卷，北京，中华书局，1984，第352页。

⑥ 贺麟：《五十年来的中国哲学》，北京，商务印书馆，2002，第83页。

⑦ 钱基博：《中国言逻辑、论逻辑文学均始于严复》，苏中立、涂久光主编：《百年严复——严复研究资料精选》，福州，福建人民出版社，2011，第329页。

视的还是归纳法，因为归根结底，只有归纳法才能获得新知，创立公例，使科学日益发达。演绎法只是公例的应用。”[①]李泽厚强调严复所译介的逻辑学的功能，他说：“严复把富强之基归于科技，科技之本在于方法，即培根提出的哲学经验论和归纳法。”[②]冯契则注重严复译介逻辑学的自觉性，他说：“严复超越前人之处，还在于他清楚地意识到，中国人要掌握西方近代科学，在重视实验的同时，还要重视逻辑。”[③]李维武强调逻辑方法的运用，“在严复看来，科学逻辑方法的一个重要作用，就在于保证概念意义的确定性”[④]，他说：“严复运用科学逻辑方法探讨本体论问题，这在中国哲学史上是空前的，一反传统哲学的思辨性，而给人一种清新明快的认识，对于批判传统本体论、确立科学宇宙论具有重要的意义。”[⑤]史华兹则强调严复译介逻辑学的目的，他说：“不管严复所深深信奉的穆勒执迷的归纳主义是什么样的逻辑，他信奉它，首先是因为他看到这种逻辑对中国传统思想中的某些逻辑错误倾向有独特的纠正与解毒的功用：这些逻辑错误在严复心目中是与中国文化的主要弊病——消极、惰性、拒绝付出最大的努力紧密相联的。”[⑥]李承贵、赖红认为，通过介绍经验主义的归纳逻辑，严复实际上开启了中国学术研究方法的近代转型，他们说：“严复在介绍、宣传、应用西学方法的同时，一方面是对传统研究方法某些局限的克服，另一方面则是新的研究范式的建立。”[⑦]

宁莉娜认为，“严复逻辑思想的主要特征”有“实证主义的哲学基础”“重视归纳的思维方法”“强调科学的思维方式”“西方逻辑观念的中国化阐释”[⑧]；“严复逻辑思想的价值”在于“确立了逻辑方法在中国文化中的地位”“促进了近代哲学方法的变革”“推动文化观念的更新”；“严复译介穆勒逻辑对文化重构及逻辑观念的影响”表现为“激发近现代文化转型的逻辑使命”“奠定近现代逻辑观的科学基础”“促进中国近现代逻辑观的形成”[⑨]；“严复译介穆勒逻辑”“阐释了逻辑方法的思想价值”，表现为“以

① 王栻：《严复传》，上海，上海人民出版社，1976，第65～66页。
② 李泽厚：《论严复》，《中国近代思想史论》，北京，人民出版社，1979，第270页。
③ 冯契：《中国近代哲学的革命进程》，上海，上海人民出版社，1989，第141页。
④ 李维武：《20世纪中国哲学本体论问题》，长沙，湖南教育出版社，1991，第108页。
⑤ 李维武：《20世纪中国哲学本体论问题》，长沙，湖南教育出版社，1991，第110页。
⑥ 〔美〕本杰明·史华兹：《寻求富强：严复与西方》，叶凤美译，南京，江苏人民出版社，1996，第175页。
⑦ 李承贵、赖红：《传统学术研究方法的近代转型——兼论严复对传统研究方法近代转型的贡献》，《上饶师范学院学报(社会科学版)》2004年第5期。
⑧ 宁莉娜：《严复译介穆勒逻辑思想研究》，上海，上海大学出版社，2016，目录。
⑨ 宁莉娜：《严复译介穆勒逻辑思想研究》，上海，上海大学出版社，2016，目录。

逻辑方法为思想提供科学基础”“以归纳论证增强思想力量”“以科学方法丰富思想的智慧”[①]。她说：“穆勒逻辑思想所‘关心的是提高人的精神’，这种鲜明的精神文化特质引起严复的极大关切，他将穆勒逻辑引入国人视野，旨在通过科学方法实现思维方式变革，进而挺立民族精神，重塑民族文化。”[②]她认为，“从中国近现代转型期的逻辑与文化研究看”，严复关注穆勒逻辑有三个方面的内容：“中外逻辑方法与转型期的文化交汇”“文化与逻辑相关系的研究成果”“文化革新中的逻辑观”[③]。宁莉娜又说：“在严复看来，穆勒逻辑对国人具有开启思想文化和科学视野等作用，他试图以逻辑方法将人们引向科学方法、科学精神以及精神文化的关注，形成具有科学观念的文化自觉。”[④]她还说：“严复译介和传播穆勒逻辑，揭示了逻辑方法既是文化发展的前提条件，也是文化要素不可或缺的组成部分，为近代文化革新与重建带来可借鉴的思维方法、思维资源及其新的文化观念，对中国近代思维方式的转换以及理性自觉的形成产生重要影响。”[⑤]“严复就是怀着文化救国救民的使命感，在对中西文化的比较中，充分肯定了逻辑学的价值。”[⑥]“从19世纪开启的中国近代文化革新运动，为中国文化注入了科学精神，严复译介穆勒逻辑思想既是一次重要的学术传播活动，也是以自觉的逻辑观念进行转型的文化创新。”[⑦]“严复译介穆勒逻辑，为近代文化变革带来新的思维方式、新的思想资源、新的文化观念，对中国近代思维方法的转换、理性自觉的形成具有重要的借鉴意义。”[⑧]

彭漪涟说：“从严复的整个论述来看，我们还看不到他有把归纳法与演绎法绝对对立的思想倾向。”[⑨]李春勇说：“严复无疑持有一元逻辑观，被他唯一地视为合法的逻辑的只是归纳逻辑，演绎逻辑已被他消解在归纳逻辑之中。”[⑩]

---

① 宁莉娜：《严复译介穆勒逻辑思想研究》，上海，上海大学出版社，2016，目录。
② 宁莉娜：《严复译介穆勒逻辑思想研究》，上海，上海大学出版社，2016，导言。
③ 宁莉娜：《严复译介穆勒逻辑思想研究》，上海，上海大学出版社，2016，目录。
④ 宁莉娜：《严复译介穆勒逻辑思想研究》，上海，上海大学出版社，2016，导言。
⑤ 宁莉娜：《严复译介穆勒逻辑思想研究》，上海，上海大学出版社，2016，第34页。
⑥ 宁莉娜：《严复译介穆勒逻辑思想研究》，上海，上海大学出版社，2016，第113页。
⑦ 宁莉娜：《严复译介穆勒逻辑思想研究》，上海，上海大学出版社，2016，第211页。
⑧ 宁莉娜：《论严复译介穆勒逻辑思想的文化关怀》，《哲学研究》2014年第5期。
⑨ 彭漪涟：《严复关于归纳与演绎的基本思想》，《江汉论坛》1985年第9期。
⑩ 李春勇：《论严复的归纳主义逻辑观》，《淮阴师范学院学报（哲学社会科学版）》2003年第6期。

2. 关于严复的经验论和不可知论

王栻强调严复经验论的方法论意义，他说："他认为读书不是求学问的主要方法，主要方法是直接与天地之间的事事物物接触，在实践与实验中加以考察，加以研究。"①李泽厚强调严复认识论的英国渊源，他说："(严复)用培根、洛克和穆勒等英国资产阶级的经验论作为认识论和方法论，来武装中国人的头脑。"②李泽厚认为严复经验论有实用主义的成分，他说："由于片面强调感觉经验，轻视理论思辨，迷信归纳万能，严复终于完全投入实证主义，并涂上一层实用主义的色彩。"③肖萐父、李锦全等强调严复经验论中的唯物主义和怀疑论是有理论联系的，他们说："严复相信科学，运用科学方法论阐述认识来源于经验时，是唯物主义的观点；但当他把经验说成是主观的感觉，而且把认识仅仅局限于此，就走向了主观怀疑论。"④肖萐父、李锦全等强调严复认识论是归纳和演绎的结合，他们说："从实际经验出发，通过归纳，作出结论，然后加以演绎，这就是严复宣传经验论的特点。"⑤王中江强调严复经验论对中国传统学术的批判作用，他说："(严复)清算了中国传统哲学中关于认识的种种错误观念，树立起近代科学认识论的旗帜。具体来说，即：批判唯书唯物主义，高唱以自然为研究认识的对象；批判良知良能的主观主义，坚持感性经验为认识的出发点；批判心习成见的因循被动主义，强调自用思想的主体能动性认识原则。"⑥王中江强调可知论是严复认识论的主要成分，他说："严复的不可知论是斯宾塞式的不可知论，即实证知识的可知论与玄学对象的不可知论。严复的认识论主要限于经验科学，这使得可知论成为其主导方面。"⑦张汝伦说："严复和《天演论》宣传的进化论将会受到越来越多的挑战和质疑，但严复进化的不可知论的态度，将会与他伟大的名字一起，越来越多地被人们记起。"⑧

3. 严复的科学观和宗教观

王栻认为严复区分了科学和本体领域，他说："严复认为，我们尽可

① 王栻：《严复传》，上海，上海人民出版社，1976，第 68 页。

② 李泽厚：《论严复》，《中国近代思想史论》，北京，人民出版社，1979，第 269 页。

③ 李泽厚：《论严复》，《中国近代思想史论》，北京，人民出版社，1979，第 274 页。

④ 肖萐父、李锦全主编：《中国哲学史》下卷，北京，人民出版社，1983，第 361 页。

⑤ 肖萐父、李锦全主编：《中国哲学史》下卷，北京，人民出版社，1983，第 357 页。

⑥ 王中江：《严复与福泽谕吉——中日启蒙思想比较》，开封，河南大学出版社，1991，第 186～187 页。

⑦ 王中江：《严复与福泽谕吉——中日启蒙思想比较》，开封，河南大学出版社，1991，第 198 页。

⑧ 张汝伦：《理解严复》，《读书》1998 年第 11 期。

以满足于感觉的世界，而不去理睬那属于‘不可知’领域的‘本体’世界，因为我们完全可以就在感觉的世界中，建立我们的科学，而为人类作出贡献。去探索那个不可知的‘本体’，是完全没有用处的。”①史革新说：“严复对科学作过多方面的论述，概括起来，包括四个层次：狭义科学、广义科学、科学方法论和科学精神。”②王民、陈友良从另一个角度概括严复的科学观，他们说：“严复的科学思想是一个体系，其科学的世界观、理念、方法论及应用观是不可分割的整体，摒弃或忽略任何一个部分都无法对其作出全面的认识。”③郭颖颐认为严复实际上是中国科学主义思潮的奠基人：“严复奠定了新时代思想家们把现代科学作为一种价值体系而接受的基础。”④王中江强调严复的科学观的政治意义，他说：“特别是科学所带来的政治观念、价值观念的变化，更使严复深信科学的伟大功能。”⑤王中江又强调严复对宗教的肯定，他说：“他还讨论了孔教、基督教、佛教以及它们与中国的关系。严复基本上肯定了孔教或儒教的存在。”“严复对宗教的态度是多元的，对宗教的社会作用——功利给予肯定，并把它与真结合起来，破除道功、义利的二元模式。”“严复的观点是，宗教不会消亡，它将与人类共始终。”⑥俞政指出，严复的宗教观有五个特点：“宗教的精细程度同人民的文化程度相适应”“宗教同宗法一样，具有团结人心、合成社会的凝聚作用”“宗教是一种无形的力量，专制统治者往往依靠宗教来增强自己的权威”“宗教的特点是听天由命”“宗教权威建立在人民信仰的基础上”⑦。

韩立坤认为：“严复既肯定科学在经验层面的现实作用，又阐发其在形而上学层面的价值普适性和信仰意义。这种方式在新文化运动后的重建形而上学思潮中被进一步落实，成为现代哲学家处理科学与形而上学

① 王栻：《严复传》，上海，上海人民出版社，1976，第71页。

② 史革新：《严复与中国近代文化》，黄瑞霖主编：《中国近代启蒙思想家——严复诞辰150周年纪念论文集》，北京，方志出版社，2003，第36页。

③ 王民、陈友良：《论严复的科学思想》，习近平主编：《科学与爱国——严复思想新探》，北京，清华大学出版社，2001，第34页。

④ 〔美〕郭颖颐：《中国现代思想中的唯科学主义》，雷颐译，南京，江苏人民出版社，1995，第3～4页。

⑤ 王中江：《严复与福泽谕吉——中日启蒙思想比较》，开封，河南大学出版社，1991，第329页。

⑥ 王中江：《严复与福泽谕吉——中日启蒙思想比较》，开封，河南大学出版社，1991，第280、282、284页。

⑦ 俞政：《严复著译研究》，苏州，苏州大学出版社，2003，第98～99页。

关系的思想源头。”[1]李承贵认为：“严复对中国传统哲学的解释，具有鲜明的科学主义特色。”[2]史革新说：“严复以深邃的近代学术眼光，对科学作了全面而深刻的阐释，从自然科学、知识体系、科学方法论、科学精神四个方面论述了科学的涵义，提出了全新的科学文化观。”[3]冯夏根说：“严复大力弘扬科学精神与科学观念，改变了近代中国人认识世界的方法，直接导引了五思科学启蒙思潮和现代中国科学主义的兴起。”[4]

赵云波认为，“严复科学思想的特点”有“存在丰富性与缺乏系统性的二元特征”“来源多元”“个人思想与译著原作者的思想并非泾渭分明”“文笔古雅”[5]。他将严复的科学观概括为“‘科学公例，无时不诚’的科学知识观”和“物质与精神价值同具的科学功能观”[6]。他又说：“尽管严复在翻译过程中通过在文本中以案语的形式以及在相关论著中介绍了实证主义科学哲学的相关人物与理论，但严格来讲，他并未对中国科学哲学的发展做出过较为深入的贡献。”[7]

陈路舟说：“严复的一生都在追寻中国救亡图存的出路，他拥有极为深厚的中西学素养，他渴望在科学与宗教上寻找到保种保国的中国方案……尽管他晚年深陷不可知论的泥潭，沉迷于迷信和玄学，但他对科学和宗教的合理阐释，在西方科学中的理性和中国宗教文化中的德性在融合碰撞中的探索，都为近代乃至今日、后世留下了丰厚的精神遗产。”[8]范丽媛说：“近代中国科学史上，严复在‘格致’到‘科学’的转变中起到了关键性的作用。”[9]她又说：“在严复以‘格致’解释‘科学’的过程中，传统‘格致’的概念中逐渐被赋予了科学精神、科学方法的内涵，此即严复对‘格致’的科学化的释义过程。这一过程也是近代中国传统文化转型的一个缩影。通过‘格致’到‘科学’的转变，我们发现这一过程并非

---

① 韩立坤：《从“技”到“道”：严复科学观的演变》，北京大学哲学系编：《“严复：中国与世界”国际学术会议论文集》，北京，2013，第 114 页。

② 李承贵：《严复解释传统哲学的科学主义倾向》，北京大学哲学系编：《“严复：中国与世界”国际学术会议论文集》，北京，2013，第 234 页。

③ 史革新：《严复与中华民族精神在近代的重铸》，郭卫东、牛大勇主编：《中西融通：严复论集》，北京，宗教文化出版社，2009，第 49～50 页。

④ 冯夏根：《严复与近代中国的思想转型》，郭卫东、牛大勇主编：《中西融通：严复论集》，北京，宗教文化出版社，2009，第 79 页。

⑤ 赵云波：《学于自然有道：严复科学思想研究》，北京，科学出版社，2021，第 10～14 页。

⑥ 赵云波：《学于自然有道：严复科学思想研究》，北京，科学出版社，2021，第 74～82 页。

⑦ 赵云波：《学于自然有道：严复科学思想研究》，北京，科学出版社，2021，第 208 页。

⑧ 陈路舟：《严复的科学观与宗教观研究》，福州，福州大学硕士学位论文，2018，第 42 页。

⑨ 范丽媛：《以西释中：严复对“格致”的科学化释义》，太原，山西大学硕士学位论文，2018，第 13 页。

截然断裂，而是有着更为复杂的相互关系。”[1]耿良风说：“严复在著述中肯定了基督教，认为其中包含资产阶级自由、民主、平等的理念，有助于提高民德，增强社会凝聚力，推动科学进步。在翻译八大译著的同时，严复也注重从耶稣会士的译著中汲取相关经验。因此，严复对基督教持亲和态度。亲和非中立，而是带有倾向性、包容性和情感性……严复极为推崇基督教新教，有意推广其变革思想和自强意识，推行新教提倡的政教分离制度。总体说来，严复赞成在中国推行基督教。”[2]

杨国荣说：“如果说，系统地阐述和发挥西方近代的实测内籀之学是严复方法论思想的第一个特色，那末，把引入和介绍西学与批判旧学结合起来，则构成了严复方法论思想的第二个特色。从实测内籀之学出发，严复对旧的治学方法作了深刻的清算。”[3]黄长义说：“严复介绍和宣传的西方近代的科学方法论，在当时产生了很大影响……以进化论为代表的西方近代科学方法论在中国的广泛传播，使中国文化氛围中融进了科学的实证精神和创造精神，改变了近代中国人的传统思维方式。人们的认识逐渐由主观玄想转变为重视客观实际，一系列的近代科学(尤其是社会科学)应运而生，科学思想开始在中国生长、发展。”[4]段治文说：“在宣传自然科学和科学方法论的基础上……他通过大量的译文和按语，介绍了科学进化论和实证哲学，并化作他自己的思想，使其科学观体系浑然一体。”[5]李难说：“如果说徐光启是‘近代化’的先行者，那么后起的近代继承者便是严复……近代科学方法在我国的传播，从理论上首推严复。”[6]陈友良说：“而他对于科学功能的理解上，则强调社会功利主义，指明科学完全能够为我所用，能够最终致中国于富强之境。这种交叉的认识使得严复的科学思想对 20 世纪初的中国社会思想界有着重要的启蒙作用。”[7]秦英君说：“严复将达尔文的自然进化论运用到社会，把归纳法扩展到一切领域，这种对科学方法理解的偏颇认识，这样过分地推崇方

---

① 范丽媛：《以西释中：严复对“格致”的科学化释义》，太原，山西大学硕士学位论文，2018，第 1 页。

② 耿良风：《在中西的交汇点：严复翻译思想与实践再诠释》，福州，福建师范大学博士学位论文，2020，中文摘要 VIII～IX。

③ 杨国荣：《从中西古今之争看中国近代方法论思想的演变》，《福建论坛(文史哲版)》1988 年第 3 期。

④ 黄长义：《进化论与近代中国思想文化的变革》，《江汉论坛》1991 年第 9 期。

⑤ 段治文：《试论严复的科学文化观》，《福建论坛(文史哲版)》1993 年第 4 期。

⑥ 李难：《关于我国科技近代化的哲学思考》，《上海大学学报(社会科学版)》1995 年第 1 期。

⑦ 陈友良：《进化与功利——严复对近代科学思想的诠释》，《北京科技大学学报(社会科学版)》2006 年第 1 期。

法的作用，也为后来的惟科学主义开了头。”[①]沈国威说：“严复的科学思想有两个主要来源，一个是培根，另一个是斯宾塞。”[②]赵云波、范丽媛说：“他从材料的收集（考订）、获得一般性认识（贯通）和验证所得一般性认识的可靠性（试验）等治学方法的三个层面对格致与科学进行了系统、认真的比较，不仅成为时人认识西方科学文化的重要思想来源之一，而且对当下重新审视和创新中国传统文化以及培育适应科学发展的新的文化传统具有重要的启示意义。”[③]

八、对严复哲学思想中的历史观的研究

冯契强调严复进化论历史观的批判作用，他说严复“以进化论作武器来反对天命史观”[④]。冯契认为严复强调人类社会的发展的共性和个性，他说：“严复把天演之学贯彻到社会历史领域……严复认为人类同其他动物一样，也遵循自然选择的规律。但人和动物又有不同，即人能群。”[⑤]冯契又指出严复进化论的缺点，他说：“他认为只有渐变而无突变，进化过程中并无‘超跃’是自然和社会的普遍规律。这是庸俗进化论的观点。”[⑥]

肖萐父、李锦全等从天人、古今和中西关系的角度来考察严复的历史进化论，他们说：“他探讨天（自然）和人的关系问题时，提出了著名的‘争天而胜天’和‘恃人力’的观点……他探讨古和今的关系问题时，提出了‘力今胜古’的社会进化思想……他探讨‘中学’和‘西学’的差异时，提出了‘尊民叛君’的观点。”[⑦]肖萐父、李锦全等又强调严复的历史观的现实价值，他们说：“严复的‘合群’‘恃人力与天斗’的思想不仅宣传进化是不可抗拒的规律，更重要的是，他要求人们认识这一普遍规律以后，发愤图强，为救亡图存而斗争。”[⑧]他们认为严复进化论的局限性是：“离开了社会生产方式变革过程中的阶级斗争而谈一般教育救国问题，就不可能解决他面临的社会矛盾，为中国革命指明真正出路。”[⑨]

---

① 秦英君：《近代中国人对西方科学文化的几种解读》，《史学月刊》2007 年第 1 期。

② 沈国威：《严复与科学》，南京，凤凰出版社，2017，第 200 页。

③ 赵云波、范丽媛：《严复论格致与科学在方法上的差异》，《自然辩证法研究》2018 年第 5 期。

④ 冯契：《中国近代哲学的革命进程》，上海，上海人民出版社，1989，第 13 页。

⑤ 冯契：《中国近代哲学的革命进程》，上海，上海人民出版社，1989，第 134 页。

⑥ 冯契：《中国近代哲学的革命进程》，上海，上海人民出版社，1989，第 138 页。

⑦ 肖萐父、李锦全主编：《中国哲学史》下卷，北京，人民出版社，1983，第 361～362 页。

⑧ 肖萐父、李锦全主编：《中国哲学史》下卷，北京，人民出版社，1983，第 363 页。

⑨ 肖萐父、李锦全主编：《中国哲学史》下卷，北京，人民出版社，1983，第 365～366 页。

李维武则强调严复的历史观实际上是达尔文进化论的推广，他说："他十分推崇达尔文的进化论，并且力图用进化论说明人类社会发展，鼓吹救亡图存、维新变法。"①张志建强调进化论的先进性，他说："进化论作为一种全新的资产阶级哲学，直接否定并猛烈地冲击了中国封建的历史循环论和正统史观。"②张志建又认为"运会"说是严复的历史观的重要内容，他说："严复是把进化论当作社会发展的必然规律，当作一种历史观介绍给中国读者，他把人类社会历史时刻都在变化发展称作'运会'，认为这个'运会'是不以人们的意志为转移且与历史循环论完全不同的客观规律。"③史革新认为严复实际上将生物进化论的原则看作历史发展的规律，他说："在他看来，弱肉强食、竞争进化是人类社会的'运会'新遵循的根本原则。"④萧功秦指出，严复现代化思想中存在着"严复悖论"，"我们可以把'单项引进'与'全项引进'的互悖命题称之为'严复悖论'"。他又说："严复的渐进主义的现代化思想的核心，是他的'社会有机体论'……正是基于这种'社会有机体论'和'体用不可分立论'，严复批评了那种简单地以为引进西方联邦共和政体就可以实现现代化的激进主张。"⑤

马工程教材《中国哲学史》认为："严复的历史观具有进化论的科学品格，这意味着中国近代哲学的理论构建开始走出了仰仗经学权威的传统。"⑥冯夏根说："进化论改变了传统中国的'天下'观念和循环史观，推动了近代中国人世界观的变革。"⑦李坚说："近代中国第一个系统介绍西方资产阶级进化论的启蒙思想家是严复，在历史观上他不同于康有为之处在于他比较真切地了解西方资产阶级进化论，以达尔文进化论、斯宾塞社会有机体论说明社会历史现象，借助西方近代思想家的著作表述自己的社会历史观，推进了康首先阐发的资产阶级进化史观。"⑧

---

① 李维武编著：《中国哲学史纲》，成都，巴蜀书社，1988，第 465 页。

② 张志建：《严复学术思想研究》，北京，商务印书馆国际有限公司，1995，第 211 页。

③ 张志建：《严复学术思想研究》，北京，商务印书馆国际有限公司，1995，第 212 页。

④ 史革新：《严复与中国近代文化》，黄瑞霖主编：《中国近代启蒙思想家——严复诞辰 150 周年纪念论文集》，北京，方志出版社，2003，第 42 页。

⑤ 萧功秦：《严复对中国现代化的思考及其启示》，福建省严复研究会编：《93 年严复国际学术研讨会论文集》，福州，海峡文艺出版社，1995，第 348～349 页。

⑥ 《中国哲学史》编写组：《中国哲学史》下册，北京，人民出版社，2012，第 263 页。

⑦ 冯夏根：《严复与近代中国的思想转型》，郭卫东、牛大勇主编：《中西融通：严复论集》，北京，宗教文化出版社，2009，第 60 页。

⑧ 李坚：《进化史观在近代中国的形成及特点述论》，《辽宁大学学报(哲学社会科学版)》1992 年第 6 期。

九、对严复哲学思想中的文化观的研究

实际上，中西文化交流和思想启蒙也是严复的文化观的重要内容，但前面已述及，这里就不重复了。

丁伟志、陈崧说："戊戌时期的文化论坛上，严复的文化观占有特殊重要的一席地位，不容忽视……为了论证西方文化的先进性，严复从一个全新的角度把中学和西学作了比较研究。这在中国近代文化史上是破天荒的。"①他们又说："严复第一次把西方文化和中国文化摆在平等的地位上看待……严复第一次通过中西文化的比较，明确地肯定了西方资本主义文化相比中国固有文化的先进性……在近代中国文化观念的变迁史上，虽然在严复之前也有人较为客观地介绍过西方先进国家的见闻，但像他这样从文化根源上条分缕析，进行对比，以证明西方资本主义文化之先进，反省中国固有文化之落后的，严复仍算得上是第一人。"②冯友兰说："在中西文化接触的初期，严复能以今释古，开了一代的风气，其中也不免有牵强附会之处，不足为训……能开一代风气，甚至是以后代代的风气，这就了不起。"③他又说："严复指出，西方长处的根本在于政治与学术，而政治又以学术为根本。西方的国家相互竞争，竞争是相反而又相成。概括地说，西方文化的要点是'以自由为体，以民主为用'。"④陈越光、陈小雅说："括而论之，严复在与洋务派的'体''用'争论中，与维新派的'标''本'争论中，和与革命派的'缓''急'争论中，都运用了达尔文进化论所给予他的启示。这是他与当时任何一个思想家所不同的特点——他在尝试着运用自然科学的方法论说明社会历史现象，使社会政治学成为真正的科学。"⑤林启彦说："严复既要肯定中西文化各自的长处，也要表明二者的缺陷与不足。严复这种对中西文化进行批判和反思的努力，旨在寻求中西文化的交融与会通，冀能开创出一套适合现代中国国情的新文化。"⑥李强说："严复及其同代人完成了中国近代思想发展中的两个重要转折：第一，他们成功地突破了传统文化的范式，

---

① 丁伟志、陈崧：《中西体用之间》，北京，中国社会科学出版社，1995，第258页。

② 丁伟志、陈崧：《中西体用之间》，北京，中国社会科学出版社，1995，第261～262页。

③ 冯友兰：《中国哲学史新编》第六册，北京，人民出版社，1989，第156页。

④ 冯友兰：《中国哲学史新编》第六册，北京，人民出版社，1989，第157页。

⑤ 陈越光、陈小雅：《摇篮与墓地——严复的思想和道路》，成都，四川人民出版社，1985，第115页。

⑥ 林启彦：《严复论中西文化》，刘桂生、林启彦、王宪明编：《严复思想新论》，北京，清华大学出版社，1999，第25页。

使传统儒学丧失了行动指南的意义；第二，他们在热情拥抱近代西方文明模式后又目睹这一文明模式所暴露的问题，表达了对这一模式的幻灭。他们留给下一代一个尚未解决的问题，即寻究一个既高于传统文化，又高于西方近代文明的更高级的文化模式。”[①]郭国灿认为，严复“三民”说是严复文化观的重要内容：“严复的‘三民’思想，在从社会学到历史文化心理学的角度变换过程中，率先提出改良深层的土壤问题，即改造国民劣根性问题，从而把中国主体文化——心理结构的近代化即人的近代化问题突出地提了出来，这是把握严复思想的历史地位的关键。”[②]刘慧娟则突出了严复对“中体西用”的批判与“新民”观之间的内在联系，她说：“严复在深厚的西学理论基础上，突破了‘中体西用’的局限，把目光转向重视国民素质，将‘新民’作为强国的根基，提出了改造国民劣根性的‘三民’学说，从而将中国主体文化——人的近代化问题提上了日程。”[③]牛田盛突出了严复的文化观对中国早期现代化理论的贡献，他说：“严复对中国早期现代化的贡献表现在理论和实践两方面：就理论意义看，在历史观方面实现了从天命史观、循环史观转向进步史观；在方法论意义上，实现了从经学方法向形式逻辑，从道德理性向逻辑理性、工具理性的转变。就实践意义来说，使中国现代化道路从物质、制度现代化转向思想现代化。”[④]王中江说：“严复对‘人道’、‘道德’和‘价值’的关怀，又牵涉到他的孔教观、牵涉到他的超验观和宗教观，它们共同构成了严复建立意义世界和价值理性的广大领地。”[⑤]干春松认为“严复力图通过改变思维方式和价值目标，将中国纳入西方模式”[⑥]。欧阳哲生认为：“严复晚年思想遂成为滋补文化保守主义的重要思想资源……严复重估中西文化的言论，早于梁启超、梁漱溟已发出，他可谓开战后中国文化保守主义思

① 李强：《严复与中国近代思想的转型——兼评史华兹〈寻求富强：严复与西方〉》，刘桂生、林启彦、王宪明编：《严复思想新论》，北京，清华大学出版社，1999，第380页。

② 郭国灿：《严复“三民”思想简论——“人的现代化”研究系列之一》，《福建论坛（文史哲版）》1986年第6期。

③ 刘慧娟：《试论严复“三民”学说对近代社会的影响》，《黑龙江教育学院学报》2007年第9期。

④ 牛田盛：《论严复现代化观念的原创意义及其局限性》，《求索》2007年第10期。

⑤ 王中江：《从超验领域到道德革新及其古典教化——严复的“宗教观”、“孔教观”和“新民德”》，北京大学哲学系编：《“严复：中国与世界”国际学术会议论文集》，北京，2013，第83页。

⑥ 干春松：《民族主义与现代中国的政治秩序——章太炎与严复围绕〈社会通诠〉的争论》，北京大学哲学系编：《“严复：中国与世界”国际学术会议论文集》，北京，2013，第134页。

想之先河。”[①]

马工程教材《中国哲学史》认为，严复“主张的‘新民德’，是以‘自由为体’‘开明自营’为内涵的”[②]。

高力克说：“严复之中西融合论既超越了洋务派之保守的中体西用论，又未落入五四新文化人激进的全盘西化论，体现了晚清启蒙思想温和稳健的英伦色彩。”[③]他认为严复“揭示了全球转型时代中西问题的本质：中国现代化是中国文化与西方文化的融合”[④]。他又说：“天演论之进化与伦理的张力，成为困扰启蒙者严复终生的思想难题。”[⑤]

王天根说：“面对传统走向近代的社会转型，严复引进西方社会学思想，结合中国国情进行本土化的解读，形成观察近代社会的独特视角。”[⑥]陈勇军说：“严复谋求与旧学相妥协，实际是重建了对待西方文化和传统文化的准则——中西文化之间应该形成一个全面的、理性的、平衡的互动关系。他提出中西文化会通的方式方法。在他看来，运用西方新学中的理论概念和研究方法整理研究中国的旧学，可以使中国传统文化焕发出一种符合时代精神的全新意义。”[⑦]贾新奇说：“严复的未来新文化有两个基本特征。第一，新文化将突破国家、种族、地域等限制，具有普世的性质……第二，新文化将克服此前各种文化包括现代西方文化的弊端，吸收它们的精华，从而成为从根本上超越此前各种文化的更为完善的文化。”[⑧]沈款说：“严复历史进化论的主要内容体现在三个方面。首先是历史进化的原理与法则……其次是历史进化中的‘群’‘己’及其联系……再次是进化信念与进化过程。”[⑨]陈云鹏说：“不难发现五四新文化运动与严复思想有着一脉相承的关系……五四新文化运动是严复倡导的‘科学’‘民主’和‘自由’思想的一个具体实践，二者有着一致性。但是二者也存在分歧，特别是对中国传统文化的态度、对国家制度的构建途径

---

① 欧阳哲生：《严复看第一次世界大战》，北京大学哲学系编：《“严复：中国与世界”国际学术会议论文集》，北京，2013，第146页。

② 《中国哲学史》编写组：《中国哲学史》下册，北京，人民出版社，2012，第270页。

③ 高力克：《启蒙先知：严复、梁启超的思想革命》，北京，东方出版社，2019，第69页。

④ 高力克：《启蒙先知：严复、梁启超的思想革命》，北京，东方出版社，2019，第90页。

⑤ 高力克：《启蒙先知：严复、梁启超的思想革命》，北京，东方出版社，2019，第151页。

⑥ 王天根：《群学探索与严复对近代社会理念的建构》，合肥，黄山书社，2009，第17页。

⑦ 陈勇军：《严复“制度与国民性互动”思想研究》，北京，人民出版社，2020，第79页。

⑧ 贾新奇：《从秩序到富强：严复与中国社会哲学的转型》，北京，中国社会科学出版社，2020，第325、327页。

⑨ 沈款：《严复历史进化论研究》，湘潭，湘潭大学硕士学位论文，2013，中文摘要。

和方法的差异，这两个方面存在比较大的分歧。”①徐古祥说：“严复重新发现了人的价值，肯定了人的主体性，并引以为教，以图增强民力、开发民智、更新民德。严复基于救亡图存的背景，以民力、民智、民德为核心形成了一套系统的教育哲学思想体系，阐发了独特的教育本质论、教育目的论、教育方法论，开辟了中西哲学会通与创新的先河，奠定了现代教育哲学思想的理论基础……严复的教育哲学思想，既以有所会通的方式探讨西方哲学，尤其是其中的进化论、经验论、实证主义、自由主义和功利主义，并进行借鉴和运用，又以‘回照故林’的方式探究中国哲学，尤其是其中的儒家、道家和法家，同时还以启蒙与进化为标准进行创造性转化和创新性发展，形成了遵天而演、即物穷理、循名责实、超越絜矩、正谊谋功的教育哲学思想，并产生了己轻群重、学益损道、开塞治群的教育哲学理念。”②天祥说：“在严复思想中，中学西学虽然在不同时期有急缓侧重不同，但‘中体西用’的内涵，实在贯穿了他的整个学术径路。”③孙守敏说：“严复从进化论的角度揭示了竞争的合理性、进步性、公正性、普遍性、永恒性及残酷性，并将认同竞争和积极参与竞争视为强国强民的根本途径。”④景天魁、杨玲说：“严复毕生旨在系统引进西方思想文化资源，以促进中国现代转型，并借由翻译来全面理解、诠释、借鉴和反思西方现代性。”⑤林润华说：“严复努力引介西学，注入崭新的文化思想内容，启蒙国人，借鉴西方文化和观念变革的有益之处，促进中西文化双向交流、择优互补的历史进程，构建适合中国社会发展所需要的新文化和价值取向。这不仅传承了中华民族优秀传统文化，而且蕴藏着社会主义核心价值观的合理内涵。”⑥高力克说：“严复关于普遍‘文明’与特殊‘文化’的区分，以人类进化之工业社会的视角理解西方文明，并以天下之公理和人性所大同为文化评判取舍的标准，由此揭示了全球转型时代中西问题的本质：中国现代化是中国文化与西方文明的融合……严复一生徘徊于现代‘文明’与中国‘文化’之间的思想困境，凸显

---

① 陈云鹏：《严复晚年若干问题探析》，福州，福建师范大学硕士学位论文，2018，第63页。

② 徐古祥：《中国哲学的会通与创新：严复的教育哲学思想研究》，哈尔滨，黑龙江大学博士学位论文，2021，中文摘要。

③ 天祥：《“中体西用”与传统文化的近代转化》，《天津社会科学》1993年第3期。

④ 孙守敏：《论严复的竞争观及其启蒙意义》，《上海交通大学学报(社会科学版)》2002年第1期。

⑤ 景天魁、杨玲：《天演：论严复对现代性的解读》，《福建论坛(人文社会科学版)》2016年第5期。

⑥ 林润华：《严复传统文化观探究》，《江苏理工学院学报》2017年第3期。

了中国文化转型之‘变革’与‘认同’两大主题的深刻张力。”[①]程福根说：“严复提出‘会通中西’文化观是‘归求反观’的融通性文化观，也是‘不枯守其旧，又不盲随于新’的批判性文化观，更是‘苞中外而计其全’的开放性文化观。”[②]

十、对严复哲学思想中的政治哲学的研究

严复政治哲学的研究绝大部分是关于严复自由主义思想的研究。

蔡元培说：“严氏译《天演论》的时候，本来算激进派，听说他常常说‘尊民叛君，尊今叛古’八个字的主义。”[③]郑重说：“他的科学民主思想开启了一个时代的新思潮，具有跨世纪的深刻影响。”[④]北京大学哲学系的学者们将严复的政治思想概括为：“严复在戊戌变法时期对封建专制主义的君权论进行了激烈的批判，同时，宣传了西方资产阶级的民主、自由，以及天赋人权论。”[⑤]王栻认为严复的政治思想有三方面内容，他说：“严复的政治思想，扼要地说，就是爱国思想、民主思想及科学思想。”[⑥]他又说：“严复政治思想表现在三个方面。第一，反对传统的封建政治即君主专制，赞美西方资产阶级的民主(主要指君主立宪)。第二，反对传统的封建文化，即以孔孟儒家思想为核心的中学或旧学，提倡西方资产阶级以自然科学和所谓‘社会科学’即各种社会学说为基础的西学或新学。这两方面，主要在反对封建主义的压迫。第三，反对帝国主义的侵略，也就是反对卖国投降，鼓吹爱国思想。”[⑦]

史华兹说：“严复所看到的……英国所以富强，显然是因为她培育了解放个人的能力并使之与国家的利益结合起来的观念和制度。”他又说：“严复把自由主义作为获得国家力量这一目的的一种手段。”[⑧]史华兹强调严复政治哲学中的改良论，他说：“严复是断然反对革命的。他认为发展人民的德、智、体的能力是一个艰难困苦的任务……严复认为，革命不

---

① 高力克：《在文明与文化之间：严复的中西融合论》，《探索与争鸣》2018年第12期。

② 程福根：《严复“会通中西”文化观及其价值意蕴》，《宜春学院学报》2020年第10期。

③ 蔡元培：《五十年来中国之哲学》，高叔平编：《蔡元培全集》第四卷，北京，中华书局，1984，第353页。

④ 郑重：《序二》，《科学与爱国——严复思想新探》，北京，清华大学出版社，2001。

⑤ 北京大学哲学系中国哲学教研室编：《中国哲学史》，北京，北京大学出版社，2001，第562页。

⑥ 王栻：《〈严复集〉前言》，王栻主编：《严复集》，北京，中华书局，1986。

⑦ 王栻：《严复传》，上海，上海人民出版社，1976，第57页。

⑧ 〔美〕本杰明·史华兹：《寻求富强：严复与西方》，叶凤美译，南京，江苏人民出版社，1996，第67、221页。

会起推动进步的作用，反而有可能为一个愚昧民族的倒退的宗法积俗解脱缰绳。”他又说：“严复认为，中国的问题，首先是科学的问题。”①冯契认为严复的自由既属于政治范畴也属于哲学范畴，他说：“他实际上把中学西学的不同归结为资产阶级自由平等观念同封建的纲常名教的对立，学术和政治制度的差别，是由这根本的对立派生的。”他又说：“严复所谓‘自由’，不仅是政治概念，而且是哲学范畴。他认为自由是人道进化的动力和目标。”②

李维武强调严复的自由观的思想史价值，他说：“严复提出：‘以自由为体，以民主为用。’认为民主依附于自由，先有了自由才有民主可言。这种对自由的高扬，在中国哲学史上是破天荒的，具有极大的反封建意义。”③他又说：“所谓民主，正是基于人的这种自由本性而建构的，是人的自由本性的一种体现形式。”他还说：“经过严复的反复阐发，自由主义开始受到先进中国人的重视，在中国得到了最初的传播。”④

黄克武说：“严复对个人价值的肯定是建立在群己平衡的基础之上，亦即他所说的‘克己自繇二义不可偏废’。他既没有将个人置于群体之上，也没有将群体置于个人之上，而是秉持了一种植根于中国传统中‘成己成物’、‘明德新民’之观念而有的第三种选择：个人与群体一样地重要。对他来说，个人自由与社会利益(即传统语汇中的群己、公私、利义)可以携手并进而不相冲突。”⑤同时他又指出，严复虽然翻译了穆勒的《论自由》，但他们对自由的理解是有差异的，其根本原因在于他们的认识论趋向方面的差异。他说：“严复未能掌握弥尔对知识与个人的看法是由于严复受到儒家传统的影响，儒家传统在知识论方面有明显的乐观主义认识论的倾向，而与上述悲观主义认识论不同。因此，严复儒家思想的背景一方面有利于他对弥尔个人自由与尊严的强调，另一方面也阻碍了他对弥尔所谓自由、进步与追求知识之因果关系的认识。”⑥史革新认为严复

① 〔美〕本杰明·史华兹：《寻求富强：严复与西方》，叶凤美译，南京，江苏人民出版社，1996，第170、172页。

② 冯契：《中国近代哲学的革命进程》，上海，上海人民出版社，1989，第126～127、第145页。

③ 李维武编著：《中国哲学史纲》，成都，巴蜀书社，1988，第467页。

④ 何萍、李维武：《马克思主义中国化探论》，北京，人民出版社，2002，第193～194页。

⑤ 黄克武：《自由的所以然：严复对约翰弥尔自由思想的认识与批判》，上海，上海书店出版社，2000，第3页。

⑥ 黄克武：《严复对约翰·弥尔自由思想的认识——以严译〈群己权界论〉(On Liberty)为中心之分析》，刘桂生、林启彦、王宪明编：《严复思想新论》，北京，清华大学出版社，1999，第121页。

更注重社会权利，他说："严复似乎对争取人民的社会权利更为看重……严复关于平等自由方面的论述谈的主要就是社会权利问题。"①苏中立认为严复的自由观是一个发展的过程，他说："严复本人对自由的认识经历了由天赋人权到群己权界再到民约评议的过程。"②胡伟希、高瑞泉、张利民高度评价严复在中国近现代自由主义思潮中的贡献，他们说："如果说维新运动通常总是同康有为的名字联系在一起的，那么，中国近代自由主义运动的真正开创者则是严复。"③他们又强调严复的认识论与其自由主义思想之间的关系："实证主义在他眼里，往往又成为自由主义思想理论的方法论原则。"④胡伟希认为严复的自由具有终极的价值，并且与法相关，他说："他不仅视自由为每个人生而具有的权利，而且认为自由是人之所以为人的依据。它本身就具有终极价值……严复强调法治与个人自由的密切关系，但严格区分了法制和法治。"⑤皮后锋将严复的自由观概括为："首重国家自由，次争政治自由，三分群己权界，四存絜矩之道。"⑥洪峻峰说："就严复而言，他所关注的自由始终是社会自由，他所引进的自由观念，也主要是社会自由观念而不是意志自由观念……在严复翻译引进的西学著作中，凡对自由问题展开论述的，所讲的自由都是社会自由。"⑦董小燕说："他力主在思想文化上博采中西文化之长，力倡一种群己平衡的自由理想，力求现代新式的民智、民德、民力的养成与提升，力促宪政与自由民主的温和渐进的社会变革之途，是一个保守的自由主义者。"⑧她又说："严复关于西方宪政民主体制之'自由为体、民主为用'的概括，代表了启蒙时代中国知识分子对西方文明的最深刻的认

① 史革新：《严复与中国近代文化》，《中国近代启蒙思想家——严复诞辰150周年纪念论文集》，北京，方志出版社，2003，第41页。

② 苏中立：《论戊戌辛亥间严复的西学宣传及其启蒙意义》，福建省严复研究会编：《93年严复国际学术研讨会论文集》，福州，海峡文艺出版社，1995，第88页。

③ 胡伟希、高瑞泉、张利民：《十字街头与塔——中国近代自由主义思潮研究》，上海，上海人民出版社，1991，第23页。

④ 胡伟希、高瑞泉、张利民：《十字街头与塔——中国近代自由主义思潮研究》，上海，上海人民出版社，1991，第24页。

⑤ 胡伟希：《中国自由主义之父——严复》，福建省严复研究会编：《93年严复国际学术研讨会论文集》，福州，海峡文艺出版社，1995，第216页。

⑥ 皮后锋：《国权·民权·特操·絜矩——严复的自由观论析》，福建省严复学术研究会、福州市严复研究会编：《严复与中国近代化学术研讨会论文集》，福州，海峡文艺出版社，1998，第352页。

⑦ 洪峻峰：《论严复的自由观》，福建省严复学术研究会、福州市严复研究会编：《严复与中国近代化学术研讨会论文集》，福州，海峡文艺出版社，1998，第369页。

⑧ 董小燕：《严复思想研究》，杭州，浙江大学出版社，2006，第33页。

识，并由此奠定了其作为中国自由主义之父的思想地位。严复的自由思想并非西方的简单的‘舶来’，严复依据中国特定的问题意识，发展出了一套系统的中国式自由主义，为后世中国的发展提供了方向性的启示。”①林传坤则认为严复的自由主义思想的实质就是法治，他说：“严复接受了西方启蒙思想家的法治观念，并针对中国当时社会的等级森严、专制集权强大、君权至上，‘君有权而民无权’的现实，提出了自由主义的法治思想，倡导从法律上赋予民众自由权，保障公民的平等权，最终实现资产阶级的人权。”②

王建龙从中国传统“治道”与近现代救亡图存的现实的角度诠释严复的政治哲学，他说：“严复的思考具体表现为对中国传统‘治道’的反思和对新‘治道’的阐释。同其他中国近代知识分子一样，严复的反思是从对民族生存危机的忧思开始的，‘救亡图存’是严复开始反思的最初的也是直接的动因。但是，在如何实现救亡图存这一目标的思考中，严复的思考一步步被引向深入，从救亡图存到寻求富强再到追求‘治道’，严复在思考中一步步地质疑传统社会对‘治道’的认识，最终作出与传统社会的认识有本质区别的回答。”③他又说：“严复把‘变’与‘不变’的平衡作为一个基本的原则，一方面通过‘变’来保持‘不变’，另一方面通过‘不变’来限制‘变’的异化，这种以‘变’求稳、稳中求‘变’的政治生存策略正反映了严复所认为的真正‘治道’：一种在保持稳定秩序下的不断发展与不断发展以调整、促进这种稳定秩序使之更为稳定地在秩序和发展之间实现了有机统一的人的生存状态。”④他又进一步指出：“进化论介入严复的‘治道’理想，‘治道’的理念自由、民主和平等的推进和确立也受到了进化论思想的规范和制约，作为一个具有强势地位的外部理论，严复借助进化论强化了‘变’与‘不变’的平衡这一‘治道’推进的原则。”⑤

戚学民认为严复的政治思想是多元的，他说：“本文以《政治讲义》中的‘文明论’为例，说明严复政治思想不能仅仅归结为自由主义的问题。”⑥他又说：“《政治讲义》的来源说明严复的政治思想不只有自由主义

---

① 董小燕：《严复思想研究》，杭州，浙江大学出版社，2006，第105页。

② 林传坤：《严复法治思想初探》，《发展研究》2007年第5期。

③ 王建龙：《严复政治哲学研究》，上海，华东师范大学博士学位论文，2005，第2页。

④ 王建龙：《严复政治哲学研究》，上海，华东师范大学博士学位论文，2005，第2页。

⑤ 王建龙：《严复政治哲学研究》，上海，华东师范大学博士学位论文，2005，第4页。

⑥ 戚学民：《严复〈政治讲义〉研究：文本渊源、言说对象和理论意义》，北京，清华大学博士学位论文，2002，第183页。

单一来源，也不一定是史华兹等人所说的自由主义的信徒。"①

王天根说："严复评点老子，注意中西会通，会通的目的无外乎论证中国建立君主立宪制的合理性、合法性。"②他又说："在理想的社会建构中西方君主立宪制度与中国儒家伦理并存而又两不涉，这构成了严复晚年的社会学命题。"③他还说："严复对中国近代社会变革理念建构的学理依据亦离不开近代学术转型。"④

贾新奇说："按照严复的'公式'，国家综合实力的重要来源是个体力量，而决定个体力量的两大因素之一，就是个体活力或内在动力。"⑤他又说："严复在理论上基本上抛弃了传统的精英主义政治哲学和道德哲学，把社会的存亡兴衰不再归因于社会精英，而是归因于'民'。"⑥他还说："在其一生之中，社会现实事态的演变，都在与自己的理论主张相背逆。"⑦

冯英说："他以进化论和经验主义为理论出发点，将自由提升为社会价值的核心地位。"⑧她又进一步指出："严复思想两歧性……表现在两个方面：一个是严复思想中内在包含的两歧性(工具理性或是价值理性、国民程度或是制度变革以及由此引发的秩序为先或是自由为先)，另一个是严复与同时代人在变革方式上的两歧性(激进主义变革或是渐进主义变革)。"⑨

黄克武说："严复开创的是中国现代史上政治与文化的保守主义。"⑩汪荣祖说："严复在人格本质上不是一个自由主义者。"⑪冯夏根认为，严

---

① 戚学民：《严复〈政治讲义〉研究》，北京，人民出版社，2014，第 22 页。

② 王天根：《群学探索与严复对近代社会理念的建构》，合肥，黄山书社，2009，第 39 页。

③ 王天根：《群学探索与严复对近代社会理念的建构》，合肥，黄山书社，2009，第 60 页。

④ 王天根：《群学探索与严复对近代社会理念的建构》，合肥，黄山书社，2009，第 131 页。

⑤ 贾新奇：《从秩序到富强：严复与中国社会哲学的转型》，北京，中国社会科学出版社，2020，第 193 页。

⑥ 贾新奇：《从秩序到富强：严复与中国社会哲学的转型》，北京，中国社会科学出版社，2020，第 255 页。

⑦ 贾新奇：《从秩序到富强：严复与中国社会哲学的转型》，北京，中国社会科学出版社，2020，第 335 页。

⑧ 冯英：《严复自由主义思想解读》，长春，吉林大学出版社，2007，第 148 页。

⑨ 冯英：《严复自由主义思想解读》，长春，吉林大学出版社，2007，第 182 页。

⑩ 黄克武：《惟适之安：严复与近代中国的文化转型》，北京，社会科学文献出版社，2012，第 180 页。

⑪ 汪荣祖：《论严复的自由主义》，北京大学哲学系编：《"严复：中国与世界"国际学术会议论文集》，北京，2013，第 11 页。

复“引进西方自由主义理念，奠定近代中国自由主义的思想范式”①。高力克说：“在晚清思想界，严复的不同凡响，在于其第一个发现‘自由’的意义……严复的高明，在于其慧眼独具地发现了‘自由’之于西方现代性的核心意义。”②陈勇军说：“严复基于君主专制制度与近代中国国民劣根性共生关系而提出了一条独特的走向民主政治之路。”③赵守晨说：“严复的政治思想的最终的落脚点是放在国家前途命运上面，在这个大前提下，结合在当时中国的危局来阐述自己的政治主张——即是以进化论作为基础，采取演进、渐变的方式，结合对自由主义的改造所得的‘国群’关系来服务于其君主立宪政治的政治主张，并结合中西文化的对比，通过‘三民思想’来进行国民性改造，最终达到富国强民的政治目的，既具有很强的学理构建，而且也是从现实出发，具有很强的人文关怀色彩。”④蒋国保说：“严复的中西文化比较，不是为了给中西文化会通寻找途径，而是为了给学西方提示正确的文化选择取向，因而他不但借中西文化之比较以揭示西方文化超胜中国文化之所在，而且尤其注意揭示西方文化何以会超胜中国文化。结果他发现，西方文化所以超胜中国文化，就因为西方在文化建设上坚持‘以自由为体，以民主为用’的价值模式。”⑤俞祖华说：“严复激进的反传统主义与政治保守主义并不矛盾。严复前期的激进与保守不是对立的，两者有内在的逻辑联系。”⑥李华兴说：“救亡图存和国家富强，是严复权衡一切的理论尺度——只有紧紧把握这一点，才能正确认识严复国家学说的形成、发展和变异，才能合理解析他对西方国家学说的选择、诠释与扬弃，和他对中国传统国家学说的批判、反刍与复归。”⑦李承贵、易益典说：“严复中西政治文化比较与结合，率先打通了中西政治文化的隔阂，驰骋于中西政治文化观念中，对中西政治文化分析、批评、改造、选择与会通，并由此对中国政治思想史和近代中国的革新运动产生了深远而广泛的影响。”⑧王玉华说：“严复思想的内在矛盾……在理念世界严氏追求宪政，在现实世界则将宪政悬置了。理念与

① 冯夏根：《严复与近代中国的思想转型》，郭卫东、牛大勇主编：《中西融通：严复论集》，北京，宗教文化出版社，2009，第68页。

② 高力克：《启蒙先知：严复、梁启超的思想革命》，北京，东方出版社，2019，第37页。

③ 陈勇军：《严复“制度与国民性互动”思想研究》，北京，人民出版社，2020，第189页。

④ 赵守晨：《严复进化政治观分析》，重庆，西南政法大学硕士学位论文，2017，第5～6页。

⑤ 蒋国保：《严复的“自由、民主”观》，《中国哲学史》1996年第3期。

⑥ 俞祖华：《论严复的激进与保守》，《中州学刊》1992年第5期。

⑦ 李华兴：《论严复的国家学说》，《复旦学报(社会科学版)》1998年第1期。

⑧ 李承贵、易益典：《论严复对中西政治文化的整合》，《福建论坛(文史哲版)》1999年第2期。

现实这两个世界的冲突，常常使严氏陷入两难的尴尬境地。”[①]王建龙说：“严复试图在寻求富强的基础上进一步追求保持富强的最好的方式，追求一种长治久安的‘治道’。”[②]艾昆鹏说：“严复在思考社会变革、人功作为、社会进化、社会生活的可知性方面时满怀信心，但同时他也得出了中国社会实行专制制度的合理性、人功作为在天演规律面前的无奈以及社会进化对人道的背弃等结论。”[③]朱兴和则强调严复政治哲学的认识论基础，他说：“在中国，严复是第一个运用西方式的经验理性、通过对政治制度的追根溯源来系统地思考政治变革和社会问题的知识分子。他比较罕见地沿着经验主义路向、遵循实证主义方法、独立地思考人类(尤其是中国)的历史和社会问题，形成了与众不同的政治学思想。”[④]董小燕说：“严复的政治观具有明显的英伦经验主义倾向。注重现实、尊重历史、持重传统，使严复在思考社会变革问题时怀有一种理智与审慎。”[⑤]庞虎说：“严复在开眼看世界的同时，又没有数典忘祖，创造出既渊源于西方自由主义，又根植于中国传统恕道的新的自由主义体系，即：自由本质论——自由目的论——自由主体论——自由权限论——自由阶段论的五位一体。这一体系在现代转型中扮演了承上启下的过渡角色。”[⑥]高力克说：“严复自由观之悖论与其说是群己(国家与个人)问题，毋宁说是共殊(普遍性与特殊性)问题。他发现了西方因自由而富强的秘密，但中国却难以复制英伦式的自由之路。为了拯救内忧外患的祖国，严复不得不搁置个人自由的目标，转而追求国群自由。”[⑦]孙宏云说：“严复翻译了甄克斯的《社会通诠》，并据西莱的《政治科学导论》作《政治讲义》，由此向国人传播了关于人类进化、国家与政体以及政治学研究的目标和方法等方面的知识，产生了一定的社会反响，为直接沟通英国政治学传统，引导中国政治学走向学术化、科学化和本土化做出了表率。”[⑧]杨玲说：“严复

① 王玉华：《严复政治思想的两个世界》，《福建论坛(文史哲版)》1999年第2期。

② 王建龙：《试论严复宪政思想的终极目标》，《福建论坛(人文社会科学版)》2005年第4期。

③ 艾昆鹏：《试析严复政治哲学思想中的矛盾》，《河南师范大学学报(哲学社会科学版)》2006年第3期。

④ 朱兴和：《严复政治学思想的内在理路》，《船山学刊》2007年第3期。

⑤ 董小燕：《试论严复政治观的经验主义特征》，《浙江大学学报(人文社会科学版)》2008年第5期。

⑥ 庞虎：《中国自由主义的启蒙困境与现实启迪——以严复为例》，《江汉论坛》2009年第2期。

⑦ 高力克：《严复自由观之悖论》，《浙江大学学报(人文社会科学版)》2013年第2期。

⑧ 孙宏云：《严复的政治学译著及其学术意义》，《中山大学学报(社会科学版)》2016年第5期。

‘群治’思想的基础则是法治，法治不仅是促成传统‘治道’实现现代转型的关键，亦是‘治道’的现代形态。‘治道’的理想是‘治理’的终极价值，‘法治’则是‘治理’的实践表现。法治的实质则是自由。法治旨在实现治理与自由的平衡，而治理的根本目的在于帮助社会孕育公共精神，以及促进社会整合。”①朱新屋说：“由于受斯宾塞的影响，严复以‘社会有机论’为思想基础，把中国和西方视为与生物体一样的有机体，因各有自己的‘国性’，故‘中体’‘西用’之间并不兼容。为此要改变当时中国的积贫积弱状况，不能‘变道’，实行激进革命；而只能‘变法’，实行渐进改良。”②万吉庆说：“在他看来，政府的职责在于维持社会秩序、提供公正的司法、保障民众的生命财产，除此之外，应尽可能‘听人人之自谋’‘任民自为’，而不宜‘代大匠斫’。在清末民初进步主义思潮大行其道之际，这种保守主义的思想不为时人所重，不过，在今人看来，这种转型思想不乏参考价值，值得重新审视。”③吴攀说：“严复始终在‘群’作为社会有机体的视野下思考自由、民主以及现代国家构建的问题。”“现代国家的构建不仅是中国谋求生存、寻求富强的前提，也是遵循‘群’作为社会有机体不断进化的自然法则和历史规律的必然要求。”④

十一、严复哲学研究中争议较大的问题

1. 关于严复思想晚年是否有转变的争议

周振甫认为严复思想存在晚年的转变，他把严复思想分为三个时期：“全盘西化时期”“中西折衷时期”“反本复古时期”⑤。王栻认为严复思想有一个早期和晚期不同的问题说：“他的生平大略分为四个时期。甲午战争以前(1854—1895 年)，是他思想的发展与成熟时期。甲午战争以后至戊戌政变以前(1895—1898 年)即维新运动时期，他是一个最出色的维新变法理论家，提倡新学(西学)，反对旧学(中学)。这是他最进步的时期。戊戌政变以后至辛亥革命以前(1898—1911 年)，他大量翻译西方资产阶级著作，介绍并提倡‘西学’中的民主和科学思想，在反封建的思想战线上继续作出贡献，但同时逐渐变为保守者。在辛亥革命以后以至于去世

① 杨玲：《“治理”与“治道”：以严复“群治”思想为视角》，《哈尔滨工业大学学报(社会科学版)》2016 年第 5 期。

② 朱新屋：《变道与变法：严复政治思想的变与不变》，《福建论坛(人文社会科学版)》2019 年第 7 期。

③ 万吉庆：《严复的“社会有机体论”及其政治内涵》，《哲学研究》2019 年第 9 期。

④ 吴攀：《“群”观念与严复的现代国家想象》，《天津社会科学》2021 年第 2 期。

⑤ 周振甫：《严复思想述评》，上海，中华书局，1940，目次。

(1911—1921 年)前，他虽仍保持强烈的爱国思想，却已成为一个保守的老人了。”[①]侯外庐基本上赞同周振甫和王栻的观点，他说：“严复自光绪二十一年到二十五年止，论者谓是其思想全盘西化时期，其后到清末民初，乃渐趋于中西折衷，民国以后则更趋于复古。”[②]李泽厚将这种转变论作了进一步夸大，他说：“到暮年，严复每况愈下，不但完全抛弃经验论，而且最后(第一次世界大战中)又终于放弃了他一直坚决信奉的进化论，连法家人物也不再指望，完全回到孔孟，并且在极端悲观中，沉浸在庄周的虚无主义的哲学中，以麻痹自己。”[③]

史华兹反对王栻的这种观点，他认为严复晚年并没有反对西学：“这一时期的严复始终坚持根本的急务，而且，内在的思想实质是前后一致的。在这个时期里，可以说严复对传统的价值观念所持的基本否定的态度，在《法意》的按语和《老子》的评语中表现得与 1895 年的论文中同样清楚明白。”[④]国内也有学者反对王栻的这种观点，张岱年说：“严复早年非‘完全否定中国传统文化’，晚年也非‘尽弃西学’。”[⑤]林启彦说：“严复一生对中西文化的持论，不存在前后期思想演变的断裂或背离，而应理解为同一思想理路上的延续与发展。”[⑥]

柴文华认为：“如果和严复晚期的政治活动相关联，我们只能说严复的转折是由积极到消极，由进步到保守。”[⑦]高力克说：“这位晚清以‘西学圣人’著称的启蒙先驱，至五四时期终于复归中国传统，痛苦地告别了启蒙主义，而转向保守主义。”[⑧]艾昆鹏说：“严复晚年的政治哲学思想发生了很大转变，即放弃以社会进化论为基础的系统的政治哲学理论，逐渐趋向以反思和批判现实为核心的政治哲学方式，不再强求人事服从于外在的真理与规律，而注重于以人道伦理为人类社会之基准，从历史的

---

① 王栻：《严复与严译名著》，商务印书馆编辑部编：《论严复与严译名著》，北京，商务印书馆，1982，第 1 页。

② 侯外庐：《严复思想批判》，商务印书馆编辑部编：《论严复与严译名著》，北京，商务印书馆，1982，第 45～46 页。

③ 李泽厚：《论严复》，《中国近代思想史论》，北京，人民出版社，1979，第 278 页。

④ 〔美〕本杰明·史华兹：《寻求富强：严复与西方》，叶凤美译，南京，江苏人民出版社，1996，第 195 页。

⑤ 张岱年：《〈严复思想新论〉序》，刘桂生、林启彦、王宪明编：《严复思想新论》，北京，清华大学出版社，1999。

⑥ 林启彦：《严复论中西文化》，刘桂生、林启彦、王宪明编：《严复思想新论》，北京，清华大学出版社，1999，第 44 页。

⑦ 柴文华：《严复中国传统文化观的转折——以中国传统道德观为重心》，北京大学哲学系编：《“严复：中国与世界”国际学术会议论文集》，北京，2013，第 113 页。

⑧ 高力克：《启蒙先知：严复、梁启超的思想革命》，北京，东方出版社，2019，第 176 页。

角度来理解一个社会的道德、风俗、礼仪和国家制度的变迁。”①李莉说：“严复晚年文化观的保守倾向主要表现在以下三方面：一是重新尊崇复古，提倡传统伦理道德；二是否定自由、平等思想；三是在中西方文化抉择上倒向复归传统。”②周至杰说：“严复对孔孟之道的复归，可以看作是在新秩序未建立前，力图消除社会转型失范的一种努力和尝试。”③陈云鹏说：“将1902年作为严复晚年的界标，理由有三：在文化上，严复由之前着力倡导西学，转为关注中学，并强调对中国优秀传统文化的挖掘，以及立足中国传统建构新的文化观。在政治上，严复反对暴力革命，主张渐进改良，建立君主立宪制。在教育上，严复立足于救亡图存，倡导教育救国，推行国民教育。”他又说：“严复支持袁世凯是出于实现其政治理想的目的，也是其一贯坚持渐进改良思想的体现，不能因此简单地认为严复保守乃至反动。”④

2. 关于严复的“西方命脉”内容的争论

王栻认为严复所说的“西方命脉”就是五四时期人们所倡导的民主和科学，他说：“所谓‘于刑政则屈私以为公’，就是指‘民主’，这当然是资产阶级的民主；所谓‘于学术则黜伪而崇真’，就是指‘科学’，这当然是资产阶级的科学，特别是它的社会学说。”⑤李泽厚赞同王栻的观点，他说：“‘黜伪而崇真’的自然科学方法和‘屈私以为公’的民主政治制度，才是西方资本主义国家的根本。这其实也就是‘五四’提出来的赛先生与德先生——科学与民主。”⑥侯外庐则认为严复所说的“西方命脉”都是指理论，他说：“‘于学术则黜伪而崇真，于刑政则屈私以为公’……前者就是他介绍的逻辑学(名学)等，后者就是政治学、经济学，如亚当·斯密、孟德斯鸠的著作等。有人说，前者就是‘五四’运动时所提倡的‘赛先生’(科学)，后者就是‘德先生’(民主)，严格讲来，并不妥当的，严复的民主与科学的思想传播仅为思想潮流作了准备而已，因为资产阶级在严复

---

① 艾昆鹏：《严复晚年政治哲学思想中的反思倾向》，《河南大学学报(社会科学版)》2011年第4期。

② 李莉：《严复晚年文化观的转变及其当代启示》，《山东社会科学》2015年第10期。

③ 周至杰：《晚年严复思想复归传统伦理的原因再探——基于社会转型视域的分析》，《福州大学学报(哲学社会科学版)》2020年第6期。

④ 陈云鹏：《严复晚年若干问题探析》，福州，福建师范大学硕士学位论文，2018，中文摘要。

⑤ 王栻：《严复传》，上海，上海人民出版社，1976，第79页。

⑥ 李泽厚：《论严复》，《中国近代思想史论》，北京，人民出版社，1979，第279页。

时代还在孕育时期。”[①]张岂之、杨超认为严复所说的“西方命脉”是理论和制度，他们说：“‘于学术则黜伪而崇真，于刑政则屈私以为公’，前者指西方的自然科学、逻辑学和资产阶级的社会政治学说；后者指资本主义国家的政治制度与经济政策。”[②]

3. 关于严复思想是否属于儒家传统的争议

王栻认为严复继承了中国传统哲学中的法家思想，他说：“在严复所有论著的文字中，其总的精神，是反对儒家而赞美法家的。”[③]

有学者则强调了严复思想的儒家属性，刘桂生将张恒寿的观点概括为：“严复在这一时期不仅不曾‘尽弃儒学’，而且在‘如何救亡’、‘怎样改变社会风气’、‘怎样学习西学’等时论关注的问题上所发表的意见，几乎无处不强调发扬儒学精神。”[④]有学者认为严复早期并没有从根本上反对传统的儒家思想，林载爵说：“戊戌政变以前的严复尽管严厉批判传统，鼓励学习西学，但他不但没有反孔，反而肯定孔教。”[⑤]张恒寿说：“我认为严复在维新变法时期，不但在了解西方学术之深度上超过了康、梁等人，即在摆脱清代考证派遗留的影响，敢于从大处肯定宋儒的识见，也是传统学人所远不能比的。”[⑥]有学者认为严复是新儒家或者说新儒家的开启者之一，李承贵说：“新一代儒者们没有辜负养育他们的中国文化……从谭嗣同的‘道非圣人所独有，尤非中国所私有’到严复的‘统新故而视其通苞中外而计其全’，我们可以感觉到新一代儒者在忧虑的同时也在努力开通，在紧张的同时也在从容学习。”[⑦]林启彦说：“他这番在思想与认知上的努力，既为二三十年代的中西文化论争播下了种子，也对日后新儒学思潮的兴起，有启导之功。”[⑧]孟祥栋说：“严复翻译西学的目的

① 侯外庐：《严复思想批判》，商务印书馆编辑部编：《论严复与严译名著》，北京，商务印书馆，1982，第44页。

② 张岂之、杨超：《论严复》，商务印书馆编辑部编：《论严复与严译名著》，北京，商务印书馆，1982，第107页。

③ 王栻：《严复传》，上海，上海人民出版社，1976，第85页。

④ 刘桂生：《〈严复思想新论〉序》，刘桂生、林启彦、王宪明编：《严复思想新论》，北京，清华大学出版社，1999。

⑤ 林载爵：《有关严复思想的两个问题：激进与保守、批判传统与反本复古》，刘桂生、林启彦、王宪明编：《严复思想新论》，北京，清华大学出版社，1999，第55页。

⑥ 张恒寿：《严复对于当代道学家和王阳明学说的评价》，刘桂生、林启彦、王宪明编：《严复思想新论》，北京，清华大学出版社，1999，第10页。

⑦ 李承贵：《中西文化之会通——严复中西文化比较与结合思想研究》，南昌，江西人民出版社，1997，第1页。

⑧ 林启彦：《严复论中西文化》，刘桂生、林启彦、王宪明编：《严复思想新论》，北京，清华大学出版社，1999，第45页。

并非如前人所论——以西学取代中学的主体地位或者撷中西方的精华来重构中华文明，而是试图以西学来促进中学的复兴。”①

李泽厚不同意这些观点，他说：“儒、法都是前资本主义的东西，严复也根本不是甚么‘法家’，法家属于封建地主阶级。”②

戚学民说：“自1895年以来，严氏并非‘寻求富强’，而是超越了寻求富强工具层面，基于中国儒家‘学术’经世立场寻求中国前途，提出科学救国的设想。《政治讲义》正是严氏科学救国理想的又一实践。”③宋洪兵说：“严复的法家观，以辛亥革命为界，可分为前期法家观与后期法家观。前期法家观，主要批判法家学说的专制属性；同时又承认法家推动中国社会由宗法社会向军国社会转变的历史功绩。严复的前期法家观，实则孟德斯鸠的‘民权’‘自由’观念以及社会进化论两种西方观念的产物。严复的后期法家观主张共和政体不适合于中国国情，认定中国的出路在于法家，认为法家有救败之用。他对共和政体之于中国国情进行批判反思，寻求法家思想资源以解决现实困境。严复的富强思路依然在法家的富强理论框架之内，具有国家主义倾向；他强调法家加强中央集权的学说，强调法家人物的政治能力，强调法家综核名实的法治观念，强调法家之于移风易俗以及惩治贪腐方面的积极功能，核心意识在于政治秩序以及救亡图存。”④卢珊说：“归根结底，严复始终是一个深受儒家思想熏陶成长的人，他的思想就像一棵大树，西学是枝叶，儒家传统始终是他的主干。晚年所谓的回归，还不如说是叶落归根，是在为儒家思想提供养分。”⑤

4. 关于《辟韩》的争议

侯外庐认为严复的观点来自于卢梭，他说：“立君的本旨，严复采用卢梭的‘契约论’，认为乃出于‘不得已’。”⑥杨义银、唐兴霖则认为，严复实际上是反对卢梭式的“天赋自由”的，他们说：“严复主要译介的不是法国启蒙运动思想，而是英国式的以经验论为主的西学，这是十九世纪中叶英国自由资产阶级的思想。”“严复接受了十九世纪兴起的进化论思

---

① 孟祥栋：《以西学光复中学——重评严复的文化观》，《上海大学学报(社会科学版)》2003年第4期。

② 李泽厚：《论严复》，《中国近代思想史论》，北京，人民出版社，1979，第253页。

③ 戚学民：《严复〈政治讲义〉研究》，北京，人民出版社，2014，第181页。

④ 宋洪兵：《严复的法家观及其政治思想》，《管子学刊》2020年第1期。

⑤ 卢珊：《儒学与西学的交融互释：严复核心观念疏解》，昆明，云南师范大学硕士学位论文，2015，第8页。

⑥ 侯外庐：《严复思想批判》，商务印书馆编辑部编：《论严复与严译名著》，北京，商务印书馆，1982，第47页。

想、实证主义思想和逻辑归纳法的科学方法论，而这些思想都是同十八世纪法国启蒙思想家的天赋自由平等这种天赋观念不相容的。”①王宪明也不同意侯外庐的观点，他说“戊戌时期严复宣传的不可能是卢梭思想”②。

张岂之、杨超认为严复的观点来自于霍布斯等，他们说：“和韩愈的观点相对立，严复借用格老秀斯和霍布斯的社会契约论，认为君主和人民是本于‘通功易事’的原则而确立的一种契约关系。”③王汝丰认为严复《辟韩》的理论基础应该是孟德斯鸠的《法意》，他说：“他对《法意》很重视，在他的译作中，《法意》所加的案语，多达数百条，在这些案语中，流露着他对西方民主政治的向往，反映着他对封建统治的不满。同时，也正是这些西方资产阶级民主政治的观点，成为他反对封建政论的依据，在他所写的几篇政论中，特别是著名的《辟韩》一文，更是明显的表现。”④刘桂生认为严复的《辟韩》不是反对儒家的，他说：“事实正好与误解者的论断相反，《辟韩》一文不仅不能说明严复‘背弃儒学’，相反，它正好说明严复肯定儒学。”他又说：“‘辟韩’是当时儒学思想发展的一种新趋势……这是时代潮流使然，实为儒学发展与演变的新动向，而不是儒学与非儒学之间的思想斗争。我们不能把反映儒学内部思想斗争的文章误认为是反映中西文化思想冲突的文献。”⑤

5. 关于严复思想本质上是属于中国哲学传统还是来源于西方哲学传统的争议

有相当多的学者认为，严复的思想是新学，是西方资本主义的理论。史华兹说：“总之，严复思想的绝大部分要素来自斯宾塞，但在吸收过程中发生了微妙的变化。”⑥冯契也认为严复的思想是属于西方的，他说：“在严复那里，中学就是中国固有的封建制度和封建文化，西学则是资本主义制度和资本主义文化。二者是根本对立的。”⑦

---

① 杨义银、唐兴霖：《严复并非天赋自由者辨》，《重庆师院学报(哲学社会科学版)》1993年第4期。

② 王宪明：《关于戊戌时期严复传播“社会契约论”和“天赋人权论”问题再探讨》，刘桂生、林启彦、王宪明编：《严复思想新论》，北京，清华大学出版社，1999，第316页。

③ 张岂之、杨超：《论严复》，商务印书馆编辑部编：《论严复与严译名著》，北京，商务印书馆，1982，第110页。

④ 王汝丰：《严复思想试探》，商务印书馆编辑部编：《论严复与严译名著》，北京，商务印书馆，1982，第74页。

⑤ 刘桂生：《〈严复思想新论〉序》，刘桂生、林启彦、王宪明编：《严复思想新论》，北京，清华大学出版社，1999。

⑥ 〔美〕本杰明·史华兹：《寻求富强：严复与西方》，叶凤美译，南京，江苏人民出版社，1996，第72页。

⑦ 冯契：《中国近代哲学的革命进程》，上海，上海人民出版社，1989，第4页。

林启彦认为严复没有用西学来替代中学的意图，他说："本文试图对严复一生的文化思想作一全面的考察，指出其以一贯的理性与持平的态度评价中西文化。严复既要肯定中西文化各自的长处，也要表明二者的缺陷与不足。"①他又说"严复认为中西文化一时间很难定谁优谁劣"②。林载爵认为严复是以传统文化为框架来统合西学，他说："严复的一贯态度是超越新旧两派的限制，坚信保存故旧精华，努力吸收西学，缓进图新。"③

王中江则强调严复思想的独创性，他说："严复的进化主义是属于'严复的'，是经过严复的吸收和消化之后而形成的'观念形态'……他既不完全是斯宾塞式的，也不完全在赫胥黎之外，我们最好把它作为一种'复合结构'来理解。"④郭卫东说："严复对近代学术不是单纯地移植，不是全盘西化或照抄照搬，不是完全割裂传统，而是十分观照中国的既有国情，观照中国的传统文化和学术源流。"⑤王天根说："严复诠释老子是近代中国知识分子将西方社会学融合于中国传统文化经典这一努力的侧影。"⑥陈勇军说："严复的'制度与国民性互动'思想……吸取了中学中传统的'心力'论，儒学重视道德修养的思想和传统变革的理念，又吸取了西方进化论、社会有机体论、国民性思想、近代民主政治思想、近代自由主义和功利主义思想。"⑦冯英说："严复的思想既师从于西方的精神导师，又与传统文化有着明显的联系，因而他的思想面貌具有着'中西合璧'的'严氏个性'。"⑧刘瑾玉说："严复对中西文化进行批判与反思的努力，旨在寻求中西文化的交融与会通，冀能开创出一套适合现代中国国情的新文化。"⑨戚学民说："严复受到中国儒家思想特别是程朱理学的深刻影响，强烈反对洋务运动寻求富强的做法，以学术层面的思考来寻求解决中国所遇到的问题，力主改造中国人的学术和思维方式，引进西学……

① 林启彦：《严复论中西文化》，刘桂生、林启彦、王宪明编：《严复思想新论》，北京，清华大学出版社，1999，第 25 页。

② 林启彦：《严复论中西文化》，刘桂生、林启彦、王宪明编：《严复思想新论》，北京，清华大学出版社，1999，第 30 页。

③ 林载爵：《有关严复思想的两个问题：激进与保守、批判传统与反本复古》，刘桂生、林启彦、王宪明编：《严复思想新论》，北京，清华大学出版社，1999，第 57 页。

④ 王中江：《进化主义在中国》，北京，首都师范大学出版社，2002，第 62 页。

⑤ 郭卫东：《融通古今中西：严复与中国近代学科构建》，郭卫东、牛大勇主编：《中西融通：严复论集》，北京，宗教文化出版社，2009，第 119 页。

⑥ 王天根：《群学探索与严复对近代社会理念的建构》，合肥，黄山书社，2009，第 43 页。

⑦ 陈勇军：《严复"制度与国民性互动"思想研究》，北京，人民出版社，2020，第 84 页。

⑧ 冯英：《严复自由主义思想解读》，长春，吉林大学出版社，2007，第 148 页。

⑨ 刘瑾玉：《翻译、概念与经济：严复译〈国富论〉研究》，北京，社会科学文献出版社，2021，第 270 页。

严复思想高明之处就是在中国传统学术之中又超越传统，认识西方而又不局限于西方。我们不能再停留在严复寻求富强这样的‘现代’的外在视角上。”①赵云波说：“中国传统文化的潜在浸染和救国图强的现实启蒙任务，使得严复在接受西方实证主义哲学的主要思想的同时亦衍化不完全相同于他的西方导师的观点。”②贾新奇说：“严复在学习西方这个问题上，主张的是高度西化，却非全盘西化。”③

王中江说：“严复对传统文化采取了重估、整合和认同这三种操作方式。”④胡伟希说：“严复对中国传统哲学的认同是处于无意识层次上的，而在言语层次上，他是一个极端的西化论者。在严复身上，我们看到的是一个复杂和矛盾的现象，即‘西化’(主张中国文化的西方化)与‘化西’(以中国文化融化西方文化)、以中国文化为本位与超越中国本位文化立场，这两者常常纠缠在一起，它们之间既发生矛盾，同时又保持一种内在的张力。严复‘会通中西’的诠释学思想，就是在这种张力之中形成和发展的。”⑤

董根明说：“中学是严复文化价值观的基础，他认为中学‘最富矿藏，惟须改用新式机器发掘淘炼’，学习西学的目的旨在‘归求反观’中学。”⑥杨玲说：“严复‘群’观念的建构过程体现了中西文化的融通，以传统文化作为认知西方文化的基础，使得严复的‘群’观念具有了文化主体性意识。”⑦赵云波、高逸宁说：“严复天演哲学思想的内容主要来源于西方近代进化论学说以及思想领域的社会达尔文主义，同时积极吸收了部分中国传统思想。严复天演哲学主要解决的是作为‘天行’领域的生物进化学说及其自然选择机制与作为‘人治’领域的人类社会发展之间的对立与统一关系。”⑧

李承贵说：“严复对中国传统哲学的认知实践表明‘西学’对于中国传统哲学而言是把‘双刃剑’，一方面，无论是作为一种参照系统，还是其所具有的内在思想、价值，‘西学’对中国传统哲学思想的开掘、对中国

---

① 戚学民：《严复〈政治讲义〉研究》，北京，人民出版社，2014，第 184～185 页。

② 赵云波：《学于自然有道：严复科学思想研究》，北京，科学出版社，2021，第 147 页。

③ 贾新奇：《从秩序到富强：严复与中国社会哲学的转型》，北京，中国社会科学出版社，2020，第 7 页。

④ 王中江：《严复与中国传统》，《中州学刊》1990 年第 5 期。

⑤ 胡伟希：《“格义”与“会通”：论严复的诠释学》，《学术月刊》2002 年第 11 期。

⑥ 董根明：《多元价值取向：严复的中学与西学》，《安庆师范学院学报(社会科学版)》2015 年第 4 期。

⑦ 杨玲：《严复“群”观念的中西融通》，《学习与探索》2018 年第 3 期。

⑧ 赵云波、高逸宁：《天行与人治：严复天演哲学思想的对立统一关系》，《自然辩证法通讯》2021 年第 4 期。

传统哲学价值的彰显，都显示出极为重要的意义，中国传统哲学在严复的认知中得到了更新、丰富和发展；另一方面，由于‘西学’与中国传统思想的异质性，由于认知主体对‘中学’‘西学’的把握都还欠明确完整，由于认知主体对‘西学’的过于信赖，当然亦由于中国近代社会的特殊际遇，而导致了对中国传统哲学思想的特征、意义的丰厚性和价值指向的误解或消解。”①

6. 关于严复的思想与康有为的思想在性质上是同还是异的争议

许多学者将严复的思想与康有为的思想都归为资产阶级改良（或维新改良）派思想，强调二者在本质上是一致的。

但也有部分学者强调二者的差异。冯友兰说：“第二层是半封建思想，以康有为为代表；第三层是半资产阶级思想，以严复为代表。”②丁伟志、陈崧说：“严复的见解，似乎难以归入康梁派‘新学’，严复同儒学传统没有康梁那么多的瓜葛，也没有汲取和采用今文经学一类的学理形式。”③李维武从本体论的角度指出了严复的哲学思想与康有为的哲学思想在本质上是不一样的，他说：“尽管康、谭在建构自己哲学体系时比以往任何中国哲学家都更注意吸取西方近代科学成果，甚至开始用西方近代科学理论解释、替代中国传统哲学范畴，但他们毕竟未能脱离中国传统哲学的框架，未能亲手将新形态的中国哲学接生出来。他们所建立的哲学本体论，仍是传统意义上的本体论与宇宙论的结合物。用梁启超的话说，就是一种‘不中不西即中即西’的学说。唯有严复，才真正改变了这种中西杂糅、新旧混陈的状况，才真正走出了中国传统本体论的困境。”④欧阳哲生则从后世影响的角度来考察严复的思想与康有为的思想在性质上的差异，他说：“两人在学术史上的地位，则代表着两个截然不同的学术时期，康有为的学术意味着旧学术时代的终结，严复的学术则预告了新学术时代的来临。这也是‘五四’那一代人舍弃康有为，愿意奉严复为其思想圭臬的一个重要原因。”⑤

高力克说：“严复取资苏格兰启蒙运动之市民社会取径的启蒙主义，不同于康有为君主立宪取径的立宪主义，二者代表了晚清维新派的两条

① 李承贵：《西学视域中的中国传统哲学——严复对中国传统哲学的认知及其检讨》，《福建论坛（人文社会科学版）》2006 年第 1 期。

② 冯友兰：《中国哲学史新编》第六册，北京，人民出版社，1989，第 10 页。

③ 丁伟志、陈崧：《中西体用之间》，北京，中国社会科学出版社，1995，第 221 页。

④ 李维武：《20 世纪中国哲学本体论问题》，长沙，湖南教育出版社，1991，第 100 页。

⑤ 欧阳哲生：《严复评传》，南昌，百花洲文艺出版社，1994，第 51 页。

改革进路。”[①]魏义霞说：“对宗教及对孔教的不同态度注定了严复对国学的理解与康有为相差悬殊：康有为所讲的国学就是孔教，基本形态是宗教。严复多次明确表示自己平生最爱哲学，其国学的基本形态是哲学，他的国学研究以老子、庄子为主，即使后来转向尊孔读经，也始终与宗教无涉。”[②]

① 高力克：《启蒙先知：严复、梁启超的思想革命》，北京，东方出版社，2019，第 108 页。

② 魏义霞：《康有为、严复宗教观比较》，《社会科学战线》2012 年第 1 期。